AF591563

UNE
ANNÉE AU MINISTÈRE
DE
L'AGRICULTURE ET DE L'INTÉRIEUR

UNE

ANNÉE AU MINISTÈRE

DE

L'AGRICULTURE ET DE L'INTÉRIEUR

PAR

F.-D. LÉGITIME

GÉNÉRAL DE DIVISION

ANCIEN SECRÉTAIRE D'ÉTAT DE L'AGRICULTURE

Auteur de l'*Armée Haïtienne*

« L'avenir sera ce que nos actions l'auront fait. »

J.-D.-L. (*Plan d'administration.*)

PARIS

CHALLAMEL AINÉ, LIBRAIRE

5, rue Jacob, 5

PORT-AU-PRINCE

CHEZ L'AUTEUR

et chez les libraires

1883

PRÉFACE

Cet ouvrage est l'œuvre de quatre mois d'efforts et de recherches ; nous savons que pour le rendre complet et correct il eût fallu plus de temps, mais ce qu'il eût gagné en perfection, il l'aurait perdu en actualité. Nous tenons surtout à ce qu'il subisse le contrôle public, qui seul peut le faire agréer par la postérité, pour laquelle nous l'écrivons plus particulièrement. Nous le livrons à la publicité parce que, à la veille de rendre compte de notre administration comme secrétaire d'État, nous sentons le besoin d'éclairer l'opinion sur les grandes lignes de la conduite que nous avons suivie pendant une année que nous avons passée aux affaires. Or, ici, cela se comprend, la vanité de l'écrivain doit s'effacer devant la responsabilité du ministre.

Cela dit, on conçoit que cet ouvrage n'est pas sans défaut. Et pourrait-il en être autrement lorsqu'il est écrit en langue française, langue si remplie de difficultés et d'une précision pour ainsi dire mathématique ? Les princes de la littérature, eux-mêmes, ne redoutent pas moins ces difficultés ; ils reconnaissent l'impuissance de l'esprit humain à les vaincre du premier coup. C'est pourquoi nous dit Boileau :

« Vingt fois sur le métier remettez votre ouvage,
» Polissez-le sans cesse et le repolissez ».

Si l'on voulait tenir compte des conseils qui viennent de si haut, les hommes qui n'ont à leur service aucune des qualités de l'écrivain trembleraient de peur lorsqu'il leur arrive, parfois, la tentation d'écrire pour l'histoire ; car, en histoire, dit encore un des plus illustres savants modernes, M. Thiers, le style doit être simple, clair, précis, élevé quelquefois quand les grands intérêts de l'humanité sont en question ; puis il ajoute : « Je suis convaincu que les plus beaux vers, les plus travaillés, ne coûtent pas plus de peine qu'une modeste phrase de récit par laquelle il faut rendre un détail technique sans être ni vulgaire ni choquant ».

Nous n'avons pas la prétention d'écrire l'histoire, bien que, parmi les faits que nous racontons, plusieurs soient déjà rentrés dans la trame de l'histoire contemporaine. Nous remplissons, en les coordonnant dans leur ordre naturel, immédiat, un devoir de conscience en même temps qu'un devoir de citoyen. C'est donc en raison de la nécessité où nous sommes placé, et des difficultés réelles de la langue dont les règles ont été posées par des maîtres, *ex-professo,* que nous nous croyons en droit de compter sur l'indulgence de nos lecteurs.

Ce volume est divisé en quatre parties qui embrassent toute notre administration en notre double qualité de secrétaire d'État de l'agriculture, chargé des finances, et de secrétaire d'État de l'intérieur et de l'agriculture. Des trois autres départements que nous avons gérés par intérim, l'instruction publique, la justice et les cultes, autrefois confiés à l'honorable M. C. Archin, nous n'avons rapporté que trois dépêches qui font suite aux pièces formant la quatrième partie.

Ces quatre parties, qui sont divisées en chapitres, se résument ainsi :

PREMIÈRE PARTIE

De notre entrée au ministère jusqu'au retour du président d'Haïti de la tournée du Nord.

DEUXIÈME PARTIE

Du retour du président d'Haïti jusqu'à la fin de la cession.

TROISIÈME PARTIE

Des vacances jusqu'à la chûte du ministère.

QUATRIÈME PARTIE

Celle-ci, dans l'ordre des départements ministériels, comporte différentes pièces et dépêches de notre administration.

Nous nous empressons de faire observer qu'en publiant cet ouvrage sous ce titre : *Une année au ministère,* notre rôle, on le devine d'ailleurs, est de relater purement les faits de notre administration. C'est pourquoi on ne doit point s'attendre à nous voir entrer dans des détails qui ne touchent point directement à cet objet.

AVANT-PROPOS

On s'en souvient, le 29 juin 1880, nous trouvant au Cap-Haïtien, en qualité de délégué du Gouvernement dans le département du Nord, nous avons dit ces paroles pendant une audience publique :

« Messieurs,

» L'homme que j'ai l'honneur de représenter au milieu de vous, et au nom de qui j'élève la voix en ce moment, le général Salomon, est, au pouvoir, le représentant d'une idée.

» Vous le savez, après les dures épreuves qu'a subies le pays pendant longtemps, les populations, les hommes de bon sens, étaient parvenus à comprendre que le moment était enfin arrivé de faire monter au pouvoir un homme instruit et capable de diriger le char de l'État. Mais les esprits, à cet égard, étaient encore partagés : les uns voulaient passionnément de celui-ci, d'autres de celui-là ; tous, néanmoins, agissaient librement, chacun suivant l'impulsion de son cœur ou les conseils de la raison. De cette différence d'opinions, toutefois, devait naître un jour un conflit. Vous en avez vu les incidents, vous en connaissez le résultat.

» Ce résultat, Messieurs, c'est que le général Salomon, qui a toujours défendu ses droits, mais qui n'a jamais voulu s'emparer du pouvoir par la violence (1), le général Salomon, dont le nom est sorti immaculé de la lutte, a seul triomphé par l'unique force de l'autorité morale. Acclamé par le peuple, qui avait en lui confiance, il fut élu président de la République d'Haïti dans la mémorable séance de l'Assemblée nationale, le 23 octobre 1879.

» Maintenant, le général Salomon au pouvoir, c'est le salut pour

---

(1) Parce que ce grand citoyen avait compris cette vérité que l'autorité qui émane du consentement du peuple est agréable à Dieu : *Vox populi, vox Dei* [1].

[1] Les États-Unis ont gravé, au pied de la statue érigée à la Liberté, ces mots sacrés : *Toute autorité vient du peuple.*

Il n'y a donc d'autorité légitime que celle qui résulte du droit que la société a conféré librement à un homme de la gouverner. Cette autorité revêt quelque chose d'auguste, de divin : *Vox populi, vox Dei.*

tous; car son nom signifie pour nous *réhabilitation, ordre, liberté* et *justice.*

» Personne ici, Messieurs, n'est sans savoir l'état d'infériorité dans lequel vivent encore les descendants de l'Afrique. Depuis nombre d'années, des philanthropes, hommes à la peau blanche, se sont assez sacrifiés pour la réhabilitation d'une race dédaignée qu'ils considèrent comme une portion intégrante de l'humanité, plusieurs, même, comme ayant été la première dans l'ordre de la civilisation. Si nous avons nous-mêmes combattu l'esclavage par le fer, eux, ils l'ont combattu par la propagande des idées et par les plus nobles sacrifices. Mais, hier, c'était l'esclavage matériel avec ses horreurs et ses infamies; aujourd'hui, il ne s'agit que de notre position sociale dans le monde. Dans les Antilles, en Amérique, nous vivons comme frappés de déchéance, d'incapacité. En Haïti, que faisons-nous? Lorsque nous acclamons pour chefs d'État des hommes ignorants, des despotes qui font rétrograder la civilisation, nous compromettons notre propre cause, nous semblons nous prêter à ce que l'étranger se pose encore cette question : « Ces gens-là pourront-ils jamais se gouverner eux-mêmes? »

» Eh bien! c'est à cette question qu'a répondu l'avènement au pouvoir du général Salomon. Oui, nous pouvons nous gouverner; le Président actuel tient à prouver qu'il a raison de croire en cette aptitude de sa race. Aussi incombe-t-il à tous les philanthropes, à tous les hommes de cœur, quel que soit leur parti, leur origine, de l'aider dans l'exercice du gouvernement du pays. Que si, par malheur, ce nouveau chef d'État venait à échouer dans sa mission présidentielle — ce qu'à Dieu ne plaise! — il ne nous resterait plus qu'à désespérer de notre relèvement intellectuel et moral : la race haïtienne aurait vécu pour la civilisation.

» Voilà, Messieurs, comment le général Salomon représente une idée.

» . . . . »

Ce langage renferme, dans sa brièveté, toutes nos pensées, nos vues, le programme, en un mot, que nous avons constamment développé, avant comme pendant le pouvoir du président Salomon; il explique, de plus, l'enthousiasme dont nous nous sentîmes animé lorsque nous fûmes appelé aux affaires. Mais après nous être exprimé d'une manière aussi explicite, après avoir fourni les preuves les plus éclatantes de nos convictions, nous fallait-il encore, pour donner des garanties de notre attachement à l'ordre de choses actuel, descendre dans la rue, le drapeau rouge à la main? Sincèrement, nous ne l'avons pas cru.

Nous n'avions jamais été doctrinaire ni homme de club; nous n'avions jamais non plus entendu renoncer à notre indépendance, et jamais l'amour des honneurs n'étouffera chez nous la voix de la conscience.

Serviteur du pays depuis l'Empire, nous avons assisté à l'écroulement de plusieurs gouvernements et vu maintes fois le peuple en révolution; nous avons vu naître des espérances que suivaient de près d'amères déceptions!... Et de combien de lâchetés n'avons-nous pas été témoin! Mais nous avons admiré aussi de sublimes dévouements cachant les plus honteuses défections.

Depuis trente ans que nous habitons le Port-au-Prince, la politique a donc changé plusieurs fois de forme, et les hommes plusieurs fois d'opinion; mais, pour l'honneur de l'humanité et le bonheur d'Haïti, il y a encore des citoyens qui sont restés invariables dans leurs convictions, parce qu'ils savent imposer respect aux personnes et aux événements; ils disent aux flots : passez, et l'horrible torrent, qui menace de les emporter, continue à poursuivre sa course inconsciente et vertigineuse. Ces hommes, qui résistent ainsi aux évolutions qui s'opèrent sous leurs yeux et les laissent impassibles, ce sont ceux-là qui n'ont jamais d'autre passion que celle du beau idéal qu'ils cherchent à réaliser dans leurs œuvres, en y appliquant toutes les forces de leur entendement, tous les dons du cœur que la Providence leur a départi. Ils sont une phalange, et cette phalange, dont les rangs sont ouverts aux plus humbles comme aux plus grands, a pour devise ces simples mots : *Bonne volonté* et *dévouement.*

Par goût, par caractère, nous aimons à la suivre, cette phalange, et c'est pourquoi, quand le tocsin de la guerre civile, quand le canon d'alarme porte le tressaillement dans le sein de la patrie, nous n'avons qu'un cri : le devoir! Oui, le devoir, nous l'avons rempli depuis vingt-cinq ans sans calcul et sans crainte; il fut et il restera notre guide.

C'est parce que nous sommes resté fidèle à ces sentiments que nos ennemis, mais quels ennemis! ont cherché dernièrement à nous préparer des embûches : les uns avaient cru pouvoir nous intimider, les autres nous compromettre. Le moyen était puéril. On n'intimide que les lâches; on ne compromet pas non plus certains hommes auprès d'un gouvernement qu'ils ont servi avec le plus pur dévouement, l'ayant considéré, dès le principe, non point seulement parce qu'il était le gouvernement, mais comme le triomphe d'une idée, idée que nous avons plus haut définie.

Et telle est la solidarité de sentiment qui a existé entre le général Salomon et nous, en particulier, pendant notre passage au ministère, que nous nous sentions vivre avec lui dans une pensée commune et patriotique : le relèvement moral de notre race (1). Oui, le relèvement de notre race, telle qu'elle est combinée ; voilà le cri de notre conscience, voilà ce qui nous passionna et qui devint le mobile de nos actions. Le triste spectacle de chefs ignorants nous avait humilié dans le passé, nous voulions maintenant, par une politique sage et éclairée, apparaître sous un autre aspect dans les âges à venir. Nul autre, mieux que le général Salomon, ne pouvait remplir cette mission de réparation et de salut. Dieu semble lui avoir donné pour cela

---

(1) Les paroles qui suivent sont extraites d'un discours de M. le sénateur Schœlcher, l'un des plus illustres et le plus persévérant des philanthropes modernes. Schœlcher et Charles Sumner, ces deux noms se mêlent, se confondent dans notre esprit et seront vénérés dans la postérité :

« Que la population d'origine européenne, a-t-il dit, prise en masse, soit encore plus éclairée que la population d'origine africaine, cela est incontestable, mais il n'est pas moins incontestable que celle-ci ne possède, dès aujourd'hui, autant que l'autre, d'hommes bien élevés, ayant famille, propriété, et ce qui s'appelle une position sociale ; chaque jour elle s'élève davantage par le travail, l'instruction et l'épargne, chaque jour elle fournit ce témoignage consolant qu'à éducation égale, toutes les races humaines sont égales.

» C'est en songeant à cela que j'ai fait dernièrement une conférence sur Toussaint Louverture. J'ai voulu rappeler que ce nègre fut un grand homme. Ses belles facultés ont éclaté dès que les hasards de la fortune l'ont mis à même de jouer un rôle ; par son génie, par ses exploits, par l'habileté de son administration, par sa puissance de conception, il a prouvé que l'homme noir ne le cédait à l'homme blanc en rien de ce qui fait la gloire de l'espèce humaine. Et, cependant, il était si peu connu, même parmi nous (créoles des Antilles), que plusieurs de nos jeunes amis refusèrent de prendre part à la souscription ouverte par l'honorable M. Gragnon-Lacoste pour lui élever un tombeau, disant que eux, Français, ils ne pouvaient aimer un personnage qui avait combattu la France. — Ce qu'il a combattu, c'est l'armée envoyée par le traître du 18 brumaire pour rétablir l'esclavage.

» Ce que j'ai dit dans cette conférence, ce que je vous dis aujourd'hui, est l'expression de sentiments que j'ai toujours professés. Républicain depuis l'âge de raison, j'ai été, dans la métropole comme dans les colonies, un ardent défenseur de l'égalité ; j'ai attaqué toutes les aristocraties, y compris celle de la peau, la plus tenace de toutes, peut-être, parce que, de toutes, elle est la plus dénuée de sens commun. »

toutes les facilités et toutes les facultés, vu son âge et ses lumières, qui inspirent respect et soumission; vu son expérience personnelle et sa popularité si justement acquise.

Le relèvement, c'est-à-dire la réhabilitation de notre race, fut notre mobile, disons-nous, et c'était pour la voir se réaliser sous le chef éclairé de la République que, humble ouvrier de cette grande œuvre, nous cherchâmes à organiser avec lui ce qu'on peut appeler la force du gouvernement.

Qu'est-ce que c'est que cette force?

Deux éléments la constituent : l'un est celui des hommes qui travaillent, l'autre l'armée qui veille à la sûreté intérieure du pays (1). Mais entre ces deux éléments distincts, et cependant d'une même unité d'origine, il se forme dans la suite des temps, et accidentellement, un troisième élément dont la masse improductive, à mesure qu'elle se développe, accuse la décomposition des deux premiers. Ce troisième élément, fortuit, est celui des politiciens, *gens sans aveu* pour qui l'administration n'est pas une carrière, mais un besoin; gens toujours à satisfaire, qui flottent entre tous les partis et tournent habilement à tous les vents. Nouveau Sysiphe, le politicien doit se tourmenter dans le travail sans fin de la révolution et de la contre-révolution. Avec lui, plus d'unité sociale : la nation n'aura ni trêve ni repos. C'est de cet élément qu'on peut dire avec raison :

Voilà l'ennemi.

Or, il faut le détruire ou s'opposer à son développement, si l'on veut donner à chacun des deux éléments nécessaires plus de cohésion, plus de durée.

Alors, comment y parvenir? En faisant ici ce que partout on fait, c'est-à-dire protéger et encourager le travail, organiser sérieusement l'armée. De cette façon, les deux éléments que nous désignons éléments constitutifs de la force, acquérant chacun une plus grande puissance d'attraction, ne tarderont pas à absorber le troisième en se l'agrégeant.

---

(1) Nous avons toujours pensé que la puissance militaire seule ne saurait suffire pour constituer la force du gouvernement. C'est pourquoi, traitant autrefois cette question spéciale, nous avons rapporté dans notre opuscule intitulé : *l'Armée haïtienne,* ces paroles d'un des plus savants conférenciers modernes : « La force militaire, si imposante au premier coup d'œil, est la dernière à pouvoir constituer l'unité, l'ordre et la puissance, parce qu'étant plus corps qu'esprit, elle est à la vie ce que l'organe est au sang ».

Cette théorie, telle que nous venons de l'exposer, n'offre d'ailleurs aucune opposition à celle du président d'Haïti, lorsque celui-ci disait dans une célèbre proclamation : « Relever le crédit à l'étranger, le travail à l'intérieur, ne chercher la fortune que dans les efforts de l'activité individuelle, et non dans la poursuite des affaires véreuses; détourner une jeunesse inquiète, faute d'occupations, de la recherche des places publiques; la diriger vers l'agriculture et l'industrie, et, pour cela, créer, avec l'ordre et la sécurité, les moyens de crédit et de circulation, sans lesquels rien ne peut être entrepris; enfin, aux révolutions politiques, qui ne sont que la coalition d'intérêts pour l'assaut et la dilapidation des ressources générales, substituer une révolution économique par les encouragements et les facilités mis à la portée de tous, tel est mon programme, tel est celui que je désire voir accepter de tous ».

Ce sont deux manières de s'exprimer qui conviennent : l'une au chef du pouvoir proposant le but, l'autre au ministre, appréciant et mettant en œuvre les moyens. Elles ont toutes les deux le même objectif : la paix, qu'on ne saurait maintenir sans le travail qui en est comme l'aliment, sans l'armée qui en est la garantie (en Haïti surtout). Une paix sans le travail doit enfanter la misère : ce serait le commencement de la guerre civile. Oui, il faut aux nations une paix active ; le travail est le plus sûr moyen de l'obtenir; sans lui on songerait en vain à des réformes utiles.

C'était donc pour aider le général Salomon — du moins en ce qui nous concernait et dans la mesure de nos forces — à atteindre le but qu'il poursuivait, qu'on nous entendit faire des appels à toutes les forces vives du pays, force morale, force intellectuelle et force physique du peuple. Nous avons compris que, la force gouvernementale ainsi organisée, l'homme d'État, s'il ne succombe à ce qu'on nomme « les tentations de la puissance », peut, sans crainte et sans colère, arriver avant longtemps à pacifier les esprits et à calmer les passions. Il pourra encore, avec plus de droit, agir sévèrement contre tous ceux dont les efforts paralysent son action, qui tend au salut du pays.

Mais des gens qui n'ont jamais senti brûler en eux le feu du patriotisme, en nous voyant si passionné pour la chose publique, nous accusaient de vouloir, dans nos démarches, tendre la main aux libéraux. Il faut ici nécessairement faire une distinction et se demander ce qu'on entend par libéraux. S'agit-il des *libéraux* de la grande école des Isambert, des Wilberforce, des John Brown, des Marion, des

Jn Simon? A ceux-là, je tends encore la main à travers la tombe. S'ils ne sont plus, ils ont laissé néanmoins « un exemple de vertu et de courage », les uns dans le souvenir de leur existence, les autres dans celui de leur mort.

On peut trouver encore des hommes qui ambitionnent la gloire de les imiter en protestant toute leur vie contre toutes sortes d'exclusions, en s'imposant le devoir de défendre les faibles, les opprimés, et en faisant régner partout la justice, quoi qu'il puisse leur en coûter. Ces hommes-là forment une légion d'élite qui est l'honneur de l'humanité.

Or, cette légion de libéraux ne date pas de dix ans seulement; et s'il faut, par rapport à notre rédemption politique et sociale, lui fixer une autre date dans le temps, on doit remonter jusqu'au berceau même de notre indépendance. C'est elle encore, cette légion, qui, après la terrible épopée de 1867 à 1869, élit, pour représenter ses idées et défendre ses intérêts politiques, quelques citoyens au nombre desquels ont figuré au premier rang MM. Boyer Bazelais et Edmond Paul (1).

Mais ceux-ci, après l'avènement du général Boisrond-Canal à la présidence, ne tardèrent pas à se constituer chefs de parti et prétendants.

C'était, d'ailleurs, leur droit, personne ne peut le contester, car tout Haïtien, s'il est né de père Haïtien, s'il est propriétaire d'immeuble en Haïti, s'il a l'âge voulu, peut aspirer à devenir le chef du pays; mais dans la position de M. Boyer Bazelais à la Chambre, être chef de l'opposition et candidat à la présidence, c'était une faute (2).

---

(1) C'est en ce temps-là que le général Salomon, proscrit lui-même, écrivit ces lignes : « Veillons chacun au salut commun; avertissons le pouvoir, éclairons ceux qui ont besoin de l'être et soutenons de nos sympathies ces hommes d'élite que nous voyons au Sénat, à la Chambre et dans la presse, et dont le plus grand mérite est de ne pas désespérer de la patrie, qu'ils défendent avec autant de talent que de courage (1872) ». Et la confiance fut telle dans le sentiment de justice qui s'est manifesté à la Chambre des députés, de 1870 à 1876, que tous les partis vaincus, salnavistes, salomonistes et les dominguistes eux-mêmes, s'étaient mis à pousser le char de ces messieurs, dont ils ont largement contribué à faire la fortune politique. Ceux-ci ne peuvent oublier que ces partis, alors meurtris, étaient dans leur jeu les plus puissants atouts; aussi avaient-ils laissé répéter qu'ils étaient des salomonistes. Cette croyance s'accentuait tellement qu'un journal, organe de l'opposition, arriva un jour à dire : nous avons trois candidats à la présidence : Boyer Bazelais, Paul et Salomon. Voilà la vérité vraie.

(2) On a vu M. Jules Grévy, président de la Chambre en France, devenir chef de l'État en remplacement du maréchal de Mac-Mahon. Cela s'est passé très naturellement, et l'opposition seule y trouva à redire : la raison en est que M. Grévy, homme

D'abord, parce que sa candidature ne pouvait être populaire (1); ensuite, parce que représentant d'une population, il allait devenir le représentant de sa propre cause : le mandataire du peuple paraît alors suspect à la nation (2). On ne peut être à la fois juge et partie.

A partir de ce moment, un groupe se détacha du grand parti comme *une branche d'un arbre généalogique*, selon le langage magistral de M. Ed. Paul. En s'organisant, il devait fatalement revêtir le caractère distinctif de tous les partis : il se fourvoya. L'action devait se circonscrire; on n'évolue plus que dans un cercle qui est l'exclusion. Aussi le vit-on, ce nouveau groupe, commettre les excès que sa formation devait nécessairement amener.

Il rejeta de son sein ceux-là qui, naguère encore, au nom des principes libéraux, avaient versé le plus pur de leur sang, mais qui, à leurs yeux, avaient le tort de ne pas vouloir sacrifier à la candidature de M. Boyer Bazelais.

éclairé, sage et honnête républicain, n'avait pas été un prétendant. Rien de plus funeste que d'être candidat à la haute magistrature. C'est pour avoir été candidat que le général Salomon lui-même est resté vingt ans en exil; c'est pour avoir été candidat ou passé pour tel, que la popularité de M. Léon Gambetta a un moment souffert. Les pervers le savent; aussi, dès qu'ils veulent se débarrasser de quelqu'un, s'empressent-ils de l'affubler du titre de candidat.

(1) Il ne fallait pas se faire illusion; les salnavistes, les salomonistes, les dominguistes même, qui, en juillet 1876, placés dans l'alternative de choisir entre le général Canal et M. Boyer Bazelais (le colonel Boyer, disait le programme), avaient penché pour ce dernier, n'ont jamais vu en lui leur idéal; ils l'appuyaient, l'applaudissaient comme chef du parti de l'opposition, en face des gouvernements qui n'avaient pas leur sympathie. Mais entre le sentiment qui, à une époque, les portait vers les libéraux et le sentiment d'amour et de vénération qui porte tout un peuple à s'enthousiasmer pour un homme, il y a loin, très loin.

(2) On répète à l'envi, et on écrit dans les journaux et les brochures, que tel jour, tel homme a été élu député par 100, 300, 900, 1,200 électeurs. En droit, c'est bien; mais en fait, cela est-il sérieux? Ceux qui disent ces choses, et qui ont intérêt à les proclamer, savent bien, dans leur for intérieur, ce qui en est. Par respect pour les institutions républicaines, on est forcé de se taire. On sait que le peuple, en Haïti, est encore indifférent au bulletin de vote. C'est un malheur, mais ce peuple a son sentiment; il a son fanatisme. MM. Boyer Bazelais et Ed. Paul en furent si peu les représentants, qu'aujourd'hui encore il suffit *d'agiter* leurs noms pour provoquer dans le peuple un tressaillement tel, que l'on croirait avoir vu un prophète quelconque lui prêcher *la guerre sainte.* Ces députés furent si peu populaires que, même après le triomphe de la révolution qu'ils avaient provoquée, ils ne pouvaient remettre le pied sur le sol où les attendaient peut-être leurs anciens électeurs dans des sentiments tout opposés.

Il taxa d'hérésie toutes les manifestations de la pensée qui n'eurent point sa sanction ou que son génie n'avait point inspirées. Il interprêta la Constitution et les lois dans le sens de son intérêt particulier. Il voulut décentraliser, il centralisa. Ce n'était pas assez de la direction politique, il lui fallait la direction municipale et celle du conseil d'arrondissement.

En vérité, ce n'étaient point là des tendances *adéquates* au vrai libéralisme. Celles-ci ne pouvaient avoir pour effet qu'une désorganisation générale. Ce qui eut lieu : la liberté devint la licence, l'égalité l'anarchie, et la fraternité l'égoïsme.

Alors, on put bien répéter, avec le savant et illustre Arago : « Anathème aux partis politiques qui jugent les causes politiques ! »

C'est donc à partir de ce moment que la scission se déclara et que le parti du peuple devint *parti national*, en opposition au groupe qui garda le nom de *parti libéral*.

Mais le parti national lui-même garda-t-il l'unité? Il y eut des faiblesses, car, avec la prétention des députés libéraux, d'autres prétentions s'étaient aussi donné carrière. Ce parti se fractionna en plusieurs autres groupes, qui restèrent simplement unis dans une commune réprobation contre la doctrine de la rue Pavée, incarnée dans Boyer Bazelais. Des nuances diverses se dessinèrent : on vit le national-*libéral,* le national-*salomoniste, salnaviste, dominguiste,* etc.

En présence de ce sauve qui peut général, il y eut naturellement des hésitations : les hommes sérieux se ravisèrent. Il fallait pourtant se décider; les uns prirent alors parti pour le pape, et les autres pour l'empereur (1). Dès cet instant, on ne travailla plus pour une idée; l'intérêt, la passion s'en mêlant, chaque groupe tourne autour d'un homme (2).

Tels sont les faits que l'histoire aura demain pour mission d'établir dans leurs plus minces détails.

La politique a ses nécessités; elle est la science des combinaisons.

---

(1) Le parti aristocratique et le parti populaire, distinction anticonstitutionnelle en Haïti.

(2) En ce temps-là, on pouvait connaître les amis du général Salomon. Les nationaux-libéraux, salnavistes et cacos, évoluaient entre lui et le général Mentor Nicolas; les dominguistes penchaient du côté du général Benjamin Montmorency. On ne s'aimait pas plus les uns les autres; on s'observait, on discutait les chances; on jugea du mérite des candidats.

Il y a des moments où les partis doivent savoir prendre une direction, autrement ils s'exposent à périr infailliblement; aussi, les nationaux, le comprenant ainsi, s'empressèrent-ils de créer un centre d'action. Ils fondèrent le comité du *Ralliement,* et aussitôt parut un journal qui en prit le nom et devint l'organe du parti. Le programme suivant fut accepté et publié (1) :

PROGRAMME

« Nous sommes, nous, le parti de la conciliation et de la réconciliation.

Nous sommes convaincus que notre pays ne connaîtra que des ruines et des désolations tout le temps qu'un loyal et sincère accord ne sera pas établi entre tous les gens de bien, entre tous les bons citoyens mettant en commun leurs efforts, leurs lumières, leurs bonnes volontés, leurs sentiments, pour relever cette chère patrie, cette pauvre patrie, si près de l'abîme.

Nous sommes convaincus que notre pays ne sortira jamais de la misère et de la honte tout le temps qu'il sera en proie à une politique d'exclusion formant une Église dans l'Église, un État dans un État, un camp dans le forum, ayant un mot d'ordre et un mot de passe, entretenant des haines et des ressentiments, vivant de méfiances et d'arrière-pensées, affectant des doctrines absolues et travesties, exploitant une sorte de monopole d'influence et de civisme; écartant, éloignant, proscrivant, tenant comme au lazaret ou au ghetto tous ceux dont on fait des lépreux ou des réprouvés, c'est-à-dire tous ceux qui n'appartiennent pas à la confrérie, quelles que soient, d'ailleurs, l'élévation d'âme et les aptitudes qu'ils puissent apporter au service de la chose publique, de la chose commune.

Nous sommes convaincus que le premier intérêt de notre pays, en ce grave moment, est l'effacement des divisions, l'abolition de l'intrigue, l'apaisement des esprits, l'oubli, plus que l'oubli : l'abrogation du passé.

Nous croyons et nous professons que, pour sortir de l'état dangereux où nous nous trouvons aujourd'hui, il faut la conciliation et la

(1) Celui qui rédigea ce programme, et qui est un des Haïtiens les plus distingués, était à une époque, lui aussi, chef de l'opposition et journaliste. Jamais, pourtant, il n'avait prétendu être l'incarnation du libéralisme dans le pays.

réconciliation. Il faut, c'est là notre sentiment le plus intime, noyer ce passé qui nous divise dans les ombres de la perspective, effacer hier et mettre demain en pleine lumière, au premier plan. Il faut que ce qui a été n'ait pas été. Il faut l'union dans l'unité.

Nous n'aimons pas les baisers Lamourette; nous détestons l'hypocrisie, la comédie en dehors des planches; nous répugnons aux finesses perfides; nous avons horreur de la duplicité, des petites habiletés mises à la place de l'habileté; nous sommes la franchise. Et quand nous offrons ainsi la main à nos concitoyens, sans exception de partis ou d'opinions, c'est sincèrement, c'est cordialement, c'est loyalement que nous le faisons. Nous obéissons, en cela, à la fois à nos convictions et à nos sentiments.

Les partis exclusifs, les partis fermés, n'ont jamais eu, n'auront jamais d'avenir; n'ont jamais pu, ne pourront jamais faire aucun bien; leurs triomphes, loin de là, n'ont jamais été, ne peuvent jamais être que les précurseurs de la tempête.

La raison de cela est bien simple à trouver : les affaires de l'État n'étant pas la propriété de quelques particuliers, il n'est pas possible qu'une nation permette qu'elles deviennent le bien propre, l'acquêt ou le patrimoine d'une compagnie, à l'exclusion de tous ceux qui n'ont pas la grâce d'être du cénacle, et à son grand détriment, à elle, la nation; car, comme l'esprit d'intrigue, issu nécessairement de l'esprit de coterie, engendre à son tour les iniquités, met toutes choses sens dessus dessous et provoque les agitations, il faut fatalement que la chose publique aille mal, soit en péril, quand une faction de ce genre est parvenue à s'emparer des intérêts de l'État.

Cela est incontestable et incontesté. Et c'est pour cela que nous sommes, nous, le parti de la conciliation, c'est-à-dire un parti ouvert, ouvert à tous; conviant tous les Haïtiens à se rallier à nous, à s'unir à nous, pour que tous ensemble, unis et réunis, nous sauvions notre pays, notre héritage à tous.

Nous sommes le parti du progrès. Nous entendons par progrès, non point les utopies qu'on sasse et ressasse chez nous depuis quelque temps pour faire du bruit, pour faire de l'esbrouffe; mais les combinaisons propres à mettre un terme à la misère qui afflige les familles et déshonore cette belle terre d'Haïti, les moyens à employer pour relever ce pays ruiné en relevant et en améliorant la production, en augmentant par là les ressources de l'État, et, du même coup, celles des particuliers.

Il est clair qu'il n'est pas possible que le commerce que fait ce pays avec l'étranger reste longtemps encore sur le pied où il est, c'est-à-dire non seulement improductif, mais ruineux. Il est clair que cet état de choses effrayant, où la souffrance est intense et générale, ne pourra être changé que le jour où l'on aura approprié à notre population les procédés d'administration et d'organisation qui font la prospérité des pays éclairés, des pays libres.

C'est la nécessité, la nécessité urgente d'entreprendre ces travaux et la possibilité de les accomplir, en s'y prenant comme il convient, qui nous inspireront, qui seront notre principale préoccupation.

Nous ne songeons, pour le moment, ni aux chemins de fer, ni à l'éclairage au gaz, ni aux boulevards d'asphalte bordés de palais, ni à la construction d'édifices somptueux pour la représentation des partitions de Méyerbeer et de Verdi; nous ne sommes pas des visionnaires. C'est par le commencement qu'il faut commencer. Nous ne voulons que le possible, le nécessaire, l'indispensable, c'est-à-dire un peu d'ordre, un peu d'organisation, un peu d'administration, pour tirer parti des facilités de notre sol privilégié, combattre la détresse qui étreint les familles, faire prospérer peu à peu la chose publique.

Il n'est pas possible d'être plus raisonnable ni plus pratique. Mais ce *desideratum*, si modeste qu'il soit, ne peut s'obtenir, ne peut s'entreprendre même, si des hommes vraiment éclairés, vraiment clairvoyants, vraiment capables de conduire les affaires publiques, ne sont appelés à méditer, à travailler, pour trouver le moyen de l'accomplir graduellement, sans porter atteinte à aucuns droits.

A propos de ce respect de tous les droits, des droits de tous, nous ajouterons une troisième affirmation, à savoir : nous sommes le parti véritablement libéral.

Nous sommes, en effet, pour le régime des lois avec ces libertés *nécessaires* qui suffisaient au programme de M. Thiers, la plus grande autorité de ce siècle en matière de système représentatif et de gouvernement parlementaire.

Nous sommes pour les libertés sans exagération, sans confusion, les seules qui soient fécondes, les seules qui ne soient pas nuisibles à la liberté.

Nous nous déclarons ami du gouvernement actuel; et cela est vrai, et on le verra.

Nous sommes pour le respect des pouvoirs publics et de l'ordre de choses établi dans la République. Et nous désirons pour notre pays des lois claires, simples, conformes à son caractère, faciles à comprendre, faciles à pratiquer, afin qu'elles puissent être exécutées suivant leur esprit, et qu'elles donnent réellement toutes les garanties et les sécurités auxquelles tout homme libre a droit dans la vie sociale. Ce sont des lois de ce genre que nous voyons chez les peuples les plus estimables par la régularité de leur existence politique, par leur prospérité, par leurs progrès.

Être *libéral* n'est pas un mystère, une sanctification miraculeuse descendue du ciel sur la tête de quelques personnes choisies par Jéhovah comme les israélites de l'antiquité biblique, qui s'appelaient, sans se gêner, *le peuple de Dieu*. Être libéral n'est pas le privilège exclusif d'une association admise dans le secret des dieux, comme autrefois les initiés aux mystères d'Éleusis. Aucun parti politique, aucune ligue, aucune cabale n'a reçu d'en haut le dépôt du *libéralisme*, comme jadis les flammes et les vestales avaient la garde des autels et du feu sacré; de même qu'aucune réunion d'hommes ne peut, saine d'esprit, se vanter d'avoir à elle seule le privilège de la vertu, de l'honneur, du mérite.

Pour être libéral, il faut d'abord être né généreux, avoir des sentiments élevés, de l'élan; il faut ensuite avoir l'esprit assez juste et assez large pour reconnaître que ce que l'on appelle le régime libéral, qui n'est autre chose que le régime de la justice, est le mode de gouverner le plus propre à faire du bien aux hommes réunis en société. Car le bien n'est pas seulement matériel, mais il comprend dans son vaste ensemble la satisfaction des besoins moraux, des tendances de l'âme, née libre et maîtresse d'elle-même.

Bon nombre de ceux qui se disent *libéraux* ne le sont, comme on le voit, que de nom ou à leur manière.

La plupart, en effet, de ceux-là qui, pour les besoins de leurs plans, se donnent si comiquement pour les représentants naturels et les tuteurs des libertés publiques dans ce pauvre pays, ont été toute leur vie notoirement et traditionnellement opposés à ces choses, qui sont étrangères à leur manière d'être, à leur organisation concentrée, compassée.

Aussi font-ils sourire les gens de cœur, les gens nés libéraux, qui les regardent et les écoutent.

Ce mot de libéralisme n'a pas, ainsi qu'on semble le croire, un sens caché, un sens mystique, compris seulement d'une franc-maçonnerie inspirée et illuminée; libéralisme signifie justice, c'est là son acception la plus haute et la plus complète. Or, la justice n'est pas un mystère.

Le libéralisme, c'est le cœur, l'équité, la raison et le raisonnement, appliqués à la constitution politique des nations. A ce titre, personne au monde ne peut se dire plus libéral que nous. Bien peu le sont autant que nous.

Mais il y a plus : on croit assez volontiers en Haïti, depuis quelque temps, qu'il suffit de prononcer emphatiquement ce mot de libéralisme, qu'il suffit de se proclamer libéral, pour l'être en effet. Erreur grande! Ces vocables sonores de libéralisme, libéral, principes libéraux, ne sont pas comme des mots de ralliement n'ayant d'autre utilité que de faire reconnaître les adeptes d'une initiation ; ces syllabes bruyantes ne sont pas le *sesame* des contes arabes qui ouvre toutes les portes et opère tous les prodiges, tant s'en faut. Régime libéral est le nom d'un système politique qui a pour but de créer le bien général au moyen de toutes les forces libres d'un pays travaillant librement pour la chose commune. Ce système-là n'aurait aucun sens, serait absurde même, s'il ne devait produire des résultats. On cultive l'art pour l'art; on ne professe pas le libéralisme pour le libéralisme. Cela serait pitoyable et risible. Quand on adopte les principes libéraux, c'est pour leur faire produire les avantages qu'ils donnent plus facilement et plus complètement que les autres régimes, c'est-à-dire le bien public.

On avouera qu'il est ridicule de se dire libéral, d'avoir un régime libéral, et, considérant que par ce seul fait tout est dit, de s'asseoir paisiblement la tête béate, plongé dans la contemplation de son nombril, comme les fakirs de l'Inde, et psalmodiant gravement toutes les dix minutes : *Je suis libéral! je suis libéral!*

Nous, ce n'est pas platoniquement que nous aimons le libéralisme, mais pour lui demander les services qu'il rend à tous les pays qui l'ont adopté, c'est-à-dire pour qu'il nous aide sérieusement à faire naître la prospérité publique.

Voilà comment, nous, nous entendons les choses, et voilà comment nous nous appliquerons à les expliquer.

. . . . »

On sait ce qui s'en suivit; on se rappelle encore les intrigues qui aboutirent à la triste affaire du 13 mars 1878.

Arrivé, deux ans plus tard au ministère, sous le gouvernement du général Salomon, ancien président du comité de *Ralliement*, nous parlâmes encore de *fusion*, de *conciliation* et de *réconciliation;* mais alors nous ne voulions point que cette fusion ne fût qu'une vaine apparence, que le résultat de convenances affichées sur les places publiques; nous ne voulions plus de ces *poignées de main* données sur la place d'Armes; nous rêvions d'une fusion sincère, de la conciliation et de la réconciliation qui s'accomplissent naturellement dans le champ neutre du travail national, encouragé et devenu prospère.

Non, nous n'avons pas, pour cela, trahi notre foi politique; nous n'avons pas tendu notre main, de la façon que les malveillants l'ont fait entendre, à ceux contre lesquels le peuple en colère se porta dans la lutte du 30 juin 1879, lutte qui devait se terminer si tristement aux Gonaïves. Ce parti ne vit plus aujourd'hui que par ses écrits et les agitations qu'il a essayé de provoquer dans le pays. C'est le parti de la contre-révolution avec tous les maux qu'elle entraînerait. Nous avons appelé, pour aider le gouvernement à constituer une force sérieuse et rationnelle, des hommes qui n'avaient point pris part d'une manière active aux événements, ou qui, n'ayant connu le général Salomon que par le portrait que ses ennemis avaient fait de lui depuis vingt ans (1), étaient devenus sincèrement *gouvernementaux* après la proclamation du 23 octobre. Propriétaires et producteurs, ils ne peuvent vouloir que la paix, et ne demandent qu'à soutenir un gouvernement qui la leur assure.

Voilà des hommes dont on peut dire avec certitude : « Ce sont de vrais conservateurs ».

« La paix que je défends ne saurait être exclusive; elle ne peut être faite de joie pour les uns et d'amertune pour les autres », a dit le président Salomon dans sa proclamation du 1er janvier 1882. Il ne fut pas moins explicite deux ans auparavant, lorsqu'il écrivit ces paroles : « J'accepte la lourde responsabilité que vos suffrages m'ont imposée. Si je m'incline devant la volonté nationale, c'est que je crois retrouver dans ma conscience l'écho de la conscience de tous; c'est que les sentiments que j'apporte au pouvoir, je crois, j'espère, je souhaite ardemment les retrouver chez tous les membres de cette société, à quelque rang qu'ils appartiennent, à quelque parti qu'ils aient appartenu... »

---

(1) « J'ai mérité le périlleux honneur qu'autour de moi, de mon vivant, il se créât une légende (Salomon) ».

La preuve que l'ancien président du comité de *Ralliement*, devenu chef d'État, n'avait pas changé à cet égard d'opinion, peut se trouver encore dans le fait suivant, que nous voulons raconter. Le 23 décembre 1881, dans une réunion au palais, où furent provoquées de chaleureuses explications sur la politique du jour, le président Salomon se leva à un moment donné, et, sous l'influence d'une assez forte émotion, s'exprima en ces termes : « On dit qu'à ma place on aurait agi autrement. Eh bien! sachez-le, c'est grâce à ma modération que mon gouvernement a pu, jusqu'ici, se maintenir; si, arrivé au pouvoir, je cherchais à persécuter mes ennemis, à me venger, déjà peut-être on aurait réussi à me renverser ».

Que faut-il dire de plus pour établir la parfaite harmonie de nos idées avec celles du président?

Il y a des moments où il faut savoir se concilier l'opinion : c'est ce que nous avons cherché à faire (1). Et, chose digne de remarque, un autre ministre, organe d'un gouvernement qu'on ne peut appeler libéral, M. de Persigny disait, en 1860, dans une de ses circulaires : « Beaucoup d'hommes honorables et distingués des anciens gouvernements, tout en rendant hommage à l'Empire pour les grandes choses qu'il a accomplies, se tiennent à l'écart par un sentiment de dignité personnelle. Témoignez-leur les égards qu'ils méritent; ne négligez aucune occasion de les engager à faire profiter le pays de leurs lumières et de leur expérience, et rappelez-leur que, s'il est noble de conserver le culte des souvenirs, il est encore plus noble d'être utile à son pays ».

---

(1) Le journal *l'Œil*, numéro du 7 janvier 1882, publia le programme politique du nouveau ministère, où nous lisons ce qui suit :

« Le principe démocratique doit être appliqué, en ce qui concerne les emplois publics, dans toute son inflexible logique : aux nationaux l'administration du pays!

Ils étaient, ils seront peut-être demain au péril. Il faut qu'ils soient aujourd'hui à l'honneur!

Sous prétexte de rallier les mécontents, on a parfois oublié ce principe tutélaire. Le nouveau ministère, espérons-le, n'y manquera pas.

Les hommes qui le composent sont trop expérimentés pour ne pas savoir qu'on ne r allie rien avec ce système faux et bâtard de fusion déloyale. L'homme politique qui en essaie gagne parfois dans un certain milieu une petite popularité éphémère et malsaine, mais c'est toujours au détriment de l'État, au détriment du chef qu'il sert! »

Heureusement, les citoyens que nous avons appelés pour former des commissions soit agricoles, soit industrielles, n'ont pas eu besoin d'emplois publics pour vivre.

Telles sont aussi nos convictions et telle a été la ligne de conduite que nous avons tenue pendant une année au ministère.

Nos accusateurs ne se sont pas arrêtés à l'imputation que nous venons de démolir ; sous le voile de l'anonyme, ils voulurent encore nous briser. Après avoir travaillé à nous rendre suspects, ils combinèrent les moyens de nous faire quitter la place, en nous désignant au peuple comme un *aristocrate*. Finalement, quand ils nous croyaient assez compromis et non encore décidé à fuir, ils nous lancèrent le coup de pied de l'âne. Quelques extraits dévoileront encore mieux leurs machinations.

Le 15 novembre 1881, quand nous étions encore au ministère :

« Voyez ce qui se passe, disaient-ils : déjà vous n'avez plus confiance en Piquant, votre gâté ; le bruit court même que vous devez le faire arrêter, au point que Mme Piquant s'en alarme et s'informe.

» Vériquain et Prophète conspirent ouvertement ; vous êtes seul à ne pas le voir, Lysius.

» Légitime se ménage l'opinion générale et insinue gracieusement ses droits à votre succession. »

Le 28 février 1882, quand déjà nous avions quitté le ministère :

« Renvoyer Légitime, le seul lien qui vous attachait à la société (1), est une faute capitale dont vous devez prévoir déjà les conséquences — (JACOT). »

---

(1) Ce ballon d'essai ne produisit pas l'effet qu'on en attendait. Mon arbre généalogique, à moi, c'est la souche du peuple. Le président, dont on voulait apparemment blesser l'amour propre, nous dit ceci, en parlant de *Jacot* : « Vieille ficelle que tout cela !... Du temps de Christophe, un parent de X..., qui était à l'étranger, s'est servi des mêmes moyens pour faire mourir un ennemi qu'il redoutait dans l'entourage du roi. Il fit adroitement tomber entre les mains de celui-ci une lettre adressée à cet ennemi, auquel on semblait accuser réception d'une lettre politique ».

Or, on le voit, pour être chef d'État, en Haïti, il faut être instruit de tout et avoir de l'expérience ; on doit, surtout, connaître l'histoire de son pays.

Mais là ne doit pas se borner la question. Examinons un peu, cherchons à découvrir le but inavoué de cette phrase : *seul homme de société*, etc. Ici, le mot de société si impolitiquement choisi, si improprement employé, devait, dans la pensée de l'auteur, avoir pour effet de nous mettre hors de cour, en rendant notre présence insupportable dans le pays. C'était provoquer sur toute la ligne des amis du pouvoir l'indignation de l'orgueil froissé ; il devait s'y produire un *tolle* général répondant au sublime *hosanna* du pamphlétaire dans ce *Jacot* sans couleur.

Qu'entend-t-on, d'ailleurs, par société? La société c'est le peuple, l'ensemble du peuple formant la plus puissante personne morale dans l'État, jouissant d'un droit

Un autre jour, vers le mois d'août de la même année, quand les passions se sont manifestées :

Deux encore à nommer. Oh! que le tyran tremble!...
Puissent son alguazil et tous les deux ensemble,
A ces noms d'*Haëntjens* et *Prosper Bellaton,*
Nous indigner d'horreur, crever sous le bâton!
O Georges Haëntjens! Innocente victime
De lâche trahison; tu crois en Légitime
Comme on croit à l'ami, et l'infâme te vend
Comme Judas vendit Jésus pour de l'argent.

En vérité, en face de pareilles contradictions et d'inepties qui découvrent une profonde malveillance, il n'y a plus qu'à secouer la semelle de ses souliers.

Mais il y a encore des gens qui, dans leur dépit, ne peuvent nous pardonner d'avoir fait l'Exposition. Ils jettent partout de hauts cris, disant : Il a gaspillé l'argent du pays! Pourquoi une Exposition? Le pays est-il assez avancé?... Ma foi, ces gens-là méritent de la pitié; car nous craignons que si le pays leur demande compte un jour de leur administration, ils n'aient à présenter que des manœuvres de coulisse et les fautes de leur vanité. Qu'ils sachent qu'en politique, le meilleur système d'économie est celui qui a pour but l'accroissement de la richesse publique, et que partout les expositions y concourent pour une large part. Ah! si avant le président Salomon, si avant notre arrivée aux affaires, ils avaient trouvé dans leur vaste cerveau quelque chose qui remplaçât la ridicule cérémonie du couronnement des campagnards (1), nous n'aurions pas eu, nous,

---

égal en politique. Une société est naturellement divisée en classes, que maintient l'inégalité des conditions morales et intellectuelles; mais elle ne peut jamais signifier une classe privilégiée. Voilà le sophisme de nos politiciens dévoilé.

A cela, M. Thiers a déjà répondu : « La République sera conservatrice, ou elle ne sera pas....... La République n'est qu'un contre-sens si, au lieu d'être le gouvernement de tous, elle est le gouvernement d'un parti quel qu'il soit. Si, par exemple, on veut la représenter comme le triomphe d'une classe sur une autre, à l'instant on éloigne d'elle une partie du pays, une partie d'abord, et le reste ensuite ».

(1) Disons, cependant, que M. Delorme, à son passage au ministère de l'intérieur et de l'agriculture, voulut inaugurer un meilleur système d'encouragement. Il ordonna bien d'organiser des concours dans toute la République, mais la révolution, qui ne tarda pas à éclater, ne permit pas que son intention, malgré les plus nobles efforts tentés dans ce but, fût mise à exécution.

nouveau venu de la politique, à faire les dépenses qu'ils nous reprochent. En organisant l'Exposition, c'était réaliser le vœu de tout le monde et une promesse du chef de l'État, faite au pays lors de son voyage à Jacmel.

Bien que, de tout cela, il ne nous revienne qu'un peu d'amertume, nous nous réjouissons, néanmoins, en pensant qu'au 4 septembre 1881 le peuple fut heureux, et que le gouvernement actuel nous rendit justice lorsque, six mois après notre démission, il disait dans l'exposé général de la situation :

« L'Exposition nationale a dépassé les espérances que s'étaient formées mon gouvernement dans cette joute de l'industrie. Dix-huit cents exposants des divers points du pays y ont envoyé leurs produits, et de l'émulation qui doit naître de cette œuvre sortiront d'heureux fruits pour l'avenir. La distribution des récompenses a été faite à plus de trois cents industriels. Malheureusement, elle n'a pu être entourée de la pompe nécessaire, en présence de l'épidémie qui s'est abattue sur la population de la République. Si de fortes dépenses ont été faites pour ce premier essai (1), certes elles ne seront pas perdues, et l'année 1881 marquera une de nos meilleures étapes dans la voie de la civilisation réelle, effective ».

Tel est l'exposé dont nous avons cru utile de faire précéder le long et laborieux travail que nous avons entrepris, afin d'éclairer le lecteur sur les événements qui ont marqué notre passage aux affaires de l'État.

---

(1) Ces fortes dépenses se sont élevées à la somme de P. 64,053,39, augmentées d'une autre de P. 5,000 d'escompte en faveur de ceux qui, pour réaliser les avances qu'ils avaient faites, ont été obligés d'escompter leur ordonnance à 20 pour 100.

UNE
ANNÉE AU MINISTÈRE
DE L'AGRICULTURE ET DE L'INTÉRIEUR

PREMIÈRE PARTIE

CHAPITRE PREMIER

Notre entrée au ministère.

Le 10 décembre 1880, le président d'Haïti nous fit appeler au palais ; nous nous rendîmes immédiatement auprès de lui pour entendre les communications qu'il avait l'intention de nous faire. Nous étions alors bien loin de penser à la proposition que Son Excellence allait nous adresser.

Il était revenu précipitamment du Sud, où, depuis plus d'un mois, il faisait sa tournée, visitant partout les populations ; son brusque retour au milieu de nous était commandé par le besoin qu'il avait, nous dit-il, de s'occuper, à la capitale, de pures questions d'administration. Son Excellence nous accueillit avec sa bienveillance ordinaire et se hâta de nous dire à peu près ces paroles : « Je dois bientôt réformer mon cabinet ; en attendant, et comme on fait circuler certains bruits, je vous appelle pour vous charger du portefeuille des finances...

Mais pour vous créer une situation plus conforme aux nouvelles fonctions que vous allez occuper, je vous nomme secrétaire d'État de l'agriculture ». Ce témoignage de confiance nous fit une agréable impression ; nous ne pouvions nous défendre d'un sentiment d'orgueil en pensant, dès lors, au résultat qui pourrait résulter des efforts que nous allions déployer dans cette nouvelle et haute position confiée à notre patriotisme.

Nous acceptâmes donc la proposition du président d'Haïti ; mais, nous devons le dire, au fond de notre cœur, nous sentîmes aussitôt comme le contre-coup du premier mouvement qui venait de se produire en nous, c'était la manifestation d'un sentiment non moins fort que le premier, le regret de renoncer à une position déjà acquise par vingt-trois années de service dans un autre poste de confiance. Directeur de la douane du Port-au-Prince, après avoir parcouru tous les degrés hiérarchiques de cette administration, nous ne pouvions quitter sans un serrement de cœur le milieu dans lequel nous avions passé la plus grande partie de notre jeunesse ; aussi comprendra-t-on facilement que notre émotion dut modifier la satisfaction que nous avions tout d'abord éprouvée.

Le lendemain, samedi 11 décembre, la nouvelle de notre nomination fut rendue publique par l'arrêté du chef de l'État, ainsi conçu :

SALOMON, *président d'Haïti*,

Vu l'article 124 de la Constitution :

A ARRÊTÉ et ARRÊTE ce qui suit :

Art. 1er. — Le général de division F.-D. Légitime est nommé provisoirement secrétaire d'État de l'agriculture ; et il est chargé, par intérim, du Département des finances et du commerce, jusqu'au retour du titulaire, M. Charles Laforestrie, en mission à Paris.

Art. 2. — Le présent arrêté sera imprimé, publié et exécuté à la diligence du secrétaire d'État de l'intérieur.

Donné au Palais national du Port-au-Prince, le 9 décembre 1880, an 77e de l'Indépendance.

SALOMON.

Par le président :

Le secrétaire d'État de l'intérieur,
Évariste LAROCHE.

Maintenant, quels sentiments cette nomination provoqua-t-elle à Port-au-Prince et ailleurs ? Nous sûmes bientôt que le commerce de la capitale regrettait vivement notre subite retraite de la douane, où nous lui rendions de grands services en protégeant des intérêts qui sont la source d'où découlent les revenus de l'État ; car nous nous étions trouvé souvent dans la nécessité de concilier les exigences d'une loi ancienne avec les progrès journellement accomplis dans l'industrie et dans la navigation. Ailleurs, comme à Port-au-Prince, on entendit tous ceux qui partageaient les idées que nous avions déjà publiées, applaudir à notre élévation. D'autres ne cachèrent point leur satisfaction de nous voir subir la pénible épreuve du ministère.

Ce n'est pourtant pas chose facile que d'être au pouvoir lorsqu'on a déjà fixé sur soi les regards de tous ; que les uns attendent beaucoup de votre savoir-faire, et que d'autres, doutant de vos moyens, s'apprêtent à les paralyser. On court alors plus facilement le risque d'un naufrage, et, pour cela, il ne suffit que d'une hésitation. L'opinion qui, souvent, nous porte bien haut, en se modifiant tout à coup, peut nous laisser sur des écueils.

Rentré en nous-même après les premiers moments de perplexités, nous nous prîmes à considérer résolument les difficultés de la tâche qui nous était imposée. Voulant répondre dignement à la confiance de celui qui nous avait choisi, et à l'attente du public qui nous appuyait de ses vœux, nous nous empressâmes, dès le jour même de notre nomination, de soumettre au président d'Haïti un court aperçu de nos vues sur les finances et sur la façon dont nous entendions les administrer jusqu'à l'arrivée du titulaire, M. Charles Laforestrie.

Le 13 décembre, en prenant les rênes du ministère des finances, nous demandâmes au chef de division de ce département la situation des différentes trésoreries et l'état de la caisse de la République. M. Brutus Saint-Victor nous remit les notes suivantes :

Trésor général. — Existant en caisse.......P.	70,000 »
Caisse d'amortissement. — Titres retirés de la circulation..	194,339 62
Chambre des comptes. — Dito.................	45,086 26
Total.............P.	239,425 85
Bons compensables délivrés jusqu'à la date du 9 décembre..	766,883 49
Bons à échéances fixes émis par le Trésor général..	120,955 90
Total.............P.	887,839 39

En ce moment-là, comme on était à l'approche des fêtes de fin d'année, les fonctionnaires publics, qui n'étaient point payés depuis le mois d'octobre, commençaient à s'inquiéter, en raison des dépenses obligées qu'ils allaient avoir bientôt à faire. Il fallait trouver de l'argent pour satisfaire des besoins si légitimes ; et, pour payer ces seuls appointements, le Gouvernement jetterait du même coup dans la circulation une valeur assez considérable. Dans cette occurrence, nous convoquâmes au ministère des finances les principaux négociants de la capitale; et là, après leur avoir exposé franchement l'état de la caisse et leur avoir indiqué les ressources sur lesquelles le Gouvernement pouvait compter, nous leur traçâmes la ligne de conduite que nous allions tenir afin d'arriver, le plus tôt possible, au moyen de ses ressources, à équilibrer la situation du trésor public. Ces messieurs nous écoutèrent avec intérêt et avec une entière confiance (1) ; dès ce jour, ils ouvrirent leurs bourses au Gouvernement, mettant ainsi à notre disposition les valeurs dont nous pouvions avoir immédiatement besoin. De cette façon, nous pûmes payer, à la date du 27 décembre de cette même année, tous les appointements dûs jusqu'alors, y compris l'exercice du mois courant.

Quelques jours après notre installation, le président d'Haïti était reparti pour les Cayes, d'où il devait se remettre en route pour achever sa tournée dans le département du Sud. Jusqu'à son retour, qui eut lieu le 26 décembre, le Gouvernement fut représenté à la capitale par M. Évariste Laroche et nous.

---

(1) Un mois plus tard, le commerce donna un grand banquet en l'honneur du chef de l'État. Dans ce banquet on porta des toasts aux membres du cabinet : celui qui nous fut adressé témoigne de la confiance dont nous parlons.

M. Louis Rivière s'adressa ensuite en ces termes au secrétaire d'État de l'agriculture, chargé des finances :

« Monsieur le Secrétaire d'État,

Le comité chargé d'arrêter le programme de la fête gracieusement offerte à Son Excellence le Président de la République, m'a fait l'honneur de me désigner pour porter, au nom du commerce, un toast en votre honneur.

Je ne sais, vraiment, à quoi je dois une si grande marque de confiance.

Mais j'en suis profondément touché, et, je m'empresse de le déclarer, j'ai accepté avec un véritable plaisir la tâche qui m'a été confiée.

J'ai accepté avec plaisir, ai-je dit. C'est qu'en effet, il m'est personnellement agréable d'avoir, en cette solennité, à rendre un hommage public, et justement mérité, au citoyen éclairé et estimable sous tous les rapports, que la sagacité du chef de l'État a appelé au pouvoir comme ministre titulaire de l'agriculture et provisoire des finances et du commerce.

Et cet hommage que je me plais à vous rendre, Monsieur le Secrétaire d'État, est d'autant plus légitime, que le commerce, dont je suis l'organe, et qui a l'honneur de vous connaître particulièrement, fonde déjà, et à juste titre, sur votre administration, les plus chères espérances.

En effet, Monsieur le Secrétaire d'État, le portefeuille de l'agriculture, que vous a confié le président d'Haïti, est, sans conteste, un des plus importants, et peut-être même, à certains points de vue, le plus important, chez nous du moins, des départements ministériels.

A cette époque de l'année, la joie était dans tous les cœurs et l'ordre régnait dans tout le pays. Aussi, le premier janvier, qui est partout un jour de fête de famille, mais qui, pour nous autres haïtiens, est particulièrement celui d'une fête éminemment nationale; car c'est le jour *auguste* et *triomphant* des fondateurs de notre indépendance, on s'abordait franchement en se donnant la main. Déjà, la veille, le chef de l'État, répondant aux souhaits de bonne année que M. Archin lui exprima au nom du cabinet, avait donné à ses ministres un haut témoignage de confiance et de satisfaction. « Dans le Conseil, avait dit le secrétaire d'État de la justice à la fin de son discours, il peut nous arriver parfois d'être opposés à vos

---

Un vaste champ est désormais ouvert à vos capacités et à votre énergie.

Bientôt, il n'appartiendra plus qu'au Gouvernement, et cette grande gloire est réservée au président SALOMON, que les graves questions économiques qui sont en discussion depuis déjà si longtemps, et qui reviennent périodiquement sur le tapis, ne soient définitivement résolues, au plus grand profit de la nation.

Alors, la haute sollicitude du Gouvernement devra se porter plus particulièrement sur l'agriculture et le commerce, ces deux puissants leviers de la prospérité nationale.

Le commerce et l'agriculture florissants, et, par suite, la tranquillité publique assurée, *il est impossible* que dans un avenir plus ou moins prochain, notre pauvre pays, notre chère Haïti, naguère surnommée « La Reine des Antilles », ne reprenne bien vite son ancienne splendeur.

Quel bonheur alors pour tous ! . . . . Mais je m'aperçois que je m'oublie; je me suis laissé entraîner par une perspective. . . bien séduisante, en effet, et je ne me rappelais plus, Monsieur le Secrétaire d'État, que je suis chargé de vous présenter les chaleureuses et sincères félicitations du commerce, à l'occasion heureuse de votre avènement au poste élevé où il a plu à Son Excellence de vous appeler depuis peu.

Le commerce, dont le tempérament est d'applaudir à tout ce qu'il y a d'heureux, vous souhaite donc la bienvenue, Monsieur le Secrétaire d'État.

Mettez-vous à l'œuvre résolument.

Et, soutenu par la volonté inébranlable du chef de l'État, avec le concours éclairé et patriotique de MM. les Secrétaires d'État, vos collègues, et l'appui moral de vos concitoyens, qui, certes, ne vous fera pas défaut.

Sauvez la chose publique ! »

vues, mais Votre Excellence ne doit point s'embarrasser si sa politique lui commande de se séparer de nous ; nous le savons, il y a des nécessités politiques qui s'imposent souvent à un chef de gouvernement, et, à certains moments, les hommes doivent s'effacer pour satisfaire les raisons d'État ». Le président, après avoir répondu aux premières paroles du ministre, ajouta : « Je saisis l'occasion qui m'est offerte pour vous déclarer, Messieurs, que j'aime toujours à recevoir des conseils, que je ne suis jamais contrarié lorsqu'on oppose des raisons à ma manière de voir : je veux être éclairé ». En terminant, Son Excellence nous donna l'assurance que, jusqu'alors, elle n'avait qu'à se féliciter du concours que lui prêtaient les secrétaires d'État.

Dans la matinée du 1er jour de l'an, le président, suivant l'usage consacré, alla lire aux troupes et au peuple assemblé la proclamation dont nous extrayons les lignes qui vont être reproduites. Par la publication d'un tel document, le pays arrive toujours à se fixer sur les sentiments de nos gouvernements.

« La tournée que je viens de faire m'a mis à même d'apprécier les souffrances des populations, souffrances provenant aussi bien des événements politiques que des désastres naturels, et de réfléchir aux moyens de les guérir ; en me faisant toucher, en quelque sorte du doigt, la décadence de villes et de campagnes jadis florissantes, elle m'a rempli de tristesse ; mais, si elle m'a révélé un état de choses dont j'étais loin, malgré les récits qui m'en avaient été faits, de soupçonner toute l'étendue, elle m'a fortifié dans la résolution de rendre, coûte que coûte, à ces populations, les éléments de progrès et de bien-être dont elles ont besoin. La joie manifestée sur mon passage est une preuve d'engagement réciproque entre elles et moi pour le bien du pays, engagement qu'on essaiera vainement de paralyser ou de rompre.

» D'autres mesures d'intérêt général ont été également prises, des chemins de fer votés, des concessions importantes accordées, des lois destinées à protéger le travail agricole promulguées ; l'armée, cette base essentielle de l'ordre, est réorganisée. L'établissement prochain d'un cable télégraphique sous-marin, et notre entrée dans l'union postale, ne tarderont pas à relier notre pays au reste du monde.

» Je dois rendre cette justice au Corps législatif, qui m'a secondé de tous ses efforts dans l'accomplissement de ma tâche. Usant des prérogatives que m'accorde la Constitution, *j'ai créé un cinquième ministère, celui de l'agriculture, afin de placer sous une direction spéciale, et par cela même, d'autant plus efficace, cette branche première du travail national, dont la ruine a été, on peut le dire, la source de tous nos maux. Sa décadence avait fermé la voie des carrières pacifiques, et, par là, porté les esprits à recourir aux agitations politiques, conséquences inévitables des ambitions déçues.*

» Enfin, la reprise d'étroites relations entre nous et la République dominicaine, notre voisine et sœur bien-aimée, assure aux deux pays les bénéfices d'une tranquillité réciproque et du respect de l'étranger.

» Voilà, concitoyens, ce qui a été fait. Vous avez pu le constater par l'ensemble de ces mesures : tout en étant obligé de sacrifier aux tristes nécessités de la politique, c'est-à-dire de prévenir le désordre par des lois calculées à cet effet, ou de le réprimer quand il se présente, je me suis, avant tout, préoccupé des intérêts généraux du pays, sans acception de parti. J'ai dégagé, autant que les circonstances me l'ont permis, la marche de mon gouvernement de ces préoccupations étroites et jalouses qui paralysent, pour le placer sur le terrain solide des souffrances à soulager, des progrès à réaliser ; c'est en cela que je crois n'avoir manqué ni aux promesses que je vous avais faites, ni à la tradition léguée par ceux dont nous célébrons aujourd'hui le souvenir si intimement uni à notre indépendance..... »

L'année 1881 s'était donc ouverte pour tous sous les plus heureux auspices ; pour notre part, nous étions particulièrement satisfait, à cause de notre début comme chargé du ministère des finances. Il nous restait, comme secrétaire d'État de l'agriculture, à justifier le choix du chef de l'État, qui connaissait déjà nos idées sur cette branche du service public; car, dès son avènement au pouvoir, le premier vœu que nous adressâmes au président Salomon fut un vœu en faveur de l'agriculture. Peut-être était-ce bien là ce qui avait motivé son choix. Le champ qui s'ouvrait ainsi à notre activité était très vaste.

Dans notre enthousiasme des premiers jours, prévoyant tout le bien qui pourrait résulter des nouvelles mesures que nous allions proposer pour le développement de la production agricole, et, partant, de la richesse nationale, nous adressâmes la circulaire et l'ordre du jour suivants aux commandants militaires et aux chefs des sections rurales, sur le concours desquels, en Haïti, il faut toujours compter si l'on veut arriver à réagir d'une façon heureuse sur l'esprit des cultivateurs, qui vivent dans l'apathie et sans direction.

Port-au-Prince, le 11 décembre 1880, an 77e de l'Indépendance.

CIRCULAIRE

Le Secrétaire d'État au département de l'agriculture, etc., aux Commandants des arrondissements de la République.

Général,

J'ai l'honneur de vous informer que j'ai été élevé à la dignité de membre du Cabinet, et que je suis chargé du portefeuille de l'agriculture.

Son Excellence le Président d'Haïti, qui m'a fait l'honneur de m'appeler aux affaires, a déjà dit hautement au pays sa pensée et sa volonté en acceptant le pouvoir : c'est de « relever le crédit » à l'étranger, le travail à l'intérieur, ne chercher la fortune » que dans les efforts de l'activité individuelle et non dans la

» poursuite des affaires véreuses ; détourner une jeunesse » inquiète, faute d'occupations, de la recherche des places pu- » bliques, et la diriger vers l'agriculture et l'industrie, et, pour » cela, créer, avec l'ordre et la sécurité, les moyens de crédit » et de circulation sans lesquels rien ne peut être entrepris ; » enfin, aux révolutions politiques, qui ne sont que la coalition » d'intérêts pour l'assaut et la dilapidation des ressources » générales, substituer une révolution économique, par les » encouragements et les facilités mis à la portée de tous ».

Pour réaliser cette pensée et cette volonté, dont l'expression a été si généralement applaudie, le chef de l'État n'a, depuis un an, reculé devant aucun labeur, devant aucun sacrifice.

Nul progrès ne pouvant s'accomplir sans finances, il a résolument entrepris de doter tout d'abord le pays d'une institution de crédit qui soulage le présent de son malaise et assure l'avenir.

En acceptant la gestion du département de l'agriculture, j'entends me renfermer invariablement dans les vœux formulés par Son Excellence le Président, vœux qui sont aussi les miens, et dont la réalisation doit exclusivement me préoccuper tout le temps que j'aurais l'honneur de siéger au ministère.

Général, je compte sur votre concours patriotique pour m'aider à bien remplir ma mission ; je compte surtout sur l'intelligente énergie des chefs de section placés sous vos ordres, et je leur adresse l'ordre du jour ci-inclus, que vous ferez propager le plus possible.

D. Légitime.

ORDRE DU JOUR

Aux Officiers des sections rurales.

J'entre aujourd'hui en fonctions comme secrétaire d'État de l'agriculture. A ce poste, où Son Excellence le Président d'Haïti m'a fait l'honneur de m'appeler, je deviens en quelque sorte le dispensateur de la fortune publique.

A l'exemple du chef de l'État, je me consacre au bonheur de mes concitoyens et ne reculerai devant aucun obstacle pour arriver à bannir de nos campagnes la misère qui y règne. Pour atteindre ce but si élevé, si désiré de tous, c'est sur vous que je compte; c'est en votre zèle patriotique que je mets mon appui. Vous êtes les piliers sur lesquels le Gouvernement veut élever l'édifice de notre régénération; c'est par votre concours intelligent que nous obtiendrons la prospérité.

Le vœu le plus ardent que je forme est que la Providence m'accorde, à mon passage aux affaires, la faveur d'augmenter les revenus de l'État par une impulsion réelle donnée à l'agriculture.

Vivent Haïti et ses institutions ! — Vive le président Salomon ! — Vive l'agriculture ! — Vive le producteur !

Le secrétaire d'État de l'agriculture, etc.,

D. LÉGITIME.

L'esprit public venait de se réveiller par la nouvelle création d'un ministère spécial d'agriculture, et sous l'influence des idées que nous commencions à préconiser. Dans tout le pays, on se prit à espérer que bientôt les choses pourraient changer sous l'action puissante du gouvernement du général Salomon. Dès ce moment, le mot d'agriculture était dans toute les bouches, et, d'un bout de la République à l'autre, les esprits, détournés de sombres préoccupations, se portaient vers elle. Il nous semblait que, jusqu'alors, le département de l'agriculture n'avait jamais été aussi bien apprécié. Il n'y avait qu'à profiter d'une si bonne disposition pour agir efficacement et faire la révolution économique promise par le chef du pouvoir. Aussi nous empressâmes-nous de soumettre au conseil des secrétaires d'État « notre plan sur l'administration de l'agriculture ». Il fut agréé, et son impression autorisée. Aussitôt, des centaines d'exemplaires, répandus dans la République, achevèrent de persuader les esprits ; mais, afin de nous assurer le concours de toutes les intelligences, après avoir de nouveau consulté le conseil des secrétaires d'État, nous organisâmes des commissions agricoles dans toutes les villes de la République, en ayant soin d'en choisir les membres dans toutes les classes de la société, parmi les agronomes, les agriculteurs et les commerçants. Elles reçurent de nous les instructions suivantes :

Port-au-Prince, le 15 janvier 1881.

Messieurs,

Vous savez quelle est la pensée du chef de l'État en détachant du ministère de l'intérieur celui de l'agriculture ; il veut donner à cette dernière branche de l'activité nationale l'importance qu'elle a chez toutes les nations dont les principaux revenus sont tirés du sol. Appelé à l'aider dans une œuvre d'où doit découler le bien-être de tous, j'ai besoin de m'entourer de toutes les lumières pour que, faisant bien, j'agisse avec confiance et célérité ; c'est pourquoi, à la veille de mettre la main à cette œuvre, qui est colossale, je viens vous inviter à vous réunir en commission d'agriculture, et je confie à votre patriotisme la mission d'étudier, en collaboration avec le Gouvernement paternel du président SALOMON, la situation agricole de votre localité.

Cette mission consiste à me faire un rapport détaillé, après vos investigations, sur tout ce qui regarde la culture dans cette localité. Vous voudrez bien me dire :

1° Quel est le nombre d'habitants qui s'y trouvent ?

2° Quel est leur rendement ?

3° A quel genre de culture on s'y livre ?

4° Dans quelles conditions travaillent les habitants ?

5° Combien d'écoles sont ouvertes aux enfants des deux sexes, et comment ces écoles sont fréquentées ?

6° Quels sont les principaux besoins de cette plaine ?

7° Quels en sont les moyens d'irrigation ?

8° Quelles sont les forêts qu'on y trouve et quelle est la nature des bois qu'on pourrait y exploiter ?

9° Quels sont, enfin, les vestiges qui restent des anciennes usines, des aqueducs et des canaux de distribution ?

10° Quel est l'état des routes publiques ?

Étant sur les lieux, vous pourrez, en outre, rendre au Gouvernement un compte exact de la façon dont les inspecteurs de culture et les chefs de section remplissent leur devoir. C'est là, pour nous, un point essentiel, car il faut en ce moment à l'administration progressive du président Salomon des hommes dévoués et à la hauteur des fonctions qui leur sont confiées.

Agréez, Messieurs, les sentiments avec lesquels je vous salue.

D. Légitime.

Ces commissions, ainsi formées, ne tardèrent pas à visiter nos campagnes. Elles réveillèrent partout l'ardeur du cultivateur, car leur présence fit beaucoup plus qu'un discours ; elle attesta la sollicitude du Gouvernement pour les classes laborieuses. Alors, on pouvait dire véritablement que le pays, mû par une même pensée, concourait à travailler avec le Gouvernement à la même œuvre. C'était le programme du général Salomon qui se réalisait, programme dont nous venions de rappeler l'esprit aux autorités militaires. La malveillance, pourtant, ne devait point laisser échapper une si belle occasion sans chercher à accomplir son œuvre de division dans l'arrondissement de Léogane ; elle sema la défiance sur les pas de la commission qui opérait dans cette localité. Après que cette commission eut fait sa tournée dans les hauteurs de Grand-Goâve, sous la direction du Révérend père Fréhel, si bien connu des populations rurales, qui le vénéraient, on fit répandre le bruit que « le président, partant pour le Nord, avait remis le *commandement* à l'archevêque, et qu'enagissant ainsi, son intention était de livrer le pays aux blancs ». Ce bruit étrange se propagea assez rapidement jusqu'à la limite des communes de Jacmel et de Bainet, et les meneurs, toujours actifs, en agitant cette loque des vieux préjugés, pensaient pouvoir parvenir ainsi à troubler les esprits des malheureux campagnards, dont la foi était si ardente dans le Gouvernement du 23 octobre. Le choix du père Fréhel avait été commandé par l'amour que ce bon prêtre a toujours professé pour l'agriculture, et par l'exemple qu'il donne lui-même du travail de la terre. Il est le premier qui, dans tout l'arrondissement de Léogane, ait conçu la pensée heureuse d'un concours régional pour cette localité ; puis, en sa qualité de curé du Grand-Goâve, où sa voix est écoutée, le père Fréhel avait paru l'homme le plus apte à diriger le travail de la commission. Mais, dès que ces petites intrigues parvinrent aux oreilles du Gouvernement, nous prîmes les mesures qui dûrent les faire cesser. Nous devons rendre ici un hommage mérité aux hommes intelligents du Petit-Goâve, au général Casimir Bellefleur, au président de la commission agricole du lieu, M. Soumane Boubou, qui ont contribué à faire tomber ces perfides propagandes en se mettant franchement, de leur côté, à éclairer les habitants de la campagne sur leurs véritables intérêts.

Les mesures préliminaires que nous venions de prendre en formant les commissions agricoles, devaient coïncider avec d'autres mesures plus importantes encore. Le Gouvernement voulut, par un système d'émulation, arriver plus sûrement à passionner les citoyens dans la lutte du travail ; il s'arrêta à des moyens d'encouragement. Sous l'empire de cette idée, nous traversions un jour, avec M. Louis Rivière, la belle place du Champ de Mars, quand nous vint l'inspiration de désigner l'emplacement d'une Exposition nationale.

C'était une idée hardie que celle qui nous vint à cette heure ; dans un pays où tout n'est que *commencement*, elle n'avait guère de chance d'être prise au sérieux. On avait beaucoup trop à lutter contre le scepticisme populaire et contre les envieux, ces éternels ennemis de tout succès. Ces considérations, pourtant, ne nous arrêtèrent pas ; seulement, tout pouvait dépendre du choix des personnes appelées à coopérer à cette œuvre avec le Gouvernement. Le président agréa la liste que nous lui présentâmes, et aussitôt la circulaire suivante fut adressée aux personnes dont les noms y sont mentionnés, lesquelles ont formé la première commission de l'Exposition :

N° 118. Port-au-Prince, le 12 janvier 1881, an 78e de l'Indépendance.

CIRCULAIRE

Le Secrétaire d'État de l'agriculture à Messieurs J. Saint-Macary, Arthur Laforestrie, M. Boom, de Govaerts, Charles Miot, Louis Rivière, C. Fouchard, Révérend père Weick, Th. Lahens, Émile Pierre, Dr Baron, Démost.

Messieurs,

La vitalité du pays est frappée d'une véritable anémie ; aucune émulation n'existe parmi nos producteurs. Nos artisans se sont endormis, faute de secours, dans une indifférence mortelle, et la routine semble condamner nos principales industries à traîner encore dans une longue enfance, si l'Administration supérieure ne prend pas de sages mesures pour les relever.

Un peuple ne saurait vivre plus longtemps dans les conditions où nous sommes sans reculer; il nous faut absolument faire renaître l'activité au sein de notre société et ouvrir des voies nouvelles où l'esprit du pays puisse s'élever à la conception des choses utiles.

Il est temps que, par nos propres efforts, nous consolidions notre autonomie, et que nous ne comptions plus seulement sur la puissance des idées philanthropiques de notre époque pour maintenir le prestige de notre race : nous devons prouver aux nations que nous ne sommes pas sourds à la voix de la civilisation.

Le Gouvernement, voulant réagir contre la décrépitude où sont arrivées à tomber les industries en Haïti, veut créer des moyens nouveaux et un système d'encouragement spécial qui puissent ranimer les forces vives de la nation.

Après avoir entretenu les populations sur le but élevé de sa politique, après s'être adressé directement aux intérêts producteurs, le Gouvernement vient faire appel à votre intelligence et à votre amour du bien public, et vous prier de vouloir étudier et préparer un *champ clos* où tous les produits du pays viendront s'assembler pour obtenir les récompenses qui leur sont dues.

Il s'agit de fonder une Maison d'exposition pour ce tournoi du progrès et de la civilisation.

Notre but est d'en jeter les premières bases dans la région sud du Champ de Mars, et sur une éminence artificielle, d'où elles puissent dominer cette place.

Nos ressources, à la vérité, ne permettent pas qu'on y consacre, quant à présent, de fortes sommes d'argent; mais l'honneur et les intérêts d'Haïti nous commandent de commencer au moins cette œuvre nécessaire, qui pourra, avec le temps, et selon l'augmentation de nos recettes, se développer de plus en plus.

Pour atteindre un but aussi élevé que celui de relever nos produits et le nom même d'Haïti, le Gouvernement, Messieurs, aime à penser que les Chambres ne se refuseront pas à lui voter pendant trois, quatre ou cinq ans, les allocations nécessaires pour parachever un monument qui doit être construit dans les meilleures conditions de solidité et de durée.

Quant à vous, Messieurs et chers Concitoyens, votre tâche est des plus patriotiques ; ne vous découragez pas, considérez plutôt l'objet vers lequel je vous convie à diriger vos efforts. Il n'est pas d'espérance qu'on ne puisse fonder sur le développement de nos richesses naturelles. Par l'Exposition, nous arriverons à démontrer que l'haïtien est doué, comme les autres peuples, du génie d'invention et d'imitation.

Agréez, je vous prie, Messieurs, les sentiments avec lesquels je demeure votre bien dévoué,

D. Légitime.

Ces messieurs, après s'être réunis, s'empressèrent de nous répondre qu'ils s'associaient entièrement aux intentions du Gouvernement. En effet, une Exposition nationale n'est-elle pas, depuis environ un siècle, le véritable terrain assigné à la lutte pacifique du travail, le champ clos où peuples et gouvernements viennent puiser les éléments d'appréciation et de comparaison de la richesse nationale ? Considérée d'abord comme une sorte d'inventaire des productions locales, l'Exposition, en se développant, et devenant ainsi internationale, a pour résultat de pousser, par la concurrence, au perfectionnement des produits et à l'abaissement des prix. Elle doit encore fixer, comme l'a dit le prince Albert d'Angleterre, un point de départ nouveau aux efforts de chacun dans la voie du progrès. C'est pourquoi, après la lettre que nous reçûmes de la commission, il fut décidé, par le conseil des secrétaires d'État, qu'un bâtiment en planches de 103 mètres de long et 40 mètres de large, serait construit sur la place du Champ de Mars pour recevoir tous les produits du pays (1).

---

(1) La même commission fut désignée pour suivre les travaux de l'Exposition, et, à cette occasion, elle fit l'appel suivant aux amis du progrès :

Appel de la Commission agricole et industrielle aux amis du progrès.

« Déjà le pays entier a pénétré la pensée qui animait notre premier magistrat, lorsqu'il détachait des autres départements ministériels le département de l'agriculture, lorsqu'il dégageait, en quelque sorte, cette branche de l'activité nationale des combinaisons absorbantes de la politique. Son but était d'ouvrir une nouvelle voie à la civilisation en créant de nouveaux moyens de travail, et en introduisant dans toutes les classes de notre société le goût de la culture, principale ressource de notre communauté. Il n'a qu'à se louer de l'inspiration

Quelque temps après nos premières démarches, sachant qu'une Exposition n'était pas chose encore connue de la plupart de nos concitoyens, notre département conçut le projet d'en vulgariser l'idée en ordonnant l'organisation de concours dans toutes les communes de la République, pour l'époque de la fête du 1er mai, qui n'était pas éloignée. Le conseil des secrétaires d'État ayant été consulté, comme nous venons de le dire, nous adressâmes à cet effet l'avis suivant aux autorités militaires des différentes localités.

AVIS

de la secrétairerie d'État de l'agriculture.

Sur le rapport de la commission nommée aux fins de préparer et d'étudier un plan d'exposition des produits agricoles et industriels d'Haïti, le Gouvernement a décidé, vu l'approche de la fête du 1er mai, qu'un bâtiment de 103 mètres de long sur 40 de large, sera construit au sud du Champ de Mars.

---

qui lui est venue, car il a trouvé, dès l'abord, l'homme qui convenait à la réalisation de ses projets.

Le général Légitime, à qui il a confié les rênes du ministère nouveau, a pu, par son activité infatigable, soulever en quelques semaines l'enthousiasme de toute nôtre société pour les idées nouvelles émanées de l'Administration supérieure, et qu'il a développées avec autant de talent que de patriotisme.

Pour arriver au but que s'est imposé le Gouvernement, Monsieur le Secrétaire d'État a pensé que le point de départ le plus sûr était une *Exposition* générale des produits *tant agricoles* qu'industriels du pays.

Par cette Exposition, en effet, il sera permis à chacun d'établir un jugement sain sur l'état actuel de notre production intérieure, et de constater les progrès qu'il nous serait facile de réaliser au moyen des machines et des engins perfectionnés, dont l'usage est adopté, depuis nombre d'années, dans les pays plus avancés que le nôtre. La plupart de ces machines dont nous faisons mention fonctionneront sous les yeux du public, afin qu'il ne reste aucun doute chez lui sur l'efficacité de leur emploi.

Nous qui sommes chargés de poser les premières bases de cette institution

Il y sera admis tous les produits, tant d'Haïti que des colonies, dignes d'attirer l'attention des agriculteurs, des industriels et des commerçants.

Des récompenses seront publiquement décernées à ceux des cultivateurs et industriels qui, jusqu'aujourd'hui, se sont le plus distingués dans leurs spécialités.

Cette année, au lieu de houes, de manchettes et de couronnes de feuilles, comme cela se pratiquait chez nous, il sera distribué aux sections rurales, des instruments propres à la préparation de leurs produits et aux producteurs haïtiens, des médailles soit d'argent, soit de bronze. De plus, les cultivateurs verront fonctionner sous leurs yeux différentes machines telles que vanneuses, décortiqueurs, diviseurs, charrues, nouveaux moulins à maïs, à riz et à coton, et un bélier hydraulique, moulins à grager, vanneurs, trieurs-diviseurs, épierreurs, classeurs, etc.

Cette fois, la fête du 1er mai ne pourra être organisée, comme à l'ordinaire, dans toute la République; il est cependant arrêté qu'une Exposition aura lieu dans chaque chef-lieu de

---

nouvelle, nous ne négligerons rien pour qu'un succès heureux l'affermisse à jamais dans notre pays.

Notre tâche est lourde, comme toutes celles qui tendent à lancer une innovation ; elle est aussi délicate, car l'insuccès serait la ruine de l'idée.

Profondément pénétrés de cette pensée, nous avons fait appel à tous nos compatriotes dévoués au bien, et à tous les étrangers qui habitent notre pays en amis, pour qu'ils nous prêtent leur appui moral et leur concours matériel dans notre mission, qui est de réunir, dans le délai de deux mois, les différents produits de l'industrie nationale.

Tous les métiers, tous les arts, toutes les professions, sont appelés à concourir unanimement et à recevoir les récompenses qu'ils méritent.

Nous prions les amis du progrès qui voudront nous faire des envois, d'étiqueter leurs produits en nous les adressant.

Le nom de chaque expéditeur sera inscrit au catalogue de l'Exposition.

M. Boom, Jean de Govaerts, Dr G. Baron, C. Miot, Th. Lahens, Démost, L. Rivière, C. Fouchard, Weick, Jules Saint-Macary, président de la commission.

commune, dans un local choisi spécialement à cet effet.

Les commandants d'arrondissement, les commandants de commune et les magistrats communaux, s'entendront pour faire exposer, par ordre, les différents produits de leur localité. Une commission d'organisation, dont ils feront partie, présidera à la fête. Les mêmes récompenses qu'à la capitale seront décernées aux plus méritants, d'après une liste qui sera d'abord discutée par la commission, et soumise à la sanction du Gouvernement.

Le 12 février, le président d'Haïti confirma toutes ces dispositions par la proclamation suivante, qui fut solonnellement publiée :

PROCLAMATION

SALOMON, *président d'Haïti.*

Concitoyens,

Une année de paix, due aussi bien aux efforts du Gouvernement qu'à votre patriotique attitude, me permet d'aborder l'un des projets que j'avais le plus à cœur de réaliser.

L'Exposition agricole, à laquelle le Gouvernement vous convie, est la première étape dans la voie du progrès, de la sécurité par le travail. Il ne faut pas nous faire illusion. Chez les nations plus avancées, plus heureuses que nous, ces Expositions ne sont qu'un moyen de comparaison offert au monde entre les progrès d'hier et ceux d'aujourd'hui; elles marquent la distance parcourue; elles établissent des jalons entre un passé encore récent et un avenir prochain. Chaque nation, chaque région, chaque branche de l'activité humaine, y prend une juste idée de sa force, et base ses espérances dans l'avenir sur les progrès constatés. Pour nous, il n'est malheureusement pas besoin de vous le dire, la situation n'est pas la même. Cette Exposition n'est pas un point d'arrivée....., c'est un point de départ. Nous y constaterons la décadence de nos arts, de nos métiers, de notre agriculture, soit; mais nous y constaterons en même temps l'éternelle richesse de ce sol béni que nous a conquis le courage de nos pères; la tenace énergie de ce peuple que quarante ans de troubles politiques, de ruines, de déceptions, d'entraînements malheureux, n'ont pu ni décourager ni démoraliser; de ce peuple qui retourne au travail dès qu'il voit une lueur de paix et qui, seul peut-être de tous les peuples (et les exemples des nations les plus civilisées nous le prouvent en ce moment même), livré au plus complet abandon sans police sérieuse, sans administration réelle, a conservé, partout où le propriétaire ne s'est pas honteusement dérobé à sa mission, le respect du droit de propriété et l'obéissance instinctive à des lois qu'on ne lui a jamais expliquées.

N'y a-t-il pas là des faits consolants? Le côté moral ne compense-t-il pas le côté matériel de notre situation? N'est-il pas permis de concevoir de légitimes espérances dans l'avenir d'un pays auquel Dieu a départi, avec les richesses naturelles les plus grandes, les facultés qui, désormais bien dirigées, lui permettront d'en tirer parti?

Concitoyens, accourez donc à cette Exposition, à ces comices agricoles. Portez-y les produits de vos efforts, quels qu'ils soient. Donnez ainsi au Gouvernement et à la nation la faculté de mesurer ce qu'ils ont à faire; notre patriotisme ne reculera devant aucun sacrifice. L'heure presse, il nous faut marcher bien vite pour regagner le temps perdu et nous mettre au niveau de la civilisation : c'est une force qui entraîne ou qui broie cette civilisation; elle abonde de tous côtés autour de nous.

Une œuvre immense va décupler l'importance de notre pays, au double point de vue commercial et stratégique. Vous commandez l'un des principaux passages par où va s'écouler l'immense tourbillon de commerce que crée le percement de l'isthme de Panama. Selon votre situation intérieure, selon vos progrès et le contingent que vous apporterez à ce grand mouvement d'affaires, vous déciderez irrévocablement de votre avenir social et politique.

Il est donc urgent de se hâter. L'appel que je fais au pays, à tous les hommes de bonne volonté, quelle que soit leur race ou leur parti, en les conviant à cette Exposition, si modeste qu'elle doive être, est un appel au concours de tous en faveur d'une œuvre qui intéresse à la fois la paix matérielle que nous avons déjà, la sécurité plus solide qui résultera du calme des esprits et de la satisfaction des intérêts, et qui intéresse surtout l'autonomie du pays, par la consécration que le progrès donnera à son indépendance aux yeux du monde civilisé.

Vive la paix! — Vive le progrès! — Vive l'indépendance haïtienne.

Palais national du Port-au-Prince, le 26 février 1881, an 78e de l'Indépendance.

SALOMON.

Par tout ce qui précède, on voit toute l'harmonie qui existait jusqu'alors dans le cabinet : la solidarité était parfaite. Quant à la situation financière elle-même, elle était excellente; les appointements étaient régulièrement payés; le clergé, les professeurs des écoles et les gardes-champêtres, dont les feuilles n'avaient pas été acquittées depuis un an par le Trésor, furent aussi payés. Le seul embarras qu'éprouvait alors l'administration ne provenait que de l'existence dans la circulation d'un grand nombre d'effets publics, remontant à l'année 1878, qui servaient à une foule de transactions. Mais, profitant du crédit que nous avait ouvert le commerce, nous nous appliquâmes sérieusement à les faire disparaître en les retirant, ce qui, dans la suite, en fit augmenter la valeur; car le taux de 50 pour 100, auquel on trouvait seulement à les escompter, descendit à 6 et 8 pour 100. Voilà quel fut le résultat de nos premiers mois d'administration.

Sur ces entrefaites, le président annonça son prochain voyage pour le Nord du pays. Déjà Son Excellence, accompagnée du secrétaire d'État de l'intérieur et de celui de la guerre, avait, un mois après son retour du Sud, visité les communes de Mirebalais et de Las-Cahobas. Maintenant, il voulait diriger ses pas vers d'autres populations, impatientes déjà de connaître l'homme dont le nom et le programme les avait remplies de tant d'espérance, et dont l'autorité, depuis plus d'un an, avait ramené l'ordre et la confiance dans le pays. A cette occasion, nous dûmes prendre nos mesures pour que dans l'Artibonite, dans le Nord et dans le Nord-Ouest, le chef de l'État trouvât les fonds nécessaires pour achever sa tournée.

Nos engagements jusqu'alors, avec le commerce, se résumaient ainsi :

Bons en circulation pour compensation des droits de douane avec le Trésor :

Port-au-Prince..................P.	170,524
Cap-Haïtien........................	21,598
Cayes..................................	44,750
Gonaïves..............................	10,940
Jacmel.................................	38,237
Petit-Goâve..........................	14,000
Saint-Marc...........................	10,600
Jérémie................................	38,500
Port-de-Paix.........................	1,143
Total...............P.	250,292

En ce moment-là, nous reconnûmes l'urgence de résoudre une autre question importante pour l'accroissement de la richesse publique, celle de l'industrie sucrière. Le sucre, on le sait, avait fait dans le passé la grandeur de la colonie, comme aujourd'hui il continue à faire la richesse de Cuba, de Porto-Rico et de la Martinique. Il valut à l'ancien Saint-Domingue sa haute réputation, qui lui mérita le beau nom de *Reine des Antilles,* et rendit cette terre des caciques précieuse à la couronne de France. L'industrie sucrière, sous le régime de l'étranger, avait donné lieu à la fondation de 792 sucreries qui, en 1790, ont rapporté 70,227,708 livres de sucre blanc, et 93,177,312 livres de sucre brut.

Aujourd'hui, Haïti compte encore un grand nombre de sucreries, mais qui ne produisent plus que des sirops pour faire du tafia, article sans débouché au dehors, et dont la consommation dans le pays est plus nuisible à la santé publique que profitable aux producteurs. On possède jusqu'à 100 carreaux de terre, et l'on est misérable. Qui ne voit qu'il y a dans cet état de choses un vice à détruire et une lacune à combler? Il fallut donc à tout prix, l'honneur du Gouvernement lui en faisait un devoir, provoquer la fabrication du sucre et trouver un moyen qui en favorisât l'exportation. Que n'a pas fait le Gouvernement français lui-même, lorsque Saint-Domingue venait de lui échapper, pour développer l'industrie du sucre de betterave, qui, alors, était dans de plus mauvaises conditions que la nôtre? Cependant, avant de s'arrêter à aucune mesure administrative, le Gouvernement d'Haïti voulut consulter les personnes les plus intéressées dans la question, et, à cet effet, le département de l'agriculture forma une commission dans chacune des villes de Port-au-Prince, du Cap-Haïtien et des Cayes, et leur adressa la circulaire suivante :

Port-au-Prince, mars 1881

Aux Membres des commissions chargées d'étudier la question sucrière.

Messieurs,

La récente proclamation de Son Excellence le Président d'Haïti, et les diverses circulaires de mon département, vous disent assez tout le prix que le Gouvernement attache à la réalisation d'un vœu que l'opinion publique a ratifié d'une manière unanime. J'ai parlé du relèvement de notre agriculture, trop longtemps abandonnée par l'indifférence administrative ; mais ce relèvement ne peut dépendre que de nos efforts naturels dans les différentes branches que comporte le mémoire présenté par moi à Son Excellence le Président d'Haïti.

Hier encore, Messieurs et Concitoyens, on pouvait douter

de la mise à exécution et de l'efficacité des mesures qui paraissent capables de ramener notre chère patrie dans la voie du progrès et de la prospérité ; mais aujourd'hui, avec cette bonne volonté qui se manifeste de toutes parts, nous devons mettre la main à l'œuvre et ne pas nous arrêter. Si nous joignons ensemble nos efforts, nous sommes certains de la réussite, quelle que soit la chose que nous entreprenions de développer. Celle qui nous a toujours vivement préoccupé, l'industrie sucrière, dont la décadence a pour ainsi dire coïncidé avec la ruine de notre pays, doit être en ce moment la première que nous devons chercher à rétablir. Restaurer cette branche de la fortune publique est une œuvre capitale qui ne saurait rebuter nos efforts.

Nous sommes dans le pays propre à la culture de la canne à sucre; cependant, qui de nous n'a souffert en voyant nos plaines, si peu travaillées, devenir si improductives? Il y a des millions de perdus ainsi chaque année. Je viens, en conséquence, vous inviter, Messieurs et Concitoyens, à vouloir bien étudier avec le Gouvernement cette question de la fabrication possible en Haïti, non seulement du sucre brut, mais du sucre blanc en grains, pouvant être consommé, d'abord à l'intérieur, et, ensuite, exporté. Vous devez aussi vous occuper de nos tafias et de leur transformation en des alcools plus fins (1).

Ne tardez pas à nous faire connaître le résultat de vos études sur cette importante question; il me sera utile pour la réalisation de cette partie de mon programme.

---

(1) Nous avons envoyé à Bordeaux, dans le but d'être fixé sur la valeur de notre fabrication d'alcool, quelques échantillons qui ont permis à M. Gragnon-Lacoste, notre dévoué consul, de faire figurer le rhum d'Haïti à l'Exposition de Bordeaux, rendue internationale pour les vins et spiritueux. Nous avons vu, avec orgueil, ce rhum obtenir la première médaille réservée à cette catégorie de produits. N'y a-t-il pas lieu d'espérer que notre commerce retirera un jour un grand profit de ce succès ? Mais ne négligeons pas de dire que notre fabrication laisse à désirer, et qu'il ne faut mettre en concurrence que des produits bien distillés et surtout onctueux.

Agréez, Messieurs et Concitoyens, l'assurance de mes salutations empressées.

Signé D. Légitime.

Ce n'était pas assez de ces mesures; il fallait, longtemps encore, tenir l'esprit public dans les mêmes dispositions que l'état des choses avait fait naître ; nous décidâmes, en conséquence, de créer un journal spécial pour l'agriculture; il prit le titre de *Gazette agricole*. Son premier numéro parut le.... mars, avec cet appel que nous adressâmes à nos concitoyens (1).

« Concitoyens producteurs,

C'est à vos intérêts que sont consacrées les colonnes de ce nouveau journal ; c'est pour vous voir prospérer que le Gouvernement actuel, dès le début, s'est mis en campagne, afin d'avoir le crédit qui facilite votre travail et la paix qui doit vous le garantir.

Le moment est arrivé de montrer aux nations civilisées ce dont vous êtes capables au sein de la paix.

Sous le gouvernement du président Salomon, les plus grands efforts vont être tentés pour vous retirer, au moyen de l'industrie et de la sécurité, de l'état de prostration où vous ont jeté les révolutions stériles. Le but de ces efforts est de vous amener à occuper dignement la place que vous méritez au rang des peuples.

---

(1) « La *Gazette agricole* a publié, cette semaine, son second numéro, qui a été aussi apprécié du public intelligent que le premier. Le *Bulletin* s'est, autant qu'il lui était permis de le faire, efforcé de démontrer à ses lecteurs que tous les remèdes empiriques ne feraient rien, que les plus sages combinaisons financières seraient sans effet, tant que le pays consommerait plus qu'il ne produit. Plus vigoureux athlète, et parlant d'une voix plus autorisée, la *Gazette agricole* réussira, nous n'en doutons pas, à réveiller chez nos populations des campagnes le goût du travail, à décider une partie de la population des villes à abandonner l'épée pour la charrue. Nous lui passons donc la main en lui souhaitant de bon cœur un « bon succès ».

Bulletin du Commerce, du 26 mars au 2 avril.

Nous ne devons pas plus faillir à l'épreuve qu'aux destinées qui nous sont réservées. Le salut d'Haïti est dans letravail, et particulièrement dans la culture de vos terres !

Se soumettre ou se démettre. Ces deux mots, qui ont réveillé les échos de tout l'univers politique, resteront désormais, pour nous, l'inexorable ultimatum du progrès. Oui, nous devons nous soumettre à la loi du siècle, qui est de marcher de l'avant, ou, si nous sommes incapables de faire renaître la prospérité matérielle au sein de notre communauté, reconnaître sinon déclarer notre impuissance à nous gouverner.

Nous avons beaucoup à lutter pour arriver au relèvement de notre état social ; mais qu'est-ce que la lutte comparée à l'objet de notre ambition ?

Ni le sang versé hier dans les plaines du Nord, du Sud et de l'Ouest, ni vos cruelles nuits passées sans sommeil, ni les violences, ni les horreurs des dissensions civiles, n'ont pu décourager votre patriotisme. Les marques de vitalité politique que vous avez données depuis lors, sont un sûr garant du succès que vous obtiendrez à l'ombre d'un pouvoir sage et prévoyant.

Le secrétaire d'État de l'agriculture,
chargé par intérim du portefeuille des finances,

D. Légitime. »

CHAPITRE II

Départ du président pour le nord. — État politique de la capitale.

Le président d'Haïti s'embarqua sur le *Reynaud,* le 12 mars 1880, pour commencer sa troisième tournée. En quittant le Port-au-Prince, il se fit accompagner, cette fois, par tous ses ministres ; seul, nous devions rester à la capitale pour représenter le Gouvernement, avec mission de gérer tous les départements ministériels. A cet égard, il fut publié sur le *Moniteur* de ce jour la note suivante :

« Son Excellence le Président d'Haïti, accompagnée de Mme et Mlles Salomon, des secrétaires d'État de la guerre et de l'intérieur, est partie ce matin, pour sa tournée du Nord, à bord du *Reynaud ;* la plus grande partie de l'armée l'avait précédée sur un voilier. Son Excellence débarquera à Monrouis, d'où elle se rendra à Saint-Marc. Le secrétaire d'État de la justice ne tardera pas à rejoindre le président. Pendant l'absence du chef de l'État, M. le général D. Légitime, secrétaire d'État de l'agriculture, chargé par intérim du portefeuille des finances, représente le Gouvernement au Port-au-Prince, avec le concours des généraux Vériquain, chef d'état-major de Son Excellence, P. Benjamin, commandant de l'arrondissement, et B. Prophète, commandant supérieur de la garde nationale ».

Avant de nous séparer, Son Excellence nous remit la dépêche suivante, renfermant les instructions qui nous furent laissées.

Port-au-Prince, le 11 mars 1881, an 78e de l'Indépendance.

Au général D. Légitime, *secrétaire d'État de l'agriculture, chargé du portefeuille des finances, etc.*

Monsieur le Secrétaire d'État,

Je pars et je vous laisse à la capitale, chargé du service courant et ordinaire des différents départements ministériels. Un conseil, composé de MM. Brénor Prophète, administrateur des finances, Édouard Pinckombe, sénateur, O. Cameau, inspecteur de douane, O. Piquant et Th. Lahens, négociants, et Madiou, président du conseil supérieur de l'instruction publique, est chargé de vous assister et de vous donner son avis en tout ce qui concerne le service de ces départements.

En raison des embarras de la caisse publique, le département des finances aura, peut-être, à s'adresser au commerce pour des emprunts ou autres opérations dont la nécessité sera reconnue. C'est à cette occasion, surtout, que le conseil devra vous assister ; procès-verbal de ses délibérations sera dressé et signé par vous et le conseil.

Ne négligez aucun effort pour que l'honnêteté règne dans la gestion de nos finances, et, à cet effet, faites passer souvent des ordres et des instructions aux chefs d'administration de ce département. Vous savez que de faux bons sont en circulation ; la marche à suivre à leur égard est indiquée par le conseil des secrétaires d'État dans ses séances, auxquelles vous avez pris part.

Pour les questions diplomatiques, vous vous en référerez au chargé du département des relations extérieures, le secrétaire d'État Archin, qui voyage avec moi. Cependant, en cas d'extrême urgence, vous agirez suivant ce qui aura été décidé par la majorité du conseil, dont vous êtes nécessairement le président.

Je compte sur votre intelligence et votre patriotisme, et je vous renouvelle, Monsieur le Secrétaire d'État, l'assurance de ma très haute considération.

Signé SALOMON.

Resté au Port-au-Prince dans les conditions fixées par cette dépêche, nous ne nous sommes point fait illusion sur les difficultés de notre position nouvelle ; nous avons compris de quel poids allait peser sur nous l'autorité dont nous étions investi. Lourde et terrible responsabilité ! mais notre volonté, comme notre honneur, était de ne pas déchoir dans l'estime de celui qui a placé en nous toute sa confiance. Voulant nous conformer le plus tôt possible à la première partie de nos instructions, dès le lundi 14 mars, nous réunîmes le conseil qui avait été laissé près de nous pour nous assister (1).

La situation était délicate ; le chef de l'État absent, nous allions, pour la première fois, excercer un mandat dans l'accomplissement duquel il y avait beaucoup à compter avec des hommes différents de caractère. Le plus parfait accord régnait au conseil

(1) Un mois plus tard, nous partageâmes le travail ministériel dans l'ordre fixé par la dépêche suivante :

Port-au-Prince, le 13 avril 1881.

SECRÉTAIRERIE D'ÉTAT DE L'AGRICULTURE

Au Chef de division du département de l'instruction publique.

Monsieur le Chef de division,

Je vous notifie une décision que le conseil du Gouvernement vient de prendre :

« Séance du conseil assistant le ministre D. Légitime, dans les délibérations du service des différents ministères, composant le gouvernement d'Haïti confié à ce grand fonctionnaire.

» Le ministère a proposé et le conseil arrête les mesures suivantes :

» Chacun des membres dudit conseil aura à fournir spécialement son concours au secrétaire d'État, pour le fonctionnement des départements qui suivent :

heureusement ; mais, en dehors des corps délibérants, il y a toujours des personnalités remuantes qui, n'étant prêtes à faire aucune concession, voudraient que tout marchât en conformité de leurs idées. Dans ces situations, il faut à celui qui commande un grand esprit de conciliation et de modération, et beaucoup de fermeté. Nous avons été conciliant et modéré ; nos actes disent assez que nous avons été ferme dans l'accomplissement du devoir.

La nature de notre mission, en ce moment, était des plus compliquées : ce n'est pas peu pour un homme que d'avoir à appliquer à la fois son esprit à tant de choses, et à se trouver en relations constantes avec les commandants des arrondissements et des communes, les magistrats communaux, les fonctionnaires de tous les ordres, le clergé et les congrégations, les ministres des puissances étrangères, les ministres et les consuls d'Haïti à l'étranger, et d'être, enfin, en correspondance très suivie avec le chef de l'État et les ministres dont on tenait les portefeuilles. Là ne se bornait point notre tâche ; il fallait surveiller la marche des différents bureaux ministériels

---

» 1° Pour le département de la marine, le conseiller O. Piquant ;

» 2° Pour le département de l'intérieur, le conseiller Ovide Cameau ;

» 3° Pour la police générale, le conseiller E. Pinckombe ;

» 4° Pour celui des finances et du commerce, le conseiller B. Prophète ;

» 5° Pour l'instruction publique, les cultes et les relations extérieures, le conseiller Th. Madiou.

» En ce qui concerne ceux de la guerre, de l'agriculture, le secrétaire d'État s'en réserve directement les détails. Lesdits conseillers devront voir régulièrement ce grand fonctionnaire, pour le pressentir ou le tenir avisé sur lesdites affaires vues ou à voir par eux respectivement.

» Sur la proposition du ministre, le conseil a décidé que le conseiller T. Madiou recevra en communication tous les documents officiels et non officiels qui doivent être insérés au *Moniteur*.

» En foi de quoi nous avons rédigé et clos le présent, les jour, mois et an que dessus, et avons signé : O. Piquant, Ovide Cameau, Ed. Pinckombe, Prophète et Madiou ».

Recevez, Monsieur le Chef de division, l'assurance de ma considération distinguée. D. Légitime.

et suivre l'exécution des travaux publics, notamment ceux de l'Exposition. Cette tâche, il faut l'avouer, était assez pénible ; mais, Dieu aidant, nous croyons l'avoir remplie, pendant trois mois, à la plus grande satisfaction du chef de l'État et à celle du public (1).

Pendant ces trois mois qu'a duré la tournée présidentielle, le pays est resté tranquille, l'ordre n'a pas été un seul moment troublé, grâce au concours et à l'énergie des hommes de cœur qui exerçaient l'autorité, concurremment avec nous. Cependant, il nous arrivait quelquefois, comme à toutes les époques, des dénonciations et des avis de prise d'armes ; les exilés, disait-on dans les premiers moments, voulaient profiter de l'absence du président d'Haïti pour essayer de débarquer dans un des ports de la République. Un bateau de Kingston, *X.*, sous prétexte d'avaries, entre dans le port des Gonaïves pour y entretenir des relations subversives ; cette manœuvre découverte, il dut reprendre la mer. En face de toutes ces machinations, dont nous avons reconnu l'impuissance, nous nous contentâmes de prendre nos précautions et de nous tenir toujours prêts à toute éventualité, en maintenant les rapports les plus réguliers avec tous nos arrondissements. Des émissaires, un moment, s'étaient enhardis jusqu'à vouloir continuer

---

(1) Qu'on nous permette d'invoquer ici le haut témoignage de M. Ch. de Vienne, chargé de la légation de France à Haïti. Voici ce qu'il nous écrivit le 4 juin 1881 :

« Monsieur le Secrétaire d'État, etc...,

» J'espère, Monsieur le Secrétaire d'État, que vous voudrez bien offrir par avance à S. E. le général Salomon mes souhaits de bienvenue. Vous ne déclinerez pas cette mission, j'en suis sûr ; j'aurai, de mon côté, à me féliciter des cordiaux rapports que j'ai entretenus avec vous au cours de ces trois mois, et à rendre hommage à la direction prudente et habile de votre administration, tout en confirmant les sympathies qui vous sont si bien acquises.

» Veuillez agréer, mon cher Secrétaire d'État, l'assurance de mes sentiments de très haute considération.

» Ch. de VIENNE ».

dans nos campagnes leur active propagande contre le Gouvernement. L'institution de la Banque était le cheval de bataille dressé pour la circonstance : « Le Gouvernement, disaient-ils, veut vendre le pays aux blancs, c'est pourquoi il s'arrange si bien à faire baisser le prix du café et des autres denrées ». Ces propos se répandaient sourdement, et, si absurdes qu'ils paraissent, ils ne sont pas moins dangereux lorsqu'ils s'adressent à l'instinct défiant des gens ignorants ; car ceux-ci ont toujours pensé que le Gouvernement règle le mouvement commercial, qu'il peut faire la hausse ou la baisse à volonté. Déjà, au mois de février, au moment où ce bruit se répandait et où la nouvelle nous était parvenue de l'arrivée prochaine de M. Laforestrie, nous avions adressé la lettre suivante aux autorités militaires :

Port-au-Prince, 12 février 1881, an 78e de l'Indépendance.

Le Secrétaire d'État de l'agriculture, chargé du portefeuille des finances et du commerce, aux Commandants des arrondissements de la République.

Mon cher Général,

Par le steamer anglais arrivé hier de Kingston, le Gouvernement a reçu un télégramme de Paris, annonçant la signature définitive de la Banque. M. Charles Laforestrie, notre ministre des finances, ne va pas tarder à se rendre ici pour commencer à faire fonctionner le précieux instrument de crédit.

C'est maintenant à notre tour, profitant de cet heureux moment, de faire des efforts pour réaliser, chez nous, le bonheur par le travail. Aujourd'hui, nous avons donc plus qu'en aucun temps à payer de notre personne dans l'œuvre de salut entreprise par le Gouvernement. Annoncez l'heureux événement à nos paisibles populations rurales; faites-leur comprendre quelles sont les idées et les vues du pouvoir.

Leurs travaux seront désormais protégés, leur liberté plus que jamais garantie et respectée. Il y aura des primes et des encouragements pour ceux qui se sont montrés dignes d'eux-mêmes et du pays.

La loi, mon cher Général, a fait obligation expresse aux commandants d'arrondissement, aux commandants de commune, comme aux chefs de section, de faire des tournées dans leurs circonscriptions respectives. Ces tournées si nécessaires, je puis l'affirmer, pour certaines localités, n'ont pas été faites avec assez de méthode et n'ont pu, par conséquent, avoir tout le succès qu'en attend le Gouvernement. Veuillez, dès la réception de ma dépêche, faire exécuter à la lettre tout ce que la loi prescrit sur la matière. J'espère, Général, que des résultats plus heureux, dans ces tournées officielles, sauront vous faire mériter davantage la confiance du chef que vous représentez, et soulever, en votre faveur, les applaudissements de vos concitoyens.

Veuillez m'accuser réception de la présente et agréer l'assurance de ma considération très distinguée.

D. LÉGITIME.

Quel était le but de ceux qui organisaient cette propagande? Ils cherchaient, évidemment, à désaffectionner le Gouvernement dans les masses, sachant que la force de son autorité vient, principalement, de la confiance et de l'amour du peuple de la campagne pour le chef actuel; ils agissaient ainsi, afin que, le pouvoir miné par ce côté, ils arrivassent à en avoir bien plus vite raison.

Pour mieux parvenir à combattre leurs projets, nous envoyâmes de nouvelles commissions, composées d'amis du Gouvernement, parcourir les campagnes pour rassurer les esprits en prêchant la paix et le travail, à l'encontre de ceux qui prêchaient la guerre civile et provoquaient le découragement. Nous-même nous allâmes, au milieu des populations rurales, leur tenir le même langage, et, en agissant ainsi, nous ne tardâmes pas à raffermir la confiance des campagnards. La note suivante, du *Moniteur*, rend un compte succinct de notre première tournée :

« Le général D. Légitime, secrétaire d'État de l'agriculture, chargé de tous les départements ministériels et représentant du Gouvernement à Port-au-Prince, accompagné du commandant de l'arrondissement et du général Vériquain, a fait, le 17 de ce mois, avec la commission agricole, une excursion au Bassin général.

Parti de la ville à cinq heures du matin, le secrétaire d'État s'est rendu en cet endroit, en passant par Pétion-Ville, où il a fait une halte de quelques instants. Il a pu, en même temps, visiter les habitations Dumai, Drouillard (grande plaine), Roche-Blanche, Digneron, Laferronays, et plusieurs autres se trouvant sur le parcours de son itinéraire.

A deux heures de relevée, il s'est rendu à la Croix-des-Bouquets, et, vers les six heures du soir, il regagnait la capitale, ainsi que les autorités qui l'accompagnaient ».

Le 19 mars, M. Laforestrie n'arrivant pas, comme il l'avait annoncé, les bruits commencèrent de plus belle, et motivèrent cette nouvelle circulaire :

Port-au-Prince, le 2 avril 1881, an 78e de l'Indépendance.

SECTION DE LA POLICE GÉNÉRALE

CIRCULAIRE

Le Secrétaire d'État de l'agriculture, chargé de l'intérieur et des autres départements ministériels, aux Commandants des arrondissements de la République.

Général,

Je suis informé que, sur certains points du territoire, des individus hostiles au Gouvernement et ennemis de la sécurité des familles, voulant profiter de l'absence du chef de l'État, actuellement en tournée dans les arrondissements de l'Artibonite, du Nord et du Nord-Ouest, parcourent les campagnes pour y propager des bruits mensongers tendant à dénaturer les actes de l'autorité supérieure.

Leur mobile, vous le savez déjà, Général, est de troubler cette précieuse paix dont jouit le pays depuis l'avènement du général Salomon au pouvoir. Quoique je sois bien persuadé que votre honneur militaire, Général, vous fait le devoir de réprimer énergiquement une tentative quelconque d'insurrection qui se manifesterait dans votre arrondissement, néanmoins, je ne crois pas inutile, vu la grande responsabilité que font peser sur moi les fonctions de représentant du Gouvernement à la capitale, de vous prémunir contre toute surprise des malveillants, afin que vous surveilliez leurs menées et que vous arriviez à temps à empêcher la propagation de ces doctrines perverses, en envoyant immédiatement des agents fidèles à l'autorité parcourir nos campagnes, à l'effet de faire connaître aux populations les vues du Gouvernement.

Donnez des instructions dans ce sens aux commandants de commune, et accusez-moi réception de la présente.

Recevez, Général, l'assurance de ma parfaite considération.

D. LÉGITIME.

Le dimanche 3 avril, profitant de la réunion de la garde nationale de la Croix-des-Bouquets, nous allâmes nous-même la passer en revue (1), et nous lui adressâmes les paroles suivantes :

---

(1) Le secrétaire d'État de l'agriculture, notre sympathique ami, le général D. Légitime, a fait dimanche dernier, 3 avril, une tournée à la Croix-des-Bouquets, en nombreuse et bonne compagnie.... Il était accompagné de notre aimable commandant de l'arrondissement, le général Pénor Benjamin, et d'un grand état-major composé d'officiers de tous grades, de plusieurs notabilités et de quelques jeunes gens de la ville.

Dans deux chars à bancs, on remarquait :

Citoyens,

Notre présence ici vous explique toute la sollicitude du Gouvernement à votre égard. Nous venons saluer cette brillante garde nationale et ces courageux soldats de la commune de la Croix-des-Bouquets, réunis en ce jour pour la revue du premier dimanche du mois. Nous nous réjouissons devant votre noble attitude, qui nous remplit de confiance et d'orgueil. Nous sommes maintenant convaincu que dans ce bourg, dans cette plaine, il y a une population profondément imbue de l'idée du devoir.

Citoyens,

Nous avons parlé du devoir civique, cette obligation qui est imposée à tous, petits et grands, riches et pauvres, d'aider le Gouvernement à sauver et à relever le pays. Mais comment le remplira-t-on, ce devoir?

Nous avons, pour cela, deux moyens : l'instruction publique

1° MM. J. Woolley, consul du Pérou; C. Fouchard, député du peuple; Victor Huttinot, chancelier de la légation de France; O. Piquant, conseiller; Maunder (du consulat d'Angleterre), et le sénateur Édouard Pinkcombe.

2° MM. Maxwell Savage, consul du Brésil; Lithgow (de New-York, de passage en cette ville); Hermann Müller, commerçant, et Woolley fils. Un troisième char à bancs conduisait tout un corps de musique.

Le ministre a été reçu au fort de la Croix-des-Bouquets, et il a ensuite passé les troupes en revue; il leur a adressé une allocution d'à-propos, en leur prêchant L'UNION, LA PAIX ET LE TRAVAIL.

« Fermez vos oreilles, leur a-t-il dit, aux mauvaises insinuations des pêcheurs en eau trouble, qui voudraient, par leur malveillance et leur ambition malsaine, paralyser les grands efforts que fait en ce moment le président Salomon, pour nous retirer de l'abîme où nous ont laissé les gouvernements précédents ».

Le ministre leur a ensuite parlé de la Banque, institution de crédit, pour soulager la misère du peuple et mettre de l'ordre dans l'Administration, puis de la baisse du café sur les marchés étrangers :

« Lorsqu'il y a abondance de sirop de banane, de tafia, est-ce que vous n'êtes pas obligés, leur a-t-il dit, de vendre ces divers produits du pays à

et le travail. Le Gouvernement veut répandre l'instruction le plus possible; il veut encourager sérieusement le travail dans le pays. C'est à cette œuvre qu'il vous convie tous. Obtiendrons-nous ces deux avantages?

Les ennemis du Gouvernement sont là qui disent : Vous ne répandrez pas l'instruction, vous ne relèverez pas le travail, parce que le peuple, s'il est instruit, s'il est moins misérable, sera un obstacle au bouleversement dont il a besoin pour satisfaire ses passions.

Nous qui voulons votre bonheur, qui voulons que les Haïtiens soient désormais dégagés de tout sentiment de haine, nous affirmons que vous acquerrez ces deux grands bienfaits : vos enfants seront instruits, l'aisance rentrera chez vous; mais, pour cela, il nous faut votre concours le plus actif.

On accuse le Gouvernement d'avoir fait baisser le prix du café, c'est faux. Le prix de vos denrées monte ou descend, selon les besoins de la consommation; par exemple, quand le tafia ne se vend pas ou se vend à bas prix, qu'est-ce que cela

---

meilleur marché? Eh bien! c'est ce qui arrive pour le café. D'autres pays, aujourd'hui, en cultivent beaucoup comme Haïti, et, comme Haïti, expédient cette denrée sur les places de l'Europe. Il arrive alors, comme pour la banane, le sirop et le tafia, qu'il y a abondance, et, par conséquent, baisse de prix. C'est ce qui nous arrive aujourd'hui. Pour contrebalancer, il faut travailler davantage et produire plus; il faut lutter avec la concurrence et ne pas vous désespérer.

C'est dans le but de faciliter le travail que le président Salomon, toujours infatigable, visite tous les points de la République pour prêcher la TRANQUILLITÉ, LA PAIX ET L'UNION, qui sont les bases nécessaires à votre prospérité et à celle du pays, et qui vous permettront de cultiver paisiblement vos terres ».

Nous regrettons de n'avoir pas pu sténographier toutes les bonnes paroles du ministre de l'agriculture, qui ont été si bien goûtées par la population intelligente de la Croix-des-Bouquets et de la plaine du Cul-de-Sac.

A quatre heures de l'après-midi, le ministre et les amis qui l'avaient accompagné quittaient la Croix-des-Bouquets pour la capitale, escortés des jeunes gens de l'endroit et des principales habitations d'alentour.

(Extrait du journal *l'Œil*.)

prouvé? C'est que cet article est en abondance dans les villes. Il en est de même pour les autres denrées, le café, par exemple. Le nôtre est acheté à bon marché; cependant, si vous voulez que votre café soit préféré aux autres, préparez-le bien; c'est pour cela que le Gouvernement vous promet des machines dans chacune de vos sections rurales.

Citoyens,

Je sens que vous m'avez compris et que le Gouvernement peut compter sur votre dévouement.

On répondit à ces paroles par les cris de vive le président d'Haïti! vivent la paix et le travail!

La veille de notre départ pour la Croix-des-Bouquets, nous avions fait connaître au président toutes les dispositions que nous prîmes dans ces circonstances; il les confirma par la lettre suivante :

Cap-Haïtien, le 6 avril 1881, an 78e de l'Indépendance.

No 111.

SALOMON, *président d'Haïti,*

Au Secrétaire d'État de l'agriculture, chargé des autres départements ministériels.

Monsieur le Secrétaire d'État,

Je vous accuse réception de votre dépêche du 2 avril courant, no 440, par laquelle vous m'annoncez que l'ordre et la tranquillité régnent à la capitale et sur tous les autres points du pays. Félicitons-nous-en.

J'apprécie les mesures que vous prenez pour paralyser l'action des propagandistes. Si la police met la main sur eux, le Gouvernement fera son devoir.

Recevez, Monsieur le Secrétaire d'État, l'assurance de ma plus parfaite considération.

Signé SALOMON.

Quelques jours après cette tournée, le 18 avril, arriva au Port-au-Prince, par le *Medway*, M. Ch. Laforestrie, notre secrétaire d'État, si impatiemment attendu ; il obtint une magnifique réception. Presqu'en même temps arrivèrent, à la capitale, M. de Montferrand, délégué de la Banque, et M. Grekowiez, ingénieur, envoyé exprès pour les études relatives au tracé de la ligne du chemin de fer de la plaine du Cul-de-Sac. Nous invitâmes aussitôt les propriétaires riverains à prêter leur concours à ce dernier :

SECRÉTAIRERIE D'ÉTAT DE L'INTÉRIEUR

AVIS

Le secrétaire d'État intérimaire de l'intérieur informe MM. les Propriétaires des terrains qui se trouvent sur la ligne du Port-au-Prince à l'Étang, que les études relatives au chemin de fer de la plaine du Cul-de-Sac vont être entreprises par M. l'ingénieur Grekowiez.

Il les invite, en conséquence, à lui accorder aide et protection, à lui faciliter le passage sur leurs terres et à l'autoriser à faire couper les halliers qui pourraient gêner ses opérations.

Port-au-Prince, le 18 avril 1881.

D. Légitime.

En ce moment, les ennemis de l'ordre changèrent de tactique : ce fut dans les rangs de la garde nationale administrative qu'ils voulurent alors porter la division. Dans ce but, ils essayèrent de faire entendre à beaucoup d'employés que l'installation de la Banque aurait pour conséquence la perte de leurs places, puisque cet établissement de crédit était appelé à faire le service de la trésorerie et à contrôler les opérations de la douane. Le moyen choisi était puissant ; il devait agir sur le vif, puisqu'ici on s'adressait aux intérêts les plus directs de l'individu ; aussi fallut-il toute la popularité du général Salomon pour qu'après tant d'assauts, à propos de la Banque, son gouvernement n'éprouvât aucune secousse. Notre rôle, dans ces situations, était tracé ; sachant ce que voulait le Gouvernement en instituant la Banque, qui était un fait accompli, il ne nous a pas été difficile de trouver des raisons pour annihiler les effets de l'intrigue.

CHAPITRE III

Travaux publics.

Tandis que nous travaillions tous si activement au maintien de l'ordre, nous n'avons pas cessé un seul jour de donner nos soins aux travaux publics ; car, là aussi, il y avait beaucoup à faire.

Le palais de l'Exposition était commencé depuis le mois de février ; il fallut activer les travaux pour que tout fût prêt à la date du 15 août, jour de la fête patronale du Port-au-Prince, qui fut choisi pour celui de la cérémonie d'ouverture.

Le Fort-National, la principale forteresse de la ville, avait besoin d'être restauré ; nous y avons fait construire un souterrain pour la sûreté des munitions de guerre, et remettre en état de service la pièce de cent dont les roues étaient, depuis cinq ans, enfoncées dans la terre. Ces travaux furent heureusement exécutés sous l'habile direction du général Baron, directeur de l'arsenal, et du général Raymond, chef du 1er régiment d'artillerie. Ils furent aidés par le commandant de l'arrondissement qui, alors, se multipliait dans différents travaux.

Sur la route de Bizoton à la Source salée, un pont en maçonnerie fut construit, et l'on s'occupa, en même temps, de réparer celle de la Grande-Plaine jusqu'au Pont-Rouge.

Ces travaux, et tant d'autres qu'il n'est pas nécessaire d'énumérer ici, ont, non seulement répondu à un besoin réel du moment, mais encore ils ont eu l'immense avantage d'occuper les bras de nos travailleurs. Et tandis qu'ils s'exécutaient à la capitale, d'autres étaient entrepris dans différentes localités.

Les ingénieurs du Gouvernement durent se mettre aussi à l'étude de toutes les autres questions relatives aux travaux publics. Ils s'occupaient de la fonderie, de la maison centrale et des hospices. Et, nous devons le dire sans aucune vanité, l'une de nos plus grandes préoccupations, avant même notre arrivée au ministère, fut le sort des aliénés et des indigents qui fréquentent nos rues, les habitent pour ainsi dire. Images vivantes d'une grande misère, leur présence accuse notre trop peu de charité envers les malheureux. Et encore, que d'immoralités ne s'étalent pas à nos yeux, et que de sujets de scandale donnés à nos enfants dans la personne de ces infortunés ! Nous nous souvenons encore de la satisfaction que nous eûmes, au mois de janvier, de faire agréer par le conseil des secrétaires d'État notre plan d'administration. Voici comment fut formulée notre opinion en faveur de cette classe, la plus digne de compassion d'Haïti :

Toujours dominé par cette idée, nous allâmes, un jour, visiter l'hospice de Saint-François-de-Sales, jolie construction que nous devons au zèle et au dévouement de Mlle Astrée Lechaud, l'une des demoiselles les plus intelligentes du pays ; comme il fallait l'achever et la mettre en état de recevoir ses premiers pensionnaires, nous ordonnâmes qu'une dépense de 350 piastres fût faite à cet effet. Déjà, avant le départ du président pour le Nord, il avait été décidé, sur notre proposition, que les dames patronnesses de cette œuvre pourraient se charger de faire venir, pour la direction de l'hospice, des religieuses avec lesquelles elles s'entendraient directement, le Gouvernement, toutefois, assurant à l'établissement une subvention de 3,000 piastres. Pareille allocation fut portée sur le budget en faveur d'un autre hospice qu'on décida de fonder au Cap (1).

Un terrain pour l'asile des aliénés fut choisi ; mais les constructions qu'il faudrait y faire, d'après l'étude des ingénieurs

(1) Les Chambres ont réduit ces deux allocations à 2,000 piastres.

et l'opinion des médecins, devaient donner lieu á une trop forte dépense pour l'actualité. Tout projet à cet égard fut donc ajourné (1).

Tels furent, à peu près, les travaux auxquels nous avions pu nous livrer pendant l'absence du président de la capitale. Dans l'intervalle arriva la fête du 1er mai 1881.

---

(1) Un député qui partagea nos idées, M. Lamothe, avait fait à la Chambre une demande de crédit dans ce sens.

CHAPITRE IV

Fête du 1er mai.

C'était une heureuse occasion qui s'offrit à nous pour nous adresser encore directement à l'esprit des cultivateurs et frapper un peu leur imagination, en changeant en quelque façon l'ordre ancien de la fête. La cérémonie du couronnement était devenue, depuis longtemps, une vraie dérision pour tout le monde ; les couronnes, distribuées si largement aux lauréats sur la place d'Armes, étaient bien vite foulées aux pieds, même avant la sortie de l'église. Ils ne savaient qu'en faire. Il fallait chercher un autre système d'encouragement pour les temps modernes. Conformément à notre circulaire du 14 janvier, les commissions agricoles formées dans plusieurs villes, de concert avec les chefs militaires, avaient organisé des concours pour la fête du 1er mai. Au Port-au-Prince, où l'on n'était pas prêt pour la grande Exposition, nous donnâmes à la fête une physionomie nouvelle en remaniant le programme des années précédentes. Le jour du 1er mai, on se réunit, comme autrefois, au pied de l'autel de la Patrie, et, de là, on passa au Champ de Mars où, depuis le sacre de Faustin Soulouque, aucune cérémonie religieuse ni militaire n'avait encore eu lieu. Au sud de ce vaste quadrilatère, on voyait déjà s'élever la magnifique façade du palais de l'Exposition, dont le péristyle était préparé pour la circonstance. Mgr Bélouino, en l'absence de Mgr l'Archevêque, vint présider à la fête ; tout se passa bien en cette heureuse journée, et, malgré la pluie torrentielle de la veille, beaucoup de personnes se trouvaient sur les lieux (1).

Nous laisserons parler ici le *Moniteur*, notre journal officiel :

« La fête de l'agriculture a été célébrée au Port-au-Prince avec une pompe et une solennité peu communes. Dès sept heures, les troupes de la garnison et la garde nationale, sous le commandement des généraux P. Benjamin et B. Prophète, la police sous celui du général Hérard Laforest, étaient rangées sur la place Pétion. A huit heures, le secrétaire d'État de l'agriculture, chargé des portefeuilles de l'intérieur, de la guerre, de la justice, accompagné du général Vériquain, du magistrat communal et d'un brillant état-major, se rendait sur l'autel de la Patrie. Le président et le vice-président du Tribunal de cassation, le doyen du Tribunal civil, le sénateur

---

(1) Compte rendu de la fête, d'après le journal *l'Œil* :

PREMIER MAI !

Ministre de l'agriculture, Magistrat communal, vous tous qui avez innové, présidé, exécuté et aidé à l'exécution de la fête du 1er mai, recevez les meilleurs et les plus chauds compliments de l'*Œil !* Vous avez tout simplement improvisé une fête belle et grandiose. Vous nous avez sevré de la vieille routine, vous êtes sortis du vieux cliché ; vous nous avez prouvé qu'avec peu on pouvait faire beaucoup. Et une fois de plus, Monsieur le Ministre, vous avez donné en cette occasion la preuve de ce que peut la volonté de bien faire, et combien vous avez à cœur de remplir dignement la patriotique mission que vous a confiée Son Excellence le Président Salomon !

C'est dans la charpente du palais de l'Exposition que le secrétaire d'État de l'agriculture a eu l'heureuse idée de faire dire la messe pour demander à Dieu de bénir les nobles efforts du premier magistrat de la République, et pour lui demander aussi la prospérité de notre sol, qui doit relever le pays de ses désastres !

C'est grâce à l'aide de M. l'abbé Weik et des sœurs de Saint-Joseph de Cluny, qu'on a pu voir surgir, comme par enchantement, de l'édifice ébauché, la charmante et simple chapelle où Mgr Bélouino a eu la gracieuseté de dire la messe.

Mgr Bélouino parle facilement ; nous l'avons écouté avec plaisir, et quoique le ramage soit, chez lui, bien mieux que le plumage, il n'est pas moins, par-

E. Pinckombe, président du comité permanent du Sénat, des membres de ce grand corps de la Chambre, M. O. Cameau et d'autres membres du Gouvernement, de nombreux fonctionnaires, M. J.-J. Odain, trésorier général, les membres du conseil communal, du conseil de l'instruction publique, le directeur du lycée national, accompagnaient également le secrétaire d'État et avaient tenu, malgré l'absence du président, à rendre hommage par leur présence à ses intentions, ainsi qu'à témoigner leurs sympathies à son représentant.

Sur l'autel de la Patrie, le secrétaire d'État adressa le discours suivant à l'armée et à la garde nationale :

Concitoyens,

Le chef de l'État s'était promis de donner aujourd'hui une

---

son éloquence, le phœnix de notre clergé ! Nous devons des compliments à MM. Boom et de Govaerst, qui, par leur activité, en travaillant nuit et jour à l'achèvement de la charpente du palais de l'Exposition, ont permis d'y inaugurer la chapelle et ont, en cela, bien aidé le ministre dans son programme.

Toute la garnison était sur pied. La police, ayant à sa tête le brave général Hérard Laforest, formait la haie, et la garde nationale, au complet, marchait en tête.

Nous aurions dû, pour ne pas intervertir l'ordre du programme, commencer par le commencement : parler du beau discours du secrétaire d'État de l'agriculture et de celui du magistrat communal, fort approprié à la circonstance ; mais comme nous faisons un compte rendu fantaisiste, il nous sera bien permis d'en vouloir un peu à l'autel de la Patrie, qui a eu la faiblesse de céder sous le poids des illustres membres des grands corps de l'État, et, à cause de cela, nous croyons devoir lui faire céder le pas à l'autel de Dieu. Et nous profitons de cette occasion pour recommander à la commune, si empressée aujourd'hui à réparer le mal aussitôt qu'on le lui signale, d'y porter un remède, afin de prévenir un danger inévitable !

En quittant le Champ de Mars, M. le Ministre de l'agriculture, ayant à ses côtés les membres du conseil, MM. O. Piquant, O. Cameau et Édouard Pinkcombe, a reçu une partie de l'assistance au palais National, tandis que le magistrat communal se rendait au ministère de l'agriculture, transformé en hôtel communal pour recevoir les cultivateurs arrivés de toutes parts pour célébrer ce grand jour !

Comme chez Nicolet, nous marchons de surprise en surprise : partout des

fête digne de vous et de tout le pays ; mais le devoir de sa charge et les intérêts de la politique l'ont déterminé à s'absenter de la capitale, à cette époque de l'année. Nous qui représentons son Gouvernement pendant son absence, nous vous disons à tous, à vous cultivateurs, à vous industriels : soyez les bienvenus ! La fête que nous célébrons en ce jour est la fête du travail ; c'est donc logiquement celle de la paix. Ces deux mots ont, en effet, une telle connexité entre eux, que l'un semble être la conséquence immédiate de l'autre. Le travail sans la paix, c'est l'édifice construit sur le sable, c'est la graine semée sans espoir de récolte.

De même, la paix sans le travail ne saurait offrir aucune garantie de stabilité ; elle sera fatalement troublée par les ambitieux, minée par les oisifs et les irréconciliables de tous les partis.

---

feuilles et des fleurs s'harmonisent à nos couleurs nationales..... C'est d'une simplicité de bon goût qui touche au splendide.

Dans la rue, le peuple enthousiaste répond par des hourras aux toasts du premier étage ; et, si nous franchissons les degrés de la maison Alerte (le ministère de l'agriculture), nous verrons, à côté de notre sympathique ministre, toutes les sommités de la ville.

Les toasts sont toujours les mêmes ; seulement, le champagne est bon et les sentiments sont droits. C'est donc avec un enthousiasme sincère que tous les membres de l'assemblée boivent au bonheur d'Haïti, à la santé du président Salomon et à celle du secrétaire d'État Légitime !

Nous ne devons pas omettre une santé à laquelle on a bu avec plaisir : c'est celle de l'abbé Weik et de M. Démost (le capitaine des pompiers) ; ces deux hommes, sympathiques à tout le monde, et qui, d'un dévouement et d'une activité rares, ont su acquérir l'estime, l'amitié et la reconnaissance de nos familles trop souvent éprouvées par le feu ! Car, c'est bien grâce à ces deux hommes que la ville de Port-au-Prince a pu résister, jusqu'à ce jour, à l'incendie, un de nos plus terribles fléaux !

Et nous pouvons dire que si le géneral Hérard Laforest est le fléau des voleurs, MM. Weik et Démost sont les fléaux du fléau !

Mais s'il nous faut admirer le côté pratique et RESTAURANT de la fête, nous suivrons le magistrat communal dans la maison de Mme Antoine Souffrant, où chaque habitant trouve son pâté et sa petite bouteille de vin, ornée d'une coquette étiquette bleue, blanche, jaune ou rose, et sur laquelle on peut lire ces mots : FÊTE NATIONALE — 1er MAI — VIVE SALOMON !

Parmi les nations connues, Haïti est peut-être la seule où le jeune homme et le vieillard soient privés, l'un de la confiance dans l'avenir, l'autre du bonheur du repos.

Où faut-il en chercher la cause, si ce n'est dans le peu de cas que la société semble faire de la double vérité que nous venons d'énoncer? La jeunesse n'est point sollicitée vers le travail, et compte plutôt sur les hasards aventureux de la politique. Quant à nos vieillards, ne les voit-on pas, après de longues années de labeur, dans la nécessité de recommencer leur œuvre ingrate, détruite par les guerres civiles?

Aujourd'hui qu'une sage administration s'évertue sans relâche à réorganiser notre société sur des bases plus solides, nous sommes en droit d'espérer que la cupidité ne pourra

---

Le cœur et l'esprit se donnent la main pour célébrer ce PREMIER MAI.....

En quittant l'Hôtel de l'agriculture, le ministre monte à cheval avec le commandant de l'arrondissement pour une tournée en ville, et prie ses amis qui sont à pied de venir chez lui (rue Américaine). Là, il reçoit les officiers de la garde nationale, ayant à leur tête notre estimable ami Brénor Prophète, qui a eu l'amabilité, en nous voyant, de porter une santé à la presse qui défend avec patriotisme et dévouement le Gouvernement du président Salomon!

Les amis du ministre sont nombreux, mais ses salons sont étroits, et..., cependant, on y est à son aise! C'est qu'on est chez l'homme de bonne compagnie, l'homme bien élevé, au cœur large et généreux.

Parmi nos concitoyens qui savent faire partout des amis à notre chef bien-aimé, nous pouvons placer au premier rang le sympathique secrétaire d'État de l'agriculture, qui possède naturellement l'art de mettre en pratique la CONCORDE et l'UNION, ces deux mots trop souvent prostitués par des lèvres impures!

A deux heures, on prenait congé du ministre, en se donnant rendez-vous pour le soir, au grand concert du théâtre national, offert par le conseil communal, « comme réjouissances publiques, à la population de la capitale ».

On ne pouvait mieux clore le PREMIER MAI, et finir ce grand jour plus agréablement.

Le couronnement de l'œuvre a été digne du maître : et chacun, en se mettant au lit, a dû dire comme nous :

Ouf!... quelle journée bien remplie!!!

E. P. K.

plus, désormais, détruire en une nuit, en une heure, les fruits pénibles d'un long travail.

Concitoyens,

La guerre civile est la source de cet immense découragement, si déplorable dans notre magnifique et fertile pays. Le travail et la paix doivent marcher côte à côte et s'aider continuellement d'un mutuel secours.

L'un des principaux éléments qui manquait au pays, et que les révolutions avaient complètement anéanti, c'est le crédit. Par les efforts incessants du Gouvernement actuel, ce levier est remis entre nos mains. Au lieu d'avoir à payer des intérêts de 36 pour 100 l'an, qui absorbaient les revenus de nos terres et de la plupart de nos industries, nous pourrons bientôt, dans les conditions les plus favorables au développement de la richesse nationale, nous procurer, au taux des nations civilisées, les capitaux indispensables à la mise en œuvre de toute entreprise d'exploitation.

Fonctionnaires de toutes les administrations, vous officiers et soldats, vous officiers ruraux, vous n'avez pas déjà oublié que, depuis nombre d'années, vous étiez contraints de sacrifier vos traitements à un escompte ruineux.

Vous voilà maintenant rentrés dans l'intégrité de vos droits ; car votre salaire vous sera régulièrement payé. L'État n'aura plus de sacrifices à faire pour y parvenir, tant qu'il sera administré par des mains habiles.

En ce qui concerne particulièrement l'agriculture, vous savez tous quels sont les projets que le Gouvernement a entrepris pour créer, parmi les producteurs des campagnes, cette salutaire émulation qui seule engendre le progrès.

Bientôt, l'inauguration de notre Exposition nationale vous rassemblera tous ici : des récompenses dignes des efforts de nos cultivateurs seront distribuées entre les plus méritants.

Nous avons pensé qu'en appelant les bénédictions de Dieu

sur les premiers fondements de l'édifice consacré à cette Exposition, chacun comprendra le prix que le Gouvernement attache à l'œuvre qu'il a commencée.

Vive Haïti! — Vive le travail! — Vive la paix! — Vive le président Salomon, qui nous donne cette paix et favorise le travail!

Le magistrat communal parle également en ces termes :

Citoyens agriculteurs,

La nation tout entière dit avec nous, en ce jour solennel, que l'agriculture, si longtemps négligée en Haïti, va entrer, désormais, dans une voie réelle de prospérité et de grandeur.

Aujourd'hui, par les soins vigilants et patriotiques du Gouvernement du président Salomon, il va être véritablement prouvé que l'agriculture, protégée et encouragée, est sans contredit la source première et féconde de la prospérité de l'État.

Un concert unanime de louanges et de bénédictions a salué la pensée heureuse du chef de l'État, d'avoir créé un ministère distinct et spécial pour s'occuper, sans relâche, de toutes les améliorations à introduire dans notre système agricole. L'expérience profonde du président Salomon, et sa connaissance parfaite des institutions du pays, lui ont suggéré cette noble et fructueuse pensée, dont la réalisation aura pour effet assuré de changer le sort de la nation.

Déjà, vous l'avez constaté avec nous, tout vous présage un avenir meilleur. Un citoyen éclairé, actif et patriote, s'est présenté pour aider le chef de l'État à réaliser le programme nouveau, conçu pour le relèvement immédiat de notre agriculture. D'une main ferme et intelligente, le secrétaire d'État de l'agriculture entreprend de refaire l'art agricole en Haïti. Cette tâche nouvelle, lourde et difficile, ne l'effraie point. Il va s'entourer de tous les concours utiles et dévoués, et, le premier, il donne l'exemple du dévouement et de la persévérance dans le devoir.

Il n'y a rien à ajouter au langage persuasif que le secrétaire d'État vient de vous adresser, Citoyens agriculteurs.

Vous avez appris que, dans peu de mois, vous serez appelés à faire valoir vos produits dans l'Exposition nationale qu'organise le Gouvernement. Aux plus méritants seront l'honneur et la récompense. Il y va donc de votre gloire et de vos intérêts les plus chers de travailler, dès maintenant, à une meilleure préparation de toutes nos denrées, de tous les produits de notre sol.

Le Gouvernement entend vous encourager fortement dans cette voie. Il ne manquera point à sa promesse, croyez-le bien.

La pompe nouvelle, l'éclat inusité donné à cette fête, ne vous disent-ils pas assez toute l'importance que le Gouvernement attache aujourd'hui à l'agriculture?

Montrez-vous donc empressés de répondre à la haute sollicitude dont le chef de l'État veut bien vous entourer, et redoublez d'ardeur et d'activité dans vos nobles travaux des champs.

En attendant que le Gouvernement, dans ses vues élevées, vous décerne bientôt les véritables récompenses que vous attireront vos labeurs mieux compris et devenus plus productifs au pays, le conseil communal est heureux, au nom de Son Excellence le Président Salomon, qui effectue en ce moment une importante tournée dans le nord de la République, de vous féliciter et de remettre ces outils aux plus distingués d'entre vous par le travail et la persévérance. Ces outils, bien utilisés, faciliteront encore, tout imparfaits qu'ils sont, vos nobles et pénibles travaux.

Demandons tous ensemble que Dieu favorise les projets élevés et civilisateurs que le Gouvernement entreprend en faveur de l'agriculture ; demandons encore que le Ciel répande ses bénédictions sur le sol de la patrie, et crions avec enthousiasme :

Vive l'agriculture! — Vivent la paix et l'union! — Vive le président d'Haïti!

Puis, le cortège se mit en marche et se rendit au bâtiment de l'Exposition dont, grâce aux efforts de MM. Boom et de Govaerts, la charpente avait été montée et couverte avec une rapidité féerique, et décorée avec une remarquable élégance. Sa Grandeur Mgr Bélouino, coadjuteur de Mgr Guilloux, avait bien voulu prêter son concours à cette cérémonie. Sur un autel improvisé, Sa Grandeur, assistée de M. le Curé de la cathédrale et du Révérend père directeur du séminaire, camérier de S. S., dit la messe. Après la consécration, il adressa à l'assemblée une allocution brillante sur les sympathies de l'Église pour tout ce qui touche aux joies du pays.

On remarquait dans l'assistance, le major Stuart, ministre de S. M. Britannique; M. de Vienne, ministre de France; les membres du Corps diplomatique et consulaire; MM. Fénelon Duplessis, M. Laforest, Charles Miot, Callisthène Fouchard, Boisson, Osmane Piquant, Eugène Nau, président du conseil de l'agriculture; de Govaerts, Dujour Pierre, les sénateurs Arétus Duval et Morin Montasse, ainsi que d'autres notabilités dont nous regrettons de ne pouvoir reproduire tous les noms.

Après la messe, le cortège se rendit au Palais national, et, de là, au ministère de l'agriculture. M. J.-J. Audain, trésorier général, n'avait cessé de prêter au secrétaire d'État et au magistrat communal le concours le plus empressé et le plus gracieux.

Nous nous empressons de reproduire l'allocution de Mgr Bélouino, que nous regrettons de n'avoir pas eue assez à temps pour l'insérer dans le compte rendu de la fête du 1er mai.

Nos très chers Frères,

L'Église est la mère de l'humanité. C'est pourquoi elle a souci de tous les intérêts de ses enfants et bénit volontiers leurs joies légitimes.

De là notre présence à cette fête. Nous viendrons encore, lorsque vous la réclamerez, pour l'inauguration des œuvres industrielles que vous promet l'avenir, mais nous nous devons d'une manière spéciale à votre fête de l'agriculture.

Pourquoi, N. T. C. F.? Le voici. Un poète français disait naguère : « Le travail des villes est divin, le travail des champs est humain ». A notre avis, c'est le contraire qu'il faut dire : les chemins de fer, les usines, les travaux d'art, sont justement appelés les œuvres de l'homme ; c'est l'homme, en effet, qui, par ses efforts, reconquiert une part du domaine royal qu'il aliéna par le péché d'origine.

Mais quel insensé, devant l'arbre, même cultivé, devant la fleur, même perfectionnée par un jardinier habile, devant le grain de blé, ne dira pas : voilà l'œuvre de Dieu? L'homme, pourtant, a labouré la terre, il a planté et arrosé, mais, en tout cela, il n'a été qu'auxiliaire; selon la parole de l'apôtre, c'est Dieu qui a donné l'accroissement : *Deus incrementum dedit.*

L'homme des champs a au moins l'instinct de cette vérité ; c'est à cause de cela qu'il est plus religieux que l'homme des villes.

Nous avouons donc nos préférences pour l'agriculture.

En cela nous imitons notre maître, qui a dit de son père céleste : « Il est agriculteur », et dont nous redisions tout à l'heure à l'autel cette touchante parole : « Je suis le bon Pasteur ». Nous nous inspirons des sentiments de l'Église qui, chaque année, fait des prières solennelles pour la prospérité de l'agriculture et présente à la vénération du monde ses moines cultivateurs. Ah! N. T. C. F., le meilleur souhait que nous puissions vous adresser, c'est qu'il nous soit donné de voir bientôt, ici même, leurs vertus et leurs œuvres. D'ailleurs, nous sommes Français, et, sans méconnaître les bienfaits de l'industrie, nous proclamons que c'est l'agriculture qui a fait de notre patrie bien-aimée « le plus beau royaume après celui du Ciel ».

Permettez-nous d'ajouter : « Nous sommes de la Bretagne », pays aimé de Dieu et qui le lui rend bien, pays que vous devez aimer vous-mêmes, N. T. C. F., puisqu'il vous envoie ses fils pour être vos évêques et vos prêtres. Ah! si vous pouviez, en ce moment, contempler ses beautés printanières, ses blés ondulant sous les caresses de la brise, ses prés émaillés de giroflées et de marguerites, ses pommiers en fleurs, vous ne retiendriez pas le cri de votre admiration, et vous diriez : pourquoi n'aurions-nous pas de telles choses en Haïti?

Pourquoi non, en effet, N. T. C. F.? Si votre soleil a des ardeurs impitoyables, Dieu a donné à votre corps la force pour les braver, à votre sol une fertilité inouïe. D'où vient donc que l'un de vos hommes d'État a pu écrire cette parole : « Sous le rapport matériel, aucun progrès n'a été obtenu en » Haïti ». Nous ne voulons pas attrister cette belle fête par des aveux plus désolants encore faits par vos compatriotes, et des plus autorisés.

Mais, à la question posée, nous répondrons avec toute la liberté de notre ministère et l'affection qu'il nous commande pour vous.

Si, au lieu du progrès, il y a eu décadence, c'est qu'on a méconnu la loi du travail... Or, comme vous l'avez dit, Monsieur le Secrétaire d'État, « l'agriculture est le travail par excellence ». L'Écriture l'avait dit avant vous.

C'est, encore, que la famille régulière n'est ici qu'à l'état d'exception. Et, pourtant, c'est la famille régulière qui, seule, assure au travail la puissance de l'association, la dignité, sans laquelle l'homme est réduit à l'état de bête de somme, la fécondité durable.

Or, l'unique fondement de la famille est le mariage, le saint sacrement du mariage, et non ces unions d'aventure qui sont la plaie physique et morale, la honte, et, à bref délai, la ruine d'un pays.

C'est, enfin, que la stabilité vous manque, sans laquelle il n'y a qu'échecs lamentables, ridicules, et accumulation de ruines. Oserez-vous nous démentir, en présence du spectacle qui s'offre à nos regards?

Mais pour que ces causes de mal disparaissent, pour

qu'elles soient au moins combattues d'une manière efficace, il faut l'intervention habituelle de Dieu, c'est-à-dire son règne établi solidement parmi vous, et vaillamment défendu. C'est Dieu qui a fait du travail la loi en même temps que le bonheur de sa créature, c'est lui l'auteur de la famille et le vengeur de la nature, de la religion et de la pudeur méconnues. C'est lui la source et le maintien du pouvoir. Or, Dieu, après nous avoir parlé par son fils, continue de nous parler par la sainte Église catholique, apostolique et romaine.

Souffrez, Seigneur, qu'en terminant cette auguste cérémonie, en présence de cette multitude, nous ayons sur les lèvres les paroles que, dans un jour solennel entre tous, vous inspiriez à David votre serviteur.

« C'est dans l'allégresse que j'ai offert le sacrifice; j'ai vu, » avec une grande joie, tout ce peuple rassemblé en ce lieu, » vous offrir ses présents. Seigneur, qui êtes le Dieu de nos » pères, conservez éternellement cette volonté dans leur cœur, » et faites qu'ils demeurent toujours fermes dans cette réso» lution de vous rendre la vénération et le culte qu'ils vous » doivent! »

Tandis qu'à la capitale on célébrait ainsi la fête de l'agriculture, dans le Nord, le président assistait, aux Perches, à la même cérémonie. Après qu'il eût parlé aux cultivateurs réunis, M. Évariste Laroche, secrétaire d'État de l'intérieur, qui nous représentait dans la tournée, parla en ces termes :

Concitoyens,

C'est la première fois, depuis notre Indépendance, que l'opportunité a permis à un chef d'État de célébrer, aux Perches, la fête du 1er mai. Ceci est un témoignage éclatant du progrès et augure bien des résultats que doivent donner vos travaux dans l'avenir. J'ai confiance dans cet avenir, et je vous félicite d'avance du bien qu'il promet. En travaillant activement la terre, vous conquérez à la reconnaissance nationale un titre aussi grand que celui conquis par nos pères dans les grandes luttes de l'Indépendance, où il y a eu autant de héros que de combattants.

La fête de l'agriculture est destinée, sans doute, à vous faire sentir cette vérité et à vous convaincre qu'au point de vue du patriotisme, le travail persévérant du cultivateur n'est pas moins méritoire que les grands combats du guerrier. Consacrée par nos aïeux dans leurs premiers actes constitutionnels, cette fête prouve qu'ils avaient compris le véritable secret de la grandeur qu'ils rêvaient pour nous. — Après le respect de notre Indépendance, ils plaçaient en première ligne leur sollicitude pour l'agriculture.

Je n'ai pas à vous retracer par quelle série de fautes nous avons manqué à leurs intentions, à l'avenir qu'ils nous préparaient. — La joie qui vous anime, les ovations dont vous avez entouré le chef de l'État, en saluant en lui l'héritier direct des grandes traditions de notre passé, démontrent que vous avez oublié les erreurs d'hier pour vous réunir, sans distinction de parti, autour de celui qui a su relever, sur des ruines encore fumantes, le drapeau du patriotisme et du progrès.

Oui, Concitoyens, le président Salomon, à qui vous venez de faire un accueil digne de lui et de vous, a juré de remplir la noble tâche dont de coupables dissensions nous avaient écartés, malgré le soin que nos pères avaient pris de nous la rappeler chaque année, par cette consécration solennelle du 1er mai. — Dès son avènement au pouvoir, après s'être préoccupé de la question du crédit, base de toutes les autres, il a jeté les yeux sur notre agriculture; — à l'exemple de nos pères, il s'est dit que c'était là qu'était notre fortune et notre sécurité. — En homme d'État que l'expérience guide vers un but précis, il a compris que c'était par les facilités accordées au travail qu'on mettrait fin aux dissensions, — qu'on arracherait les esprits aux dangers de l'oisiveté, à la compétition passionnée des fonctions publiques, — qu'on substituerait, en un mot, des éléments conservateurs aux éléments de désordre. — La création d'un ministère spécial confié à des mains jeunes et intelligentes, à un esprit actif et studieux, a été la manifestation de cette pensée. Le collègue que j'ai l'honneur de représenter ici, en ce moment, a déjà répondu à l'attente de Son Excellence et du public; par une série d'études préparatoires, d'où ne tarderont pas à découler des conséquences pratiques, il a proposé des mesures dont l'exécution inaugurera une ère nouvelle dans le pays.

Le Nord ne restera pas insensible au mouvement qui se prépare; nos riches campagnes ont trop à y gagner. — Ici, comme ailleurs, l'agriculture a été abandonnée; à peine quelques citoyens, donnant l'exemple du courage et de la persévérance, s'occupent-ils encore, malgré des déboires sans nombre, de leurs propriétés, dont le revenu diminue chaque jour; ils rendent au pays le service réel de maintenir autour d'eux des centres de productions qui, sans offrir une rémunération en rapport avec les efforts déployés, présentent l'inappréciable avantage d'empêcher les populations de retomber dans l'inertie et la paresse. — A ces nobles concitoyens, à ces courageux combattants du bon combat du travail et de la civilisation, le Gouvernement envoie, par mon organe, ses plus chaudes félicitations. — Honneur à ceux qui n'ont pas désespéré, malgré les ruines et les difficultés qui les entourent, et qui, sans se désintéresser de l'ordre public, cherchent, pour eux et les populations qui dépendent d'eux, le pain de chaque jour dans le travail régulier et pacifique de la terre, et non dans les agitations de la politique!... Le Gouvernement les entoure de ses sympathies; il espère bientôt pouvoir leur offrir, par un système d'encouragement habilement conçu, d'autres secours que des promesses illusoires.

En s'occupant du travail des champs, il semble que l'homme emprunte à la nature quelque chose de sa sérénité; il sent mieux le prix de la paix, — il devient conservateur; aussi, le Gouvernement voit-il dans cette classe de citoyens les plus solides appuis de l'ordre! — Il les offre en exemple à tous ceux que les passions n'ont pas pervertis. — C'est pour eux, surtout, qu'il travaille, — c'est pour en augmenter le nombre et le bien-être qu'il prend les mesures dont je vous ai entretenu.

L'Exposition qui doit avoir lieu à la capitale, et à laquelle il vour convie, si modeste qu'elle soit, consacrera désormais un système d'examen, de concours, d'encouragements rationnels d'après lesquels nous voulons procéder à la régénération de notre agriculture. — Isolés, les plus persévérants s'abandonnent, sinon au découragement, du moins à la routine ; — les résultats sont si difficiles à obtenir, qu'on se contente d'à peu près. — Mis au contact les uns des autres, groupés sous l'œil paternel et bienveillant d'un Gouvernement prêt à venir au secours de qui le mérite, — sous les regards d'un public intéressé et curieux, — on verra s'éveiller, chez les uns, l'émulation, chez les autres, le regret, chez tous, le goût du travail. Il y aura donc là une œuvre de progrès et une œuvre de moralisation.

Tel est, chers Concitoyens, le concours auquel vous convie le Gouvernement. — C'est le couronnement de la fête que nous célébrons aujourd'hui, c'est la reprise de la tradition de nos aïeux. — Vous n'y manquerez pas, vous viendrez au Port-au-Prince continuer à rendre au digne chef, dont la seule préoccupation est le progrès, les hommages que vous lui avez déjà prodigués ; vous donnerez ainsi le témoignage de l'indissoluble union de toutes les parties du pays, sous l'égide d'un Gouvernement fort et paternel, en vue d'une paix et d'une prospérité communes.

Vive la paix ! Vive l'agriculture ! Vive l'union de la famille Haïtienne! Vive le président d'Haïti ! »

Dans les provinces, la fête y fut célébrée suivant les moyens dont les organisateurs purent disposer ; mais aux Cayes, à Jacmel (1), à l'Anse-à-Veau, au Mirebalais et à l'Arcahaie, où

(1) Compte rendu du Concours qui eut lieu à Jacmel :

VISITE A L'EXPOSITION

Nous avons été faire notre visite à l'Exposition dans les mêmes conditions l'on avait bien compris la pensée du Gouvernement, les concours ont réussi, et partout on profita de la présence des campagnards pour faire briller à leurs yeux les médailles qui devaient désormais remplacer les couronnes de feuilles et servir de récompense aux plus méritants. Cependant, tout

---

que le public, et, pas à pas, nous l'avons appréciée avec nos impressions et nos expériences acquises. Mais nos appréciations sont plutôt d'un spectateur que d'un juge.

En y entrant, nous avons admiré l'ordre, la belle classification des objets, car chaque chose était à sa place; aussi, nous n'avons que des remercîments à faire au magistrat, aux commissaires de l'Exposition, MM. J.-M. Perez et D. Berrouet, et à toutes les personnes qui ont contribué à ce bel ordre de choses, toujours très difficile à établir pour la première fois.

Dire du bien des choses, quand elles se présentent à nous, n'est point une bienveillance partiale, c'est dire une vérité, c'est, surtout, céder à ces premiers mouvements de sympathie que tout homme éprouve en présence de toutes manifestations de travail, qu'il soit idéal ou matériel.

Nous avons commencé tout naturellement notre visite par les produits agricoles, car c'est notre fortune et c'est pour eux que l'Exposition est faite.

Le café à petits grains jaunes comme de l'or mat, appartenant à Mme Rose Henry, et en tout semblable au moka, s'il n'est son frère, était admirable comme propreté, comme bonne odeur. Nous sommes certain que ce café, envoyé à des gourmets d'Europe, serait trouvé exquis. Nous en avons préparé nous-même une décoction, que nous avons bue avec suavité. Il faut dire, en passant, que peu de personnes, en Haïti, savent faire le bon café ; cela tient à l'habitude de le trop brûler en le grillant et de le filtrer dans un tamis en toile qui lui ôte tout son arome.

En sortant du café, nos yeux sont tombés sur la ramie en arbuste et en toile. Ces échantillons ont été envoyés à l'Exposition par M. Dutertre, des Cayes, qui la cultive avec succès depuis quelques années. Tissée, elle ressemble au dril, au point que nous l'avons prise, tout d'abord, pour du dril fil, car elle en a la même solidité, la même beauté, la même finesse, et fait le même usage.

Dans les objets d'industrie, nous avons remarqué une petite armoire d'acajou, qui serait parfaite si elle avait été plus élégante, faite par M. A. Garraud Bozor. Nous avons remarqué une paire de bottines en maroquin, ayant le fini, et pouvant soutenir la comparaison des chaussures parisiennes. — Elle a été faite par M. Alcindor. Nous avons remarqué aussi beaucoup de bons objets industriels, mais beaucoup aussi n'ont pu triompher de notre froideur.

Dans la galerie des broderies sur mousseline, c'était assaut de beauté et de

cela laissait encore beaucoup à désirer; rien ne se fait parfaitement, dans le monde, en un seul jour; ce que nous voulions, pour le présent, c'était de faire comprendre à nos populations l'excellence des concours et les avantages de l'Exposition.

---

finesse. L'école des sœurs et celle de Mlle Evélina sont deux rivales dignes d'entrer en lutte une autre fois, afin que nous soyons plus sûr de ne pas nous tromper quand nous adjugerons la pomme d'or à la plus méritante.

Les tableaux de tapisserie canevas sont au-dessus de nos éloges; nous affirmons qu'on ne peut mieux faire en Europe. Si nous devions les nommer, nous les nommerions tous. — Nous ne parlerons que du chef-d'œuvre qui appartient à Mlle Célia Jean-Louis. — Ce tableau est un bouquet surmonté d'un beau perroquet au miroitant plumage. Tout le monde n'a pas, comme elle, le talent de peindre ou de broder un bouquet! Il y a d'abord, dans la composition, le choix des espèces, la manière de marier les couleurs, pour former un ensemble agréable, et il reste encore à ajouter au bouquet l'expression. La grâce de cette gerbe de fleurs est comme un sourire qu'il faut s'empresser de recueillir; enfin, ce tableau, par la beauté des fleurs et leur belle coloration, mérite, à notre avis, le premier prix.

Beaux-arts. — Pour cette partie de l'Exposition, nous ne sommes satisfait qu'imparfaitement, car il y a totalement absence du grand art qui est la peinture et la sculpture. Cet art est inexercé à Jacmel, puis le temps était si court! Le dessin n'est pas absolument du domaine de l'art, quoiqu'il en soit le commencement. Parmi les dessins, nous avons remarqué une petite carte géographique d'Haïti, très bien faite sous le rapport du lavis et de la division du pays; cette carte a été faite par M. Dantès Moralès. — Le plan des bassins de Jacmel, fait par M. D. Saint-Paul, a aussi attiré notre attention. Mais nous devons un hommage tout particulier à M. Dougé Roche, pour sa tête d'Agrippa. — M. Dougé a bien su rendre Agrippa moitié romain, moitié juif, et tel que l'histoire nous le peint. Ce tableau, à notre avis, mérite le premier prix pour le fini du dessin et l'authenticité historique.

Nous avons admiré sous une petite vitrine, non pas les diamants de la couronne, mais une chaîne de montre et une paire de boutons en or. Ce petit chef-d'œuvre, qui a frappé tous les connaisseurs, et qui peut supporter toute la comparaison avec la bijouterie de la rue de la Paix, est à M. Armand.

L'année prochaine, lecteurs, nous aurons, nous l'espérons du moins, à vous annoncer de nouveaux efforts pour vous plaire.

Journal *la République,* 8 mai 1881.

CHAPITRE V

Nouvelles intrigues jusqu'au retour du président de sa tournée du Nord.

Le mois de mai s'était écoulé dans le plus grand calme ; si de sourdes menées continuèrent, les agitateurs se gardèrent bien de faire aucune manifestation, car partout le peuple se montrait désireux de la paix et du travail : il attendait beaucoup du Gouvernement. Mais ils sont ingénieux ceux qui ont intérêt à bouleverser la société. « Croyez-vous donc, disait M. Ledru-Rollin en 1848, que les révolutions se fassent en disant le mot pour lequel elles se font? Non, on s'empare de toutes les circonstances qui peuvent émouvoir l'opinion publique, et, à l'aide d'un tour de main, on renverse le Gouvernement ». En Haïti, comme ailleurs, les gens qui conspirent ne se hâtent pas moins à s'emparer des circonstances pour jeter l'inquiétude dans les esprits ; aussi, quand ils sentent la forte main de l'autorité prête à s'abattre sur leurs épaules, ils n'ont qu'un désir : démolir cette autorité, en inspirant contre elle la défiance, au moyen d'intrigues bien menées. Une circonstance vint leur prêter son concours : le 12 mai, une enfant du général Pénor Benjamin est arrivée de Kingston en même temps que M. Périclès Manigat, qui sortait du cap. On s'empara de cette circonstance pour répandre, dans la même journée, les bruits les plus étranges. Des gens, les larmes aux yeux, vont trouver le général Pénor pour le consoler ; car ils venaient d'apprendre, disaient-ils, qu'on allait procéder bientôt à son arrestation ; d'autres lui assuraient qu'ils avaient vu la dépêche du président, ordonnant cette mesure ; d'autres encore, que M. Périclès Manigat aurait dit, au café, qu'il était envoyé expressément pour remplacer le commandant de l'arrondissement, le Gouvernement sachant que cet officier général était de connivence avec les gens de Kingston. Plus tard, c'était le général Vériquain qui était nommé à cette charge. Ces manœuvres n'ont point abouti; mais nous dûmes immédiatement faire une dépêche au président, qui nous répondit par ces quelques mots :

RÉPUBLIQUE D'HAÏTI

Cap-Haïtien, le 16 mai 1881, au 78e de l'Indépendance.

SALOMON, *président d'Haïti,*
Au secrétaire d'État LÉGITIME, etc., etc.

Monsieur le Secrétaire d'État,

Je suis en possession de votre dépêche du 13 courant, n° 350. Le bruit de la révocation du général Pénor est une manœuvre des ennemis de mon Gouvernement, qui, ne pouvant rien par eux-mêmes, voudraient pousser mes amis contre moi. J'étais à Hinche quand le général Périclès a eu permis du député Saint-Surin pour se rendre au Port-au-Prince, et ce n'est qu'à la Marmelade, et plusieurs jours après, que j'ai appris ce voyage.

Le général Pénor conserve toute mon estime, mon amitié et ma confiance.

Je vous salue, Secrétaire d'État, avec ma très haute considération.

Signé SALOMON.

Le 14 mai, on cherchait encore à inquiéter d'autres personnes, dont on voulait sans doute s'assurer le concours, en faisant répandre le bruit de leur arrestation. Nous fîmes publier, à cette occasion, la note suivante :

« Quelques hommes, que tourmente toujours le triomphe de l'ordre social, veulent essayer encore de faire de l'agitation.

A la veille de l'établissement de la Banque, institution dont la puissance doit paralyser leurs manœuvres subversives, ils jettent un dernier cri d'alarme.

Quel est leur but?

Détruire la confiance fondée sur la stabilité du Gouvernement, confiance à l'aide de laquelle nous avons pu réaliser le crédit dans le pays.

Et quels sont leurs moyens?

Les moyens, selon eux, les plus naturels, sont de diviser les groupes du parti qui a triomphé naguère de leur résistance, et de les opposer les uns aux autres. Ils veulent faire rentrer la défiance dans les âmes, et arriver ainsi facilement à rendre suspects à l'autorité des citoyens qu'ils redoutent.

Le Gouvernement, qui voit et suit dans leurs évolutions machiavéliques ces enfants dénaturés d'Haïti, les voue à leur malheureux sort. Mais, pour frapper, il veut avoir dix fois raison.

Plusieurs fois, déjà, le pays a applaudi à sa modération ».

Mais nous devons en faire ici l'observation, tout ce qui se disait ainsi pour créer des embarras à l'autorité se tramait dans l'ombre; notre attitude déconcertait les séditieux. Nous eûmes plusieurs fois l'occasion de parler à l'armée et à la garde nationale, et, à ce moment, voici quelles furent nos paroles :

« Le président d'Haïti, partant pour la tournée du Nord, a bien voulu laisser la capitale entre nos mains; notre honneur nous fait un devoir de la lui rendre telle qu'il nous l'a laissée, c'est-à-dire calme et respectée. La tournée présidentielle est à son terme; bientôt vous allez revoir celui qui, malgré son âge, se dévoue d'une manière si admirable à la chose publique. C'est lui qui viendra vous féliciter des efforts que vous avez faits pour répondre à sa confiance.

Mais tandis que nous nous dévouons, nous aussi, à la tâche qui nous incombe, il existe, dans notre société, des gens sans cœur qui sèment partout la défiance. Hier, c'était l'honorable général Pénor que l'on disait révoqué de sa charge, charge qu'il remplit à la satisfaction du chef de l'État et de la société; demain ce sera vous, demain ce sera moi. Ils s'adressent sans vergogne aux employés publics, et disent à ces hommes, qui doivent leurs fonctions au président d'Haïti : « Mais, la Banque, c'est le moyen de vous enlever vos charges ». Heureusement que, déjà, le bon sens public a fait justice de ces perfidies.

Officiers et soldats, après les guerres civiles qui ont désolé le pays, ne sentez-vous pas déjà un commencement de bien-être? L'avenir ne vous apparaît-il pas sous des couleurs plus riantes? Ayez donc confiance dans le présent. C'est pour ébranler cette confiance dans le présent, et compromettre l'avenir, que les ennemis du Gouvernement continuent à s'agiter.

Vous ne cesserez d'applaudir aux travaux du président Salomon avec le même enthousiasme que vous avez applaudi à son avènement au pouvoir.

Officiers et soldats, le pays compte sur vous pour le progrès que nous voulons réaliser sous un bon gouvernement ».

Quant au Gouvernement, qui avait le sentiment de sa force, il restait sans inquiétude; aussi le chef de l'État écrivit-il, à l'un de ses lieutenants, les lignes suivantes :

« Général,

Les lettres que vous avez adressées à moi et aux secrétaires d'État, à la date du 16 du courant, portent à notre connaissance que la clameur publique dénonce une conspiration qui se trame à X..., à la tête de laquelle se trouve le général Z... Il est toujours désagréable, pour un gouvernement, d'arrêter des suspects et d'être obligé de les remettre en liberté faute de preuves. Tâchez donc de réunir quelques preuves qui donnent droit à l'autorité de faire des arrestations préventives.

Cependant, si la conspiration dénoncée l'est véritablement

par la *clameur publique,* l'autorité peut s'assurer de la personne des principaux individus signalés. Mais elle ne doit agir qu'en cas d'extrême nécessité. . . . .

. . . .

S'il faut, en de telles circonstances, agir avec énergie, il faut aussi agir avec tact et prudence.

Je vous salue, etc. »

Nous étions, à cette époque, à la fin du mois de mai; et, la tournée présidentielle terminée, le chef de l'État annonça sa prochaine arrivée à la capitale. La ville voulut se préparer à recevoir dignement celui dont la parole venait encore de produire les meilleurs effets au milieu des populations qu'il avait visitées. Son retour à la capitale allait rassurer encore plus les esprits.

Le 2 juin, nous apprîmes, par dépêche du président lui-même, qu'il serait le lendemain matin à Truitier. Déjà, Mme Salomon, précédant son mari, était arrivée au Port-au-Prince. Alors, le commandant de l'arrondissement, celui de la place, le général Vériquain et tous les officiers de l'état-major, se rendirent aussitôt au débarcadère des Sources-Puantes, pour y recevoir le chef de l'État.

Le magistrat communal, M. Jules Saint-Macary, qui avait à souhaiter la bienvenue au président de la République, nous communiqua le programme arrêté pour la rentrée de Son Excellence; il eut notre entière adhésion.

Le côté de la ville par où devait arriver le président était fort gai et offrait, dans ce moment, un spectacle des plus attrayants; mais un nouvel et dernier effort de l'intrigue devait marquer ce moment-là. Le général Hérard Laforest, chef de la police de la capitale, qui, pendant les trois derniers mois, nous avait prêté le concours le plus énergique pour le maintien de l'ordre, le général Hérard, qui, Dieu le sait! avait à peine eu le temps de se reposer la nuit, vint aussi un moment à manquer de confiance. — Le 3 juin, revenant de chez Mme Salomon, qui se tenait à Turgeau, le général Hérard nous fit part de ses inquiétudes. « On attend, nous dit-il, l'arrivée de la garde pour m'arrêter ». Ces paroles nous brisèrent le cœur; nous rassurâmes le général Laforest. Terribles effets des moyens révolutionnaires dans un pays encore jeune, et où il faut des efforts héroïques pour y établir solidement la confiance!

DEUXIÈME PARTIE

CHAPITRE PREMIER

Retour du président. — Modification du cabinet.

Au jour fixé, c'est-à-dire le 3 juin 1881, à deux heures de l'après-midi, le président d'Haïti arriva à Truitier ; immédiatement, nous nous portâmes à sa rencontre pour le féliciter de l'heureux succès de sa tournée. Il nous fit un agréable accueil. « Je savais bien, nous dit-il, après que nous eûmes parlé de l'état de la ville et de la tranquillité qui y régnait ; je savais bien qu'en quittant la capitale on n'aurait pas osé troubler l'ordre pendant mon absence. Partout, mes amis, le pays veut la paix, bien fous seraient ceux qui chercheraient à la troubler cette paix ». — Nous avons fait tous nos efforts, répliqua le secrétaire d'État de l'agriculture, pour répondre à votre confiance. — Je le sais, reprit le président; aussi vous a-t-on rendu justice. Son Excellence, un peu fatiguée de son voyage, voulant passer la nuit à Truitier pour se reposer, annonça qu'elle ne rentrerait en ville que le lendemain matin. Notre séparation se fit après quelques moments d'entretien.

Le soir, une grande partie de la population s'était réunie à la porte Saint-Joseph, où la commune avait fait élever un magnifique arc de triomphe.

Le contentement était sur tous les visages. Le lendemain,

le président de la République arriva, comme il avait été dit, dans la matinée, mais un peu trop tôt, à l'entrée de la ville.

Voici le compte rendu que fit le *Moniteur* de la rentrée du président à la capitale :

« Le samedi, avant le jour, de nombreux fonctionnaires, des étrangers de distinction, les amis de Son Excellence, s'étaient rendus à sa rencontre ; sur tout le parcours, les arcs de triomphe, les vivats et les danses de la population, témoignaient de la joie éprouvée par les diverses classes de la société du retour de Son Excellence, dont chacun était heureux de constater la bonne santé et la satisfaction. — Vers les six heures du matin, Son Excellence, entourée des secrétaires d'État, du général P. Benjamin, s'arrêtait un instant devant la propriété de M. Mésidor Marcelin, garde magasin de l'État, qui avait dressé un arc de triomphe en son honneur et lui adressait le discours suivant :

« Président,

Le concert unanime d'admiration et de sympathie que Votre Excellence a vu s'élever de tous les points du pays, de toutes les couches de la société, pour célébrer les nobles sacrifices qu'elle fait pour assurer la paix, le bien-être, le progrès, et qui ont électrisé les populations de Jacmel, du département du Sud, de Mirebalais, de Lascahobas, des départements de l'Artibonite, du Nord et du Nord-Ouest, a réveillé en nous, habitants du Port-au-Prince, la fibre de tous les grands sentiments que vous avez su nous inspirer pour votre illustre et chère personne.

Nous sommes fiers, Président, des témoignages universels d'affection et de l'accueil brillant que vous avez reçus sur votre passage pendant cette tournée, qui est une véritable marche triomphale. Nous sommes heureux de vous revoir en bonne santé et de vous le dire sous ce modeste arc de triomphe, élevé en votre honneur par la reconnaissance et la vénération le plus dignement acquises.

C'était pour nous un besoin, Président, d'arrêter Votre

Excellence pour lui présenter ce premier bouquet de la capitale, et pour nous écrier, dans le plus saint transport d'une juste allégresse :

« Gloire, honneur, amour au plus illustre des Haïtiens,
» à celui qui fait l'orgueil national et qui méritera à jamais
» le titre de Père de la Patrie!

« Vive le président Salomon! »

Le président arrivait au portail à six heures et demie. La garde avec son chef, le général A. Prophète, les troupes de la garnison et la garde nationale, sous le commandement des généraux B. Prophète, A. Mary, Riboul, Martin, lui rendaient les honneurs.

Un superbe arc de triomphe, dans le style mauresque, avait été érigé par les soins du magistrat communal, grâce au concours de M. Costallat, ingénieur de la commune, qui avait déployé dans cette circonstance autant de zèle que de bon goût et d'élégance véritable. La brusque arrivée de Son Excellence avant l'heure fixée a empêché le magistrat communal de lui adresser le discours suivant :

Président,

La ville du Port-au-Prince vient vous exprimer, par notre organe, tout le bonheur qu'elle ressent de vous voir revenir au milieu d'elle.

Nos vœux les plus patriotiques, les plus ardents, avaient sans cesse accompagné vos pas. Le Ciel les a exaucés; car Votre Excellence, toujours pleine de force et de santé, a pu effectuer, selon son noble désir, une longue et utile tournée dans les départements de l'Artibonite, du Nord et du Nord-Ouest.

C'est donc avec allégresse que le Conseil communal et la population tout entière revoient le chef aimé de la nation.

Vous n'avez partout rencontré, en effet, que des cœurs pleins d'espérance en votre Gouvernement, réclamant fortement la paix publique et désirant la voir se maintenir dans le pays, comme vous nous l'avez promis et que vous le réalisez déjà pour notre bonheur.

Cette sollicitude inquiète en faveur de nos plus chers intérêts suffit, à elle seule, pour vous assurer nos meilleurs sentiments d'affection. Elle est, aux yeux du peuple, le plus sûr garant de vos nobles intentions pour le bien-être du pays.

Elle restera, aussi, comme le gage précieux des fructueuses démarches que vous avez entreprises pour fixer notre avenir.

Le peuple y a mis toute sa confiance et répondra à tous vos appels. N'est-il pas convaincu que vous ne travaillez qu'à relever son honneur et à faire revivre la source interrompue des richesses nationales?

Pénétrée de ces vues généreuses, et voulant unir le tact du régénérateur à l'expérience acquise du patriote sincère et éclairé, Votre Excellence a voulu tout voir et examiner par elle-même.

Elle a voulu que rien ne lui restât étranger sur la surface entière de notre territoire, depuis les légitimes échos de la cité aux aspirations multiples, jusqu'au silence résigné du hameau presque inconnu de tous.

Le peuple vous a partout accueilli par des ovations pompeuses et des démonstrations de dévouement et d'allégresse, qui n'ont point eu de précédents. Votre cœur patriote s'en est réjoui sans nul doute. Mais, tout en vous disant à vous-même : « Que la confiance qu'ils ont en moi me fait honneur! » vous avez été plus vite sollicité à porter tous vos regards sur le dédale affreux de nos misères, trop longtemps élargi par nos funestes dissensions politiques.

Vous ne voulez régner, Président, que pour faire le bonheur de tous sans exception.

Rien ne vous détournera plus de cette voie heureuse où vous engagent toute l'attente et la reconnaissance de la nation. Vous avez achevé, en dix-huit mois à peine, tout le précieux travail d'investigation auquel vous désiriez vous livrer. Vous ressaisissez pour ainsi dire, d'une main plus ferme et plus puissante, les rênes trop souvent flottantes de notre haute administration publique.

La nation tout entière vous convie, Président, à cette noble tâche, qui doit assurer son bonheur et mettre le comble à votre gloire.

Le Ciel bénira vos efforts, parce qu'ils auront été suscités par un cœur droit, n'écoutant que les leçons de la sagesse et les nobles inspirations du patriotisme.

Vous recueillerez alors, Président, le doux fruit de vos pénibles labeurs. Des éclats d'enthousiasme, cette sincère allégresse de tout un peuple qui vous appelle et vous salue du doux nom de Père de la Patrie, vous disent assez ce que la nation attend de vous. Elle ne demande que la paix pour la patrie, la sécurité pour la famille, la protection du travail, et, par-dessus tout, l'union et la fusion des cœurs. Vous lui avez promis tous ces avantages, vous êtes donc, Président, la personnification de son bonheur. Aussi, ne manque-t-elle jamais, en vous voyant, de s'écrier avec conviction, comme nous le faisons en ce moment :

Vive le président Salomon ! — Vive la paix ! — Vive l'union ! — Vive la Constitution !

M. Saint-Macary s'est excusé, au palais, par un à-propos digne de lui, et que le chef de l'État a accepté avec toute la bienveillance que méritaient l'esprit et la conduite de ce haut fonctionnaire.

Du portail, le président se rendait à la cathédrale, où il entendait le *Te Deum,* puis il recevait, au palais, les nombreux fonctionnaires et amis venus pour le saluer. Dans une courte allocution, il voulait bien leur apprendre combien il était heureux de se trouver parmi eux, la satisfaction qu'il éprouvait de sa tournée du Nord, l'enthousiasme dont il avait été l'objet dans les trois départements, la conviction profonde qu'il en emportait de l'union indissoluble du peuple et de son chef, ainsi que de l'impuissance radicale des agitateurs.

« *Réduits aux abois, ceux-ci cherchent vainement, ajoutait Son Excellence, à semer la division parmi mes lieutenants ; tantôt ce sont les généraux Séide Télémaque, Tirésias-Simon Sam, F. Chevalier, P. Benjamin, contre lesquels on me prête des intentions hostiles. Ces fidèles lieutenants se bornent à me remettre les lettres par lesquelles on essaie de les entraîner ; leur patriotisme, comme leur loyauté, les met à l'abri de toute surprise de la part des ennemis de mon Gouvernement, les élève au-dessus de tout soupçon de ma part. Tantôt, c'est le général Hérard Laforest qu'on dénonce. Je n'ai qu'un reproche à faire à cet honorable général, c'est de s'être laissé troubler par de pareilles attaques ; le jour où je n'aurai plus confiance en lui et dans l'honorable commandant de l'arrondissement, ce jour je perdrai confiance en moi-même et je saurai que je n'ai plus qu'une chose à faire, c'est de quitter un pouvoir où le jugement de la nation et de mes propres amis m'aura fait voir que je suis devenu impossible* ».

L'assistance éclata en vivats ; les cris mille fois répétés de : vive le président d'Haïti ! se firent entendre ; le général P. Benjamin, traduisant ses propres sentiments et ceux de l'auditoire dans un langage aussi expressif qu'énergique, assura Son Excellence, aux applaudissements de tout le monde, que ses lieutenants et ses amis étaient aussi décidés à remplir leurs devoirs envers elle qu'elle-même les siens envers le pays. A huit heures, le président, salué par les acclamations enthousiastes de l'assemblée, levait l'audience et se rendait à Turgeau.

Infatigable dans l'accomplissement de la mission qu'elle s'était imposée, afin de se rendre un compte exact de l'état du pays, Son Excellence ne s'est laissée arrêter ni par les fatigues ni par les dangers que pouvaient offrir les voies de terre ou de mer. Elle a pu, en moins de trois mois, terminer cette tournée qui lui a permis d'asseoir un jugement définitif sur la situation morale et matérielle du pays. Elle rentrait donc ce matin à la capitale, avec l'expérience acquise des efforts à faire pour obtenir les résultats que désire son patriotisme, mais en même temps avec la certitude, basée sur la confiance partout manifestée par les populations qu'elle a visitées, de succès prochains qu'aucune intrigue machiavélique ne pourra désormais paralyser. »

A huit heures, le président, sortant du palais pour se rendre à Turgeau, sa résidence provisoire, s'arrêta un moment devant le bâtiment de l'Exposition, dont on terminait alors les palissades.

Le lendemain dimanche, le président Salomon profita de la réunion des troupes pour les passer en revue. Après le défilé, il leur adressa quelques paroles de félicitations, et leur fit ensuite le récit de sa tournée. En terminant, Son Excellence voulut aussi féliciter les autorités qu'elle avait laissées à la capitale. « Quant au secrétaire d'État de l'agriculture, dit le président, je n'ai plus à lui adresser des éloges; déjà le public les lui a décernés ».

A partir de ce moment commença, pour nous, une nouvelle situation dans le Gouvernement : l'arrivée de nos collègues eut naturellement pour effet de nous débarrasser des différents portefeuilles dont nous étions chargé en leur absence, moins celui des finances. M. Laforestrie, paraît-il, avait posé des conditions auxquelles il subordonnait la reprise de son portefeuille.

Le 9 juin, le président fit publier l'arrêté suivant, qui modifia son cabinet :

SALOMON, *président d'Haïti*,

Attendu qu'il y a lieu, dans les circonstances actuelles, de réformer le conseil des secrétaires d'État;

Vu les articles 109 et 124 de la Constitution;

ARRÊTE :

ARTICLE PREMIER. — Le général de division F.-D. Légitime, secrétaire d'État au département de l'agriculture, est nommé secrétaire d'État au département de l'intérieur, en remplacement du général Évariste Laroche, dont la démission est acceptée.

En conséquence, les deux départements de l'intérieur et de l'agriculture, qui avaient été provisoirement séparés, sont de nouveau réunis sous le même titulaire.

ART. 2. — Le présent arrêté sera imprimé, publié et exécuté.

Donné au palais national du Port-au-Prince, le 9 juin 1881, an 78e de l'Indépendance.

SALOMON.

Huit jours plus tard, quelle ne fut pas notre satisfaction d'apprendre et de constater qu'il n'y avait plus en circulation un seul des bons portant notre signature pour les emprunts faits au commerce. Ainsi, nous avions pu, grâce à la situation des affaires, pendant les six mois de notre administration comme chargé du ministère des finances, faire face aux exigences du service courant et retirer de la circulation :

1° Les 766,000 piastres de bons compensables que nous avions trouvés ;

2° Tous les effets publics, excepté les bons d'intérêts sur la caisse d'amortissement (1);

3° Acquitter presque toutes les dettes qui, jusqu'alors, pesaient sur l'État. Ce résultat nous valut les félicitations de M. C. Laforestrie ;

4° Enfin, acquitter toutes les dettes qui avaient pesé jusqu'alors sur l'État, *y compris les termes échus de la*

---

(1) La situation nous avait même permis d'acquitter une partie de ces effets sur la caisse d'amortissement. A cette occasion, nous écrivîmes, à la date du 30 mars, au Conseil des secrétaires d'État : « J'ai pour devoir de déclarer que le renvoi du paiement des intérêts échus sur les titres de créance de la caisse d'amortissement, a provoqué des plaintes dans le public. Dans cette circonstance, l'opinion que je voudrais soumettre à votre approbation serait celle d'autoriser le département des finances à accepter partie de ces bons avec des fonds que le commerce offre de prêter au Gouvernement. Il serait ainsi réalisé un double résultat : satisfaire le créancier, et cesser de recevoir de l'argent à

double dette. Et, néanmoins, *l'encaisse du Trésor de l'État avait été respectée.*

Le 12 juin, le président d'Haïti fit publier la proclamation suivante :

SALOMON, *président d'Haïti,*
Au Peuple et à l'Armée.

Concitoyens,

Accomplissant la promesse que j'avais faite en partant pour le Sud, j'ai entrepris la tournée de l'Artibonite, du Nord et du Nord-Ouest, dès que les devoirs qui m'avaient rappelé à la capitale m'ont permis de la quitter. — Je n'ai pas à vous dire par quelles ovations le peuple a salué mon passage; le récit en est déjà répandu partout. — Dans le Nord comme dans le Sud, l'Ouest et le Nord-Ouest, j'ai rencontré des sympathies aussi ardentes qu'unanimes; elles s'adressaient moins au chef de l'État qu'au gardien fidèle de la paix et des intérêts généraux du pays.

Dans cette tournée, comme à l'époque de celle du Sud, la capitale s'est plu à donner l'exemple du meilleur esprit, et, sous la loyale direction des autorités que j'avais laissées à sa tête, elle a justifié tout ce que j'attendais de son bon sens et de son patriotisme. Mais, si le côté moral révélé par l'esprit des populations nous offre des garanties d'ordre et de progrès d'autant plus sérieuses qu'elles reposent sur la nécessité universellement reconnue de la paix, le côté matériel est fait

---

10 pour 100 contre des bons compensables, pour pourvoir aux besoins du service public. C'est ici l'occasion de faire remarquer que, sur une somme de P. 350,000 qui était due à notre arrivée aux affaires, il ne reste que le mois de mars et quelques ordonnances à payer, le tout représentant une valeur de P. 100,000 environ..... »

Ces P. 350,000 forment la valeur des ordonnances du service courant, ajoutées aux P. 120,000 de bons à échéances fixes; ce chiffre n'est donc pas compris dans celui des bons compensables.

pour préoccuper : tout le capital social, qui résume, en s'agrandissant sans cesse, le travail des générations antérieures et que chacune d'elles lègue à la suivante, comme un témoignage de ses efforts et de sa sollicitude, tout ce capital est ou anéanti ou compromis.

Chaque révolution est un fossé creusé entre hier et aujourd'hui; faute de pouvoir le combler, pour continuer à marcher, les uns s'arrêtent dans des habitudes qui dégénèrent en routine, les autres prennent l'agitation pour l'effort, et substituent la politique au travail.

Ces causes de décadence ne sont pas irrémédiables.

La constitution régulière de la famille par le mariage, la propagation de l'instruction publique jusque dans le sein des dernières couches sociales par la multiplication des écoles, les encouragements donnés au travail par des institutions de crédit, par l'amélioration de nos voies de communication, par des procédés nouveaux et des machines perfectionnées mises à la portée des cultivateurs, par l'émulation excitée dans des concours publics, tels sont les moyens que mon Gouvernement veut mettre en œuvre pour améliorer la situation du pays.

Déjà, quelques-unes de ces mesures sont passées du domaine des théories dans celui des faits.

La Banque va fonctionner; l'Exposition agricole ne tardera pas à s'ouvrir; un premier chemin de fer reliera bientôt la capitale aux frontières de notre voisine et sœur bien-aimée la République Dominicaine.

Aussi l'espérance a-t-elle déjà succédé au découragement. A l'extérieur, comme à l'intérieur, on observe avec attention nos efforts. Le retour de confiance, dont la création de la Banque est la preuve, outre l'importance matérielle et pratique de cette institution, est un fait d'une haute portée morale dont la signification ne saurait être méconnue que par des esprits prévenus.

Mais, Concitoyens, pour la mise en œuvre de tous ces moyens, le premier devoir du Gouvernement comme du peuple, c'est le maintien de la paix. L'excellent esprit de nos populations ne laisse rien à désirer sous ce rapport. Mes tournées, que j'ai multipliées sans égard pour ma santé et mon âge, dans le but de me rendre un compte exact de la pensée, de la situation morale et matérielle du pays, m'ont pleinement rassuré. Les agitations, s'il s'en produit, ne sauraient être qu'à la surface; elles tourneront à la confusion et à la honte des insensés qui les entreprendront.

Grâce à cette situation, nous pourrons, les grands corps de l'État et moi, avec la certitude de résultats prochains et brillants, aviser aux solutions les plus promptes des problèmes qui s'imposent à nous.

Il ne m'appartient pas de tout faire à moi seul; mais pour ce qui me concerne personnellement, c'est-à-dire pour cette paix dont vous m'avez confié la sauvegarde, et qui est le premier de tous nos besoins, comme la base essentielle de toute réforme et de tout progrès, je vous jure, Concitoyens, qu'avec le loyal concours de mes lieutenants, elle ne sera pas troublée. Il ne dépendra donc plus que de vous, de votre intime union avec le pouvoir, de réaliser les espérances que nous permettent de concevoir si légitimement et nos richesses naturelles et notre situation géographique, et le concours de l'étranger, désormais acquis à nos efforts.

Vive la paix! — Vive l'union de la famille haïtienne!

Le 14, en notre nouvelle qualité de secrétaire d'État de l'intérieur et de l'agriculture, nous adressâmes, selon l'usage, les circulaires suivantes aux fonctionnaires relevant de nos deux départements, pour leur apprendre la modification du Cabinet et leur donner de nouvelles instructions :

Port-au-Prince, le 14 juin 1881, an 78e de l'Indépendance.

SECTION DE LA COMPTABILITÉ

Le Secrétaire d'État de l'intérieur, de la police générale et de l'agriculture, aux administrateurs principaux des finances de la République.

Monsieur l'Administrateur principal,

Je vous adresse la présente circulaire pour vous inviter à vous renfermer rigoureusement dans le budget de mon département ; j'entends vous dire que vous ne devez pas dépasser chaque mois, sans un ordre spécial, le douzième du chiffre qui est alloué à chaque chapitre dudit budget, conformément à la loi.

Veuillez exécuter ponctuellement les instructions qui font l'objet de cette circulaire, et m'en accuser réception.

En attendant, je vous salue, Monsieur l'Administrateur principal, avec une considération distinguée.

F.-D. LÉGITIME.

Port-au-Prince, le 14 juin 1881, an 78e de l'Indépendance.

SECTION DE LA COMPTABILITÉ

Le Secrétaire d'État de l'intérieur, de la police générale et de l'agriculture, aux Administrateurs des finances de la République.

Monsieur l'Administrateur,

Je viens vous annoncer que, par l'arrêté de Son Excellence le Président d'Haïti, rendu à la date du 9 courant, j'ai été appelé à la direction du ministère de l'intérieur en remplacement du général Évariste Laroche, démissionnaire.

Ainsi, le département de l'agriculture, qui a été séparé de celui de l'intérieur, y revient désormais, comme par le passé.

J'entre dès aujourd'hui en fonction.

Mon programme se constitue en ces mots : *ordre, activité* et *régularité,* éléments sans lesquels je ne parviendrai jamais à aider le chef de l'État à atteindre le but qu'il se propose.

Je me plais à espérer en votre patriotisme éclairé et votre dévouement pour me faciliter la rude tâche que la haute confiance du chef de l'État vient de m'imposer.

Je saisis cette occasion pour vous avertir qu'en vue de l'ouverture prochaine de la session législative, vos comptes arriérés doivent m'être adressés dans le plus bref délai, pour les rapports qu'il y aura à lui présenter.

Recevez, Monsieur l'Administrateur, l'assurance de ma parfaite considération.

F.-D. Légitime.

Jusqu'alors les choses suivaient un cours régulier ; mais comme sur la terre il n'y a rien d'immuable, ni de félicité permanente, la situation devait subir un changement. Suivant l'ordre que la Providence imprime à la marche des choses d'ici-bas, nos succès doivent être traversés par des revers, sans quoi ils se corrompent par la pleine et entière confiance qu'ils nous inspirent. Toutefois, nous rendons grâces à Dieu, qui nous a protégé d'une manière si visible, lorsque, dans un milieu où s'agitaient les passions humaines, nous eûmes à fournir la première période, — la plus difficile, — de notre passage au ministère. Nous remercions bien sincèrement tous ceux qui nous ont aidé à aplanir les difficultés inhérentes à notre tâche ; leur coopération utile nous procure aujourdhui encore la douce satisfaction que laisse le devoir accompli.

Jusqu'au mois de juin, disions-nous, tout marchait bien ; oui, tout semblait nous sourire. La confiance dont le chef de l'État nous honorait ne pouvait mieux se manifester que par les paroles qu'il nous adressa un jour en conseil. Nous avions à demander des fonds pour continuer les travaux de l'Exposition nationale (1) ; en soumettant à l'examen du conseil le compte des dépenses déjà faites pour cet objet pendant l'absence du Gouvernement, le président Salomon nous adressa ces paroles : « Vous êtes secrétaire d'État de l'intérieur, faites vos affaires » ; puis il ajouta en souriant : « Pour vous parler comme le faisait l'empereur Soulouque, lorsqu'il voulait laisser à un ministre toute latitude dans une affaire : *Vous êtes gros chef, faites votre affaire* ».

En fallait-il davantage pour inspirer la plus haute, la plus entière confiance à un secrétaire d'État qui, en même temps, se sentait soutenu par l'opinion publique (2) ?

---

(1) Avant le départ du président pour le Nord, il avait été convenu qu'on devait bâtir un hangar en planches pour y faire notre première Exposition ; mais quand nous nîmes la main à l'œuvre, notre plan dut être modifié par de nouvelles dispositions données au bâtiment ; de là un surcroît de dépenses.

(2) Que disaient alors, de mon administration, les divers organes de l'opinion? L'*Œil* publia l'article suivant, de M. Riboul :

« *Nous nous empressons de publier l'article suivant, que vient de nous envoyer notre ami M. Riboul aîné, un de nos plus grands et plus considérables planteurs de la plaine du Cul-de-Sac.*

» *M. Riboul aîné est non seulement un homme d'ordre et de progrès, mais encore un homme dévoué et de grande expérience :*

AGRICULTURE

» Nous ne laisserons pas passer sous silence les bonnes dispositions constatées chez les habitants de certains quartiers de la plaine du Cul-de-Sac, de contribuer, par des travaux assidus, à la renaissance de la fabrication du sucre.

» Déjà, se réveillant de leur indolence, ils se multiplient pour agrandir leurs champs de cannes, à cette seule idée que le Gouvernement est disposé à leur accorder protection et secours.

» Des terrains se préparent de toutes parts, de nombreuses plantations se font activement, et les plants de cannes ne suffisent pas, en ce moment, aux demandes et aux besoins qui se produisent.

» Si ce même entrain se poursuivait, il ne serait pas bien étonnant de cons-

Les Chambres allaient bientôt s'ouvrir. La session législative, qui devait commencer à partir du 1er lundi d'avril, avait été prorogée, par un arrêté du président, à la date du 12 mars.

Les députés étaient arrivés successivement à la capitale, après le retour du président, et, le 20 juin, on procéda à l'ouverture de la dernière session de la 16e législature. Nous reçûmes encore, ce jour-là, un vote solennel de confiance de l'Assemblée.

Voici comment il fut formulé dans le discours que son président, le général Montasse, adressa au chef de l'État :

« L'agriculture, si digne d'occuper la pensée des hommes publics, est devenue l'objet de votre sollicitude particulière. Vous avez immédiatement éprouvé le besoin de faire, avec

---

tater, vers la fin de l'année, une augmentation de 50 pour 100 des plantations actuellement existantes.

» Il faut le proclamer aussi, les diverses tournées faites dans la plaine par le secrétaire d'État de l'agriculture, la façon aimable et persuasive dont il a entretenu les populations de ces lieux, et ses grands et glorieux désirs manifestés de protéger l'agriculture, ont beaucoup coopéré à cette heureuse transformation, qui frappe notre attention et nous fait rêver à un prochain bonheur pour Haïti, dont nous n'apprécions pas assez la valeur !

» Un pays ne meurt point : il a des moments de souffrance et de détresse comme toutes les choses d'ici-bas ; mais, quand ces tristes moments sont passés, il sort jeune et resplendissant de sa poussière et revendique ses droits au banquet des nations ! Dès lors, il lui faut des hommes qui lui conviennent et qu'il peut facilement comprendre. Telle doit être Haïti, qu'une apathie coupable, de la part de ses habitants, a retenue pendant si longtemps dans la déconsidération.

» Si le Gouvernement et ces populations des campagnes ont à se réjouir d'une chose, c'est de la distinction établie aujourd'hui du ministère de l'agriculture, si important, de celui de l'intérieur ; et le premier, surtout, confié à un citoyen qui jouit de l'estime et de la confiance générale.

» De même que dans le choix fait pour l'administration du département de l'agriculture, si le Gouvernement pouvait être aussi bien inspiré dans celui à effectuer pour la police générale des campagnes, son triomphe serait complet, et la population entière aurait de la jouissance et lui en demeurerait reconnaissante !

raison, remarquer qu'elle n'a été depuis longtemps qu'une routine grossière, lorsqu'en réalité elle suppose une saine appréciation des faits ; elle veut une connaissance des conditions capables de développer la production ; elle exige le travail, l'intelligence de la part de ceux qui s'y consacrent. C'est pour cela que Votre Excellence a voulu appeler à ses côtés un ministre d'agriculture, homme de volonté, de dévouement, d'intelligence et de courage qui, comprenant si bien tout votre sentiment en faveur de l'agriculture et du travail, faisait lui-même comprendre éloquemment aux cultivateurs de cet arrondissement, le jour du 1er mai, la cause de la ruine et de la chute des uns, les raisons de l'élévation et du succès des autres. Vous verrez toujours, leur dit-il, la paresse et la débauche entraîner la misère, et le travail,

---

» Il est fort heureux pour le pays que les premiers soins du Gouvernement se soient dirigés vers nos campagnes, dont les nombreuses populations, si intéressantes, ont droit à de grandes attentions. Ces populations, dont on a eu quelquefois à se plaindre, principalement dans les malheureux moments d'effervescences populaires (car elles sont en partie ignorantes et susceptibles d'obéir à un funeste entraînement), ces populations ne demandent qu'à être bien dirigées pour qu'on en obtienne un résultat très satisfaisant!

» Il est aussi facile d'obtenir du mal que du bien d'elles ; et, comme les aspirations du Gouvernement sont au beau et au réel, — ce à quoi nous nous attendions, — il y a tout à espérer de ces populations et dans l'intérêt du progrès et dans celui de la civilisation.

» Nous nous ferons le devoir de signaler plus tard, à l'administration supérieure, quelques moyens que notre faible expérience nous aura indiqués, et qui, bien employés, ne manqueraient pas d'obtenir du succès. Nous nous hasarderons dans cette voie, car trente-deux ans de séjour et d'exploitation dans la plaine nous autorisent d'en prendre l'initiative, à l'occasion d'effectuer une œuvre en même temps humanitaire et patriotique!

» Voyons d'abord à procurer du bien-être à ces populations avant de leur dicter tous leurs devoirs, et nous ne faillirons pas dans l'accomplissement de notre programme, car nos sentiments sont purs et modérés.

» Nous disons de procurer d'abord du bien-être à ces populations ; et comment s'y prendre pour réussir? Par le bon exemple et la persuasion de la part de ceux qui seront choisis par le Gouvernement pour les diriger.

» Pour bien conduire et bien diriger autrui, *il faut savoir soi-même se*

l'économie, la morale, engendrer au contraire le bien-être.

» Convaincu avec vous, Président, que la prospérité de la République dépend de l'importance de nos productions, le pouvoir législatif ne négligera aucune circonstance de se montrer favorable aux intérêts de l'agriculture. Il vous aidera aussi à prendre toutes les mesures de précaution que la prudence commande pour la sûreté générale et à voter toutes les lois utiles à l'ordre public, au bien-être commun, en consultant toutefois le poids des impôts ».

Tous ces témoignages de confiance qui nous arrivaient de toutes parts, et qui étaient comme des couronnes de lauriers qu'on nous tressait, ne semblaient-ils pas plutôt faits pour nous meurtrir le front? Du moment que nous étions porté si haut, nous devions commencer à sentir vivement les traits de

---

bien conduire, se bien diriger; donc, il demeure sous-entendu que les individus préposés pour cette tâche devront être recommandables à tous égards.

» Nous voulons, en un mot, parler des personnes qui seront revêtues de la confiance du Gouvernement pour exercer la police générale des campagnes, police qui exige plus de soins que celles des villes où des tribunaux abondent.

» Que l'administration approfondisse ces précieuses considérations, qu'elles obtiennent son approbation et soient appliquées, les conséquences en auraient leur pesant d'or!

» Il est bien connu « que le fer doit être battu tant qu'il est chaud » : le moment en est propice. Nos populations sentent le besoin de rompre leurs fers rivés par la misère qui les accable, et de suivre une main paternelle qui veuille les conduire. Que l'humanité domine dans les cœurs et les inspire à accomplir cette grande œuvre; le profit en serait non seulement à l'humanité, mais encore à la patrie, qui commande à ses vrais fils de se vouer à son salut et à sa gloire!

» N'est-il pas honteux que soixante-dix-sept ans d'indépendance ne nous aient pas suffi pour fixer notre sort comme nation ?

» N'est-il pas fâcheux qu'à l'exemple de nos voisins (l'Amérique du Nord) nous n'ayons pas plus fait pour nous distinguer? Quoique en retard, nous ne nous soumettrons ni ne nous démettrons ; nous prendrons une nouvelle direction, et la Providence viendra à notre aide!

» Que la foi dirige nos actions, et nous occuperons dignement, et sous peu, la place qui nous est réservée dans le cadre des nations!

» *Vouloir c'est pouvoir!* RIBOUL aîné.

l'envie. Certes, ce n'est pas sans raison qu'après avoir entendu prononcer dans l'Assemblée des paroles si pleines de bienveillance pour notre personne, nous avons dit à l'un des secrétaires d'État qui était à nos côtés : « Ce que vous venez d'entendre, mon collègue, équivaut presque à un décret de mort ». En effet, dès ce jour, la cruelle envie s'est plus d'une fois ingéniée à nous tendre des embûches ; et, n'ayant rien trouvé dans nos actes qu'elle pût critiquer sérieusement, elle eut recours à l'invention, à la calomnie. Ainsi, la première accusation qu'elle osa porter contre nous, et qui, en un moment, sembla amasser les premiers nuages sur notre tête, reposait, comme on va le voir, sur une absurdité. Tel est l'acharnement des mauvaises passions : les personnes dont elles troublent l'esprit ne savent plus, dans leur aveuglement, faire un choix heureux de leurs armes ; elles s'emparent de tout sans discernement et font flèche de tout bois.

Le 2 juillet, douze jours après le discours si sensé du président de l'Assemblée nationale, on fit malicieusement courir le bruit que la veille, dans une réunion en conseil des secrétaires d'État, nous avions frappé du pied, protestant contre une décision de la majorité, qui tendait à faire arrêter ou à dénoncer aux Chambres, pour être poursuivis, certains de leurs membres dont avait parlé M. Toby dans sa lettre à M. B. Bazelais. Si pareille question avait été réellement soulevée en conseil, les membres du Gouvernement pourraient encore douter de ma discrétion ; mais, depuis le retour du président à la capitale, personne du cabinet n'avait encore dit un mot qui menaçât la liberté des mandataires de la nation. Cependant ce bruit, ce léger nuage, devait produire, sinon un éclat, du moins un grondement dans notre ciel jusqu'alors si serein. Cette absurde propagande avait blessé assez profondément l'amour-propre des autres membres du Gouvernement, et nous nous en sommes bien vite aperçu.

Le dimanche 3 juillet, d'après ce qui avait été décidé, le président devait assister à la célébration de la fête patronale de Pétion-Ville. Nous partîmes donc de la capitale dès cinq heures du matin; mais, en chemin, nous dûmes nous arrêter un moment, car le président voulut voir le général Pénor Benjamin, commandant de l'arrondissement du Port-au-Prince, qui était en convalescence (1) dans une maison de campagne de M. Th. Lahens. Son Excellence, après s'être informée de l'état du malade, se mit à parler de la situation politique et des bruits qu'on faisait courir. « Hier encore, ajouta le président, n'a-t-on pas dit que le général Légitime, sur une proposition faite au conseil, s'est levé et a frappé du pied, et que, pour s'être trouvé seul contre la proposition, il a offert de donner sa démission! »

« Pourtant, fîmes nous observer, vous savez, Président, que rien de la sorte ne s'est passé en conseil ». — « Oui, répondit-il, ce sont des mensonges, des moyens employés par nos ennemis pour diviser les membres du Gouvernement. D'ailleurs, si en conseil un ministre, qui n'aurait pas la majorité pour lui, croirait devoir se retirer en m'offrant sa démission, je l'accepterais, cette démission ».

Quelques minutes après cet entretien, nous laissâmes le général Pénor pour reprendre le chemin de Pétion-Ville, où nous arrivâmes bientôt.

Le président fut reçu par la municipalité de l'endroit; puis, s'adressant à la population, il dit ces quelques mots : « Habitants de Pétion-Ville, je vous ai souvent promis de venir passer un jour et une nuit avec vous, je viens pour passer un jour et une nuit avec vous ».

A huit heures, le président, accompagné de ses ministres et des officiers de l'état-major, se rendit à l'église. Après la messe, Son Excellence monta à cheval, fit un tour et rentra au palais. M. Archin et moi, qui n'avions pas nos chevaux sous la main, nous reprîmes la route à pied, et profitâmes de cette occasion pour faire une visite au général Boisrond-

---

(1) Le général P. Benjamin, par suite de ses fatigues, s'était trouvé un moment assez fortement indisposé.

Canal, ancien président d'Haïti, qui était malade et résidait à Pétion-Ville.

Revenus au palais, nous apprîmes que, pendant notre courte absence, le président avait donné audience, et qu'il avait parlé particulièrement du secrétaire d'État de l'intérieur. Nous interrogeâmes ceux qui avaient assisté à cette audience ; ils nous rappelèrent les paroles suivantes, prononcées par le chef de l'État :

« Aux Cayes, on a contrefait la signature du commandant de l'arrondissement du Cap, dans une lettre adressée au général Fontange, qui me l'achemina.

» Cette lettre fut envoyée au général Tirésias, qui a toute ma confiance, et dont l'étonnement fut naturel.

» On a fait circuler le bruit, à Port-au-Prince, qu'en conseil des secrétaires d'État, il a été décidé, ou du moins que la question a été agitée, d'arrêter quelques inviolables ; que M. Légitime, secrétaire d'État de l'intérieur, a été seul opposé à cette mesure, et que, de colère, il a été jusqu'à frapper du pied. Tout d'abord, disant toujours la vérité et vous la devant, je déclare ce premier point faux. Je connais celui-là qui a fait circuler ce bruit ; il cherche des adeptes à sa cause. D'une autre part, je ne permettrais jamais à aucun des membres du cabinet d'en arriver à ces excès.....

» Nous sommes cinq dans le conseil; l'opposition d'un secrétaire d'État quelconque à une mesure qui aurait emporté la majorité de ses membres (dont quatre), entraînerait immédiatement sa révocation. Je ne lui donnerais même pas le temps de m'envoyer sa démission..... La révocation du cabinet ou d'un des membres du cabinet est un droit que la Constitution me confère...

» Ensuite, tous mes ministres ont ma haute confiance... »

Dès lors, il n'était pas difficile de comprendre que le premier coup de la malveillance avait porté, et que le jour n'était pas éloigné où tout appui pourrait nous manquer dans le Gouvernement. Ils avaient donc réussi, les envieux, à faire de nous, malgré nous, une pierre d'achoppement dans le cabinet.

D'autres situations aussi pénibles nous étaient réservées dans la suite; car le discours du président de l'Assemblée nationale avait fait éclater toutes les colères, toutes les haines sans cause, dont les germes s'étaient développés dans le cœur étroit des méchants.

On avait essayé déjà d'entamer notre crédit. En effet, causant un jour, avec une proche parente du Président, des effets de l'intrigue dont elle-même avait aussi à déplorer les ennuis, elle nous dit : « Et vous!... Est-ce qu'on n'est pas venu jusqu'à moi pour me dire, en parlant de vous : — Voyez, Madame, tout ce qu'il fait là, c'est pour faire parler de lui; il veut arriver ainsi à détacher l'esprit de ce peuple du chef de l'État pour le rapporter tout à lui ».

De cette méchante insinuation, il se dégage pourtant une vérité d'où l'on a voulu tirer une fausse conséquence. « *Il veut faire parler de lui!* » Oui, nous avons eu en tout temps cette noble ambition; aussi nous nous sommes senti suffisamment payé de nos efforts lorsque la voix publique est venue déclarer solennellement en nous désignant : « Celui-ci a bien mérité ». — Nous ne demandons que cela au présent, et nous n'attendons rien de plus de l'avenir. Qu'on se le persuade bien, l'homme qui travaille ou qui se dévoue, l'homme qui s'efface ou qui se prodigue, est toujours dominé par une idée ambitieuse. Le moine, de même que le soldat, a son mobile : tous les deux sentent une passion fiévreuse les consumer et développer en eux les facultés naturelles; aussi sèment-ils dans la souffrance pour récolter dans l'honneur. Seulement, il y a toujours de nobles comme il y a de mesquines ambitions; celle des Erostrate est ignoble; elle est infâme celle du juif transperçant de sa lance le cœur du divin Crucifié.

L'histoire enseigne qu'il y a eu des règnes illustres qui ont donné leur nom au siècle dont ils étaient les contemporains; qui ont imprimé leur cachet à tout ce qui a pu être entrepris de grand ou d'utile sous leur régime, sans que pourtant, à ces différentes époques, le mérite des ministres ait jamais fait ombrage à la gloire des souverains (1).

A la vérité, ces hommes d'État ont eu, eux aussi, à lutter contre les passions de leur temps; car les intrigues de cour, ces conspirations de palais, remontent à la plus haute antiquité. A la fin du XVIIIe siècle, chacun se le rappelle, un homme célèbre, le ministre Turgot, poursuivi par la haine des courtisans et de tous ceux dont il contrariait les combinaisons, n'est-il pas tombé dans une disgrâce aussi cruelle qu'imméritée, en dépit de sa haute réputation de savoir et de sagesse? Il y a

---

(1) Le journal *la République* de Bainet, imbu de cette vérité, a publié dans l'un de ses numéros les lignes qui suivent :

LE SEPTENNAT DE SALOMON

« Quand nous disons que le général Salomon fera son temps au pouvoir, c'est-à-dire les sept années que lui confère la Constitution, nous ne nous payons point de mots, mais de faits. C'est parce que cet homme d'expérience est modéré dans le pouvoir, qu'il vient avec des idées nouvelles, d'accord avec l'élan de son peuple et du temps actuel, qu'il sera suivi dans son programme d'une foule d'hommes capables. Si déjà il n'en n'est pas entouré, il va les faire naître au moyen de l'admiration qu'il s'attire de toutes parts, de l'enthousiasme tout neuf, si je puis m'exprimer ainsi. N'est-il pas déjà le mobile de cette forte passion, vive, générale, qui transforme, en quelque sorte, toutes les âmes en d'autres âmes, les élevant vers tout ce qui est noble, héroïque et vertueux? Il va donner de nouveaux hommes à son pays, parce qu'il apporte de nouvelles idées, et qu'il ranime les anciennes par une nouvelle énergie.

» Si les règnes d'Auguste et de Louis XIV ont été si féconds en talents, s'ils ont brillé par tant de génies heureux, si l'on a eu à y admirer tout à la fois la perfection du beau, les progrès des arts et l'avancement des sciences, nous ne devons en chercher les causes ailleurs que dans les deux seuls *souverains*. Si, de nos jours, Napoléon a eu tant de généraux habiles et dévoués, c'est qu'il a su les choisir, et au besoin les faire naître. L'œil du chef, l'appât des récompenses, l'aiguillon de la gloire, l'émulation excitée par des applaudissements, ont été et seront toujours l'enfantement des grands hommes et des grandes actions.

» Quand nous étudions l'histoire des nations, nous apercevons que plusieurs d'elles ont passé plusieurs fois d'un âge de caducité à un âge de vigoureuse virilité : tel que la France qui, durant douze siècles de suite, n'a parcouru que

vingt-six ans, sous l'empire de Soulouque, n'avons-nous pas été témoin qu'un autre ministre, homme très éclairé, à l'Anse-d'Ainault, s'est vu fermer les portes du conseil? De nos jours, comme par le passé, il suffit, pour faire tomber un ministre, d'exploiter le cœur de l'homme et d'exciter ses mauvais instincts à l'aide d'arguments fallacieux et mensongers. Dire seulement qu'un tel veut se faire roi ou empereur, c'en est assez pour le briser; il devient, dès ce moment, un obstacle à toutes les prétentions.

« Faites-le mourir, dira-t-on, car, depuis dix-huit siècles,

---

le cercle des vicissitudes les plus bizarres et des alternatives les plus effrayantes, n'ayant eu les avantages d'une brillante jeunesse que sous un petit nombre de règnes, tels que ceux de François Ier et de Henri IV; et le caractère imposant de l'âge viril que sous Charlemagne, Louis XII. Mais se voyant bientôt défigurée par la difformité de la décrépitude des descendants des Capets.

» Donc, Haïti peut, si elle le veut, faire trêve avec son passé, qui n'est plus de mode, et faire partie du XIXe siècle en suivant les progrès. C'est en vain qu'on veut enrayer le char du progrès, il faut qu'il passe ; si vous lui faites obstacle, il vous renversera, il vous écrasera peut-être, mais il passera.

» Le progrès, en ce moment, c'est un torrent; ce siècle de Titans le pousse; il faut qu'il marche.

» Pour vous en convaincre, vous n'avez qu'à le voir au début de ce siècle ; d'abord, il fait la plus grande, la plus sanglante, mais aussi la plus lumineuse et la plus progressiste des révolutions. Celui qui a succédé au siècle de chevalerie, au génie de la fiscalité, au fanatisme et à la superstition, la torche dans une main, le flambeau de la philosophie dans l'autre, c'est le progrès !

» Les phases diverses et multiples de l'astre progrès, à la fois si fécond et si terrible, expliquent seules les phénomènes que nous montre l'histoire des nations, et que beaucoup d'hommes ne parviennent pas à comprendre. Nous pourrions dire aux historiens, qui cherchent le levier de telle commotion où il n'est pas, d'aller le prendre dans le besoin du progrès, certain qu'ils l'y trouveront. Disons, en dernière analyse, que la politique la plus profonde de ceux qui gouvernent, et la philosophie des plus sages législateurs, ne sont autre ou ne doivent être autre chose que l'art de consulter l'esprit du progrès, de le diriger, de le redresser même, tout en suivant, en y employant des hommes qui le comprennent et savent le prévoir. Le général Salomon, qui a su, avec sa grande expérience, le comprendre et l'appliquer graduellement suivant son peuple et ses mœurs, est donc l'homme de l'actualité et il le restera ».

il est écrit que quiconque se dit roi n'est pas l'ami de César ».

Un grave penseur, La Bruyère, a dit, comme nous crions ici : « Motion d'ordre! » — « Jamais, en quoi que ce puisse être, les méchants ne sont bons à rien ».

Avant d'entrer plus avant dans la seconde partie de cet ouvrage, nous allons jeter un rapide coup d'œil sur le ministère de l'intérieur dont nous venions de prendre la direction.

CHAPITRE II

Département de l'intérieur. — Ses différentes sections. — Administrations qui en relèvent.

§ I. — LE MINISTÈRE

Nommé secrétaire d'État de l'intérieur, notre premier soin fut d'organiser les différents bureaux de cette administration, dont le service laissait beaucoup à désirer. Afin d'atteindre le plus sûrement ce but, nous chargeâmes les plus anciens employés de nous faire un rapport sur le personnel et le travail en général; cela fait, nous essayâmes de donner notre impulsion à tout. Aux travaux publics, un ingénieur en chef fut nommé par voie d'élection, afin d'établir l'unité nécessaire dans cette branche d'administration. A l'intérieur, il se forma une section spéciale pour la correspondance : les employés qui en firent partie furent choisis parmi les plus capables. Enfin, un chef de bureau reçut de nous la mission de veiller sur ce vaste département et d'y maintenir l'ordre et la discipline, qui y faisaient absolument défaut. Cela se comprend, lorsqu'on se rappelle que tout ce personnel était de formation récente, qu'il est entré en fonctions après les événements du 30 juin (1).

---

(1) RAPPORT

A Monsieur le Secrétaire d'État de l'intérieur et de l'agriculture sur la nouvelle organisation des bureaux de la secrétairerie d'État de l'intérieur.

Monsieur le Secrétaire d'État,

La commission appelée par votre dépêche du 13 courant, n° 49, dans le

Le local du ministère était dans un état déplorable et menaçait ruine; tout y était entassé pêle-mêle et livré aux intempéries de notre climat : sur le devis des ingénieurs, les travaux de réparation y furent immédiatement exécutés. Et, chose étrange, des femmes en grand nombre occupaient,

---

but de vous fournir une liste détaillée des employés des bureaux de l'intérieur, avec tous les renseignements nécessaires pour asseoir votre jugement, s'est réunie, à cet effet, au ministère de l'intérieur ; et elle a l'honneur de vous soumettre aujourd'hui son rapport.

Procédant par ordre, et commençant par le bureau des ingénieurs, nous avons dressé des listes où chacun est classé suivant ses aptitudes. Ces listes comportent également tous les renseignements susceptibles d'éclairer votre jugement.

Toutefois, nous croyons nécessaire de vous soumettre quelques appréciations sur l'organisation du bureau des ingénieurs, et ce, en vue de rendre plus facile le service.

En raison des travaux projetés par le Gouvernement, et à exécuter dans les différentes parties de la République, il serait urgent, suivant la commission, que dès maintenant on complétât le bureau, de façon à avoir un ingénieur dans chacun de nos départements. Ces ingénieurs relèveraient évidemment du bureau central de la capitale.

Les ingénieurs seraient heureux d'avoir un bureau annexé au ministère de l'intérieur et approprié à la confection des projets, et cependant indépendant de son personnel, et de pouvoir disposer d'une bibliothèque et d'instruments dont l'utilité nous semble indiscutable. Nous serions d'avis qu'un laboratoire de chimie fût créé dans le but de rendre plus complètes les études à faire.

La commission émet le vœu de voir soumettre au bureau des ingénieurs tous projets avant leur mise à exécution, et ce, en vue d'éviter toute modification ultérieure.

L'école des conducteurs des ponts et chaussées, anciennement créée par l'ex-secrétaire d'État Thoby, après en avoir reconnu l'utilité, s'étant trouvée dissoute pour des raisons que nous ne sommes point appelés à apprécier, devrait être rétablie, suivant nous, en raison des services que les élèves attachés à cette école peuvent rendre aux ingénieurs.

Cette école, pour atteindre son but, devrait être complètement détachée du bureau de l'intérieur, placée sous la direction d'un professeur étranger au personnel existant et sous le contrôle de l'ingénieur en chef.

Passant aux différents services dépendant du département de l'intérieur, nos appréciations sont les suivantes :

dans la cour du ministère, toutes les pièces attenantes à la maison principale ; la cour elle-même, abandonnée, ouverte à tous venants, était devenue un vrai réceptacle où s'accumulaient des débris de toutes sortes. On se hâta d'y mettre ordre ; aussitôt après, cette cour ne tarda point à se trans-

---

Domaines.

Le personnel de ce service est composé de cinq employés. M. Détré, offrant toutes les aptitudes voulues, a été porté dans la liste comme employé supérieur responsable.

Intérieur.

Notre collègue de la commission et chef de division Ph. Curiel, après avoir apprécié les aptitudes de chacun des employés relevant de lui, les a classés suivant les désignations de la liste ci-annexée.

Dans la pensée que la commission, par son exposé, a pleinement répondu à votre attente, elle a l'honneur de vous présenter, Monsieur le Secrétaire d'État, avec ses plus respectueuses salutations, l'expression de son profond dévouement.

Signé Ph. CURIEL ; J.-B. DEHOUX, ingénieur ;
Ch. THORP, ingénieur ; PANAYOTY.

Port-au-Prince, le 25 juin 1881.

L'an mil huit cent quatre-vingt-un et le vingt-huit juin, nous soussignés, ingénieurs et architectes attachés au bureau de l'intérieur, nous étant réunis dans le local de la secrétairerie de l'intérieur, à l'effet de choisir, par élection, l'un de nous comme ingénieur en chef, suivant le vœu de M. le Secrétaire d'État de l'intérieur, avons constaté la présence de MM. Panayoty, Ch. Thorp, J.-B. Dehoux et Léon Laforestrie. M. J. de Govaërst, dûment convoqué, ne s'étant pas présenté à l'heure de la réunion, la majorité ayant été constatée, nous avons, à l'unanimité, donné notre vote à M. J.-B. Dehoux, qui l'accepte, sauf l'adhésion de M. le Secrétaire d'État de l'intérieur.

En foi de quoi nous avons dressé le présent procès-verbal, pour servir et valoir ce que de raison.

Signé Léon LAFORESTRIE ; Ch. THORP ; PANAYOTY ;
J.-B. DEHOUX, ingénieur.

former, par les soins de M. C. Biamby, en un magnifique jardin avec jet d'eau.

§ II. — ADMINISTRATION DES DOMAINES

L'administration générale des domaines avait été supprimée par les Chambres sous le gouvernement du général Boisrond-Canal, et la gestion des biens de l'État, en même temps, déférée aux administrateurs des finances. Les nouvelles Chambres ont rétabli cette administration ; mais son personnel restait encore à former. Et comme, à défaut de surveillance, chacun voulut s'approprier à sa guise des terres appartenant aux domaines, et même bâtir des maisons d'habitation sur le Champ de Mars, à la banlieue de la capitale, et partout, enfin, où se trouvaient des terrains vides, nous fûmes obligés d'adresser la dépêche suivante au président d'Haïti, afin de remédier au plus vite à cet état de choses par l'organisation définitive d'un bureau général des domaines. Nous écrivîmes également aux chefs militaires, pour qu'ils missent un frein à ces abus si préjudiciables aux intérêts du fisc.

25 juin 1881, an 78e de l'Indépendance.

Le Secrétaire d'État de l'intérieur
au Président d'Haïti.

Président,

J'ai l'honneur de porter à votre connaissance que depuis quelque temps les biens de l'État, dans certaines localités, sont l'objet d'une grande convoitise : chacun s'arroge le droit de s'emparer desdits biens et d'y faire des constructions.

En vue de remédier à cet état de choses, j'appelle votre haute attention sur la nécessité de parfaire l'organisation de cette branche du service public, en nommant l'administrateur général des domaines ; ce sera mettre un frein à ces abus, si préjudiciables aux intérêts du fisc.

Veuillez agréer, Président, l'expression de mon profond respect et de mon entier dévouement.

Signé D. LÉGITIME.

Port-au-Prince, le 25 juin 1881, an 78e de l'Indépendance.

Le Secrétaire d'État de l'intérieur et de l'agriculture aux Commandants des arrondissements de la République.

Général,

Il importe que je vous fasse savoir que depuis quelque temps, ainsi que vous avez dû le constater, chacun s'arroge le droit de s'emparer des biens de l'État et d'y construire des maisons, sans être muni d'aucun titre.

Un tel état de choses étant préjudiciable aux intérêts du fisc, je vous invite, Général, à donner des ordres à qui de droit, afin d'y mettre un frein.

Recevez l'assurance de ma considération très distinguée.

Signé D. LÉGITIME.

Le président répondit à notre dépêche, et, quelques jours plus tard, il appela à la direction de l'administration générale des domaines M. le général Aristide William, qui débuta par l'avis suivant, qui fut publié dans le *Moniteur :*

« L'administrateur général des domaines de la République invite tous les fermiers indistinctement des terrains de l'État de l'arrondissement du Port-au-Prince, à se présenter dans ses bureaux avec leurs beaux à ferme, qui doivent être vérifiés conformément à l'article 57 de la loi sur la « ferme et les concessions de jouissance des biens du domaine de l'État ».

Un délai de quinze jours, à partir de cette date, leur est accordé pour l'exhibition des pièces susparlées ; et contrairement aux dispositions de cet avis, des poursuites rigoureuses seront faites, en conformité des prescriptions de la susdite loi, contre tout retardataire.

L'administrateur général des domaines de la République,

Aristide WILLIAM ».

Le nouvel administrateur reçut de nous, plus tard, des instructions ainsi conçues :

Port-au-Prince, le 5 août 1881, an 78e de l'Indépendance.

Le Secrétaire d'État de l'intérieur et de l'agriculture à l'Administrateur général des domaines de la République.

Monsieur l'Administrateur,

Je vous retourne, sous ce couvert, les dix soumissions de ferme qu'accompagnaient vos lettres sous les dates des 13, 16, 22, 29 et 30 juillet expirés, et 1er du courant, aux nos 2, 5, 9, 17, 19 et 20, en vous faisant observer que les terrains de l'État sont gaspillés et affermés à des prix insignifiants. Vous donnerez suite à ces demandes, s'il y a lieu.

Quant aux biens du domaine qui sont situés au Champ de Mars et aux environs de la ville, ils sont réservés et ne pourront être affermés sans autorisation spéciale.

Veuillez, Monsieur l'Administrateur, demander à ceux qui occupent ces biens en vertu de quel ordre ils en ont pris possession.

Recevez l'assurance de ma parfaite considération.

Signé D. LÉGITIME.

Port-au-Prince, le 31 août 1882, an 78e de l'Indépendance.

Le Secrétaire d'État de l'intérieur et de l'agriculture à l'Administrateur général des domaines de la République.

Monsieur l'Administrateur,

A propos de votre avis publié sur le *Moniteur* de samedi dernier, no 31 *bis*, par lequel vous invitez toutes les personnes qui occupent tous les biens domaniaux à venir vous soumettre leurs titres pour être vérifiés, je vous annonce que, par décision du conseil des secrétaires d'État, un délai de deux ans est accordé pour la remise de ces biens à ceux qui les occupent indûment, s'ils y ont bâti des maisons.

Inutile de vous dire que vous ne devez pas renouveler les baux à ferme sans en donner spécialement avis à l'administration supérieure, surtout si les personnes qui désirent renouveler ces baux à ferme se trouvent débitrices de leurs redevances envers l'État.

Recevez, Monsieur l'Administrateur, l'assurance de ma parfaite considération.

Signé D. LÉGITIME.

§ III. — LES COMMUNES

La commune de Port-au-Prince est, sans contredit, la plus importante des communes de la République, tant par son étendue que par sa position centrale dans le pays. Elle est encore la plus fréquentée, étant le siège du Gouvernement et le marché où il se fait le plus d'affaires commerciales. Par sa position, la commune de Port-au-Prince doit être considérée comme un modèle offert aux autres communes; mais là, comme ailleurs, les recettes font défaut, soit qu'il devienne difficile, dans les temps actuels, de percevoir tous les impôts locatifs, soit parce que le manque de stabilité ne permet pas encore à nos communes de faire des emprunts qui les aident à se développer et à embellir leur chef-lieu. C'est donc pourquoi elles vivent encore toutes sous la tutelle de l'État, dont elles sollicitent incessamment le secours. Dans les précédents budgets, une subvention de 20,000 piastres avait été offerte à la commune de Port-au-Prince, qui en a profité pour réaliser quelque bien. Autorisées par cet exemple, d'autres communes adressèrent au Gouvernement des demandes de subvention qui, si on pouvait les leur accorder, exigeraient une somme de 212,000 piastres (1). Les administrations communales ne sont pas pourtant moins indépendantes, puisque leurs membres sont élus par les contribuables, et qu'elles s'administrent librement sous le contrôle du ministre de l'intérieur.

En Haïti, si quelque chose a survécu aux révolutions, c'est bien le principe de la décentralisation administrative. Une loi de circonstance peut modifier l'organisation de la commune; mais le principe reste debout et inattaquable. Ainsi, dernièrement, en raison des luttes qui se soulevaient journellement au sein des conseils communaux et y occasionnaient des conflits; en raison aussi de l'omnipotence de certains magistrats, qui voulurent faire de la commune un État dans l'État, on est arrivé à sentir la nécessité d'armer le pouvoir exécutif d'un droit qu'il n'avait pas auparavant, celui de dissoudre, dans certains cas déterminés, les conseils communaux. Ce droit ne porte aucune atteinte aux franchises municipales; il est tout de circonstance; car, sans cela, les administrations communales ne cesseraient de se désagréger, dans un pays où l'anarchie est à l'état latent : il sauve plutôt un principe qui n'a pas tardé longtemps à entrer dans nos mœurs.

Le conseil communal de Port-au-Prince, avec les moyens que le Gouvernement lui a procuré, s'est montré digne de sa

(1) La commune de Jacmel avait, pendant quelque temps, obtenu du Gouvernement une subvention de 600 piastres par mois ; à la fin, cette valeur fut remplacée par celle de 60 piastres que nous avons continué à payer régulièrement.

position en transformant, autant qu'il lui a été possible, l'aspect de notre capitale. M. Francin Thézan, qui s'est si noblement comporté lors de l'explosion du palais, à la retraite de Salnave (1), en avait pris les rênes après les événements du 30 juin 1879, et il y fit preuve d'une activité qui ne nous étonna point et lui mérita les félicitations du président de la République. Remplacé, en 1881, par M. Jules St-Macary, il vit continuer l'œuvre commencée par lui ; mais M. St-Macary, à l'activité de son prédécesseur, joignit l'intelligence d'un ancien magistrat. Toute la ville applaudit à ce nouveau choix du chef de l'État. En effet, sous la direction habile de M. J. St-Macary, le Port-au-Prince changea tout à coup d'aspect ; jamais la ville n'avait offert un coup d'œil plus charmant : elle était devenue plus propre et plus salubre. En la parcourant quelquefois, nous n'éprouvons qu'un regret, c'est que le marché et le quai font encore deux tâches au tableau.

Pour aider cette nouvelle administration dans ses entreprises, nous lui avons accordé dix nouveaux cabrouets et quarante travailleurs ; et voici comment nous entendions qu'ils fussent employés :

(1) Le 18 décembre 1869, M. F. Thézan sortit de la cour du palais après la première explosion qui venait d'y avoir lieu. La situation était compromise, et le Gouvernement renversé ; mais F. Thézan ne désespéra pas. Dévoué au gouvernement de Salnave, il s'honora, au jour du malheur, par une fidélité qui se manifesta alors avec plus de persistance. C'est au moment où la mort fauchait dans les rangs des hommes, des amis de la dernière heure, qu'on vit M. Thézan, l'habit poudreux et déchiré, la figure baignée de sang, faire face, à chaque pas, à l'ennemi, et demander encore à continuer la lutte. Il parvint ainsi au consulat de M. Basset, où déjà bien des *lâcheurs* avaient, depuis le matin, trouvé leur salut. Le filet de sang qui coulait sur le front de cet homme pouvait être considéré comme le ruban d'un légionnaire, car, depuis, Francin Thézan porte, non sur la poitrine, mais au sommet de la tête, une étoile faite de cheveux blancs. Puisse ce signe, décorant un homme de cœur, lui rappeler toujours le 18 décembre 1869 !

Port-au-Prince, le 30 juin 1881, an 78e de l'Indépendance

Le Secrétaire d'État de l'intérieur, de la police générale et de l'agriculture, etc., au Magistrat communal de Port-au-Prince.

Monsieur le Magistrat,

Je vous accuse réception de votre lettre du 29 courant, nº 383, par laquelle vous me demandez un ordre pour le paiement de *huit cents piastres,* montant de l'acquisition de dix nouveaux cabrouets que je vous ai autorisé à acheter pour le service des travaux d'appropriation de la ville.

Je vous annonce que l'administrateur des finances est invité à émettre une ordonnance en faveur de la commune pour cette valeur.

Vous êtes autorisé, en outre, à vous occuper sans délai de l'éclairage de la capitale, d'après les conditions fixées entre mon département et vous (1).

La capitale étant divisée en deux grandes sections, et la rue du Port, dite rue Pavée, étant considérée comme la limite de cette division, pour faciliter le service communal, vous voudrez bien tenir et entretenir, dans chacune de ces sections, un nombre de cinquante travailleurs ou cantonniers pour le nettoiement des rues ou l'entretien des ruisseaux.

Ces mêmes hommes, réunis dans un quartier spécial et soumis à une discipline, doivent se réveiller dès cinq heures du matin, pour commencer les travaux sous la direction de leurs surveillants.

Vous pourrez établir vos deux quartiers sur une portion de l'emplacement Delva, situé à l'encoignure des rues du Port et du Centre, destiné à l'érection de l'hôtel communal, et sur le terrain Lloyd, que vous affermerez au mieux des intérêts de la commune.

---

(1) L'éclairage fut laissé aux soins de M. D. Lespinasse.

En cas d'incendie ou d'événement quelconque, ces hommes doivent se trouver prêts à se mettre sous les ordres de l'autorité.

Dans chacun des quartiers, vous recevrez une pompe à incendie et ses accessoires, et, en dehors de leurs heures de travail, vous ferez exercer vos hommes à la manœuvre des pompiers, pour qu'ils puissent donner leur concours en cas de sinistre.

Enfin, vous pourrez commander, dès maintenant, des plaques en tôle ou en fer-blanc pour désigner les rues et numéroter les maisons de la ville.

Accusez-moi réception de la présente, et recevez, Monsieur le Magistrat, l'assurance de ma considération distinguée.

Signé F.-D. LÉGITIME.

Ensuite, pour plus de facilité, nous fîmes exécuter, par cette administration, quelques travaux sur les fonds alloués au département de l'intérieur pour cette branche du service public, tels que la réparation du carrefour Lambert et de plusieurs autres ; enfin, l'embellissement du cimetière, que nous voulions faire mettre en allées, afin d'y ménager des emplacements capables, par leur position, d'assurer quelques recettes à la caisse communale (1).

---

(1) Extrait du journal *l'Œil,* du 12 novembre 1881 :

« On a admiré avec satisfaction l'état de propreté et de bonne appropriation qui règne au cimetière extérieur surtout.

» Les nouvelles allées, si bien établies dans la portion sud, dite Cimetière neuf, ont attiré l'attention générale. Désormais, donc, les fosses et les tombeaux, toujours alignés dans cette portion, offriront un meilleur aspect et laisseront découvrir la beauté des monuments, ne donnant plus lieu à ce pêle-mêle affreux qu'on remarque dans l'ancien cimetière.

» Le département de l'intérieur n'a pas été étranger, nous assure-t-on, à ce beau résultat obtenu au cimetière extérieur.

» L'initiative éclairée du général D. Légitime a toujours heureusement rencontré, dans le conseil communal, un interprète dévoué et patriote, exécu-

§ IV. — ADMINISTRATION DE LA POLICE

Sous l'administration de mon prédécesseur, M. E. Laroche, le corps de police de la capitale avait un effectif de 186 hommes, et plusieurs commissaires sous les ordres d'un inspecteur, lequel avait pour adjoint un sous-inspecteur. Cet effectif représentait deux corps de police séparés dans leurs attributions : la police administrative et la police communale (1). Mais ce nombre ne nous parut pas suffisant pour une ville telle que le Port-au-Prince, ville de 40,000 âmes environ, avec une nombreuse population flottante, où il y a à maintenir l'ordre et à veiller sur les mœurs. L'organisation d'une bonne police est nécessaire à l'existence sociale; elle est nécessaire surtout chez nous, où le droit de l'individu ne sait pas s'arrêter à la limite du droit d'autrui. Dans nos villes, chacun veut être libre à sa façon; on veut marcher dans les rues, s'y arrêter, s'y installer, sans s'inquiéter des passants. On obstrue les voies publiques en les encombrant de matériaux, de marchandises; des charrettes y restent en travers, des fous s'y promènent nus, des chevaux sont attachés sous les galeries. Et que de dommages la négligence des uns ne

---

tant avec usure les plans et conceptions se rapportant aux travaux de bon entretien de la ville et de l'appropriation des établissements communaux.

» Nous avons appris que le mur de devanture du cimetière, qui n'a que trois à quatre pieds d'élévation, devait être surmonté de grilles en fer dont la commande était déjà faite. Ce sera, en effet, une bonne chose d'exécutée, qui complètera la pieuse pensée du legs de Mme Hartmann, née Oldembourg.

» Puisque nous parlons de la commune, il nous a semblé que, depuis quinze jours, certaines rues n'ont pas eu la visite des travailleurs communaux, car la propreté y laisse à désirer.

» En somme, la commune, soutenue comme elle l'est par le département de l'intérieur, marche à la satisfaction de tous. »

(1) La commune ne pouvait faire les dépenses que nécessite l'entretien d'un corps de police; mais, plus tard, M. St-Macary a pu créer douze commissaires communaux, qu'il paie sur les fonds de la caisse municipale.

cause-t-elle pas aux autres! Un feu mal allumé, mal conservé, ruine en un instant les plus beaux quartiers. C'est ainsi que, dans cette même année, nous eûmes trois incendies au Port-au-Prince (1), un à Jérémie et plusieurs autres au Gros-Morne. On s'en inquiéta, à juste raison, dans le but de réveiller l'esprit public et de porter les personnes à se montrer plus vigilantes. Notre département, après décision du conseil d'État, prit la mesure suivante :

ARRÊTÉ DE POLICE

Le Secrétaire d'État de l'intérieur et de l'agriculture.

Considérant que le feu, depuis quelque temps, a ravagé plusieurs quartiers de la capitale et des principales villes de la République;

Considérant qu'il y a lieu de prendre les mesures les plus sévères, afin de prévenir la répétition trop fréquente de ces désastres, qui jettent la désolation dans les familles et ruinent le pays;

Considérant que, bien qu'il soit reconnu que ce sinistre est, le plus souvent, le résultat de la négligence ou de l'incurie, il importe, cependant, que l'autorité soit édifiée sur la cause de

(1) Voici en quels termes le *Moniteur* rendit compte de l'un de ces sinistres événements :

« Dans la nuit du lundi au mardi, vers une heure du matin, un incendie, d'une violence et d'une rapidité inouïes, mettait en émoi toute la ville de Port-au-Prince; les belles maisons de M. Benjamin, M. Flambert, et S. Rousier, ne tardaient pas à devenir la proie des flammes, malgré la promptitude avec laquelle les secours avaient été organisés par les autorités, le général Hérard Laforest, chef de la police; le commandant de l'arrondissement et celui de la place; le père Weik et ses pompiers; des prêtres; le commandant Bruce, l'équipage de la *Sentinelle* et un fort détachement de la garde. Les secrétaires d'État de la guerre, de l'intérieur, de la justice, étaient présents sur le lieu du sinistre et encourageaient les efforts faits pour diminuer les ravages du fléau. A ce désastre matériel, déjà si grand, est venu se joindre un désastre moral

chaque incendie ou tentative d'incendie, afin de rassurer l'esprit public;

Que ce résultat ne peut être valablement obtenu qu'après une information régulière faite par la justice, conformément aux dispositions du Code d'instruction criminelle ;

Arrête ce qui suit :

ARTICLE PREMIER. — Tout individu chez qui le feu éclatera sera préventivement arrêté et déposé en prison, pour être immédiatement interrogé par le ministère public dans les lieux où siège un tribunal civil, et par le juge de paix dans les autres localités.

Il en sera de même de tous ceux qui, au moment du sinistre, se trouvaient dans la maison incendiée, qu'ils soient parents, serviteurs ou étrangers au chef de maison.

ART. 2. — Dans ces cas, les autorités locales, et tous les bons citoyens, sont tenus de transmettre immédiatement au commissaire du Gouvernement et au juge de paix tous les renseignements qu'ils auront pu recueillir à propos du sinistre.

ART. 3. — Si le feu est le résultat de la négligence, de l'imprudence ou de l'incurie du délinquant, il sera poursuivi par toutes personnes intéressées à la réparation du dommage causé, conformément aux dispositions du Code civil.

---

qui a plongé la ville de Port-au-Prince dans le deuil. Surpris par le feu allumé dans plusieurs endroits à la fois, M. Saint-Aude père, et sa fille Mme Alten, Mlle S. Saint-Aude et l'un des enfants de Mme Alten, purent s'échapper en se jetant par la fenêtre; mais Mlle Cécile Saint-Aude, deux enfants de Mme Alten et deux jeunes domestiques ont été victimes d'une mort affreuse. Cette triste nouvelle, répandue pendant l'incendie même, ajoutait à la consternation générale. Cependant, on se plaisait à douter encore. Le lendemain, le doute n'était plus permis, et les cadavres carbonisés des victimes provoquaient une universelle pitié, en même temps que l'explosion des sympathies les plus vives pour la famille cruellement frappée. Dans l'après-midi, une foule immense accompagnait les restes des victimes, que leur état, hélas! avait permis de renfermer dans un même cercueil. On a rarement vu un sinistre plus douloureux provoquer une impression aussi profonde et aussi générale ».

Art. 4. — L'exécution du présent arrêté est confiée aux autorités locales et à tous les agents de la force publique.

Donné à la secrétairerie d'État de l'intérieur et de la police générale, le 23 juillet 1881, an 78e de l'Indépendance.

Signé F.-D. Légitime.

Contre l'état de choses que nous venons d'esquisser, il y a d'autres mesures à prendre, et ces mesures incombent toujours à la police. C'est elle qui doit faire respecter le principe de justice civile en protégeant les droits de tous contre les droits de chacun; elle assurera ainsi la sécurité dont nos villes ont un si grand besoin. Mais, pour parvenir à ces fins, il est nécessaire que la police se mette constamment en circulation le jour et la nuit; que les rues soient éclairées, et que les emplacements qui servent d'asile, pendant la nuit, aux malfaiteurs, soient clôturés. En conséquence, le magistrat communal fut autorisé à pourvoir à ce dernier soin en achetant des matériaux sur le compte de notre département, et nous adressâmes la dépêche suivante au président d'Haïti, tout en transmettant aussitôt nos instructions à l'inspecteur de police :

Port-au-Prince, le 30 juin 1881, an 78e de l'Indépendance.

Le Secrétaire d'État de l'intérieur, de la police générale et de l'agriculture, à Son Excellence le Président d'Haïti.

Président,

J'ai l'honneur de vous remettre, en communication, la lettre que je viens d'adresser au magistrat communal du Port-au-Prince, relativement au service de la commune, que je veux voir organiser d'une manière régulière et uniforme.

Je serai heureux de recevoir l'approbation de Votre Excellence sur les mesures que j'ai ordonnées.

Quant au service de la police, il doit se faire aussi d'une

manière plus conforme au rôle qui est réservé aux hommes composant ce corps. Les commissaires et leurs agents sont assez payés pour que l'administration supérieure soit en droit d'exiger d'eux une plus grande somme d'activité. Nous avons, à la capitale, un nombre environ de 180 hommes de police, casernés dans treize postes différents; en partageant la ville en deux sections, comme déjà cette division existe de fait, ayant la rue Pavée pour limite, j'exige que deux commissaires (il y en a environ vingt-trois) et douze hommes de police circulent continuellement dans chacune de ces sections, sans être obligés de traverser la rue Pavée.

En surveillant l'exécution de ces instructions, j'espère obtenir un meilleur résultat dans cette branche du service public.

Veuillez, je vous prie, Président, agréer l'assurance de mon entier dévouement et de mon profond respect.

Signé D. LÉGITIME.

Port-au-Prince, le 30 juin 1881, an 78e de l'Indépendance.

Le Secrétaire d'État de l'intérieur et de l'agriculture au général Hérard Laforest, inspecteur en chef de la police administrative du Port-au-Prince.

Général,

La rue du Port, dite rue Pavée, étant considérée comme la limite qui sépare la capitale en deux grandes sections, vous voudrez bien ordonner à vos commissaires de police, placés dans les différents points de la ville, de faire de fréquentes tournées, le jour comme la nuit, en se relevant alternativement, sans avoir besoin de traverser la limite que je viens d'indiquer. La circulation de ces agents, je le répète, doit être régulière et permanente, pour que l'action de la police soit efficace. Faites en sorte que, dans chacune de ces sections, vous ayez deux commissaires et une dizaine d'hommes toujours en tournée, que vous puissiez réunir au premier coup de sifflet.

Pour faciliter le service de la police administrative, j'ai invité le magistrat communal de s'occuper de l'éclairage de la ville et de la clôture des propriétés vides.

Prenez bonne note de ces instructions, et tâchez de les mettre immédiatement à exécution.

Recevez, Général, l'assurance de ma parfaite considération.

Signé D. LÉGITIME.

Le résultat que nous poursuivions ne pouvant être obtenu avec le chiffre insignifiant de 186 hommes de police, nous obtînmes du conseil des secrétaires d'État l'autorisation d'en porter le nombre à 250. Mais là ne devait pas s'arrêter ce commencement d'organisation; il convenait, surtout, d'étendre le rôle de nos agents. Dans les villes où les incendies se manifestaient le plus souvent, ils reçurent l'ordre de se mettre les premiers en mouvement dès que le feu se déclarerait quelque part, en attendant l'arrivée sur les lieux des sapeurs-pompiers. A cet effet, nous fîmes faire, dans les treize postes de police de la capitale, un dépôt d'instruments propres au service des incendies.

§ V. — SAPEURS-POMPIERS

Il existe depuis longtemps, à la capitale, deux compagnies de sapeurs-pompiers libres, que le R. P. Weik et le commandant Demost ont organisées de leur propre initiative. Ces deux compagnies reçoivent du Gouvernement une subvention nouvelle de 250 piastres; mais une protection plus large et plus sérieuse leur était due, à cause de leur dévouement. Le Gouvernement décida que les hommes qui en faisaient partie seraient exempts du service militaire. Voulant seconder leurs efforts, nous donnâmes tous nos soins à rechercher ce qu'il convenait de faire pour organiser ce service d'une manière définitive. C'est à cette occasion que MM. Weik et Demost nous ont adressé, de concert, le rapport suivant :

Port-au-Prince, juillet 1881.

Au Secrétaire d'État du département de l'intérieur et de l'agriculture.

Monsieur le Secrétaire d'État,

Selon le désir que vous nous avez exprimé par votre lettre du , n° , nous nous sommes réunis en commission, et, après examen de notre matériel et de nos deux compagnies respectives, nous avons arrêté de vous faire les propositions suivantes, pour que le concours que nous donnons au moment du sinistre soit plus efficace :

1° Nous devons vous demander d'ordonner que le bassin ou réservoir entrepris par les concessionnaires des travaux hydrauliques soit terminé au plus tôt, pour que nous puissions toujours avoir l'eau, cet élément si indispensable pour combattre le fléau destructeur.

2° Il importe que les « hydrauts », les bornes ou plutôt les prises d'eau que nous avons en ce moment dans nos encoignures, soient au plus tôt placées tout autrement qu'elles ne le sont; car il arrive qu'après nos grandes pluies, la boue s'y amoncelle et bouche les ouvertures, de manière que l'on perd un temps des plus précieux pour arriver à les nettoyer et pouvoir s'en servir au moment du danger. Si le concessionnaire des travaux hydrauliques, qui est très incessamment attendu, dit-on, n'en apporte pas de meilleures pour remplacer celles existantes, nous avons un croquis de bornes (dites boîtes à feu) très commodes, que nous avons reçu d'un fabricant de Paris, que nous pourrions adopter pour être placées dans certains quartiers de la ville. Ces boîtes se ferment à clef et ne sont ouvertes qu'au moment du besoin; elles sont placées à environ trois pieds au-dessus du sol; de cette manière, elles ne peuvent jamais être obstruées par les immondices.

Nous avons aussi constaté que nous n'avons pas un nombre suffisant de stations, et, par conséquent, notre matériel était trop restreint, vu la grande étendue de la ville.

Il y a, d'abord, la station du séminaire, où se trouve la pompe à vapeur; pour nous, elle devrait être placée plus au centre. Or, quand nous vous disons que nos stations ne sont pas en assez grand nombre, nous voulons vous faire entendre par là qu'il y a lieu d'en faire construire d'autres; alors, la pompe à vapeur pourrait être placée plus au centre de la ville, dans une des stations à construire.

Voici, Monsieur le Secrétaire d'État, la situation de nos stations :

Station n° 1, située dans la Grande-Rue, et construite sur un terrain qui, dans le temps, nous avait été concédé; depuis quelque temps, nous sommes obligés de payer la location du terrain; mais, le prix de la location étant trop minime, le propriétaire nous réclame son terrain. Question à régler : soit payer des loyers plus en rapport avec la situation du terrain, soit construire un autre dépôt dans ce même quartier.

Station n° 2, située sur le marché de l'Église. Dans le temps, il nous avait été donné la moitié de la maison servant de poste de police sur ce marché; nous y avions installé deux pompes et une voiture de tuyaux; en un mot, ce qui constitue le matériel d'une station.

Dernièrement, nous avons dû vider les lieux, car la commune nous a fait injonction de les délaisser, voulant y déposer une de ses pompes. Nous fûmes obligés de mettre, à la station n° 1, le matériel de la station n° 2. Question encore à régler.

Station n° 3, située au marché dit *Debout*. Ce quartier étant très vaste, nous pensons qu'il serait urgent, et nous disons même qu'il est de toute nécessité d'en construire une deuxième et de la munir de son matériel.

Station n° 4, située à la Croix-des-Bossales, tout à fait insuffisante pour le quartier, absolument comme le quartier du marché *Debout* (morne à Tuf).

Nous avons vu, dans certains pays, établir des tourelles où, jour et nuit, est posté un homme de veille; dans la tourelle se trouve une cloche, et, au moindre indice de feu, le tocsin est sonné par le veillant. Nous pourrions, à peu de frais, en faire autant, en plaçant la tourelle, par exemple, sur le Bélair. Nous vous disons ceci, Monsieur le Secrétaire d'État, eu égard à la position qu'occupent nos églises, où généralement le tocsin se sonne; on ne découvre pas tous les quartiers de la ville, en sorte que le feu a déjà fait beaucoup de ravages, avant que ni paroissiens ni population en soient avertis.

Pour nos pompiers, nous réclamons de votre bienveillance leur exonération du service militaire; car vous le savez, Monsieur le Secrétaire d'État, lorsque l'incendie se déclare, l'assemblée est battue; si donc le pompier est soldat, il ne pourra se rendre sur le lieu du sinistre.

Nous sommes, Monsieur le Secrétaire d'État, toujours à votre disposition pour les autres renseignements dont vous pourriez avoir besoin, et nous demeurons toujours vos très humbles et dévoués serviteurs.

Demost,	Weik,
Chef des Pompiers libres.	Directeur des Pompiers du Séminaire.

Puis, à la suite d'une réclamation faite par M. Demost au sujet d'un matériel complet qu'il avait fait venir, sous l'administration E. Laroche, pour les sapeurs-pompiers des Cayes, le département de l'intérieur fit ordonnancer, en sa faveur, un compte qui était de P. 2,832 94. A la même époque, préoccupé des besoins des autres communes, nous adressâmes à plusieurs d'entre elles (1) la circulaire suivante :

(1) Notre département pouvait, en ce moment, s'adresser à toutes les communes de la République, eu égard à l'allocation budgétaire, qui était de P. 6,000.

Port-au-Prince, le 19 juillet 1881, an 78e de l'Indépendance.

Le Secrétaire d'État de l'intérieur aux Conseils communaux des grands centres.

Messieurs,

Veuillez me faire connaître quelle quantité de pompes l'administration communale possède dans votre ville, pour combattre l'incendie au besoin, et me dire si elles sont toutes en état de fonctionner.

Dans le cas où votre administration n'en aurait pas à sa disposition, vous voudrez bien me faire savoir quelle est la quantité qui lui serait nécessaire.

Recevez, Messieurs, l'assurance de ma considération distinguée.

Signé D. LÉGITIME.

Leur réponse ne se fit pas attendre. Presque aussitôt, le Trésor paya une valeur de 10,000 fr. à la commune de Jacmel, pour le matériel que celle-ci avait déjà commandé. Une nouvelle pompe fut aussi donnée à la commune des Cayes. Nous ignorons si, depuis lors, les autres communes ont reçu leur part de la commande faite, à cet effet, par le Gouvernement lui-même.

En omettant de parler ici des prisons, sur le régime desquelles il nous faudra nous arrêter quelquefois dans le cours de cet ouvrage, on peut dire que les cinq administrations que nous venons de passer en revue forment en quelque sorte, avec la police générale, le domaine du ministère de l'intérieur ; domaine considérable, dont la gestion devient de plus en plus difficile depuis que l'esprit de révolution trône dans les bureaux publics et que les traditions y sont effacées ; que l'ordre hiérarchique y est détruit, et que le ministre lui-même, considéré par tous comme un pauvre oiseau de passage, n'est plus écouté, lutte contre le parti pris et ne peut triompher de la force d'inertie qu'on lui oppose. « On n'aime, on ne craint que ce qui doit durer toujours », a dit un homme politique. En effet, l'autorité d'un ministre diminue en raison de la trop courte durée de son mandat. Que de difficultés pour le présent, quel chaos pour l'avenir! C'est donc pourquoi quelques amis de l'agriculture, considérant le nouveau genre de préoccupations auxquelles nous allions nous livrer, ont vivement témoigné de leurs regrets de voir s'opérer la réunion, en nos mains, des deux portefeuilles : celui de l'intérieur et celui de l'agriculture ; mais, heureusement, nous avions, dans l'intervalle des six mois qui ont précédé, fait toutes choses nécessaires pour bien nous rendre compte des besoins de l'administration rurale. Nous en avions reconnu les difficultés, nous en avions découvert les ressources. C'est ce que nous allons essayer d'examiner dans le chapitre suivant.

CHAPITRE III

Administration rurale. — Voies de communication.

Il y a deux choses, avons-nous déjà fait remarquer dans notre plan d'administration agricole, que demandent, à cor et à cri, les personnes qui s'occupent des intérêts de l'agriculture; c'est une protection sérieuse contre les voleurs et des moyens faciles de communication. Rien de mieux, car personne, en effet, ne peut contester l'efficacité de tels moyens dans l'accroissement de la production. Nos plaines et nos campagnes, en général, recèlent un assez grand nombre de vagabonds, gens sans aveu, qui trouvent facile et plus agréable de glaner furtivement, la nuit, dans les champs d'autrui. Ces gens-là sont aussi nuisibles à l'agriculture que les sauterelles et autres animaux qui ravagent les plantations.

Quant aux routes publiques, si souvent défoncées par les eaux, elles sont en beaucoup d'endroits impraticables. Quel progrès n'aurait-on pas déjà réalisé si nos champs, mieux protégés par une police active et vigilante, se trouvaient encore reliés avec les grands centres par des lignes de voies ferrées! Si seulement les routes étaient réparées, entretenues, on pourrait ici, comme à Kingston, faire l'ascension de nos mornes en voiture, et le tour de l'île en très peu de temps. Chacun de nous souhaite ardemment ce progrès à notre beau pays, car des lignes de chemin de fer se dirigeant dans tous les sens, et pourvues de croisements, sont véritablement les veines qui apporteraient le sang et la chaleur dans le cœur de la nation. L'établissement seul d'une ligne ferrée amènerait, en Haïti, la révolution économique que nous préconisons, augmenterait nos productions sans qu'on ait besoin de recourir à des mesures administratives. Les chemins de fer, en rapprochant les distances, rendraient les transactions plus faciles, diminueraient énormément la fatigue de nos campagnards.

Ce sont ces avantages qu'ont sur nous presque tous les pays déjà ouverts à la civilisation; et, à part ces avantages naguère créés par la science, plusieurs ont encore des moyens naturels qui manquent presque entièrement ici. Étonnante compensation de choses! La nature, si prodigue pour Haïti sous tant de rapports, nous refuse des cours d'eau profonds qui nous permettraient de pénétrer dans l'intérieur de nos terres, tandis que les pluies torrentielles ravinent les routes et causent souvent dans nos champs, par les débordements, des ravages aussi grands que ceux qu'éprouvent en Europe, en Amérique, les contrées traversées par les grands fleuves; mais ces fleuves, pour ces contrées, sont d'excellentes voies de communication. Sous ce rapport, on peut dire que la République dominicaine elle-même est plus favorisée que nous; cela tient uniquement à la configuration des lieux, car l'un est un pays ayant de vastes plaines, et l'autre un pays plus montagneux; mais ce désavantage naturel est largement contrebalancé par la supériorité de notre sol, la variété et l'abondance de nos produits. Quel avantage n'en résulterait-il pas pour nous si l'Artibonite, seulement, pouvait être navigable de son embouchure jusqu'au bourg de Mirebalais! Cette commune si riche en produits variés, qui réunit tant de ressources, concourrait, avec celle de l'Arcahaie, à faire sur nos marchés une forte concurrence à certains produits des États-Unis d'Amérique : le riz, le lait et ses composés abonderaient, le bois lui-même augmenterait ces avantages. Or, il faut bien le reconnaître, ceux qui demandent une bonne police et des voies de communication n'ont pas tort; mais, dans les temps actuels, ont-ils assez compté avec les difficultés? Quels sont les moyens qu'ils seraient à même de proposer?

En économie, il ne suffit pas d'indiquer les besoins, il convient de donner les moyens de les satisfaire.

« Les chemins de fer, a dit quelqu'un, sont appelés à

renouveler la face du monde, et ils ont déjà commencé à la renouveler. Nous qui, chaque jour, les voyons rouler, portant de tous côtés voyageurs et marchandises, nous ne soupçonnons point quelles difficultés a rencontré leur établissement ». Ces paroles sont une réponse à l'adresse de nos *progressistes avancés,* qui pensent qu'il suffit seulement de vouloir ces choses pour les obtenir ; tandis qu'au contraire, il faut dépenser énormément d'argent. En France, les premiers chemins de fer ont été entrepris avec le concours du Gouvernement, des départements, des communes et de l'industrie ; plus tard, le Gouvernement se déchargea de ces soins sur l'industrie privée (1). En Angleterre, en Allemagne, aux États-Unis et dans d'autres pays, c'est l'esprit d'association qui en a commencé l'exploitation. Et pourquoi tout ce concours, toutes ces associations ? C'est parce que les chemins de fer nécessitent, comme il vient d'être dit, de fortes dépenses ; dépenses que ni le gouvernement d'Haïti, ni ses communes, ni ses capitalistes, ne sont en mesure de faire actuellement. On estime que certaines lignes de chemins de fer, aux États-Unis, ont coûté en moyenne 150,000 fr. par kilomètre ; ailleurs, ces dépenses ont quelquefois atteint le chiffre énorme de 800,000 fr. C'est donc une grosse affaire, surtout si l'on veut considérer qu'en cette matière il ne s'agit pas, comme on l'a vu faire dernièrement par la compagnie Borott, de mettre dans le sol des traverses et de clouer dessus des rails ; les chemins de fer, pour le transport des marchandises, exigent de plus grands travaux, tels, par exemple, que des ponts et des tunnels.

Le gouvernement d'Haïti a déjà, par trois fois, signé des contrats pour l'établissement de lignes ferrées avec des personnes qui avaient demandé des concessions, et que, de bonne

(1) On a discuté longtemps et l'on discute encore sur la question de savoir si l'État ne doit pas racheter les chemins de fer pour les exploiter sous sa direction, et même s'il ne doit pas se charger d'en compléter les réseaux. *Adhuc sub judice lis est.* Ici, l'intérêt de l'État n'est pas toujours celui du commerce, ce qui prouve qu'en économie, le monopole doit toujours être relatif.

foi, il croyait être en mesure d'exécuter leurs engagements; mais trois fois il y eut insuccès, soit parce que les concessionnaires n'ont jamais pu former des compagnies d'exploitation ni vendre leurs concessions, genre de trafic auquel beaucoup de gens semblent plutôt vouloir se livrer; soit parce que les capitalistes étrangers, considérant les revenus du pays insuffisants et découragés d'un autre côté par nos troubles civils, craignent de ne trouver aucune sûreté dans les garanties qu'on leur promet, et dont ils ont cependant besoin. Car, pour des travaux d'une si haute importance, on ne doit pas commencer les dépenses pour s'arrêter en chemin ; il faut les achever, si l'on ne veut point s'exposer à subir une perte sèche. Cela étant dit, nous osons même affirmer qu'une autre crainte domine toutes les autres, c'est celle de ne pouvoir trouver, sur le parcours des premières lignes établies, assez de marchandises et de voyageurs à transporter pour permettre à un établissement de faire ses frais dans les premiers temps de son installation. A cet égard, on peut être dans l'erreur ; mais toujours est-il que la perspective seule des gros intérêts décide les capitalistes étrangers à engager des fonds dans de pareilles spéculations (1).

(1) Il n'est pas sans intérêt de reproduire les lignes suivantes, extraites d'une étude faite sur les chemins de fer du Brésil, pays riche et qui est, à bon droit, le cauchemar des producteurs de café :

« Les voies de communication les plus fréquentées, au Brésil, sont celles qu'a formées la nature. Parmi elles, la mer tient la première place, les grandes villes ayant été fondées successivement sur la côte par les conquérants européens. Bahia, d'abord l'ancienne capitale, puis Rio-de-Janeiro, la nouvelle, toutes deux dominant des baies d'une beauté et d'une sûreté incomparables ; Pernambuco, dont le port est difficile d'accès, ne vient qu'en troisième ligne. Seize provinces sur vingt ont, sinon leur chef-lieu, du moins leur principal débouché sur l'Océan. De nombreux paquebots de toute nationalité entretiennent les relations.

Sur les fleuves magnifiques qui sillonnent le pays, la navigation prend également une grande importance. Cette navigation a été ouverte, en 1866, à tous les pavillons. L'Amazone et son affluent, le Madeira, véritables mers en mouvement, font communiquer avec l'Atlantique la Bolivie et les provinces brési-

Il résulte de ces considérations que tous nous voudrions avoir chez nous des chemins de fer, voir réaliser le progrès par la vapeur, mais que nous n'avons ni capitaux privés ni

---

liennes de Matto-Grosso et de l'Amazone ; le Tocantins, le San-Francisco, le Parana, le Paraguay et d'autres cours d'eau, offrent au voyageur et au marchand le secours de leurs percées vers la mer. L'État subventionne de nombreuses lignes de bateaux à vapeur (1) et cherche à faire disparaître les obstacles que les navires rencontrent sur les voies navigables. Le plus fréquent des ces obstacles se présente sous forme de chutes ou de rapides que les ingénieurs brésiliens projettent, en général, de tourner par des routes ou des chemins de fer, au lieu de recourir à la canalisation : préférence qui, sans doute, résulte de la disposition des lieux, mais dont la conséquence évidente sera, par la nécessité des transbordements, l'augmentation des frais de transport.

Les documents officiels parlent beaucoup des routes, et celles qui entourent Rio, Bahia, les grandes villes du littoral, méritent souvent les éloges qu'ils leur prodiguent ; par contre, l'état dans lequel se trouvent les chemins, placés hors de la vue et loin du contrôle des employés supérieurs du Gouvernement, est moins recommandable ; dans l'intérieur du pays, en réalité, à de rares exceptions près, les transports se font à dos de mulets, parce que les voitures ne pourraient passer. Quand parfois, sur des terrains plats, on rencontre de grands chariots traînés par des bœufs, à roues pleines, à lourds essieux, portant à quelque foire du voisinage les denrées de la contrée, leur aspect, qui fait songer aux chars mérovingiens, prouvent que les voyages les exposent à de rudes épreuves.

Dès 1852, le Gouvernement s'est préoccupé d'encourager la construction des chemins de fer. Les premiers 20 kilomètres exécutés ont uni la baie de Rio au pied de la montagne sur laquelle est bâtie la petite ville de Petropolis, résidence d'été de l'empereur.

Depuis cette date, l'histoire du réseau brésilien a passé par plusieurs phases distinctes : la première, de 1852 à 1865, fut une période d'engagements directement pris par l'État pour attirer les capitaux étrangers vers les entreprises qu'il projetait ; la seconde, de 1865 à 1873, pourrait être appelée celle de l'initiative individuelle laissée à elle-même, essai peu réussi qui s'est terminé par un recours général des compagnies à la caisse de province ; de 1873 à 1878, le trésor public intervient de nouveau pour secourir les trésors provinciaux, incapables de remplir les engagements qu'ils ont contractés ; enfin se produit la situation dans laquelle on se trouve aujourd'hui, c'est-à-dire la disparition

(1) Il dépense plus de 9 millions de francs en annuités affectées à ces subventions.

revenus publics suffisants. Ainsi, nous ne pouvons que recourir aux capitaux étrangers, moyen que nous avons tenté et qui n'a pas réussi. Là s'arrêtent nos désirs et nos efforts

---

complète du crédit, sur la place de Londres, pour toute œuvre nouvelle de travaux publics au Brésil.

La première préoccupation qui paraît avoir dirigé les études du Gouvernement en cette matière spéciale, est celle d'établir une ligne de communication, par l'intérieur de l'empire, entre la capitale et les provinces septentrionales. Pour atteindre ce but, la navigation du San-Francisco, qui traverse du sud au nord une grande partie du continent brésilien, était naturellement appelée à jouer un grand rôle. Il devait suffire de joindre par des lignes de chemins de fer, d'une part, Rio-de-Janeiro à ce fleuve, dans la première partie de son cours ; de l'autre, la mer au San-Francisco, un peu au-dessus des chutes de Paulo-Affonso, chutes qui empêchent les navires de descendre jusqu'à son embouchure. Mais ce plan était gigantesque, et, jusqu'à ce jour, il n'a point encore été complété. Pour en réaliser la première partie, fut accordée, en 1852, à une compagnie anglaise, la concession d'un railway, décoré du nom du souverain Dom Pedro II, dont le tracé reliait la capitale aux provinces de Minas-Geraes et de São-Paulo. Ces provinces forment, avec celle de Rio, les principaux centres de production du café. Le chemin promettait donc d'être lucratif, et la concession dont il fut l'objet forma le type sur lequel on copia toutes celles qui furent accordées par la suite.

Le maximum de la dépense de premier établissement était fixé par décret ; l'État garantissait l'intérêt en or, au taux de 7 pour 100 de la somme représentant cette dépense ; il se réservait le partage des bénéfices, jusqu'à complet remboursement de ses avances, dès que l'entreprise rapporterait 8 pour 100 de dividende aux actionnaires.

Les mécomptes ne tardèrent pas à se produire. La ligne devait traverser une chaîne de montagnes, appelée *Serra-do-Mar,* qui longe le rivage du Brésil presque dans toute son étendue. Cette trouée nécessita des travaux ruineux. La compagnie anglaise construisit seize tunnels, de nombreux ouvrages d'art, puis fut forcée de s'arrêter faute d'argent. Le parcours de la côte et la traversée des hauteurs avaient absorbé tout le capital garanti. Elle avait dépensé 800,000 fr. par kilomètre pour en construire un peu plus de 100.

Pendant qu'elle subissait ces épreuves, à l'autre extrémité du San-Francisco, le complément du projet de communication intérieure, arrivé à la période de fixation du tracé, prenait les proportions d'une question politique. Les deux riches provinces de Bahia et de Pernambuco se faisaient la guerre, chacune pour obtenir sur son territoire la ligne qui devait joindre à la mer le fleuve au-dessus de son embouchure et des chutes de Paulo-Affonso. Pour trancher la difficulté,

dans l'actualité. Le gouvernement d'Haïti, vu l'état de nos finances, ne peut offrir au plus qu'une garantie de 7 pour 100 et des concessions de terre pour la période la plus longue

---

le Gouvernement accorda deux concessions, l'une d'un premier chemin de 125 kilomètres aboutissant à Pernambuco, l'autre d'un second aboutissant à la ville de Bahia, sur une longueur de 124 kilomètres. Des intrigues de tous genres compliquèrent les opérations des compagnies anglaises concessionnaires. Des plans peu judicieux, plus profitables aux intérêts particuliers qu'à l'intérêt général, leur furent, paraît-il, souvent imposés; des sommes considérables durent être détournées de leurs véritables destinations pour concilier des influences utiles; en fin de compte, l'État ayant accordé aux compagnies les avantages déjà concédés à celle du Pedro II, se vit bientôt obligé de payer des garanties d'intérêt considérables. L'année dernière, après vingt-six ans écoulés depuis les actes engageant ces garanties, on calculait, à Rio, que la ligne de Pernambuco avait coûté, en intérêts payés, au trésor brésilien et au trésor de la province (1), 19,250,000 fr., et celle de Bahia, 56,750,000 fr., c'est-à-dire, pour cette dernière, plus du double du capital de premier établissement, et ces lignes traversent deux des provinces les plus riches de l'empire!

Pendant cette première période, vers 1856, une quatrième concession fut accordée, toujours aux mêmes conditions, à une quatrième compagnie anglaise, pour ouvrir un chemin de fer de 139 kilomètres entre le port de Santos et la ville de Jundiahy, dans la province de São-Paulo. Cette dernière entreprise était réservée à un grand avenir. Mais elle ne devait être achevée qu'en 1867, et lorsqu'en 1865 le Gouvernement brésilien, engagé dans la guerre du Paraguay, vit ses dépenses s'accroître dans une proportion dangereuse et dut examiner les résultats produits, après quinze ans, par le système qu'il avait suivi en matière de travaux publics, on conçoit qu'il dût être effrayé, et l'on ne peut qu'approuver le parti qu'il adopta de s'abstenir pour un temps de prendre des engagements nouveaux, le poids des engagements anciens augmentant chaque année, et leur bénéfice ayant pu paraître jusqu'alors tout à fait contestable.

Quatre lignes à grand trafic, à voie de 1m60, avaient été créées; la première, construite en partie seulement, était arrêtée faute de fonds; les deux autres donnaient des résultats désastreux; la quatrième n'était pas achevée.

Pourtant, avant de fermer sa caisse, le Gouvernement crut équitable de venir au secours de la société de Dom Pedro II, dont les infortunes ne paraissaient pas absolument méritées, et il consentit à racheter la portion du chemin

(1) *Relatorio do ministro da agricultura 1879*, pages 189 et 205. Les provinces devaient payer une part de la garantie d'intérêt (2 pour 100).

possible. Plus tard, lorsque le pays sera affermi sur ses bases, avec le secours de la Providence et au moyen de bonnes mesures d'administration qui forceront la paix à s'asseoir à nos

---

déjà construite au prix du capital dépensé, se réservant d'administrer par lui-même, et de faire compléter par ses propres ingénieurs le réseau commencé.

De 1865 jusqu'à la fin de la guerre du Paraguay, il persévéra dans son abstention, se bornant à payer les intérêts qu'il avait garantis ; mais, en même temps, il abandonnait aux provinces le pouvoir et le soin de concéder directement des chemins de fer sur leur territoire.

Cette seconde période, la période des chemins de fer d'intérêt local, qui s'étendit jusqu'en 1873, fut signalée par des spéculations de tous genres, spéculations qui ruinèrent généralement leurs auteurs. Les autorités provinciales accordaient bien volontiers des concessions aux personnes qu'elles voulaient favoriser, et ces personnes étaient toutes disposées à revendre l'acte qui leur avait été octroyé à des compagnies qu'elles formaient à cet effet; mais le nombre de ces actes était si considérable, que les compagnies réussissaient rarement à réunir les capitaux dont elles avaient besoin, l'épargne du pays n'étant pas suffisante, les capitalistes étrangers demandant des garanties qui manquaient, et, le plus souvent, les spéculateurs en étaient pour leurs frais.

On finit par demander aux provinces de s'engager directement. Elles s'empressèrent d'y consentir. En général, la forme de ces engagements fut la promesse d'une garantie d'intérêt de 7 pour 100 sur un capital fixé, ou d'une subvention de 25,000 fr. par kilomètre pour une voie de 1 mètre de largeur. Comme on le voit, c'était aussi l'inauguration de la voie étroite (1). L'intervention des administrations locales ne produisit quelques résultats heureux que dans les régions où se cultive le café, et, par conséquent, dans celles où les chemins de fer développèrent la production du pays, c'est-à-dire en Minas-Geraes, en Rio-de-Janeiro et en São-Paulo ; mais il n'y eut de succès positif éclatant que dans cette dernière province, où la fertilité du sol, l'intelligence des propriétaires, la bonne administration des compagnies formées concoururent à l'affirmer. Dans cette contrée favorisée, le chemin à grand trafic du port de Santos à Jundiahy, concédé par le Gouvernement central pendant la première période, avait été terminé en 1867 et n'avait pas tardé à donner de gros bénéfices. On pouvait déjà prévoir qu'il n'aurait pas longtemps recours à l'appui de l'État. Aussi, du moment que les tracés des lignes provinciales s'embranchant sur ce tronc commun furent arrêtés, tous les planteurs des localités traversées s'empressèrent-ils de souscrire les actions d'entreprises si

(1) Il y a aujourd'hui, au Brésil, des voies de toutes dimensions : 1m60, — 1m40, — 1m10, — 1m06 et 1 mètre.

foyers, nos populations verront, nous en avons l'espoir, passer à côté de leurs champs la fumée des locomotives, se dissipant comme se dissipent aujourd'hui les rêves des utopistes; celle-là,

---

propres à faciliter l'écoulement de leurs produits. Grâce à cet heureux concours de circonstances, aujourd'hui la ligne de Santos, non seulement ne fait pas appel à la garantie de l'État, mais elle a déjà remboursé la plus grande partie des avances qui lui ont été faites, sous cette forme, par le Trésor, et elle permet de distribuer 12 pour 100 de dividende à ses actionnaires; de plus, 644 kilomètres de chemins de fer, à voie étroite, greffés sur cette souche principale, sont actuellement en trafic; cinq compagnies brésiliennes les exploitent avec des succès divers (1) et luttent entre elles pour obtenir le droit de prolonger le réseau sans subvention ni garantie d'intérêt. Mais, répétons-le bien vite, ces faits sont tout exceptionnels, et les résultats du système de concession directe par les provinces ont été généralement déplorables, ont provoqué beaucoup d'abus, et le crédit des administrations locales s'est trouvé tout à fait insuffisant pour assurer aux sociétés en formation les capitaux nécessaires. En 1873, ce système était déjà jugé lorsque le cabinet de Rio, débarrassé de la guerre du Paraguay, voyant une ère de calme s'ouvrir devant lui, jugea qu'il était temps de rentrer en lice et de venir au secours des finances provinciales.

La loi du 24 septembre 1873 inaugura un troisième mode de procédure en matière de travaux publics.

Cette loi se bornait à donner aux engagements pris par les provinces la caution du Gouvernement central, mais elle subordonnait cette faveur aux conditions suivantes : 1° le montant total des capitaux, ainsi garantis de seconde main, ne devait pas dépasser un maximum de 278,125,000 fr. pour toutes les entreprises protégées ; 2° la caution impériale ne devait être accordée, dans chaque province, qu'à un seul chemin de fer reliant un centre important de production agricole à un port de mer ; enfin, les lignes favorisées devaient se présenter dans de telles conditions qu'on pût espérer retirer du trafic 4 1/2 pour 100 au moins.

Par malheur le crédit du Brésil, en 1873, n'était plus ce qu'il avait été jadis. Le seul marché auquel, à Rio, on eût l'habitude de recourir pour les appels de fonds, était le marché anglais. Or, en Angleterre, on savait les finances de l'empire embarrassées depuis la guerre, et les capitalistes n'avaient plus la même confiance dans la garantie de l'État. Aussi, lorsqu'en exécution de la loi de 1873, le ministre des travaux publics brésilien eut consenti à cautionner les engagements pris par les provinces pour la construction de douze chemins de

(1) La compagnie Pauliste a donné, en 1878, des dividendes de 8 pour 100 à ses actionnaires; d'autres rendent moins.

heureusement, aura réalisé quelque chose, le progrès matériel du peuple, lequel aura pour conséquence son progrès moral.

---

fer nouveaux, représentant une dépense de plus de 250 millions de francs, put-on à peine trouver des souscripteurs pour le tiers de cette somme et pour les titres de quatre lignes seulement. Huit autres concessions, qui auraient à elles seules exigé un capital de 175 millions, furent offertes sur la place de Londres sans trouver de maisons de banque disposées à les patronner.

Préoccupé de cet échec, le secrétaire des travaux publics, M. Coelho d'Almeida, prescrivit au baron de Penedo, ministre du Brésil à Londres, une enquête sur les circonstances qui l'avaient amené. Le rapport envoyé par ce diplomate est fort curieux à lire. Pour le composer, il s'était entouré des conseils des hommes les plus compétents, et ses allégations portent le cachet de la vérité. Il attribue la méfiance des capitalistes anglais à des causes multiples : d'abord, à la manière de procéder du département des travaux publics de Rio lorsqu'il accorde des concessions. Ce département charge, pour la rédaction de ses actes, ses propres ingénieurs d'estimer les dépenses probables de construction, et c'est d'après leur estimation qu'est fixé le capital garanti ; or, le public de Londres n'a pas grande foi dans l'infaillibilité des ingénieurs brésiliens. Il craint que, depuis l'époque de leurs évaluations, un renchérissement dans la main-d'œuvre n'ait eu lieu, et que les capitaux garantis ne représentent plus la valeur exacte des frais de premier établissement. En second lieu, le ministère ne traite jamais qu'avec un concessionnaire du pays. Celui-ci, chargé de former la compagnie à laquelle il rétrocède ses droits, vend le plus cher possible son privilège ; le prix de vente n'entre pas dans l'estimation des dépenses, et si le capital garanti devient insuffisant, rien n'indique que le Gouvernement doive accorder par la suite un intérêt aux sommes complémentaires. En troisième lieu, le terme des concessions a été réduit de quatre-vingt-dix à trente ans, et pourtant le premier terme n'a pas permis aux sociétés qui en ont été favorisées d'assurer à leurs actionnaires les 7 pour 100 de dividende promis, ni de conserver à leurs actions la valeur nominale. Enfin, l'encombrement du marché par un trop grand nombre d'affaires du même genre, et la compétence donnée, en cas de litige, aux tribunaux brésiliens, effraie les plus aventureux. Le baron de Penedo accompagne ces observations spéciales de considérations générales. L'augmentation des dettes publiques, les faillites, et même les banqueroutes de beaucoup de petits états, ont effrayé les capitalistes de la Grande-Bretagne et leur ont fait préférer les valeurs anglaises, dont les intérêts sont sûrs, s'ils sont peu élevés, aux valeurs étrangères à gros rendements. Il touche, en passant, un point délicat : l'emprunt contracté à Londres, en 1875, par le Gouvernement brésilien, n'avait

Aujourd'hui, il s'agit pour l'État de réparer, d'entretenir nos routes, et encore, pour s'en occuper sérieusement, faut-il dépenser beaucoup. Les contribuables entendent-ils se soumettre

---

été autorisé par le Parlement que pour le développement du réseau. Néanmoins, l'opinion publique est convaincue, en Angleterre, que cet emprunt a été détourné de son affectation, et que le produit en a été employé à solder des dépenses militaires, à éteindre une portion de la dette flottante et à combler en partie le déficit du budget. « Si nous voulons attirer les capitaux anglais, ajoute le ministre, apprêtons-nous à offrir des titres simples, assurés, exempts de toute aventure, d'incertitudes sur le coût de la ligne, et donnant au moins 6 pour 100 d'intérêt par an. Que le crédit de l'État garantisse directement ces titres, et que les agents des finances brésiliennes en paient directement les intérêts à Londres. Et même, en agissant ainsi, rencontrerons-nous de grandes difficultés, tant la défaveur est générale ».

Le secrétaire d'État qui eut à prendre, à Rio, une décision sur ces questions si graves, n'était déjà plus celui qui s'était adressé au baron de Penedo. En 1878, les libéraux remplacèrent les conservateurs au pouvoir, et M. Ioâo Linz Vieira Cansacâo de Sinimbu, ami personnel de l'empereur, chargé de composer un nouveau cabinet, s'était réservé le département des travaux publics avec la présidence du conseil. Dans son premier rapport aux Chambres, le nouveau ministre exprima son opinion sur les renseignements reçus de Londres. Selon lui, la manière dont avait été exécutée la loi de 1873, plus que la loi elle-même, était condamnable. Il jugeait donc qu'il y avait lieu, non de revenir sur cet acte législatif, mais de le compléter et de l'exprimer par un décret portant règlement d'administration publique. Ce décret parut le 10 août 1878. Nous en indiquerons seulement les principales dispositions, dont l'ensemble forme, aujourd'hui, le dernier mot de la législation brésilienne en matière de chemins de fer.

Le premier article est relatif au mode de fixation du capital garanti. Il indique que ce capital devra s'établir sur des plans et devis d'ensemble soumis au Gouvernement et contrôlés par lui, mais il n'indique pas que ces plans et devis doivent être nécessairement dressés par les ingénieurs de l'État, première satisfaction donnée aux méfiances signalées par le baron de Penedo (1). L'article 2 est relatif aux paiements des intérêts stipulés, qu'il fait courir libéralement du jour où le capital est versé dans une banque désignée par le ministre, et non du jour où l'argent est dépensé. Il autorise les compagnies à réaliser, de prime abord, 10 pour 100 du montant garanti pour payer *les*

(1) Toutefois, lors de l'établissement des plans de détail, si une économie est réalisée sur les prix d'estimation, l'État se réserve la moitié du bénéfice.

aux exigences de la prestation? C'est là, pourtant, le moyen connu, adopté en beaucoup d'endroits, en cas d'insuffisance de revenus ordinaires, pour la création et l'entretien des

---

dépenses préliminaires antérieures à la construction. C'est admettre que l'établissement de ce montant devra comprendre le prix de rétrocession payé au concessionnaire primitif (1). L'article 4 fixe des clauses de déchéance, et cette disposition a pour but de faciliter au Gouvernement le retrait du marché de toutes les concessions qui l'encombrent (2). Les autres articles du décret de 1878 concernent les tarifs, la surveillance de l'État, le droit de rachat et le partage des bénéfices; leur analyse nous entraînerait trop loin. Mais, avant de terminer cet exposé, il sera sans doute intéressant de rechercher ce qu'ont produit les systèmes tour à tour suivis par le Gouvernement pour le développement de son réseau ferré.

Le rapport du ministre des travaux publics aux Chambres pour la session de 1879, constate que l'empire possédait, à cette époque, 2,753 kilomètres de chemins de fer en exploitation, appartenant à trente et une lignes distinctes.

Sur ces trente et une lignes, l'État en exploitait deux représentant 661 kilomètres (3); l'industrie privée exploitait le reste; la voie large ($1^{m}60$) était représentée par six lignes (1,144 kilomètres), dont quatre rendaient de 5 à 12 pour 100, une 3 pour 100, et dont la sixième (Bahia au San-Francisco) était en déficit (4); sur les vingt-huit lignes exploitées par l'industrie privée, trois seulement (5), situées dans la province de São-Paulo, ont été construites sans le secours de l'État; toutes les autres, participant à une garantie d'intérêt de

(1) L'article 3 assure d'une manière générale aux compagnies des avantages qui, jusqu'alors, avaient été accordés dans chaque acte de concession : 1° privilège pour la construction de toute ligne concurrente dans une zone de 20 kilomètres de chaque côté de la voie; 2° cession gratuite des terres du domaine public ou *nullius* traversées par la ligne et usage des matériaux du domaine; 3° exemption pendant trente ans des droits de douane pour le matériel et les matériaux; 4° droit de préférence pour l'exploitation des mines et l'acquisition des terres publiques situées dans une zone de 20 kilomètres de chaque côté de la voie.

(2) Déchéance si le concessionnaire n'a pu organiser une compagnie dans un délai de douze mois à partir de la promulgation du décret de concession; — si la compagnie, étant formée, les travaux de construction n'ont pas commencé dans un délai de douze mois à dater de la formation de la compagnie; — si le délai fixé pour l'achèvement des travaux est dépassé de douze mois sans que la ligne soit ouverte au trafic.

(3) Chemin de Baturite, 40 kilomètres; chemin de Pedro II, 621 kilomètres : ensemble 661 kilomètres.

(4) Lignes à voie de $1^{m}60$:

Pernambuco au San-Francisco, rendant 3 1/2 pour 100. — Bahia au San-Francisco, en déficit. — Dom Pedro II, rendant 5 1/2 pour 100. — Santos à Jundiahy, rendant 12 pour 100. — Jundiahy à Campinas et Campinas au Rio-Claro, rendant 8 1/2 pour 100.

(5) Lignes construites sans subvention ni garantie d'intérêt, province de São-Paulo (Campinas au Rio-Claro, Mogy-Guassu, Cardeiro au Lesne).

routes publiques. La prestation est un impôt personnel, direct, comme le droit locatif, mais sa perception ne paraît pas devoir être plus heureuse en Haïti. Puisque nous parlons de la réparation des routes, nous allons examiner ici les dispositions de la loi y relative.

---

7 pour 100, donnent (sauf les quelques rares lignes en déficit) une rémunération très large aux capitaux engagés; le Trésor seul souffre des insuffisances de rendement. Il a dû payer de ce chef plus de 3 millions de francs pour l'exercice courant. Tant qu'il mettra à l'exécution de ses engagements la fidélité qu'il a toujours apportée jusqu'à présent à les remplir, les capitaux étrangers n'ont que de beaux bénéfices à réaliser. C'est donc le crédit de l'État lui-même dont la solidité intéresse les capitalistes.

Le Gouvernement a entrepris la construction de six chemins de fer, trois directement par ses propres ingénieurs (1), trois par des entrepreneurs sous la direction de ses ingénieurs (2); enfin, outre la ligne du Pedro II, il exploite celle de Baturite, dans la province de Ceara, déjà en trafic sur 44 kilomètres, et qui promet d'être une des plus productives du Brésil par le fait qu'elle traverse des terres à café.

On a très vivement critiqué, dans la presse et dans le Parlement, les résultats de l'exploitation du Dom Pedro II. On a reproché à l'éminent directeur de ce chemin, M. Passos, de laisser les frais d'exploitation augmenter dans d'énormes proportions; il se défend avec succès dans son rapport pour 1878 (3), en démontrant que, l'année précédente, les réparations de la voie ont absorbé des sommes considérables, et que, malgré ces dépenses anormales, le chemin a rendu 5 1/2 pour 100 du capital engagé. A cette occasion, la question de l'aliénation de ce chemin de fer à l'industrie privée a été beaucoup agitée par les journaux. Cette question se lie à celle de la situation financière du pays. On verrait dans cette aliénation un puissant moyen de diminuer les embarras du Trésor. Le Gouvernement ne paraît pas disposé à s'engager dans cette voie, et semble plutôt regarder la propriété de ces lignes si productives comme une ressource suprême dont il ne faudrait user qu'à la dernière extrémité..... »

(1) Lignes construites par les ingénieurs de l'État, province de Ceara (Baturite, Sobral), province d'Alagoas (Paulo-Affonso).

(2) Lignes construites par entrepreneurs sous la direction des ingénieurs de l'État, Rio-Grande-do Sul, prolongement de Pernambuco au San-Francisco, Bahia au San-Francisco.

(3) Estrada de Ferro Dom Pedro II. — *Relatorio do anno 1878.*

CHAPITRE IV

Du Code rural d'Haïti.— De l'entretien et de la réparation des voies de communication.

Art. 52. — Les voies de communication sont divisées en trois classes : la première comprend les routes publiques qui conduisent d'un arrondissement à un autre arrondissement, ou d'un département à un autre département;

La deuxième classe comprend les chemins publics qui conduisent d'une commune à une autre commune, ou d'une section rurale à une autre section rurale;

La troisième classe comprend les chemins particuliers qui conduisent d'une habitation à une autre habitation, ou à la voie publique.

Cette division des voies de communication était nécessaire, surtout pour la surveillance à établir et pour la répartition des dépenses de réparation et d'entretien. On avait proposé de déterminer de suite la largeur de chacune d'elles, mais il a été reconnu que cette fixation exigeait une étude préalable, que l'application immédiate soulèverait de nombreuses difficultés et nécessiterait des expropriations onéreuses pour l'État.

Art. 53. — Les routes et les chemins publics et les chemins particuliers sont placés sous la surveillance des autorités et agents de la police rurale.

Cette surveillance consiste principalement à relever toutes contraventions et tous délits de dégradations ou autres; de dénoncer à l'autorité supérieure les améliorations et les réparations à faire, et de maintenir la liberté et la sécurité de la circulation.

Art. 54. — Les routes publiques et les chemins communaux seront entretenus et réparés par les habitants, à tour de rôle, de chaque section qu'ils traversent, et chaque fois que la réparation sera nécessaire.

L'entretien et la réparation des chemins particuliers d'exploitation ou de communication vicinale seront à la charge des habitants qui s'en servent habituellement.

Ce mode d'entretien et de réparation des voies publiques, consacré par d'anciens usages, offre de grands inconvénients et donne lieu à des abus qui n'ont point échappé à la sollicitude du Gouvernement et à l'attention des Chambres législatives ; aussi il n'a été conservé que provisoirement, et en attendant, une loi spéciale sur cette matière.

Cet usage n'est autre chose que la corvée que nos institutions républicaines ne sauraient admettre.

Art. 55. — Aussitôt qu'une route publique ou un chemin particulier nécessitera des travaux de réparation, avis en devra être donné, sans retard, par les officiers de police rurale, au commandant de place ou de commune.

Les officiers de police rurale comprendront que plus tôt il est remédié à une réparation, et plus elle est facile à faire, et moins onéreuses en sont les dépenses pour l'État; il convient donc que leur surveillance soit toujours active, et que les avis qu'ils sont chargés de donner soient transmis sans retard pour mettre leur responsabilité à couvert.

Art. 56. — Si le travail de réparation est de peu d'importance et qu'il ne s'étende pas d'une commune à une autre, le commandant de place ou de commune ordonnera qu'il sera fait, en déterminera le tracé et en surveillera l'exécution, sous sa responsabilité.

Pour faciliter l'exécution de cet article, il serait utile que le secrétaire d'État de l'intérieur et de l'agriculture fixât un chiffre maximum uniforme. Toute réparation dont la dépense ne dépasserait pas ce chiffre, pourrait être ordonnée de suite par le commandant de la commune, sous sa responsabilité, ce qui ne le dispenserait, bien entendu, dans aucun cas, de soumettre le tracé et le devis de la dépense au secrétaire d'État le plus tôt possible.

Art. 57. — Si, au contraire, les travaux de réparation sont importants et embrassent plus d'une commune, les commandants des communes en donneront avis au commandant de l'arrondissement, lequel, après autorisation du secrétaire d'État de l'intérieur, en ordonnera et en surveillera l'exécution, après en avoir déterminé le tracé.

Art. 58. — Dans tous les cas, le conseil communal de chaque commune où s'exécuteront les travaux de réparation de route publique, en sera informé par le commandant de place ou de commune.

Dans le cas de travaux importants, l'autorisation de les exécuter ne peut être donnée par le secrétaire d'État de l'intérieur qu'après avoir fait vérifier le tracé et le devis approximatif des dépenses; les commandants d'arrondissement doivent donc, en demandant l'autorisation, joindre à leur demande ces deux documents pour éviter les retards.

L'information qui est donnée aux conseils communaux a pour but de les mettre à même de transmettre au secrétaire d'État de l'intérieur les observations qu'ils jugeront utiles sur le mode et le tracé des réparations et sur les dépenses.

Art. 59. — Le nombre des travailleurs nécessaires pour exécuter les travaux de réparation sera pris sur chaque propriété rurale, en proportion de la population qui s'y trouvera. Tout cultivateur commandé pour ces travaux, qui ne se sera pas rendu au lieu désigné, sera obligé, par ce seul fait, de payer une amende de dix gourdes; et, à défaut de paiement, il subira un emprisonnement de huit jours, sur l'ordre du commandant de la commune. En outre, il sera tenu de fournir les journées de travail commandé.

Art. 60. — La journée de travail peut être remplacée par une prestation en argent, à raison de quatre gourdes. Le produit de ces prestations sera employé à remplacer les travailleurs.

Art. 61. — Les cabrouets ou tombereaux jugés nécessaires pour les travaux de réparation de routes publiques et particulières seront fournis, sur première réquisition, par ceux des propriétaires de biens ruraux qui en posséderont, dans la proportion d'une journée par chaque cabrouet et chaque semaine, jusqu'à l'achèvement des travaux.

Art. 62. — La fourniture de chaque cabrouet ou tombereau pourra être remplacée par celle de quatre bêtes de charge ou par le paiement de trente gourdes en argent.

Art. 63. — Les cabrouets, tombereaux ou bêtes de charge, ainsi mis en réquisition, ne pourront être retenus au travail pendant plus d'un jour par semaine.

Art. 64. — Dans aucun cas, et sous quelque prétexte que ce soit, les travailleurs, cabrouets, tombereaux ou bêtes de charge, ne pourront être détournés des travaux pour être employés dans un intérêt particulier.

Art. 65. — Les travailleurs commandés devront se rendre sur le lieu de réunion désigné pour les travaux, le lundi, à six heures du matin, et devront y séjourner jusqu'au jeudi à six heures de l'après-midi, à moins que les travaux ne soient terminés dans cet intervalle.

Tous les matins, à partir du lundi, le directeur des travaux fera l'appel nominal des travailleurs commandés, et constatera les absents, auxquels seront appliquées les peines prescrites par l'article 59 ci-dessus.

Les observations déjà faites sous l'article 64 s'appliquent aux articles 59, 60, 61 et 62. Il faut considérer le système de prestations personnelles et en nature comme un système provisoire dans notre législation. En attendant qu'il puisse être modifié ou amélioré, il est nécessaire que les propriétaires et les cultivateurs ne perdent pas de vue que si les charges de l'entretien des routes et chemins publics pèsent presque exclusivement sur eux, ils sont aussi les plus intéressés à ce que les voies de communication et de transport soient maintenues en bon état. D'un autre côté, il est du devoir des officiers ruraux d'apporter dans la répartition des prestations un esprit d'équité et d'impartialité qui les rendent le moins onéreuses possible et le moins préjudiciables aux travaux des exploitations privées et de la culture en général.

Ainsi, la substitution de la prestation en argent à la prestation en nature étant facultative pour le propriétaire et le cultivateur, elle ne peut être exigée, pas plus qu'elle ne peut être refusée lorsqu'elle est offerte.

Le nombre des journées de travail et la durée doivent être réglés selon les usages.

Les cabrouets et les tombereaux ne doivent point être surchargés, ni les animaux surmenés. Les uns et les autres ne doivent point être détournés des travaux d'utilité publique pour être employés à des travaux particuliers.

Les infractions seraient punies, selon leur gravité, non seulement d'après le présent Code, mais d'après les dispositions du Code pénal.

Nous bornons à ces simples observations l'examen des articles qui précédent, dans l'espoir qu'ils seront bientôt remplacés par une législation plus conforme à nos institutions.

C'est donc toujours par l'ancien système des corvées que nos routes publiques doivent être entretenues et réparées, et cela à une époque de grande démocratie et de libéralisme. Pourtant, grand nombre de nos législateurs ont passé; beaucoup *d'amis du peuple* ont élevé la voix, à la tribune parlementaire, pour réclamer contre d'autres abus. Un seul homme, et nous nous plaisons à le nommer, le député Montas, osa poser nettement, dans un projet qu'il présenta à la Chambre, en 1880, la question de principe de l'égalité de l'impôt. La discussion en fut réservée à la session de 1881, mais il dut, malheureusement, retirer ce projet devant un vote qui allait en déranger toute l'économie.

Sous le règne de Louis XVI, je ne sais qui voulut, un jour, prouver que la contribution de la noblesse et du clergé était attentatoire à la dignité de ces deux ordres. En Haïti, on voulut soutenir le même principe sous une autre forme : on insinua que le campagnard, ayant le plus d'intérêt à l'entretien des routes publiques, devait en subir la charge. Il faut alors se demander quels sont ces intérêts. Mais ne sont-ils pas aussi bien ceux du commerçant et des populations urbaines qui, sans les échanges entre les produits de l'intérieur et ceux de

TABLEAU

DES

RAYONS DU MARCHÉ DE PORT-AU-PRINCE

Ce tableau ne comporte pas l'énumération de tous les produits qui abondent à la capitale. Nous n'y faisons figurer que les principaux, avec leurs prix moyens.

LIEUX	DISTANCES	PRODUITS	TRANSPORT PAR CHARGES		VALEUR		SITUATIONS	OBSERVATIONS
			HOMMES	ANIMAUX				
Morne de Jacmel		Café		150	°/o 6	»		Beaucoup d'habitants des mornes de Jacmel arrivent souvent au Port-au-Prince au lieu d'aller à Jacmel ; ils font ainsi un plus long trajet, soit pour se procurer des objets qu'ils pensent trouver ici à meilleur marché, soit pour une plus-value sur la vente de leurs produits. Les quantités de café qui viennent des mornes sont apportées à dos d'homme, et alors le poids de la charge varie de 3 à 30 livres.
Bongard	de 2 à 14 lieues.	Bananes		4 régimes	2	»		
Morne l'Hôpital		Ignames		1 charge	3	»		
Haut-Bizoton		Malanga		1 charge	3	»		
		Pommes de terre	1 panier		1	»	Montagne.	
		Artichauts	1 panier		2	»		
		Chaux		1 charge	»	25		
Fond-Ferrier		Fourrages		1 charge	»	33		
Morne-à-Bateau		Mêmes produits que plus haut, puis						
Plaine de Léogane jusqu'au Grand-Goâve	de 4 à 13 lieues.	Carottes	1 panier		2	»		
		Radis	1 panier		2	»	Montagne et plaine.	
		Mangots		1 charge	5	»		
		Maïs		1 charge	4	»		
Pétion-Ville	»	»	»	»	»	»		
Des environs	2	Bois à brûler		1 charge	»	17		
De Kanscoff	7	Oranges	1 panier	»	»	50		
De Furcy	9	Citrons	1 panier	»	»	75		
De la Nouvelle-Tourraine	18	Légumes de toutes sortes	1 panier	»	2	»	Montagne.	
		Pêches	1 panier	»	1	50		
		Pommes de terre		»	1	»		
		Fourrages		1 charge	»	33		
		Œufs			»	20		Il en vient beaucoup, mais par petite quantité, ainsi que des fraises, à la saison.
		Mangots	Voir plus haut.					
		Bananes		1 charge	2	»		Le Port-au-Prince reçoit encore, pour son alimentation et son commerce, les produits de l'Arcahaie, de Gressier et de Léogane, consistant en denrées de toutes sortes, telles que bananes, patates, pois, sirop, huile de palma-christi (à brûler), cannes à sucre par paquets, oranges, gingembre, poissons salés, cocos, calebasses, nasses, herbes de Guinée pour fourrages, mélons, campêche. L'île de la Gonave lui fournit de l'acajou, du gaïac, du bois jaune, des crabes et des poissons. Mais tous ces produits arrivent au marché par voie de mer, qui coûte excessivement bon marché. On ne compte pas moins de 4 à 500 embarcations qui entrent chaque semaine (du vendredi au samedi) avec un plein chargement. Ces sortes de convois, qui partent des deux côtés opposés de la baie, présentent un magnifique coup d'œil dès qu'ils commencent à se dessiner à l'horizon ; une chose, pourtant, leur manque : c'est une police maritime, qui règle, pour chaque embarcation, les conditions de navigabilité. Nous avons eu à enregistrer pas mal de mortalités, causées par l'imprévoyance des marins côtiers. Ces navigateurs doivent être inscrits. D'autres embarcations arrivent encore à la capitale ; ce sont les bâtiments caboteurs, qui sortent des autres villes de la République avec des denrées pour le commerce, et qui s'en retournent chargés de produits étrangers, tels que balais, sacs-paille, légumes de toutes sortes, patates, qu'on ne trouve pas ailleurs en quantité suffisante.
		Patates		1 charge	2	»		
		Manioc		1 charge	3	»		
		Sirop		20 gallons	gall.	25		
		Alcool	1 cabrouet	3 barriques	bque. 25	»		
		Mil		1 charge	2	»		
		Acajou		1 charge	3	»		
Plaine de Cul-de-Sac	de 2 à 8 lieues.	Tortues		1 ch. de 16	ch. »	30	Plaine.	
		Poules d'eau		60 paires	»	20		
		Sucre						
		Pois		1 baril	6	»		
		Lait						
		Légumes		Voir plus haut.				
		Charbon				33		
		Mangots		1 charge	5	»		
		Acajou	Voir plus haut.					
		Café						
Mirebalais	16	Coton		100 livres	7	»		
Grand-Bois	18	Sirop		20 gallons		50		
Las-Cabobas	22	Rapadoux		60	ch.	6		
Las-Matas	»	Sirop-miel		20 gallons		33		
Neybe	24	Gommes de gaïac		150 livres	livre.	12		
Cerca	30	Peaux		100 livres	livre.	35		
		Tabac		150 livres	°/o 7	»		
		Bœufs		Mocornes de 2	25	»		
		Coton	Voir plus haut.				Montagne	Beaucoup d'habitants, qui descendent des montagnes, s'arrêtent à Pont-Bedette et à Thomasseau, marchés intermédiaires dans la plaine du Cul-de-Sac, où vont s'approvisionner, tous les vendredis, les personnes qu'on nomme *les Revendeuses*. Celles-ci débitent ensuite, au marché du Port-au-Prince, les produits qu'elles ont achetés.
		Poules		1 charge	10	»		
		Riz		100 livres	5	»		
		Maïs	Voir plus haut.					
Verrettes	33	Macoutes ronds		1 charge	5	»		
La Chapelle	25	Sacs-paille		1 charge	15	»		
Les Orangers	10	Cordes		1 charge	6	»		
Crochu	10	Panneaux		4 douzaines	douz. 1	»		
		Mil	Voir plus haut.					
		Pitte		80	5	»		

la ville, fermeraient leurs boutiques et leurs magasins? En dehors de cette considération, les citadins ne voyagent-ils pas eux-mêmes, tous les jours, sur les voies publiques, soit pour se rendre dans une habitation ou se transporter d'une ville à une autre? Les routes publiques sont donc utiles à tout le monde; elles sont encore nécessaires à l'armée, qui y fait passer ses convois et son matériel d'artillerie.

Mais aussi, il faut le reconnaître, le système trop peu équitable des corvées s'est tellement enraciné dans les mœurs des populations rurales, que *l'habitant* lui-même, qui s'y résigne sans jamais se plaindre, résisterait si on lui demandait de donner son argent (1); aussi M. Montas avait-il prévu ce cas dans l'article 1er de son projet, ainsi conçu : « Tout Haïtien

---

(1) On ne cherche pas toujours à se rendre compte pourquoi le campagnard haïtien s'attache tant à son argent, qu'il dépense, néanmoins, avec une inconcevable prodigalité lorsqu'il veut honorer ses morts par un *service chanté,* cérémonie à l'issue de laquelle les traditions veulent qu'il déploie tout le luxe de ses mœurs rustiques. Eh bien! il faut considérer qu'un grand nombre de nos campagnards, le plus grand nombre assurément, partent de très loin pour venir vendre leurs produits dans les villes, où souvent ils ne trouvent que difficilement à les écouler, tant ces produits y sont quelquefois abondants; d'où il résulte un grand avilissement dans les prix. Encore faut-il que, tous les huit jours, ils recommencent à parcourir les mêmes chemins sur une distance qui varie de 2 à 33 lieues, dans les rayons du Port-au-Prince seulement. Difficultés énormes que la question des chemins de fer ne pourra pas toujours résoudre.

Et qu'apportent-elles, ces longues files de vieillards, de jeunes gens et de femmes enceintes qui, pour la plupart, sont obligées de faire une station, la nuit, sur la voie publique ou dans une mauvaise auberge? (On trouvera ces indications dans le tableau ci-annexé.

Quand un peuple vit dans de si misérables conditions, on comprend facilement qu'il devient avare et même parcimonieux. Peut-on sans crime lui demander son argent, fruit d'un travail pénible, lorsque déjà il paie grassement l'impôt sur le café et qu'il est encore le grand contribuable de l'impôt du sang?

C'est pourtant ce peuple qu'on dit paresseux. Paresseux! Non, le campagnard haïtien ne peut mériter cette injurieuse épithète. Il demande seulement qu'on améliore sa condition par l'instruction publique, et que, par des mesures d'administration, on donne une plus-value à ses produits. Devenant alors plus heureux, il sera le meilleur défenseur de l'ordre et de la paix publique. Nous

doit à l'État une contribution annuelle de cinq journées de travail ou de 2 piastres 50 centimes » (1).

Cinq jours, c'est le temps que le campagnard emploie ordinairement dans les corvées, temps grâce auquel nous avons, en beaucoup d'endroits, des routes possibles. Nous devons, en cela, rendre hommage à l'activité et à l'intelligence de quelques chefs militaires, puis remonter dans le passé pour rendre les mêmes hommages aux généraux administrateurs Marion, Frédérique, Jeannot (Jean-François) et quelques autres, dont les souvenirs vivent encore dans les localités où ils avaient exercé le commandement.

Parler des chefs militaires, c'est aussi parler de la police rurale, dont la réorganisation est le *desideratum* de beaucoup de gens. La police rurale, telle qu'elle est instituée, répondrait déjà à l'objet de sa mission, si les hommes qui la composent avaient dans l'administration une sorte d'état civil, c'est-à-dire s'ils avaient la possession réelle de leur titre, et que la charge en fût moins précaire. De la sorte, les chefs de section seraient effectivement comptables, envers la société, du service qu'ils remplissent auprès des agents supérieurs de l'autorité. Alors, mieux rétribués, ils feraient de leur emploi une véritable carrière. Au contraire, jusqu'à notre arrivée au ministère de l'agriculture, les chefs de section n'avaient pas encore été commissionnés; ils vivaient ainsi, la plupart, à la merci de leurs chefs immédiats, qui les remplaçaient à volonté. Com-

---

désirons donc ardemment que, dès que les revenus du Gouvernement seront augmentés, ils soient appliqués, en partie, à l'exécution des importants travaux qu'il faudra entreprendre dans les mornes. Ces travaux consistent en des ponts à établir sur certains précipices, afin de raccourcir le plus possible les distances, et la construction de routes à pente douce, qui permettent la traction facile des charrettes, travaux qui exigent des remblais et de la maçonnerie, et, comme accessoire, l'entretien d'un assez grand nombre de cantonniers sur les routes.

(1) En France, où la loi fait contribuer, par un impôt spécial, les établissements industriels à l'entretien des routes publiques, on adopte trois journées de travail.

ment, dans ces conditions, un homme peut-il acquérir l'expérience nécessaire dans des fonctions aussi compliquées? Et comment peut-il en avoir l'amour et la dignité (1)? Nous avons dû faire cesser cet état de choses, en rappelant aux autorités militaires les prescriptions du Code rural, qui laissent au chef

---

(1) Voici comment, en France, le gendarme a le sentiment du devoir; il s'agit ici, il est vrai, de garde champêtre; mais ces deux fonctions ont entre elles une certaine analogie :

. . . .

. . . .

« J'ai vu le gendarme secourir le criminel avec le dévouement d'une sœur de charité; je l'ai vu soutenir le condamné, comme le prêtre de la dernière heure; je l'ai vu, après les luttes, soigner les blessures comme le médecin; je l'ai vu, sous le chaume, calmer les haines comme le confesseur; je l'ai vu présider aux fêtes du village; je l'ai vu concilier les différends comme le juge de paix; je l'ai vu combattre comme le guerrier; je l'ai vu souffrir en silence comme le religieux; je l'ai vu mourir comme le martyr.

Jamais une plainte ne s'est échappée de ses lèvres. Vous dormiez, et il veillait; vous vous réjouissiez dans les fêtes, et lui, debout à l'angle obscur, protégeait votre joie. Il a l'œil sur votre maison, sur votre champ, sur votre or, sans trêve ni repos. Il n'est rien pour vous et vous êtes tout pour lui.

Soyez gens de bien et heureux, vous ignorez même son existence; mais les méchants tremblent et les faibles vivent en paix, parce qu'il est là, toujours debout.

Quel est donc cet homme?

Quelle passion l'anime?

Quel intérêt le guide?

Quelle religion le soutient?

Cet homme est simple de cœur, il a l'esprit droit, l'âme honnête.

Étranger aux passions, il ne connaît que le devoir.

Son intérêt est de bien servir.

Sa religion est l'honneur.

La science seule, le courage seul, la religion seule, ne produiraient pas un tel homme, et cependant il est là, devant vous. La magistrature le dispute à l'armée, l'armée le dispute à la magistrature.

D'où vient cet homme?

Il vient du régiment, la meilleure des écoles, école où s'enseignent les choses bonnes et utiles : discipline, hiérarchie, autorité, abnégation, dévouement, résignation, courage et mépris de la mort.

Général AMBERT. »

de l'État seul le privilège de nommer et de révoquer les officiers ruraux. « Dans le cas, leur avons-nous dit, où un officier rural viendrait à se rendre indigne de sa charge, vous avez vous-même pour devoir de le dénoncer et de demander sa révocation ». Depuis ce moment, les officiers ruraux reçurent leur commission, et leurs noms furent inscrits dans un registre spécial tenu, à cet effet, au ministère de l'agriculture. Telle qu'elle existe, la police rurale n'émarge pas moins pour une valeur de 217,668 piastres, réparties comme suit :

		Mois.	Année.
77	inspecteurs à 40, 30 et 25 piastres.............	P.	24,900
502	chefs de section à 16 piastres...... ...	8,032	
502	maréchaux à 7 piastres................	3,514	
1,500	gardes champêtres à 3 piastres.......	4,518	
	P.	16,064	192,768
	Total....................P.		217,668

Voilà quant à son organisation; quant à son action, nous allons en juger par les réflexions que nous suggère la pratique des affaires.

Quelques personnes commettent fréquemment l'erreur de croire que dans notre pays, relativement d'une grande étendue, si peu habité et encore si peu défriché, il est facile de surveiller les vagabonds et de s'emparer des voleurs. Ces *parasites* sont, le plus souvent, des gens qui, soit qu'ils habitent la localité, soit qu'ils viennent de loin, sont admis comme travailleurs dans un champ et y demeurent momentanément; ils sont aussi, le plus souvent, des voisins paresseux qui travaillent, mais qui travaillent peu; ils sont, enfin, des malfaiteurs formant ainsi une nouvelle catégorie d'individus qui n'ont point de domicile réel, et qui vivent plutôt dans les fourrés. C'est derrière les champs cultivés, dans la forêt voisine, dans ces massifs d'arbres que la hache n'a pas encore touchés, que le malfaiteur a planté sa tente, c'est-à-dire son maudit *ajoupa*.

De là, il s'introduit, la nuit, dans les plantations et en enlève les produits. Contre de tels individus, l'action du garde champêtre n'est pas toujours efficace. Pourquoi? C'est que le garde champêtre n'est pas un factionnaire que l'État place dans les champs particuliers pour en surveiller continuellement les récoltes; il ne monte pas la garde dans les habitations (1); c'est un agent de l'autorité, un auxiliaire de la police judiciaire, dont la mission est nettement définie dans les articles suivants de la loi en vigueur :

ART. 95. — Chaque chef de section aura sous ses ordres, à poste fixe, quatre gardes champêtres au moins, dont un sera maréchal des logis et en même temps secrétaire du chef de section.

ART. 96. — Les gardes champêtres sont les agents auxiliaires des chefs de section et des chefs de district; ils concourent, sous leur autorité et sous leurs ordres, à l'exécution de tout ce qui concerne la police rurale; ils sont spécialement chargés de parcourir les campagnes dans l'étendue de leur section respective, pour découvrir les contraventions, maintenir le bon ordre et mettre en état d'arrestation les gens sans aveu, les vagabonds et les mendiants.

Les gardes champêtres ne sont pas seulement des agents de la force armée; en leur qualité d'agents auxiliaires des chefs et des sous-chefs de section, et comme chargés par l'article 96 du Code rural de rechercher les contraventions, ils sont revêtus d'un caractère mixte.

Ils ont le droit de mettre en état d'arrestation, non pas seulement les gens sans aveu, les vagabonds et les mendiants, mais aussi tout citoyen prévenu d'un délit ou d'un crime, qu'ils auront surpris en flagrant délit, ou qui aura été dénoncé par la clameur publique.

Aux termes des articles 8, 9 et 10 du Code d'instruction criminelle,

---

(1) En France, tout propriétaire, colon ou fermier, a le droit d'avoir pour son domaine un garde champêtre particulier, pour la conservation de ses récoltes; seulement, il faut que ce choix soit agréé par le conseil municipal et confirmé par le sous-préfet et le préfet.

ils sont chargés, en leur qualité d'agents de la police rurale, de la recherche des délits et des crimes ; ils reçoivent les déclarations et les dénonciations.

Les agents de la police rurale ne font que des *rapports* qu'ils adressent aux juges de paix, excepté lorsqu'ils sont délégués ; c'est à ces magistrats qu'est réservé le droit de dresser des procès-verbaux.

Quant aux chefs de section, leurs fonctions consistent (art. 81) spécialement, dans chaque section :

1° Dans le maintien du bon ordre et de la tranquillité ;

2° Dans l'exécution des lois en général, et particulièrement des lois et arrêtés concernant l'agriculture et la police des campagnes ;

3° Dans la protection des propriétés et la surveillance des cultures et de tous les travaux manuels ;

4° Dans la surveillance des routes, chemins publics et vicinaux, des cours d'eau, digues et canaux de distribution et d'arrosage ;

5° Dans la répression du vagabondage, de tous les désordres et de toutes les contraventions de police généralement quelconques.

Pour ce qui est du maintien de l'ordre dans les campagnes et de la répression du vagabondage, consultons les articles suivants :

Art. 108. — Tout cultivateur qui aura entrepris un travail ou s'y sera assujetti par une convention réciproque, dès qu'il l'aura commencé, devra le terminer, sous peine d'être passible d'une amende, et, s'il y a lieu, de dommages-intérêts.

Ce chapitre est l'un des plus importants de ce Code. Tous les articles dont il se compose méritent une mention spéciale, soit pour en appliquer le texte, soit pour en recommander une sévère application.

Nous estimons que de l'exécution rigoureuse et juste de l'ensemble de ces dispositions, presque toutes préventives ou pénales, dépendent en grande partie les progrès de l'agriculture.

Sans ordre et sans travail, tout progrès, en agriculture comme en toutes choses, est impossible.

L'ordre est le résultat de l'observance religieuse des lois.

Le travail ne s'impose pas à l'homme, mais il devient pour lui une nécessité du jour où ces deux mauvaises passions, — la paresse et le vol, — sont réprimées.

Donc, pour que l'homme se livre au travail, pour que l'agriculture progresse, il faut observer les lois; il faut réprimer la paresse et le vol.

Une convention réciproque est une loi que les parties se sont librement promis d'exécuter respectivement. Le cultivateur qui entreprend un travail, et qui se refuse à le terminer, viole la loi qu'il a faite lui-même; et il est juste de le condamner à une amende pour cette violation, tout en l'obligeant à la réparation du tort qu'il a causé; tel est le principe consacré par l'article 108; ce principe, d'ailleurs, sauf l'amende, est du droit commun; il est rappelé plusieurs fois dans notre Code civil.

Art. 109. — Toute désobéissance ou insulte envers le propriétaire, fermier principal, gérant, conducteur de travaux ou chef de société de moitié, sera considérée comme un trouble à l'ordre public et punie d'une amende ou même de la prison, selon la gravité du cas.

Cet article est tout à la fois préventif et répressif; une désobéissance ou une insulte à l'une des personnes désignées dans cet article, lesquelles ne sont revêtues d'aucun caractère public, n'est pas, en réalité et en droit commun, un trouble à l'ordre public; mais c'est un fait qui, en raison du milieu dans lequel il est commis, pourrait devenir instantanément un désordre public; la loi considère ce simple fait, en quelque sorte comme un commencement de trouble à l'ordre public, et elle le punit afin d'éviter, par cette répression préventive, d'avoir à punir plus rigoureusement le trouble lui-même, qui, s'il se produisait, aurait des conséquences graves.

Nous ne pouvons nous empêcher de reconnaître ici, à propos de ces dispositions de l'article 109 et de celles qui sont consignées dans les articles suivants, que, dans l'ensemble des prescriptions de ce Code, la préoccupation principale des législateurs semble avoir été de protéger avant tout, même au détriment de certains principes de liberté individuelle, l'agriculture, le travail agricole et l'ordre..... Devons-nous blâmer nos législateurs de s'être laissé dominer par cette préoccupation? Évidemment non. Dans un pays comme le nôtre, où la fortune publique repose sur les produits du sol, protéger l'agriculture, c'est protéger la fortune de tous.

ART. 110. — Les jours ouvrables sont, les jours de fêtes exceptés, le lundi, le mardi, le mercredi, le jeudi et le vendredi de chaque semaine. Les heures de travail sont : le matin de dix à onze heures, et l'après-midi de deux à six heures.

Cette réglementation des jours et des heures de travail est déjà consacrée par l'usage ; elle n'est applicable, bien entendu, que pour les travaux entrepris à la journée, et seulement à défaut de convention contraire arrêtée entre les parties. Mais, aujourd'hui, les tribunaux ne pourraient s'abstenir de la prendre pour base de leurs décisions dans les contestations sur lesquelles ils auraient à se prononcer.

ART. 111. — Aucun travailleur, à l'entreprise ou à la journée, ne peut abandonner son travail pour se livrer à des festins les jours ouvrables. Aucune danse ni festin ne peut se prolonger la nuit au delà de minuit ; tout délinquant aux présentes dispositions sera puni de l'emprisonnement.

Les danses et les festins, surtout quand ils sont excessifs et se prolongent dans la nuit, sont les plus grands ennemis du travail ; le cultivateur y dépense en un jour le fruit du travail d'une semaine, il y énerve ses forces et altère sa santé ; ce sont en outre, très souvent, des occasions de rixes et de désordres. Ce sont ces considérations qui ont dicté les sages dispositions de cet article, qui n'ont pour but que de réprimer les excès sans nuire aux plaisirs modérés.

Le travailleur peut toujours éviter de se mettre en contravention, en se munissant d'un permis de l'un des supérieurs indiqués dans l'article 109. L'article 111 ne le dit pas, mais il nous semble que cet article n'a pour but que de réprimer les excès et maintenir la discipline.

ART. 112. — Nul cultivateur, fixé sur une propriété rurale, ne pourra s'absenter du district plus de vingt-quatre heures, sans un permis du chef de district.

La prescription de cet article n'est pas moins sage que celle de l'article 111 ; il faut y voir une mesure d'ordre et non une restriction de la liberté individuelle ; dans l'état actuel de notre société, il est nécessaire que l'autorité ne perde pas de vue ses administrés ; plus tard, quand la police sera bien organisée sur tous les points du territoire, et que les moyens de communication seront plus faciles, les mesures de cette nature disparaîtront sans doute de la législation.

ART. 113. — Tout individu qui sera trouvé, excepté les jours de marché, dans une section rurale, et qui ne pourra pas justifier qu'il y est domicilié ou employé à un travail par un des propriétaires de la section, ou qu'il est porteur d'un permis ou d'un écrit prouvant son identité, sera réputé vagabond ; il sera mis en état d'arrestation par les officiers de la police rurale ou les gardes champêtres de la localité, et immédiatement conduit devant le juge de paix de la commune.

ART. 114. — Le juge de paix, après avoir interrogé et entendu l'individu arrêté, prononcera ce que de droit ; si l'arrestation est maintenue, l'individu sera de suite conduit et déposé dans une des maisons d'arrêt de l'arrondissement, pour être jugé conformément à la loi.

L'exécution rigoureuse de ces deux articles est expressément recommandée aux officiers de la police rurale et aux juges de paix. La répression sévère du vagabondage, non seulement assurera l'ordre dans les campagnes, mais elle produira infailliblement, dans peu de temps, une augmentation de travail.

Tout individu étranger à une section rurale qui y sera trouvé, excepté les jours de marché, doit justifier de son identité et de sa présence dans la section de l'une des manières indiquées par l'article 113, sinon il sera mis en état d'arrestation et conduit devant le juge de paix.

Ce magistrat prononcera ce que de droit ; c'est-à-dire que, si les justifications exigées par la loi ne sont pas faites devant lui, il devra maintenir l'arrestation, et il sera procédé comme il est dit en l'article 114.

Quelle que soit la décision, le juge de paix doit la constater sur un registre à ce destiné.

Bien entendu que, si l'identité de l'individu est constatée, et que le juge de paix obtient la conviction qu'il n'est pas vagabond, il devra le relaxer immédiatement.

L'article 403 du Code pénal déclare vagabonds ou gens sans aveu — « ceux qui n'ont ni domicile certain ni moyens de subsistance, et qui n'exercent habituellement ni métier ni profession ».

Et l'article 97 du Code d'instruction criminelle défend de mettre les vagabonds et les repris de justice en liberté provisoire.

Art. 115. — Tout individu condamné comme vagabond, après avoir subi sa peine, restera néanmoins sous la surveillance de la police aussi longtemps qu'il ne justifiera d'aucun moyen d'existence.

Cette disposition était nécessaire pour la sécurité publique. Il aurait été dangereux de rejeter dans la société, sans le soumettre à la surveillance de l'autorité, un individu reconnu pour n'avoir ni domicile ni moyens d'existence. Il était juste qu'il ne recouvrât la liberté entière qu'à la condition que cette liberté ne pût pas devenir nuisible.

Art. 116. — Les condamnés comme vagabonds qui seront soumis, après l'expiration de leur peine, à la surveillance de la police, pourront être employés aux travaux de la commune, moyennant salaire, et jusqu'à ce qu'ils s'utilisent par eux-mêmes.

Les vagabonds condamnés comme tels, et qui, à l'expiration de leur peine, sont employés aux travaux de la commune en vertu de l'article 116 ci-dessus, ne doivent pas être confondus avec les criminels condamnés aux travaux forcés.

Les travaux forcés sont une peine afflictive et infamante infligée au criminel, tandis que les travaux communaux imposés, moyennant salaire, au vagabond en liberté, sont un moyen de moralisation et, en même temps, un moyen d'existence qui n'a rien d'afflictif ni d'infamant. C'est un travail forcé, il est vrai, mais dont l'individu peut s'affranchir de lui-même en donnant à la société les garanties que tout citoyen est obligé de lui offrir.

Art. 117. — Il sera procédé de la manière indiquée ci-dessus, et les mêmes peines seront appliquées, contre toute personne réputée mendiante et trouvée dans une section rurale.

Le Code des délits et peines de 1826 avait prévu le délit de mendicité et l'avait puni des mêmes peines que le délit de vagabondage;

mais le Code pénal de 1835 avait fait disparaître de notre législation répressive ce genre de délit; l'article 117 ci-dessus rétablit l'assimilation des deux genres de délit, et punit la mendicité comme le vagabondage.

ART. 118. — Les officiers de police rurale devront veiller à ce que, dans l'étendue des localités placées sous leur direction, personne ne demeure dans l'oisiveté : à cet effet, ils sont autorisés à se faire rendre compte, par les individus qu'ils trouveront oisifs, du genre de leurs occupations et de leurs moyens de subsistance; et si ces individus ne peuvent faire ces justifications, ils seront considérés comme gens sans aveu, et arrêtés comme vagabonds.

Dans chaque section, tout habitant doit être toujours prêt à justifier au chef de section du genre de ses occupations et de ses moyens d'existence.

Le chef de section a le droit de s'en faire rendre compte; si donc il souffre que dans sa section se réfugient des gens qui ne peuvent pas lui faire ces justifications, il encourt une grave responsabilité. Il doit mettre ces gens en état d'arrestation et les faire conduire de suite devant le juge de paix de la commune.

ART. 119. — Si la personne arrêtée comme vagabond, mendiant ou sans aveu, est un enfant au-dessous de quinze ans, le juge de paix le remettra à ses père et mère ou à ses parents les plus proches; au-dessus de quinze ans, il sera procédé contre lui comme s'il était majeur.

L'article 119 prévoit le cas où l'individu arrêté comme vagabond, mendiant ou sans aveu, serait un enfant.

Au-dessous de quinze ans, le juge de paix le remettra à ses père et mère ou à ses parents les plus proches; ceux-ci sont obligés de le reprendre; car l'article 119, en prescrivant de remettre l'enfant à ses parents, les oblige implicitement à le recevoir. Rien de plus juste si l'enfant est légitime et a son père ou sa mère; mais s'il est naturel, s'il n'est pas reconnu, en quelles mains le juge de paix devra-t-il le remettre? — Au-dessus de quinze ans, la loi considère l'individu comme s'il était majeur. Les dispositions de cet article, emprunté à l'ancien Code rural, laissent beaucoup à désirer.

Aussi faisons-nous des vœux pour que les ressources du pays permettent bientôt de créer des maisons de détentions pour les adultes. Le système de détention, avec le travail dans l'intérieur des maisons ou des établissements, produirait certainement des résultats plus avantageux, et pour l'enfant et pour la société, que la surveillance négligente des parents ou la répression appliquée aux individus majeurs.

La maison centrale du Port-au-Prince aurait pu être affectée spécialement à ce service, moyennant quelque agrandissement et une réorganisation.

Avant de passer à l'examen des deux derniers articles de ce chapitre, qui se rattachent à un autre ordre d'idées que celui qui a inspiré la série des articles 108 à 119, qu'il nous soit permis de nous arrêter un moment sur l'ensemble de ces premiers articles, d'en indiquer le but, et d'insister encore sur l'importance d'une exécution rigoureuse.

De l'exécution rigoureuse de ces articles 108 à 119 dépendent la sécurité des personnes, la prospérité des propriétés et le développement de notre agriculture. Ce triple but ne peut être atteint que par le maintien de l'ordre et par le travail.

Toute obligation de faire ou de ne pas faire, d'après la loi civile (art. 933 du Code civil), se résout en dommages-intérêts, en cas d'inexécution de la part du débiteur : c'est qu'en effet il est difficile, pour ne pas dire presque impossible, de contraindre un homme à faire ce qu'il ne veut pas faire, ou à ne pas faire ce qu'il veut faire. Dans l'un et l'autre cas, il faut avoir recours à la voie pénale.

L'homme est né, dit-on, pour travailler ; c'est peut-être vrai ; mais combien il est difficile de le contraindre à accomplir cette vocation naturelle, surtout dans une société qui a garanti à chaque individu sa liberté ; surtout dans un pays qui, par la seule fécondité de son sol, offre tant de ressources naturelles à ses habitants, et dont le climat presque invariable invite, par sa douce chaleur, au *farniente*, disons mieux, — à la paresse ; — dans un pays où le travail forcé serait considéré comme un retour à l'esclavage.....

Il fallait donc demander à d'autres moyens que la contrainte individuelle ce labeur, source de tout progrès et de toutes prospérités.

Ces moyens, ce sont ceux consacrés dans ces articles, dont nous demandons l'exécution rigoureuse avec tant d'insistance ; ces moyens, les voici résumés en quelques lignes :

Exécution loyale de toute convention de travail, librement consentie, exécution garantie par une loi pénale ;

L'ordre et la discipline strictement respectés ;

Les excès de plaisir — considérés comme une cause de démoralisation — défendus ;

La répression du vol ;

La répression du vagabondage ;

La répression de la mendicité ;

La répression de l'oisiveté ;

La justification d'un domicile réel ;

Celle d'un métier ou d'une profession habituelle ;

Celle de certains moyens d'existence.

Que les officiers de police rurale, que toutes les autorités qui sont appelées par la loi à exécuter ces prescriptions ou à en surveiller l'exécution, y tiennent la main ; le but sera atteint, chacun sera obligé de travailler.

Parmi ces dispositions de loi, il y en a de bien sévères, dont l'application plairait à beaucoup de gens ; mais elles sont toutes comme lettres mortes, depuis que les bouleversements politiques et sociaux ont rendu difficile le rôle de la police des campagnes (1). On se demande comment on parviendrait à

---

(1) Un de nos amis, considérant les conditions où s'exerce actuellement la police rurale, fit, le 6 mai dernier, publier sur l'*Œil* l'article suivant :

LE CODE RURAL.

« Le chef du pouvoir exécutif a été grandement et saintement inspiré quand, usant de la latitude à lui laissée par la Constitution, il a détaché du département de l'intérieur le service de l'agriculture pour en faire un département spécial, confié à un ministre intelligent et galant homme.

Le président Salomon a ainsi fait voir et entendre qu'il comprend, qu'il sent toute l'importance de l'agriculture, la mère nourricière du pays, cette agriculture qui fera la patrie heureuse et puissante, comme elle a fait la France grande et forte.

Ainsi dégagé de toute sollicitude autre que les intérêts agricoles, le ministre de l'agriculture peut se mouvoir à son aise dans la sphère de ses attributions, évoluer à sa guise dans son département ; son activité, compétente en pareille matière, trouvera à s'employer.

Et nous avons le ferme espoir que les concours ne lui feront pas défaut, que

appliquer ces dispositions de loi dans toute leur rigueur. Quelle autorité a des assises assez puissantes pour les faire observer? L'expérience l'a déjà prouvé, aucune loi ne sera heureusement observée si elle n'est en harmonie avec l'état de la société pour laquelle elle est faite; elle tire sa puissance et sa force de son accord avec les esprits; l'autorité, trouvant

---

toutes les volontés s'associeront à son œuvre et l'aideront : il inspire tant de confiance et sait si bien faire appel aux bonnes dispositions de ses concitoyens et de ses amis!

Pour notre part, nous ne lui marchanderons ni nos conseils ni notre appui. Il a beaucoup à faire et même tout à faire. Sa jeunesse et sa foi le mettent heureusement à même de suffire à sa tâche, de mener à bien l'entreprise.

D'abord, nous commençons par lui conseiller de mettre à l'étude, d'ores et déjà, un nouveau projet de Code rural.

Le Code actuel, en effet, est défectueux à plus d'un titre; ni l'intérêt du fermier, ni l'intérêt du propriétaire, ne s'y trouvent suffisamment sauvegardés. On sent trop que le « maître » seul y a collaboré au détriment du colon partiaire, de sorte que, protégeant uniquement son intérêt, il y a nui, comme il arrive toujours, pour ce qui est exclusif.

D'autres dispositions, entre autres celles concernant les hattes, les ruches d'abeilles, les clôtures, les fossés, etc., auraient besoin d'être modifiées ou même changées.

Je sais bien qu'une loi, quelque bonne qu'elle puisse être, ne suffit pas pour relever l'industrie agricole dans notre pays; mais une bonne loi, bien bonne, bien pratique, avec un petit nombre d'articles substantiels, n'y peut nuire aucunement, y contribuera, au contraire, et grandement.

Parmi les articles que je proposerai, il en est qui gêneront bien de petites industries, il en est qui feront pousser de hauts cris. Mais qu'importe! Le moindre des avantages qu'on en pourra retirer sera de faire que le Port-au-Prince ne soit plus une grande étable, un têt-à-porc, un parc, un chenil.

Et ce ne sera pas malheureux!

Au surplus, je me réserve, si je suis secondé, de faire un travail sur le Code rural, travail où je condenserai toutes mes études, consignerai toutes mes réflexions sur ce Code.

L'agriculture, qui faisait la richesse de l'ancien Saint-Domingue, l'orgueil et la puissance des colons, est restée trop longtemps dans la langueur, le marasme.

On sait, pour me donner raison, que le Code rural de 1825 n'y a pas peu contribué. Le Code rural de 1860 n'a guère corrigé celui-ci.

alors moins de résistance, ne fera que mieux son devoir (1).

Veut-on diminuer le nombre des vagabonds? Il n'y a qu'un moyen : ce moyen, c'est le travail, mais le travail encouragé, devenu par cela rémunérateur. En voici un exemple : aux approches de la fête du 1er mai 1881, le Gouvernement, voulant récompenser les campagnards d'une manière convenable, comme nous l'avons déjà dit dans la première partie de cet ouvrage, s'adressa à ses agents et aux commissions agricoles pour lui fournir les noms des travailleurs les plus méritants. On nous répondit de l'Arcahaie : « Il est plus facile de vous donner les noms des vagabonds que ceux de nos meilleurs

---

Il est donc d'urgente nécessité que nous ayons un nouveau Code rural qui sera imprimé dans un format tel que chaque garde champêtre, chaque officier rural, chaque inspecteur de culture, puisse le mettre dans sa poche et l'avoir dans ses tournées.

Geffrard avait donné 2,000 piastres pour l'annotation de son Code rural. Le Gouvernement actuel, qui fait plus pour l'agriculture, aura moins à donner et plus de gloire à acquérir.

Déjà un concours régional s'organise, on construit un palais pour une Exposition agricole. C'est beaucoup, c'est énorme, mais ce n'est pas tout!

L'ignorance de la loi est le pire des maux. Il faut que chacun sache activement et positivement les relations qu'ont entre eux les multiples intérêts agricoles. Ayons donc une loi simple et pratique, non pas seulement dans la poche, non pas seulement dans les mains, mais encore sous les yeux.

Il appartient au ministre de justifier le publiciste. L'un et l'autre ont déjà ma sympathie, j'oserai même dire, avec un légitime orgueil, mon amour, si c'est aimer quelqu'un que de le vouloir heureux et couvert de gloire!

» A. L. »

6 mai 1881.

(1) Le Code rural actuel a été promulgué en 1864. Si, jusqu'ici, il paraît devoir rester encore en vigueur, pourquoi faire un reproche à Toussaint-Louverture qui, le lendemain de l'émancipation des noirs, ne voulant pas que la liberté dégénérât en licence, rétablit l'ordre en relevant le principe du travail dans son Code noir? Les dispositions de cette loi étaient sévères, mais elles étaient en harmonie avec la situation d'alors. Appelez despote, si vous le voulez, l'homme qui, le premier, donna une base à la société créole en ramassant les éléments qui flottaient épars, il n'en restera pas moins digne de l'histoire; car il fut despote à la façon de Pierre-le-Grand, c'est-à-dire *restaurateur*.

travailleurs; car, ici, tout le monde travaille avec une égale ardeur; tandis que les vagabonds, gens qui ne travaillent pas, sont connus de tous ». Cette réponse est le meilleur argument qu'on puisse fournir, en faveur de la proposition que nous venons de formuler; car ici ce sont les faits eux-mêmes qui apportent leur conclusion.

Sous le rapport de l'accroissement de la production, on peut affirmer que le rôle du garde champêtre se réduit à peu de chose; il ne peut faire augmenter d'un pouce le champ du laboureur. Cet agent de police, pour être seulement un bon conseiller, devrait pouvoir, par son intelligence et son prestige, exercer une heureuse influence sur le cultivateur; mais son rôle est administratif, se réduit à peu de chose, avons-nous dit, et voici comment : en Haïti, la terre est très morcelée; en dehors des grandes habitations, presque tout le monde est propriétaire. Si l'un de ces propriétaires, à qui son bien rapporte juste de quoi se nourrir lui, sa femme et ses enfants, déclare être satisfait, et, n'ayant pas d'autre besoin, pense qu'il ne doit pas augmenter son revenu, qui peut l'y obliger? Qui peut empêcher Diogène de vivre dans son tonneau? L'autorité des lois reste ici impuissante. Mais l'autorité doit toujours ses conseils au peuple. Sans doute, il est beau de dire : « ce champ est à moi »; car, ainsi que l'a pensé un philosophe, *les hommes s'engendrent sur la terre;* mais la possession ne justifie pas seule la qualité de citoyen. « Les meilleures républiques, a écrit Aristote, sont celles où les citoyens s'attachent à l'agriculture ». Le plus beau coup d'œil que présente l'humanité, s'écriait un économiste, « est celui d'un peuple content et laborieux, cultivant les présents de la nature, assurant ses fortunes particulières et le repos de ses familles. Cette activité générale, signe d'une prospérité universelle, est un spectacle attendrissant ». Quand nous sera-t-il donné d'offrir l'image d'une pareille félicité? La réponse est facile : lorsque nous aurons fécondé et sauvegardé nos terres.

Mais si cette satisfaction complète de l'individu n'est pas le résultat de la philosophie, il n'aura pour règle que ses intérêts ; et ces intérêts, pour être bien compris, doivent se trouver : 1° dans la facilité de développer sa production ; 2° dans l'écoulement possible et régulier des produits. Encore faut-il que le cultivateur lui-même soit continuellement stimulé à s'éclairer par l'instruction. Souvent, le manque de volonté, lorsqu'il faut déployer plus d'efforts pour s'enrichir, provient de l'ignorance ou d'un sentiment de découragement.

C'est donc pourquoi nous voyons, aujourd'hui, les contrées où l'agriculture prospère, — qui ont sur nous d'immenses avantages, et qui, partant, ont moins de besoins, — rechercher, pour cette industrie, des moyens de développement dans la fondation de nombreuses institutions de crédit, et une direction dans l'organisation des comices agricoles, sociétés dont le but est d'encourager, de faciliter et de diriger les progrès de cet art. Elles s'imposent, en outre, des sacrifices pour entretenir des instituts agronomiques, des fermes-écoles, des écoles pratiques d'agriculture, où l'on peut aller s'instruire, soit en s'asseyant sur les bancs, soit en se contentant, si l'on est homme fait et de bon sens, d'observer simplement les faits. Et au-dessus de ces écoles, ne voit-on pas créer encore des chaires d'agriculture et des stations agronomiques? Il y a là véritablement, dans ces contrées, un progrès continu, mais ce progrès se réalise par la science et non pas par la gendarmerie (1). On ne peut qu'admirer ces con-

(1) Voulant utiliser les éléments propres à l'organisation de nos premières sociétés d'agriculture, le Gouvernement présenta aux Chambres, qui le sanctionnèrent, un projet de loi instituant dans la République des comices agricoles et créant quatre inspecteurs généraux d'agriculture. Ces créations, paraît-il, n'ont pas le mérite de plaire à M. Ed. Paul ; car cet *économiste-soleil,* pour qui la nuit règne où ses lumières ne brillent pas, appelle les inspecteurs de *haut gendarmes.* Nous n'en sommes, pour notre part, nullement étonné : tout gendarme, pour M. Ed. Paul, est un homme de sabre, et tout homme de sabre effarouche son libéralisme. Si M. Ed. Paul, disons-nous, s'était donné la peine d'ouvrir un livre, il se serait rappelé : 1° que le peuple de l'Union forme une République fédérative où chaque État a sa constitution politique et administrative, vote son budget et promulgue des lois d'intérêt local ; 2° il aurait

ceptions du génie des peuples, et ce n'est qu'à l'aide de telles combinaisons qu'un gouvernement peut avoir l'espoir d'arriver, un jour, à faire accroître la richesse publique. Quoiqu'il en soit, on ne doit pas oublier que le principal objectif est ici le crédit, moyen puissant dont les autres ne sont que les accessoires. Aussi félicitons-nous vivement M. Tirard, ministre de l'agriculture et du commerce, lorsque, dans sa circulaire du 30 juillet 1879, il dit aux préfets, après leur avoir énuméré les moyens mis en œuvre par le Gouvernement pour améliorer la situation agricole de la France : « Mais, M. le Préfet, lors même que toutes ces améliorations dans notre état écono-

---

appris qu'il existe en France, pays dont les mœurs ont le plus d'analogie avec les nôtres, non seulement des professeurs (dont il estime le nombre à 30,000 près) pour l'enseignement des connaissances applicables seulement à son agriculture, mais aussi des inspecteurs généraux d'agriculture, « qui ont pour fonctions principales de visiter les écoles d'agriculture, les fermes-écoles, de présider les concours régionaux et de se tenir en relations avec les associations agricoles ». Continuant ses investigations, l'ancien député de la capitale n'aurait pas tardé à reconnaître qu'à part ces inspecteurs généraux, qui ne sont pas hauts ni petits gendarmes, il y a, en France, un corps de six autres inspecteurs composé d'hommes spéciaux, qui « voient sur place ce que ni le directeur général ni le ministre ne connaissent que par des rapports, et qui exercent un contrôle technique cultural ».

Il va sans dire qu'ayant appris ces choses, le très éminent M. Ed. Paul eût voté, à Kingston, un blâme au Gouvernement d'Haïti, qui a voulu faire bénéficier le pays des bienfaits d'une institution qu'aucun de nous n'a la prétention d'avoir conçue ni rêvée. Seulement, nous voulions l'appliquer, chez nous, suivant nos besoins et nos tendances. Le Gouvernement a pensé si peu d'en faire une occasion de faveurs que, un moment assailli par de nombreux solliciteurs, il n'hésita pas à faire publier sur le *Moniteur* la note suivante :

Secrétairerie d'État de l'agriculture.

Le Gouvernement, pour organiser d'une manière convenable le service de l'agriculture, qui n'avait jamais existé, et dont le défaut paralysait l'action de l'autorité, a proposé aux Chambres la loi, que celles-ci ont votée à l'unanimité, ayant pour titre : « Organisation de divers services d'agriculture ».

En faisant cela, le Pouvoir exécutif et les Chambres n'ont fait que répondre à un besoin du temps et chercher, par l'application de moyens propres, à relever l'industrie agricole dont nous déplorions le triste état.

mique seraient réalisées, il resterait encore une lacune à combler. En effet, l'instruction répandue ne constituerait qu'un progrès insuffisant, si l'on ne fournissait pas à ses adeptes les moyens d'en appliquer les doctrines, d'en réaliser les fruits. Le développement des voies ferrées, des canaux et des chemins vicinaux, sera certainement un stimulant très actif donné à la production, à l'utilisation des ressources encore latentes ou incomplètement exploitées du sol national; mais ces améliorations ne produiraient pas tous leurs effets si les cultivateurs n'avaient pas à leur disposition les moyens de développer leur industrie, c'est-à-dire des capitaux suffisants ».

Or, il est bien compris que le Gouvernement, par la création des fonctions d'inspecteur général, n'entend pas en faire l'occasion d'aucune faveur. Ces fonctions sont à ceux qui réunissent les conditions voulues pour les occuper convenablement.

Pour être inspecteur général, il faut :

1° Être agronome ou avoir des connaissances suffisantes dans cette science, afin de pouvoir faire les études les plus diverses sur tous les objets qui touchent à l'agriculture dans une circonscription départementale ;

2° Pouvoir éclairer l'administration supérieure sur tout ce qui regarde le service de l'agriculture, afin d'en accélérer la marche;

3° Pouvoir se mettre en rapport avec les inspecteurs de culture des différentes communes, pour bien les diriger et les surveiller de loin dans l'exercice de leurs fonctions ;

4° Enfin, pouvoir concourir aux recherches à faire par les stations agronomiques.

De plus, à part les tournées qu'il est obligé de faire dans sa circonscription, l'inspecteur général doit, à chaque concours, dans le département, faire des conférences sur l'agriculture.

Signé F.-D. LÉGITIME.

Il est donc bien clair, même pour les plus aveugles, que le Gouvernement, en demandant un inspecteur pour être placé dans chacune de nos différentes régions, n'avait fait que solliciter, en faveur de l'agriculture, les lumières de la science. Ce qui nous étonne, vraiment, c'est que M. Ed. Paul n'ait pas trouvé mieux, pendant dix ans qu'il est resté à faire des lois et à interpréter la Constitution. Magistrat communal, il était si heureux, lui *l'ami du peuple,* de distribuer des couronnes aux pauvres parias de la campagne ! Cela ne lui a jamais paru puéril.

Pour nous résumer encore ici, nous dirons à ceux qui, dans l'intérêt de l'agriculture, ne demandent que l'amélioration des voies de communication et une meilleure organisation de la police rurale, qu'ils visent à des résultats prodigieux sans tenir compte des difficultés et sans même nous conseiller les moyens d'atteindre ces résultats ; qu'avant tout, le Gouvernement doit assurer la paix en faisant naître le crédit et en dirigeant les esprits vers le travail, et qu'ayant, par ce fait, des revenus plus considérables, et jouissant d'un plus grand crédit, il pourra alors maintenir un ordre plus parfait dans les campagnes et faire avec plus de succès des appels aux capitaux étrangers.

En attendant, nous basant sur la législation actuelle, et nous conformant aux nécessités, le département de l'agriculture adressa aux différents agents de l'autorité plusieurs lettres, parmi lesquelles se trouvent celles que nous allons citer :

27 juin 1881.

Aux Commandants des arrondissements.

Général,

Le bon état des clôtures étant une des conditions essentielles de toutes plantations, je fais appel à votre activité pour le soin qu'on doit mettre à leur entretien. Il importe de veiller à ce qu'elles soient partout bien établies, afin d'empêcher les dégâts occasionnés par leur abandon.

Pour se mettre en garde, à l'avenir, contre la disette qui a sévi dans plusieurs localités, faute de prévoyance de la part des campagnards, il est nécessaire que vous portiez les cultivateurs de vos communes à travailler d'une manière plus active. Ils arriveront plus facilement ainsi à conjurer la misère.

Prescrivez partout des plantations en abondance, celles

surtout des racines alimentaires. Que les habitants se tiennent prêts, car le Gouvernement va bientôt obtenir des Chambres des moyens à l'aide desquels il sauvera notre agriculture.

J'espère, mon cher Général, que, pour parvenir aux fins que se propose l'administration supérieure pour relever nos campagnes, vous déploierez toute l'énergie nécessaire.

Accusez-moi réception de la présente, et recevez, mon cher Général, l'assurance de ma haute considération.

Signé D. LÉGITIME.

---

6 juillet 1881.

Aux Commandants des arrondissements de la République.

Général,

La plantation des cocotiers étant négligée dans presque toutes les communes de la République, veuillez, dès le reçu de la présente, en conseiller la culture sur des terrains propices. Cherchant à augmenter nos articles d'exportation, nous pensons que le fruit du cocotier, qui se vend à New-York de 25 à 35 piastres (1) le millier, peut contribuer à nous faire atteindre ce but, en augmentant la fortune de nos populations. Ici, ce fruit n'obtient qu'un prix modique.

Conseillez, dans vos tournées, d'en faire de fortes plantations, et veillez à ce que les agents placés sous vos ordres agissent dans le même sens. Dans peu d'années, presque tous nos terrains sablonneux pourront ainsi en fournir à l'exportation de très fortes quantités.

---

(1) La piastre d'Haïti équivaut à 5 fr. 33 c.

Le Gouvernement compte sur vous, afin que le pays ne tarde pas à atteindre cet heureux résultat. C'est important.

Recevez, Général, etc., etc.

Signé D. LÉGITIME.

---

19 juillet 1881.

Au Commandant de la commune de Pétion-Ville.

Général,

J'ai chargé le général Millien Laurent, un de vos meilleurs officiers de sections, de faire réparer les chemins de Pétion-Ville à Kanscoff, de ce lieu à la chapelle Grand-Fonds, et de Furcy à la Nouvelle-Touraine.

Vous aurez à donner des ordres, en conséquence, aux officiers de ces différentes sections, et à surveiller vous-même l'exécution de ce travail.

Le général Millien est aussi chargé de surveiller la plantation des pommiers, des pêchers et des pommes de terre, qui réussissent très bien à Sourçailles, à la Nouvelle-Touraine et au Grand-Fonds.

Le Gouvernement compte sur votre contrôle pour que le général Millien puisse exécuter strictement les ordres que je lui ai donnés.

Recevez, Général, etc.

Signé D. LÉGITIME.

---

22 juillet 1881.

Aux Commandants des arrondissements
de la République.

Général,

Je vous expédie, par le bateau de la ligne accélérée, ... sacs de graines de coton, que vous ferez distribuer à quelques cultivateurs de chez vous, qui doivent les semer, pour qu'à l'avenir ils puissent en propager l'espèce. Ce coton est le *Sea-Island;* ses fils sont très estimés à cause de leur longueur. L'arbuste étant *nain* de sa nature, les gousses se forment dès qu'il a 2 pieds. Il donne sa récolte avant quatre mois.

Ne négligez pas, Général, de recommander à ceux à qui vous donnez des graines de recueillir celles qu'ils auront récoltées. Veuillez aussi tenir mon département au courant de tout ce qui peut intéresser cette culture.

Recevez, Général, etc., etc.

Signé D. LÉGITIME.

---

30 juin 1881.

A Monsieur Heureuse Germain (1).

Monsieur,

J'ai reçu votre rapport du 28 courant, au n° 55. Je vois avec satisfaction que les habitants s'occupent à enlever le gui qui pousse sur les pêchers et contribue puissamment à leur dépérissement.

D'accord avec vous, je pense que pour détruire les pucerons *(pichons)* qui les envahissent en même temps, on peut conseiller l'emploi du coltar, mais la couche ne doit pas en être trop épaisse. Le moyen dont on se sert ordinairement, pour détruire ces sortes d'insectes, est l'emploi du lait de chaux dilué.

---

(1) M. Heureuse Germain, habitant de Pétion-Ville, ancien conseiller communal, avait été envoyé depuis trois mois dans les sections rurales de Sourçailles et de Kanscoff, pour s'occuper exclusivement de la plantation des pêchers et des soins que réclamaient les anciennes plantations : celles-ci étant presque entièrement détruites.

Je profite de cette occasion pour vous dire que défense doit être faite aux habitants de porter en ville de jeunes plants de pêchers, car, dans notre région, ils sont improductifs. Au contraire, encouragez plutôt les bonnes dispositions des producteurs qui se proposent de les transplanter au mois d'août prochain.

Recevez, Monsieur, etc.

Signé D. LÉGITIME.

Après l'exposition que nous venons de faire des difficultés et des ressources que présente l'administration rurale en Haïti, il est facile de comprendre le programme que nous voulions suivre, et dont les projets de loi par nous présentés aux Chambres en devaient assurer l'exécution. La bienveillance avec laquelle ces projets furent accueillis prouve que nos pensées avaient leur écho au Palais législatif. Comme le peuple, ces mandataires avaient, depuis longtemps, fondé leurs meilleures espérances sur l'agriculture, du développement de laquelle ils attendaient, à bon droit, le relèvement de la fortune publique.

CHAPITRE V

Le Cabinet devant les Chambres.

Le 10 juillet, huit jours après la célébration de la fête patronale de Pétion-Ville, nous devions nous réunir encore dans ce bourg pour continuer la lecture de l'exposé général de la situation dans sa partie relative à l'instruction publique, à la justice et aux cultes; puis, pour examiner ensemble le projet de loi présenté par M. Laforestrie sur le nouveau service de la trésorerie.

Le secrétaire d'État des finances était, depuis plusieurs jours, à Pétion-Ville. Pour avoir fait un très long séjour en France, M. Laforestrie, entièrement déshabitué des effets naturels de notre climat, souffrait considérablement d'irruptions cutanées (sorte d'affections que la chaleur avait déterminées); fatigué d'esprit et ignorant les allures d'un pays qu'il avait quitté depuis l'enfance, il lui était difficile de s'habituer aux continuelles tracasseries que lui suscitait l'administration de son ministère; il était, en outre, froissé d'apprendre que des gens, en parlant de lui, s'obstinaient à le désigner sous la dénomination de *blanc-là*. Dans sa position maladive, le secrétaire d'État des finances ne pouvant venir en ville, les autres membres du ministère consentirent, en raison du travail qui était pressant, à aller tenir conseil de cabinet à Pétion-Ville (1).

---

(1) Voicila lettre qu'il nous écrivit dans cette circonstance :

Pétion-Ville, le 9 juillet 1881.

Mon cher Collègue,

Je m'empresse de vous accuser réception de votre lettre, en date de ce

Ce conseil eut lieu et absorba une grande partie de la journée. Il fut décidé, quant au projet de loi sur le service de la trésorerie, qu'il serait laissé à chacun de nous le temps nécessaire pour l'étudier à fond et faire toutes observations utiles, s'il y avait lieu. Ce projet, très compliqué, fut néanmoins adopté quelques jours après.

L'exposé général de la situation terminé, le Cabinet se présenta devant les Chambres, réunies en Assemblée nationale. M. Laforestrie, — à qui on avait fait accroire un instant que les députés lui étaient hostiles (1), — eut un moment d'hésitation ; néanmoins, il se réunit à nous. L'Assemblée nationale assista attentivement à la lecture de l'important message, qui expliquait nettement la politique de l'Exécutif, et résumait toute la question intéressant les affaires du pays. Il n'y eut qu'un incident, que nous croyons devoir rappeler dans ce récit. Quand le secrétaire d'État des cultes, M. Archin, arriva à ce passage, qui traite de la crise religieuse, plusieurs personnes, dans l'auditoire, applaudirent par des battements de main :

« Mais la plus grosse difficulté qui existe présentement entre l'autorité temporelle et l'autorité spirituelle, et qui puise sa source dans les idées d'un autre âge, est née de la préten-

---

jour, par laquelle vous m'annoncez que le Président et nos collègues viendront tenir conseil demain à Pétion-Ville.

Veuillez, mon cher Collègue, agréer pour vous-même, et transmettre à Son Excellence et à nos collègues, l'expression de ma vive gratitude pour le haut témoignage d'intérêt qu'ils veulent bien me donner. J'en suis profondément touché. Je comptais descendre en ville lundi, avant même le complet rétablissement de ma santé. Le Président, en m'épargnant cette fatigue, me comble, et je ne saurais trop lui en témoigner ma reconnaissance.

Veuillez agréer, mon cher Collègue, les nouvelles assurances de tous mes sentiments dévoués.

Signé Ch. LAFORESTRIE.

(1) Les députés étaient si peu hostiles au ministre des finances que, plusieurs jours auparavant, on disait que, en témoignage du service qu'il venait de rendre en négociant, à Paris, le crédit nécessaire à l'établissement de la Banque, une somme de 20,000 piastres allait lui être votée.

tion, évidemment erronée et absolument contraire à nos lois, élevée par LL. GG. Nos Seigneurs l'Archevêque du Port-au-Prince et l'Évêque du Cap-Haïtien, et qui est basée sur ce que, pour célébrer un mariage selon le rite de sa religion, le prêtre catholique n'est pas obligé d'attendre que l'officier de l'état civil ait consacré cette union, selon le vœu de la loi civile ; ce qui fait que le prêtre de cette communion se trouve ainsi affranchi de tout lien d'obéissance envers elle, de par le Concordat.

Sans parler du grave et imminent péril qu'une telle manière de voir fait courir à la société civile en infirmant l'institution légale et civilisatrice du mariage, il y a là une idée de grosse et incessante perturbation pour la paix, la pureté et l'avenir moral de la famille. Les moins clairvoyants s'en aperçoivent et s'en préoccupent à la simple lecture des textes de lois invoquées et si diversement interprétées. Le bon sens public en a été tellement choqué, qu'une vive discussion sur ce point s'est produite, toujours très animée, et quelquefois portée jusqu'aux accents de la passion. C'est ainsi que LL. GG. Nos Seigeurs de Port-au-Prince et du Cap-Haïtien ont cru devoir, dans des mandements ou lettres pastorales adressées à leurs ouailles, soutenir ce que, dans ce débat, ils appellent leurs droits et leurs prérogatives, et ont poussé l'ardeur, dans la défense de leur cause, jusqu'à commettre la faute regrettable, et sans précédent encore dans nos annales nationales, d'adresser l'année dernière, au Pouvoir exécutif, qui s'est abstenu d'y répondre, une sorte de protestation contre la partie du message présidentiel à l'Assemblée nationale, et la réponse de ce grand Corps sur les rapports respectifs du clergé et de l'État ; — et, qu'à son tour, la presse, soit dans des brochures privées, soit dans des articles de journaux périodiques, s'est emparée de la question, qu'elle a traitée et qu'elle traite encore sous toutes ses faces, et est enfin arrivée à cette conclusion : *qu'il faut dénoncer le Concordat,* derrière lequel se retranchent messieurs du clergé pour résister à la loi civile, à laquelle ils ont, cependant, juré obéissance, s'il n'est pas possible de trouver un autre moyen pratique d'entente.

Entre ces prétentions rivales, le Gouvernement ne se prononce pas encore, car il a besoin de bien examiner les grands intérêts engagés, de part et d'autre, dans cette importante discussion. Mais il se recueille et réfléchit; et soyez bien persuadés, Messieurs les Sénateurs et Messieurs les Députés, que, quand il aura tout vu et tout pesé, il prendra un parti qui ne sera pas seulement profitable à l'influence salutaire de la religion, dont le pays a un impérieux besoin, mais aussi, et surtout, conforme à la dignité et à la souveraineté nationale ».

Nous rapportons ici *in extenso*, pour l'intelligence de nos lecteurs, le préambule de l'exposé et la partie relative au département de l'intérienr et de l'agriculture :

Palais national du Port-au-Prince, le 15 août 1881, an 78e de l'Indépendance.

SALOMON, *président d'Haïti.*

MESSAGE A L'ASSEMBLÉE NATIONALE

Messieurs les Sénateurs,
Messieurs les Députés,

La session actuelle vous donnera l'occasion de constater l'heureux résultat de nos communs efforts dans les sessions précédentes.

La Banque, autour de laquelle la malveillance avait semé tant de bruits contradictoires, est un fait accompli; le plein et entier fonctionnement de cette institution, que des circonstances diverses ont retardé jusqu'à ce jour, viendra bientôt dissiper tous les malentendus et toutes les erreurs qu'avaient accumulés la passion politique, des préjugés invétérés ou des intérêts effrayés sans raison.

Le double caractère qui distingue notre Banque, celui d'une

institution de crédit et d'un régulateur de notre administration, aura *été incomplètement assuré* si un règlement financier n'était intervenu pour résumer nos lois d'administration, introduire l'ordre dans les services publics et faire disparaître les obstacles créés par des habitudes déplorables dans lesquelles se reflète le trouble financier, moral et politique, auquel notre société a été trop longtemps en proie. Un autre progrès a été également obtenu, c'est notre entrée dans l'union postale. Je n'ai pas besoin d'insister auprès de vous sur son importance.

Outre les économies qu'elle réalise, elle nous assure une régularité et une sûreté qui faisaient trop souvent défaut à nos communications avec l'étranger; cette œuvre appelle, comme complément, un réseau télégraphique qui reliera Haïti avec le reste du monde, en même temps que les différents points du pays entre eux.

Mes secrétaires d'État des finances et de l'intérieur vous présenteront, en temps opportun, les projets de contrat et les lois propres à assurer l'exécution de ce grand objet.

Nos relations avec les puissances étrangères accréditées en Haïti sont sur le pied le plus satisfaisant, et je suis heureux de vous déclarer que dans la continuation de ces bons rapports, que je m'attache à cultiver et à accroître de plus en plus, je ne vois que des sujets de prospérité en tous genres pour notre pays.

D'importantes améliorations ont été déjà obtenues ou sont en voie de l'être dans le département de la guerre. Vous avez pu remarquer, Messieurs, combien nos troupes ont déjà gagné au point de vue de la discipline, du nombre et de la cohésion. Ces résultats sont, sans doute, encore bien incomplets; nous sommes loin d'être arrivés à ce moment où le soldat, pénétré de l'importance de son rôle et de l'étendue de ses devoirs, offre à la société et au Gouvernement la plus ferme garantie de l'ordre intérieur et de l'indépendance nationale. Toutefois, les progrès déjà réalisés nous rapprochent de ce but, et si incomplète qu'elle soit encore, notre organisation militaire, comparée à ce qu'elle était hier, donne assez de gages de sécurité et de paix pour qu'il soit bien imprudent d'essayer de détruire ces deux biens si précieux, qui sont l'objet de ma constante attention.

Pour activer les progrès qui s'imposent encore à notre sollicitude, mon secrétaire d'État de la guerre a dû prendre des mesures, passer des contrats, résumer en un Code de justice militaire ce que notre législation pouvait avoir de défectueux ou d'incohérent, comme il appartient à des lois faites sans un esprit d'ensemble et de système. Il présentera à votre haute approbation ces différents projets, et je ne doute pas qu'il n'obtienne de vous le succès que mérite son zèle.

L'Exposition agricole va bientôt inaugurer et consacrer l'ère des efforts tentés, sous mon inspiration, par mon secrétaire d'État de l'agriculture et de l'intérieur, pour retirer le pays de son état d'abaissement.

Je me suis déjà assez expliqué sur le caractère et la portée de cette œuvre, pour n'avoir pas besoin d'y revenir ici. C'est un début, c'est un encouragement, c'est une constatation de ce que nous avons à faire. Ce double ministère, peut-être le plus important de tous par l'étendue et la diversité de ses attributions, offre une carrière immense à la bonne volonté, à l'intelligence, au dévouement du titulaire comme à celui des grands Corps de l'État.

Qui ne voit, en effet, Messieurs, que c'est là le nœud de notre situation, nœud d'autant plus difficile à dénouer, que de longues et cruelles épreuves ont presque tout compliqué et détruit?

Aussi, ne saurai-je assez recommander à votre bienveillante attention les patriotiques efforts de mon secrétaire d'État de l'intérieur et de l'agriculture devant une tâche aussi complexe et qui semble s'agrandir au fur et à mesure qu'on y avance; il faut du temps, de la persévérance et le concours de tous. Cependant, quelques grandes mesures d'ensemble, auxquelles viendront successivement se rattacher les mesures de détails, peuvent considérablement hâter la marche des choses.

Des projets pour un système coordonné propre à assurer la construction, la réparation et l'entretien de nos routes, pour l'établissement de nouvelles voies ferrées dans les centres les plus actuellement productifs, et le transport rapide et économique, de l'intérieur au littoral, de richesses grevées de frais de transport exorbitants ou inexploitées faute de moyens de communication. Pour l'établissement d'usines à sucre ou à café, la réparation ou la construction des anciens bassins de distribution, des édifices publics, des écoles, la construction de quais ou de wharfs dans nos principales villes maritimes, les modifications à introduire dans notre loi sur les mines, loi peu propre à favoriser les richesses et l'initiative privée, un système d'immigration approprié à l'état et au préjugé de notre milieu social. Tel est, Messieurs, l'ensemble des grandes mesures que mon secrétaire d'État de l'intérieur et de l'agriculture vous soumettra, et qui, grâce à votre concours, ne manqueront pas de nous faire faire un pas sérieux.

Des faits récents obligent mon Gouvernement à mettre un frein aux empiètements des tribunaux de commerce sur les attributions des tribunaux civils. Il importe d'arrêter ces tribunaux sur une pente au bout de laquelle on ne trouverait que des conflits dangereux.

D'autres faits, touchant à la haute politique et à la tranquillité du pays, ainsi qu'au maintien indispensable de la paix, amèneront mon secrétaire d'État de la justice à vous proposer quelques modifications dans notre jurisprudence, en ce qui concerne les perturbateurs de l'ordre et les fauteurs avérés de l'anarchie. Nous aiderons par là à la restauration déjà si avancée, depuis quelques mois, de l'ordre judiciaire et de la bonne répartition de la justice en Haïti.

Dans l'instruction publique, personne ne saurait méconnaître la nécessité des réformes ; mais le trésor ne permet pas encore cette année de s'y livrer ; et d'ailleurs, il faut, avant de les commencer, avoir terminé des études longues et pénibles qui, je suis heureux de vous le dire, sont déjà fort avancées.

Il importe de résister aux généreuses illusions de certains

esprits trop ardents qui voudraient combler des lacunes, suites naturelles de trop longs troubles politiques, dont le contre-coup s'est fait sentir dans notre régime d'instruction publique; mais il importe ici, plus que dans tout autre ordre d'idées, de ne détruire que ce qu'on peut remplacer avantageusement.

Mon Gouvernement a déjà réglé quelques-unes des difficultés sérieuses qui s'étaient élevées avec l'Église catholique romaine. La sagesse et le bon vouloir des deux pouvoirs spirituel et temporel amèneront à bonne fin, soyez-en convaincus, celles qui sont encore pendantes ou qui pourront surgir dans l'avenir.

Développer les études pratiques et le sens moral chez les populations des campagnes, tel est l'un des buts que se propose mon secrétaire d'État de la justice, de l'instruction publique et des cultes. Il vous soumettra, à cet effet, différents projets de loi destinés à associer plus intimement le clergé au relèvement de notre patrie, en lui confiant le soin de répandre les premières notions de l'agriculture avec les principes mêmes de toute instruction morale; l'haïtien apprendrait ainsi, presque en naissant, à apprécier, à faire fructifier le sol merveilleux dont la valeur de nos pères nous a assuré la possession, en même temps qu'il se pénétrerait de ce qu'il doit à lui-même, à l'État et à la Providence, qui lui a confié cette terre.

Pour vous donner une plus ample idée de la situation des affaires publiques, que j'ai conduites avec le concours dévoué de mes secrétaires d'État, j'ai maintenant à vous donner connaissance de la marche de chacun de leurs départements et à entrer dans les détails des différentes mesures dont vous venez d'entendre le résumé succinct.

INTÉRIEUR

Depuis mon avènement au pouvoir, la consolidation de la paix publique a été et est encore l'une de mes plus constantes préoccupations.

Pour parvenir à l'affermir définitivement dans le pays, j'ai compris qu'il me fallait tout d'abord visiter nos populations, étudier dans chaque localité l'état des esprits, connaître les besoins moraux et matériels du peuple et lui expliquer les vues du Gouvernement.

En effet, vous aviez à peine fermé vos travaux législatifs, que je quittais la capitale, à la date du 31 octobre, pour commencer la tournée du département du Sud. Je fus l'objet, de la part de mes concitoyens, des mêmes manifestations de sympathie qui m'avaient accueilli l'année dernière à Jacmel.

L'enthousiasme était grand et les populations m'exprimaient hautement la confiance qu'elles ont dans mon Gouvernement.

Au milieu de toutes ces fêtes, malgré l'empressement des cultivateurs, qui accouraient sur mon passage, je ne pouvais m'empêcher de souffrir profondément des ruines qu'avait laissées la colère des partis, et qui s'offraient à ma vue.

Mais, tandis que j'accomplissais cette tournée si nécessaire, le général Mentor Nicolas laissait furtivement la capitale, dans la nuit du 21 au 22 novembre, pour se rendre à Saint-Marc, où il devait lever l'étendard de la révolte, prenant, pour prétexte de sa folle équipée, les projets de réformes foncières du Gouvernement.

Dénaturer les actes de mon Gouvernement est chose facile; mais démontrer que mes intentions ne sont pas loyales, lorsque je cherche à rétablir le crédit de la République, crédit qui avait été compromis par les fautes de ceux qui dénigrent nos moyens, c'est ce que personne encore ne peut faire.

Mon devoir est tracé, je veux le remplir; à cela, je sacrifie ma santé et consacre mes veilles. Aussi, les attaques d'une faction, qui s'obstine à calomnier, sont sans effet.

La tournée du Sud terminée, le calme s'étant rétabli, je me suis remis en route pour visiter les arrondissements de Mirebalais et de Lascahobas, où m'attendait l'accueil le plus sympathique; et, deux mois plus tard, le 12 mars de cette année, j'ai entrepris la grande tournée dans les départements de l'Artibonite, du Nord et du Nord-Ouest.

Dans ces trois départements, où les événements politiques ont laissé les traces de divisions et de ressentiments, j'avais une mission toute particulière à remplir, celle de concilier les citoyens, que les diverses appellations de parti avaient partagés en des groupes bien distincts.

Le peuple m'a compris; fatigué des luttes intestines, il ne se jettera pas de gaîté de cœur dans une aventure dont l'issue serait la ruine complète du pays. Nous avons, comme preuves de son désir de la paix et de son adhésion à mon programme, les marques de vif attachement qu'il m'a données partout où j'ai porté mes pas.

La République jouit en ce moment de la plus grande tranquillité. Avec l'aide de la Providence et le concours que vous me prêterez durant cette session législative, j'espère pouvoir maintenir cet heureux état de choses jusqu'à l'expiration de mon mandat présidentiel.

TRAVAUX PUBLICS

Je ne m'appesantirai point sur cette vérité, qu'en fait de travaux, tout est encore à entreprendre.

Ma tâche est immense, et j'ai hâte de me mettre activement à l'œuvre. C'est ce que j'ai essayé de faire dès le vote du budget; mais les allocations votées par nos Chambres ne correspondant point à nos recettes, il m'a été difficile de pousser plus avant la réalisation de mes projets.

Néanmoins, beaucoup de travaux d'entretien et de construction ont été entrepris sur différents points de la République; quelques-uns sont achevés à cette heure, d'autres sont en voie d'exécution.

Pour ne citer que quelques-uns des plus importants, je signalerai à votre attention les réparations que j'ai fait faire à la maison Marion, à l'école des sœurs et à l'hôpital de Jacmel, aux casernes du Cap. En fait de constructions, je vous parlerai de celle du bureau de la place et de la douane du Port-de-Paix, de la construction de l'église de Jérémie et de quelques autres qui seront bientôt terminées.

Passant de ces travaux à des travaux hydrauliques, que je serai heureux d'entreprendre et de pousser à bonne fin, comme urgents et appelés à jeter l'abondance et la fertilité dans nos plaines des Cayes, de l'Artibonite et du Cul-de-Sac, je vous apprendrai qu'il est dans ma pensée de faire commencer, immédiatement après le vote du budget, les réparations considérables que réclament : 1° les deux canaux de Davezac et de Valmir, situés, l'un dans la plaine de Jacob (Cayes), et l'autre dans celle de l'Artibonite; 2° le bassin général au Port-au-Prince; et 3° l'endiguement de la Grande-Rivière du Nord.

Ces travaux, Messieurs, vu leur importance, coûteront des sommes assez importantes, appert les devis dressés à cet effet.

Je compte, au surplus, doter Saint-Marc d'une fontaine, faire rétablir celles des Gonaïves et ériger celle de l'Anse-d'Hainault.

Si certains de ces travaux ne peuvent être contrôlés régulièrement, cela tient évidemment à l'insuffisance d'ingénieurs capables : il y a lieu d'en compléter le nombre, d'en nommer d'autres qui, résidant dans certaines villes de la République, relèveront directement du bureau des travaux publics.

En adoptant une pareille disposition, l'exécution de ces travaux recevra une impulsion nouvelle, et les dépenses qui se feront dans ce sens seront largement compensées par les services que ces messieurs sont appelés à rendre à l'État.

Avec la sécheresse, qui produit un si grand désordre dans notre agriculture, le Gouvernement pense que le moment est venu de faire dresser la carte géologique du pays, afin de s'assurer s'il ne serait pas possible de faire arroser nos champs au moyen d'eaux jaillissant de puits artésiens.

Il existe, en effet, Messieurs, une contrée — je veux vous parler de l'Algérie — qui a beaucoup souffert de la sécheresse et qui ne possédait, il y a un demi-siècle, que quelques cours d'eau insuffisants pour l'arrosage de ses champs. Depuis quelques années, elle est couverte de puits artésiens, et là où il y avait des déserts, existent en ce moment une multitude de campagnes luxuriantes et de sites pittoresques; tout est vie, maintenant, dans ces anciennes solitudes. J'aime à penser que notre pays présente les mêmes avantages; quoi qu'il en soit, il faut connaître son sous-sol, et voici pourquoi je vous parle de la nécessité de la confection d'une carte géologique qui, non seulement nous apprendra à quelle profondeur s'étendent nos couches argileuses imperméables, mais encore l'emplacement de nos gîtes miniers.

Déjà, le Gouvernement a reçu une partie des instruments de sondage appelés à nous révéler les richesses de notre sol.

Nous avons aussi de vastes plaines, surtout dans le nord du pays, traversées par des cours d'eau assez considérables, mais coulant dans des lits si profondément ravinés, qu'il leur est impossible de servir à l'arrosage des campagnes circonvoisines; leurs eaux, par suite, ne pouvant être d'aucune utilité pour notre agriculture, je crois indispensable de songer à créer, dès maintenant, des barrages en maçonnerie hydraulique dans le lit même de ces rivières, afin d'élever leur niveau pour faciliter l'arrosage.

Je ne terminerai point sans vous dire qu'à l'égard des travaux à exécuter dans nos communes, le Gouvernement s'est empressé d'écrire aux différentes commissions locales pour avoir des rapports relatant les réparations à faire à nos édifices publics et des constructions à ériger dans ces diverses localités.

J'attends que tous ces rapports me parviennent pour dresser la liste de ces travaux, que le secrétaire d'État de l'intérieur remettra prochainement aux Chambres.

POLICE URBAINE

L'organisation de la police, telle qu'elle est en ce moment, ne répond pas au besoin de ce service.

D'après la loi du 2 août 1872, la police administrative n'est formée que dans les villes de premier ordre; dans les autres localités, ce soin est dévolu aux conseils communaux.

Ces dispositions ont obtenu un résultat tout à fait négatif. Les conseils communaux, par manque de ressources, n'ont rien organisé, et beaucoup de ceux qui avaient commencé à exécuter les prescriptions de la loi sont forcés de licencier leurs hommes de police, ne pouvant les entretenir.

Il est donc nécessaire de pourvoir à une réorganisation qui accorde un nombre suffisant d'hommes de police à chaque commune de la République, selon son importance.

Des ex-Conseils d'arrondissement.

Je suis amené tout naturellement à vous entretenir encore, cette année, des ex-conseils d'arrondissement.

Au moyen du crédit spécial que, sur la demande de l'Exécutif, vous avez porté au budget du département de l'intérieur et affecté à l'extinction des dettes laissées par ces ex-conseils, le secrétaire d'État de ce département a pu soulager la position de beaucoup de nos concitoyens des divers arrondissements, dont la légitimité de leurs réclamations ne pouvait aucunement être contestée.

Jusqu'ici, il n'a été donc payé, sur les P. 40,000 du crédit, que les appointements et locations, montant à la somme de P. 32,569 49 c., d'où une balance de P. 7,430 51.

Les titres sur lesquels le département de l'intérieur a encore à statuer, s'élèvent à la somme de P. 18,765 19 1/2; ceux-là seront, pour la plupart, l'objet d'un scrupuleux examen qui décidera de leur sort.

Je n'ai pas besoin de vous dire que ceux des créanciers qui n'ont pas cru devoir, pour une raison ou pour une autre, se conformer à l'avis de ce même département, inséré au *Moniteur* du 18 mars de l'année dernière (N° 11 bis), demeurent forclos.

Pour ce qui est des travaux qu'avaient entrepris certains conseils d'arrondissement, et qui n'étaient pas achevés quand cette institution fut dissoute, l'Administration supérieure en a fait continuer quelques-uns après que leur utilité avait été démontrée, en puisant, à cette fin, dans le chapitre des travaux publics.

Il en a été de même pour certaines valeurs votées sous forme de subventions, dans le but d'aider à réédifier nos différentes églises; ces valeurs ont été mises à la disposition des commissions de réédification dans les communes où il en existe, et aux curés des paroisses là où il n'y en avait pas.

Des Conseils communaux.

Dans mon exposé de l'année dernière, je n'avais pas manqué de vous fixer nettement sur l'institution des conseils communaux, telle qu'elle est régie en ce moment, et, peu de temps après, un projet de loi, en harmonie avec la Constitution en vigueur et plus en rapport avec les aspirations des contribuables, vous a été présenté; mais la session, qui touchait déjà à sa fin, vous a empêchés d'y apporter votre sanction.

Il résulte que les conseils communaux continuent d'adresser au département de l'intérieur des demandes de secours, en se plaignant toujours de l'insuffisance de leurs ressources.

Il en existe qui déclarent ne pas pouvoir faire face à leurs obligations les plus sacrées, telle que celle de payer leurs employés et leurs locations.

Je compte, Messieurs, sur votre concours patriotique et éclairé, pour aider le Gouvernemont à remédier à cet état de choses.

Bateaux à vapeur, service accéléré haïtien.

A la dernière session, le département de l'intérieur avait présenté à votre sanction un contrat passé avec M. B. Rivière, pour la ligne des bateaux à vapeur qui fonctionne dans le pays depuis dix-neuf ans.

Les nombreuses et importantes questions dont vous avez eu à vous occuper, au moment du vote du budget, ne vous ont pas permis d'examiner minutieusement ce contrat; néanmoins, cette ligne a continué à fonctionner d'une manière satisfaisante, tout en prêtant son concours au Gouvernement dans les cas extraordinaires, et le chiffre des réquisitions payé à la compagnie est réduit au mieux des intérêts du fisc.

M. B. Rivière vient d'augmenter ce service de deux autres steamers, ce qui lui permettra de desservir plus régulièrement les côtes de la République.

Dans l'établissement de forges et de mécaniques de la compagnie au fort Ilet, sont employés beaucoup d'ouvriers, et nombre de nos jeunes gens y apprennent des métiers, qu'ils pourront mettre à profit lorsque l'industrie s'implantera chez nous.

MM. Malbranche et Cie ont présenté directement au Corps législatif un projet de contrat pour l'établissement d'une nouvelle ligne de bateaux.

Quoique ce document n'ait pas été soumis, au préalable, au département de l'intérieur, le Gouvernement n'est nullement contraire à cette création; seulement, il se demande s'il serait rationnel de subventionner deux compagnies simultanément, ou s'il ne conviendrait pas mieux d'attendre un commencement d'exécution de la ligne Malbranche avant de rien accorder.

Imprimerie, Fonderie et Maison centrale.

L'imprimerie nationale, malgré l'insuffisance de son matériel et de son local, la fonderie et la maison centrale, marchent à la satisfaction du Gouvernement.

J'espère leur donner plus de développement et les rendre bientôt des établissements modèles. Il importe, surtout, de ne pas perdre de temps en ce qui concerne l'imprimerie nationale, où tout fait défaut et où le dévouement du personnel ne saurait toujours suppléer aux ravages occasionnés par l'incendie du 4 juillet 1879. Non seulement l'ancien local affecté à l'imprimerie, mais la principale presse et la plus grande partie des caractères ont péri. La petite presse qui fonctionne en ce moment, réparée tant bien que mal, se dérange souvent et met obstacle à la rapidité et à la régularité du travail.

Je ne saurais assez insister auprès de vous, Messieurs, sur le crédit à allouer à cet établissement, afin de le mettre à même de remplir les services si importants que son rôle d'organe du Gouvernement le plus autorisé l'appelle à rendre, au triple point de vue du Pouvoir, des Chambres et du public.

AGRICULTURE

Avant de mettre la main aux réformes administratives que mon Gouvernement désire fermement introduire dans le domaine de l'agriculture, le secrétaire d'État de ce département a voulu, tout d'abord, s'enquérir d'une manière régulière et sûre de l'état de la production intérieure du pays. L'année qui vient de s'écouler a été consacrée à de mûres études dont, assurément, vous saurez apprécier toute la valeur et toute l'importance au point de vue de l'avenir.

L'abandon dans lequel on a laissé languir la culture trouve, sinon sa complète justification dans les troubles civils qui ont, depuis lors, désolé notre société, du moins une explication suffisante pour les hommes qui, comme nous, ont suivi avec attention les vicissitudes de la politique de ces derniers temps.

Maintenant que la nation, dans sa sagesse, a clos, par son attitude, l'ère des controverses stériles; maintenant que nous avons, par nos efforts communs et un appui mutuel, affermi pour longtemps la paix en Haïti; maintenant, enfin, que l'autorité a reconquis le prestige qui lui convient, c'est un devoir, pour les grands corps de l'État, d'aborder résolument toutes les questions qui touchent au développement des ressources vitales de notre communauté. Or, la plus importante de toutes ces questions, celle d'où dérive la fortune publique, c'est incontestablement la protection que nous devons accorder à notre industrie agricole. Nous sommes persuadés qu'au prix de quelques efforts sagement dirigés, il sera possible, en peu d'années, de changer totalement la face des choses dans nos campagnes, de transformer en riches plantations le plus grand nombre des propriétés rurales qui n'offrent, aujourd'hui, qu'un triste tableau de pauvreté et de délaissement. Cette révolution économique dont nous vous parlons ici, et que nous nous faisons forts de réaliser, si nos concitoyens continuent à nous accorder cette même confiance qu'en maintes circonstances ils nous ont témoignée, nous l'obtiendrons sans porter aucune atteinte à l'assiette de nos impôts, sans surcharger en rien le contribuable ni exercer aucune pression illégale ou injuste sur les producteurs.

L'impulsion que nous voulons donner à l'agriculture, l'élan que nous devons imprimer à la production dans les campagnes, n'auront pas seulement pour effet d'élargir le cadre de nos revenus, mais d'étendre aussi nos relations commerciales en nous ouvrant de nouveaux débouchés, et de faire refluer, enfin, la partie oisive de la population des villes vers l'intérieur des terres, où, trouvant à s'occuper, elle améliorera sa position d'une façon satisfaisante.

Sous ce dernier point de vue, le moindre résultat que nous obtiendrons sera d'un précieux effet, car c'est par le contact, principalement, que l'homme se civilise. Quiconque a fait quelques incursions dans les parties du pays situées à grande distance des villes, a pu constater que les habitants qui y sont relégués sont, pour la plupart, complètement indifférents au progrès.

La protection spéciale à accorder à l'industrie agricole devra porter, tout d'abord, sur le café et sur la fabrication du sucre ; ces deux produits sont ceux sur lesquels nous sommes tous autorisés à fonder les plus solides espérances. En seconde ligne, nous placerons le cacao, le coton, le riz, le manioc et le tabac. Viendront ensuite les autres denrées.

La culture du café assure jusqu'ici, à l'État, le rendement fiscal le plus sûr. Cette denrée nous permet, au milieu de tant de ruines, de faire face, sinon à tous nos engagements, du moins à ceux dits d'honneur national. A ce titre, le café a un droit incontestable à la plus large protection de la part du Gouvernement. Considéré au point de vue commercial, il couvre en grande partie le chiffre de nos importations. Cette précieuse fève subit malheureusement une baisse considérable sur les marchés de l'Europe, aussi bien que sur ceux des États-Unis. Les effets économiques de la dépréciation dont ce produit est frappé sont incalculables; quant à l'effet moral, les ennemis de l'ordre en auraient déjà bénéficié si mon Administration n'avait, à temps, entrepris de ranimer les espérances des populations laborieuses de nos campagnes, en leur faisant comprendre que la hausse ou la baisse n'est pas le fait du Gouvernement.

La concurrence opiniâtre contre laquelle nous avons à lutter est l'une des causes principales de cette baisse alarmante. Des territoires immenses ont été mis en culture, depuis quelques années, dans le vaste empire du Brésil, et le café y est exploité avec un soin et une persévérance tels, que nous sommes menacés de voir le nôtre perdre complètement cette renommée qu'il avait acquise. Tandis que nous persistons dans notre routine, les plus savants procédés de l'art sont mis en œuvre à quelques centaines de lieues de nous. Malgré les qualités intrinsèques exceptionnelles de notre café, malgré les avantages considérables qui s'offrent à nous, cette denrée, telle qu'on la prépare au Brésil, prime la nôtre.

Personne n'ignore les ravages causés, dans les caféières de cette contrée, par un champignon parasite; sur notre sol si favorable, le café ne trouve, au contraire, que des éléments de prospérité; le moindre encouragement en relèverait la culture.

Déjà, Messieurs, nous avons constaté avec bonheur le résultat obtenu par un de nos jeunes compatriotes, M. Octave

Francis qui, dernièrement, a établi, à Pétion-Ville, une usine pour la bonne préparation du café. Tandis qne cette denrée se vendait au prix minime de 62 fr., lui, l'infatigable travailleur, a trouvé 90 fr. pour son produit. Il en est de même pour M. Simmonds qui, à Port-au-Prince, fait fonctionner, depuis deux ans, une machine à vapeur pour le nettoyage du café. Il a obtenu pour le sien, cette année même, le prix de 92 fr... Que serait-ce donc si le café, au lieu d'être seulement bien préparé, avait été cultivé avec les soins nécessaires et séché dans de meilleures conditions? C'est pour atteindre un pareil but qu'on nous a proposé l'installation de nouvelles machines, et que je m'empresse de recommander à l'approbation du Corps législatif leur propagation dans nos campagnes; ces machines contribueraient à ajouter à la qualité et même à la quantité de nos produits. Les conditions auxquelles elles seront mises à la disposition des cultivateurs seront réglées par mon Gouvernement, de manière à faire bénéficier les populations d'avantages réels.

Quant à la canne à sucre, importée des îles Canaries à Haïti, en l'année 1513, elle est devenue l'une de nos principales productions agricoles, par suite du développement de sa culture dans nos terres depuis l'époque de la colonie. On peut dire que de toutes nos plantations, elle est celle qui occupe le plus de bras, et aussi s'offre-t-elle la première à notre vue dès que nous entrons dans les plaines arrosées du pays.

Aujourd'hui, bien que notre sol soit loin de s'épuiser, nous n'obtenons plus les mêmes résultats qu'autrefois; cela n'est, assurément, qu'un effet de la concurrence qui, dès le commencement de ce siècle, s'est établie au détriment de notre industrie sucrière. En effet, les États-Unis d'Amérique, qui s'approvisionnaient de ce produit en Haïti, ont fini par développer tellement la culture de la canne chez eux, qu'en ce moment les demandes ne nous viennent plus de ce côté. Il en est de même de la France : celle-ci, par la nécessité d'une situation compliquée, trouva le moyen, en 1810, d'extraire le sucre de la betterave. Les débouchés venant ainsi à nous manquer relativement par l'abondance d'un produit similaire, on vit l'industrie sucrière, chez nous, commencer à péricliter. Il fallait pourtant lutter et rechercher progressivement d'autres procédés de fabrication; mais, trop prompts à se décourager, nos planteurs ne tardèrent pas à se jeter exclusivement dans la fabrication de l'alcool; ils firent le tafia. On a procédé différemment à Cuba, à la Guadeloupe et à la Jamaïque. Là, dans ces îles industrieuses, le sucre continue à faire la fortune de ceux qui l'exploitent; et ce produit y est fabriqué avec tant de soins, qu'il sert et à la consommation intérieure et à l'exportation. Quant à la mélasse qui en découle (produit secondaire), elle reste seule employée à la confection du rhum et du tafia. Voilà donc les immenses avantages que nos voisins ont sur nous, consistant à extraire de la canne, par des procédés nouveaux, la principale substance qui est le sucre, et à employer l'excédant du produit à fabriquer un alcool qu'on puisse vendre à bon marché. Doit-on s'étonner, après cela, que notre rhum ne soutienne pas la concurrence à l'étranger?

J'ai dit quelles sont les causes de dépréciation de ce précieux produit du pays, le sucre de la canne; il nous reste maintenant, Messieurs les Députés et Messieurs les Sénateurs, à examiner, à étudier ensemble quels sont les moyens de le relever de la ruine complète. Aucun de vous ne voudra hésiter, aucun ne refusera son concours à cette œuvre de salut, lorsque, repassant les divers rapports faits sur notre situation agricole, vous aurez vu quel mal le découragement et les révolutions ont fait dans les centres les plus industrieux d'Haïti. Les plaines du Nord, autrefois si riches, sont aujourd'hui abandonnées; leurs habitants vont consumer leur activité dans des coupes de campêche, en déboisant nos forêts. Dans les plaines du Sud, de l'Ouest et de l'Artibonite, la canne, quoique debout et exploitée, ne reçoit plus les soins nécessaires pour son développement, et son rendement cesse d'être rémunérateur. J'ai donc raison, Messieurs, de faire un appel à votre patriotisme en faveur de ce produit. C'est afin de faciliter notre tâche que mon Gouvernement a fait nommer des commissions spéciales pour traiter les différents points qui se rattachent à cette question. Le secrétaire d'État de l'agriculture vous remettra ces rapports et soumettra à votre jugement le projet de loi qui en est la conséquence.

Passant au cacao, je vous dirai que sa culture, quoique délicate au commencement, ne laisse pas d'être très facile une fois qu'une cacaoyère est établie.

Les frais qu'elle occasionne ne consistent plus que dans quelques soins indispensables à donner, et puis dans la cueillette et la dessication du cacao. — Ces opérations, d'après des données réelles, n'exigent que l'emploi d'un homme pour 1,000 arbres dans les deux premières années, et de même pour 4,000 arbres, quand la cacaoyère est en pleine production.

Le cacao d'Haïti n'est pas, jusqu'ici, aussi apprécié en Europe que celui qui s'importe de Caracas, et auquel on donne le nom de « Caraque », parce qu'il est bien moins préparé, mais il peut être placé au prix de 40 à 45 fr.

Pour ce qui est du cotonnier, la culture de cette plante avait pris une large extension durant la guerre de la sécession aux États-Unis; elle est, en ce moment, entièrement négligée, à cause du bas prix du coton; effet de la grande abondance de ce produit à l'étranger. Le travail n'est donc pas assez payé ici, en raison des frais qu'entraîne cette culture. Néanmoins, nous ne devons pas l'abandonner; au contraire, nous devons l'encourager, car, avec le développement de l'industrie manufacturière aux États-Unis, il viendra un jour où cette denrée sera mieux cotée en Europe.

En raison de l'importance de cette exploitation, et pour faciliter le producteur de coton, le département de l'agriculture a déjà fait distribuer, en grande quantité, des graines de la qualité si réputée dite « Sea-Islands », coton qui donne deux récoltes annuelles.

Les droits d'exportation sur le coton pèsent lourdement sur

la production, et, à cet égard, mon Gouvernement pense que, dans un but d'encouragement, l'État doit en affranchir totalement ce textile, ce qui laissera une plus-value au producteur.

Parmi ces différents produits, le riz est celui qui, comme aliment, a la plus large part dans la consommation intérieure du pays. Nous l'importons de l'étranger en quantité considérable.

La statistique des douanes en accuse un chiffre de 3,500,0000 livres qui, vendues au prix moyen de 5 centimes la livre, représente une valeur de P. 175,000.

Ne vous paraît-il pas peu économique, Messieurs les Sénateurs et Messieurs les Députés, que, possédant nous-mêmes de vastes rizières, nous continuiions à payer ce tribut à l'étranger?

Les trois communes de Mirebalais, de Lascahobas et de Hinche, dit le rapport de la commission agricole de Mirebalais, peuvent fournir assez de riz pour alimenter tout le pays. Il en est de même de bien d'autres localités.

Il serait donc sage et conforme aux principes économiques les plus élémentaires, de développer d'une manière spéciale la culture de cette graminée qui, récoltée, bien préparée et blanchie au moyen de procédés nouveaux, peut, un jour, devenir un objet d'exportation.

Enfin, le tabac est originaire des contrées les plus chaudes de l'Amérique; cependant, sa culture, son exploitation, sont nulles dans cette partie de l'île d'Haïti que nous habitons. Il n'en est pas ainsi de la partie de l'Est qui, d'après les documents publiés, en exporte une quantité considérable. « Une maison de commerce de Puerto-Plata, dit-on, a expédié en Russie des surons de 100 livres environ, qui ont été vendus de 35 à 38 piastres. Les Américains de Boston et de New-York ont payé quelques surons choisis, pour faire des cigares de luxe, jusqu'à 50 et même 60 piastres ».

Pourquoi ne devons-nous pas profiter de notre sol et de notre climat pour faire, ici, ce qui réussit si bien ailleurs, au lieu de continuer à importer une quantité considérable de ce produit, le tabac?

A cet égard, je vous ferai remarquer que même son rendement en droits de douane est pour nous dérisoire, si nous le comparons à ce que l'introduction ou la vente du tabac rapporte aux trésors des pays étrangers.

Dans l'état actuel de notre agriculture, l'exploitation du tabac peut paraître difficile, car les bons procédés de la culture ne sont pas assez généralement connus des habitants. Mais pour s'y livrer d'une manière sérieuse, profitable, nous n'avons qu'à laisser venir chez nous des hommes déjà habitués à cette culture, et à les encourager.

J'ajouterai, Messieurs, que, pour répandre la culture de la ramie, nouveau produit très demandé sur les marchés européens, mon Gouvernement a mis à la disposition des cultivateurs des milliers de plants. Mais il est à regretter qu'on n'ait pas trouvé, jusqu'à présent, une machine qui soit à la portée de tout le monde pour la préparation de ce précieux textile.

Nous devons aussi encourager la production du manioc, dont on tire l'amidon et le tapioca. Le premier de ces deux articles se vend à l'Entrepôt, aux États-Unis, P. 5 1/2 les 100 livres, et le second est très recherché.

Il n'est pas nécessaire de passer en revue tous les autres produits de notre sol, dont nous ne cessons de conseiller le développement. En terminant cette nomenclature, je dois pourtant, Messieurs, attirer votre attention sur un genre de commerce qui se fait depuis quelque temps entre l'île de la Jamaïque et les États-Unis. Je veux parler du commerce des fruits.

Voici, d'après le *Bulletin commercial*, la quantité de ces fruits exportés de la Jamaïque par divers navires :

24 juin 1880,	par steamer	*Atlas*	5,040 liv.	régimes de bananes
»	»	»	1,600 »	mangots.
Même jour,	»	*Vénézuéla*.......	4,000 »	régimes de bananes
»	»	»	35	barils jus de citron.
»	»	»	80	barils d'ananas.

24 décembre, par steamer		*Andes*..........	4,877	barils	oranges.
»	»	»	146 1/2	barils	
»	»	»	6	c/	
Même jour,	»	*Clara*, pr Londres	9,800	noix de coco.	
»	»	»	31	barils jus de citron.	
»	par goëlette	*Libian*..........	121,000	oranges.	
»	»	»	2,300	noix de coco.	
Liverpool,	»	*West-Indian*....	157,000	oranges.	
»	»	»	348	barils d'oranges.	

Ces chiffres accusent un progrès réel chez nos voisins, et c'est à l'initiative du Gouvernement de la Jamaïque qu'est dû cet état de choses. Il trouva, par des encouragements calculés, des navires toujours prêts à transporter ailleurs ces denrées. A Cube et à la Côte-Ferme, ce commerce a pris un développement considérable.

Nous pouvons facilement jouir des mêmes avantages; nous n'avons besoin que de créer des débouchés à un grand nombre de nos produits, qui ne sont pas encore assez exploités.

Vous allez donc, Messieurs, considérer l'état général de notre agriculture en repassant les différents rapports que le secrétaire d'État de ce département viendra vous apporter. Le travail auquel on s'est livré est bien fait pour occuper sérieusement notre esprit. Si, aux causes diverses qui ont produit l'état dont je viens de vous parler, vous joignez la sécheresse qui a sévi dernièrement sur nos plantations, l'obstruction de nos plus importants canaux d'irrigation, le débordement de nos rivières il y a deux ans, la rupture du bassin général dans la plaine du Cul-de-sac, et enfin le mauvais état des routes, vous aurez un tableau assez parfait de notre situation.

Dans le cours de cette session, mon Gouvernement se propose de vous demander les crédits nécessaires pour remédier à cet état de choses. Il vous présentera un plan définitif pour la fondation de nos fermes-écoles, sortes d'orphelinats agricoles que réclame la situation intérieure du pays, tant au point de vue moral qu'au point de vue industriel.

Nous ne devons pas nous attendre à une amélioration instantanée, nous écrit-on de l'étranger, car il ne faut pas perdre de vue que, la culture sur une grande échelle n'existant pas chez nous, nos planteurs manquent de moyens nécessaires pour se procurer tout d'un coup les instruments employés sur les grandes plantations des autres pays, qui sont favorisés au point de vue des capitaux.

Messieurs, quelque modestes que puissent être nos premiers résultats, nous devons tendre toujours à les obtenir, et c'est là un acheminement réel, sérieux, vers l'avenir.

EXPOSITION

Dans le but de donner à l'agriculture un encouragement pour ainsi dire permanent, j'ai fait élever au Champ de Mars cet édifice où s'ouvrira, le 4 septembre prochain, une Exposition de nos produits agricoles. Je vous invite, Messieurs, à concourir avec moi à rehausser l'éclat de cette fête, où le travail national sera honoré et publiquement récompensé.

Il y a, dans notre pays, bien des talents cachés, bien des richesses inconnues.

J'ai pensé qu'en ouvrant un concours où seront appelées toutes les forces vives de la nation, nous fournirons à chaque citoyen l'occasion de se produire, de se distinguer et de se rendre utile. Le Gouvernement lui-même, qui a pour devoir d'encourager toutes les productions nationales, trouvera dans cette œuvre toutes les facilités pour agir sérieusement et avec conscience.

Cette sorte de joute de l'industrie, de l'agriculture et des arts, est le plus puissant moyen d'émulation de notre époque.

POLICE RURALE

Une bonne organisation de la police rurale est nécessaire pour donner toute sécurité à l'agriculture : c'est l'objet de la constante préoccupation de mon Gouvernement, mais nous ne pouvons trouver encore, dans nos campagnes, les éléments constitutifs d'une bonne police; nos troubles civils en sont principalement la cause (1).

Je ne me décourage pas. Avec la persévérance et la paix, nous arriverons à un résultat satisfaisant; mais, pour assurer l'exécution des dispositions de l'autorité supérieure et la marche du travail dans les campagnes, cette réorganisation ne suffirait pas si elle n'était accompagnée de la création d'agents spéciaux, au moyen de l'inspection, sur un pied nouveau.

Déjà, à cet égard, l'année dernière, vous avez voté une loi qui a eu un commencement d'exécution.

Si le Code rural, tel qu'il est, ne remplit pas le but que s'étaient proposé nos législateurs, mon Gouvernement y introduira des modifications. A cet égard, vous aurez à vous livrer à un travail d'un grand intérêt, celui de mettre nos règlements en rapport avec les besoins d'une autre situation. Il y a des communes où le nombre des sections devra être réduit, il y en a d'autres où l'on devra en créer de nouvelles... »

Le 24 août, M. Archin, secrétaire d'État de l'instruction publique et des cultes, envoya sa démission au président d'Haïti. Voici dans quelle circonstance : Un message qu'il avait adressé à la Chambre, au nom du conseil des secrétaires d'État, contenait des observations qui furent mal interprétées; le ministre fut immédiatement interpellé pour qu'il donnât des explications sur les termes de ce message. M. Archin, qui avait déjà été une première fois interpellé assez vivement par la Chambre, et qui prévoyait un orage par le fait d'une nouvelle interpellation, fit répondre qu'il n'était plus secrétaire d'État (2). Nous reproduisons un extrait

(1) L'article 115 du Code rural contient des dispositions très sages : Amasis, roi d'Égypte, força chaque citoyen à déclarer au magistrat de sa ville, sous peine de vie, ses moyens d'existence; sage règlement que Solon transporta dans sa législation.

(2) On a dit, depuis, que c'est à cause de nous que M. Archin s'est retiré du cabinet; on ne peut le croire, car l'affaire que nous avions eue avec lui était personnelle et ne pouvait nullement l'obliger à résigner son portefeuille.

de la séance du 24 août, pour lui conserver sa véritable physionomie :

Le secrétaire d'État de l'intérieur pénètre dans l'enceinte et prend place au banc de l'Exécutif.

Le président. — M. le Secrétaire d'État, vous avez la parole si vous venez ici pour faire quelque communication.

Le secrétaire d'État. — Je suis venu ici pour discuter les projets de lois sur l'organisation agricole.

Le président. — Si c'est pour cela que vous êtes venu, M. le Secrétaire d'État, nous allons faire une seconde lecture de ces projets de lois.

La lecture étant faite, le président met en délibération le projet de loi sur la préparation du café.

M. C.-J.-B. Damis. — Messieurs, il m'est tombé sous les yeux, ce matin, un message du secrétaire d'État de la justice, comme chargé du département des finances. Je demande lecture de ce message, parce que je tiens positivement à m'opposer au vote de ce projet de loi que vous allez discuter.

Le président. — Voici ce que dit le message :

« Messieurs les Députés,

Il est parvenu à la connaissance du Pouvoir exécutif qu'en ce moment se trouvent déposés, sur les bureaux de la Chambre des représentants, divers projets de loi de l'initiative de quelques-uns de ses membres, lesquels, tout en ayant trait aux intérêts généraux du pays, doivent, cependant, augmenter les dépenses publiques dans des proportions notables.

Le Gouvernement ayant à cœur de maintenir l'équilibre le plus exact entre les recettes et les dépenses de l'État, qui seront prévues au budget général qu'il va prochainement vous présenter, ainsi qu'au Sénat de la République, croit convenable de vous faire observer, dès à présent, qu'il croit qu'il serait sage de ne rien décider, à l'égard de ces projets de loi, avant la présentation dudit budget, et ce, pour ne point déranger l'économie des allocations qui seront portées à ce document.

Son Excellence le Président d'Haïti et le conseil des secrétaires d'État espèrent que vous serez de leur avis.

En vous exprimant la pensée du Gouvernement sur ce point capital, je vous prie, Messieurs les Députés, de vouloir bien agréer la nouvelle assurance de ma haute considération.

Le secrétaire d'État de la justice chargé du département des finances,

Signé C. ARCHIN ».

M. C.-J.-B. Damis. — Messieurs, vous venez d'entendre la lecture du message du secrétaire d'État intérimaire au département des finances. Malgré l'article 79 de la Constitution, qui dit formellement : *Le Pouvoir législatif fait des lois sur tous les objets d'intérêt public. L'initiative appartient à chacune des deux Chambres, etc., etc.* Voilà que le secrétaire d'État de la justice vient nous déclarer, comme ministre des finances, que pour ne pas déranger l'équilibre du budget, nous devons suspendre tout vote de projets de lois pouvant donner lieu à des sorties de fonds jusqu'à la présentation des budgets. (Interruption.)

Le secrétaire d'État de l'intérieur. — C'est une simple opinion, je crois, que le secrétaire d'État de la justice chargé du département des finances a émise.

M. C.-J.-B. Damis. — J'admets que c'est une opinion qu'a émise le secrétaire d'État chargé du département des finances, mais il faut avouer que c'est une opinion officielle.

Le secrétaire d'État. — Oui, le secrétaire d'État de la justice vous a présenté de simples observations. (Bruit et protestations.)

D'ailleurs, Messieurs, en nous occupant de l'agriculture, nous nous occupons de ce qui peut être le plus cher à un pays (1). L'agriculture, en effet, est le pont sur lequel roulent

(1) J'ai souvent émis la même pensée, parce que l'agriculture est la base de notre fortune et de notre tranquillité. « L'homme sans propriétés, a écrit Chateaubriand, tend sans cesse, par sa nature, à bouleverser et à détruire ». — « Là où les bras travaillent, l'esprit est en repos ».

tous les intérêts d'un peuple; organiser l'administration et négliger cette partie, c'est ne rien faire. Or, je ne vous demande qu'une chose, c'est d'aider le Gouvernement dans l'accomplissement de cette rude tâche. Nous sommes à la veille du 4 septembre; l'Exposition va donc s'ouvrir incessamment, et le pays tout entier est désireux de voir voter tous ces projets de lois sur l'agriculture; il ne serait pas bon de renvoyer la discussion de ces projets de lois jusqu'au vote du budget.

M. C.-J.-B. Damis. — Je ne pense pas, Messieurs, que le secrétaire d'État de la justice puisse assumer sur lui la responsabilité d'une pareille dépêche sans avoir consulté ses collègues, quand il dit formellement que l'Exécutif demande l'ajournement de tous projets de lois déposés sur nos bureaux jusqu'à la présentation des budgets. Il semble vouloir déclarer que la Chambre n'est pas d'accord avec l'Exécutif, et vous savez, Messieurs, qu'il n'en est pas ainsi; que nous prétendons nous accorder très bien avec l'Exécutif, que nous faisons toujours preuve de patriotisme et de dévouement.

Le secrétaire d'État de la justice est donc mal-venu avec son message; c'est pourquoi je vous prie de voter la proposition que je viens de vous faire.

M. M. Lavaud. — Messieurs, les intérêts du pays ne permettent pas d'attendre la présentation des budgets pour le vote de certaines lois. Je crois donc que le mieux serait de demander que le secrétaire d'État de l'instruction publique vienne s'expliquer ici. Attendre les budgets, c'est accéder à ce que dit le ministre des finances.

Le secrétaire d'État de l'intérieur. — L'Exécutif n'a fait que jouir d'un droit constitutionnel en vous présentant, Messieurs, ces observations.

M. le Président. — C'est une erreur, M. le Secrétaire d'État. Le Pouvoir exécutif..... (Interruption.)

Le secrétaire d'État de l'intérieur. — Puisqu'il s'agit de lois votées.

M. le Président. — Non, de lois à voter.

Le secrétaire d'État de l'intérieur. — Le Gouvernement ne s'oppose pas du tout au vote des lois déposées sur votre bureau.

M. le Président. — C'est le secrétaire d'État de la justice lui-même qui s'oppose à ce que la Chambre s'occupe des projets de lois déposés sur son bureau tout le temps que les budgets ne seront pas présentés. Alors, ce qui s'applique à la Chambre pourra s'appliquer à l'Exécutif, puisque la Chambre, comme l'Exécutif, a le droit de présenter des projets de lois.

M. L.-L. Montas. — Je crois, Messieurs, qu'il serait impossible de faire ce que demande l'Exécutif. Nous devons passer à l'ordre du jour, tout en exprimant à l'Exécutif notre regret, notre mécontentement même..., si vous le trouvez nécessaire.

M. C.-J.-B. Damis. — Messieurs, on ne peut pas croire que moi je puisse être contre le Gouvernement. On ne peut pas croire qu'en attaquant le secrétaire d'État de la justice pour le message qu'il nous a adressé, j'attaque le Gouvernement. J'ai trop contribué à l'établissement des choses actuelles, je suis partisan trop convaincu du Gouvernement du général Salomon, pour jamais l'attaquer mal à propos. Non, c'est impossible..., c'est incroyable. Je crois être dans mon droit quand je demande d'ajourner jusqu'au vote du budget la loi qu'on nous a proposé de discuter actuellement, car elle aussi doit donner lieu à des sorties de fonds.

Maintenant, s'il vous plaît d'interpeller le secrétaire d'État de la justice, vous pouvez le faire; mais je ne cesserai de dire que je n'ai nullement l'intention de combattre le Gouvernement. Ce sont, au contraire, ceux-là qui écrivent des dépêches comme celle que nous adresse le secrétaire d'État de la justice, qui sont contre le Gouvernement.

Le secrétaire d'État de l'intérieur. — Comme membre du conseil, j'ai ma part de responsabilité. L'Exécutif n'a certes pas entendu donner aucun ordre à la Chambre. C'est impossible.

Le président. — Vous comprendrez parfaitement la réclamation de la Chambre. Ce n'est pas qu'elle regarde comme un ordre le message à elle adressé par le secrétaire d'État de la justice, intérimaire au département des finances, mais c'est que le ministre a parlé au nom du conseil.

Le secrétaire d'État de l'intérieur. — J'ai assez de courage, Messieurs, pour prendre la responsabilité de mes actes.

Le président. — Monsieur le Secrétaire d'État, je vous connais assez de courage patriotique pour croire que vous prenez toujours la responsabilité de vos actes.

M. C.-J.-B. Damis. — Disons alors clairement, Messieurs, que le secrétaire d'État de la justice a donc menti.....

Le secrétaire d'État de l'intérieur. — Je crois, Messieurs, que ce mot ne saurait être parlementaire.

M. C.-J.-B. Damis. — Ce n'est pas au secrétaire d'État de l'intérieur à m'apprendre si un mot est parlementaire ou non.

Le secrétaire d'État de l'intérieur. — Je ne défends pas le secrétaire d'État de la justice; mais c'est comme représentant du Gouvernement, présent dans cette enceinte, que je relève le mot.

Le président. — Collègue Damis, vous êtes prié de retirer le mot que vous venez de prononcer.

Plusieurs voix. — Retirez-le.

M. C.-J.-B. Damis. — Que vous importe, Messieurs, que je le retire si je l'ai déjà lancé. D'ailleurs, le public l'a déjà entendu.

Le président.— Retirez-le, puisqu'il n'est pas parlementaire.

. . . .

M. M. Lavaud. — Messieurs, il n'y a qu'une chose à faire dans la circonstance, c'est d'appeler immédiatement le secrétaire d'État de la justice, afin qu'il vienne expliquer les termes de sa lettre. Que la lettre soit nulle ou non, ou que vous la frappiez d'autres épithètes, le moyen le plus pratique, et en même temps la meilleure solution à donner à la question pendante, c'est d'appeler le secrétaire d'État de la justice actuellement pour qu'il vous donne les explications que vous désirez avoir.

M. M. Garescher. — Messieurs, le pays sait et voit avec quel zèle et quel patriotisme nous faisons notre devoir. Il sait que nous n'avons jamais démérité de notre mandat. Il sait que nous avons été toujours constants et que nous resterons toujours constants dans l'accomplissement de nos devoirs. Le secrétaire d'État de la justice a cru encore nous faire une leçon que nous n'accepterons pas, parce que nous connaissons notre mission, nous connaissons notre devoir.

Nous allons bientôt nous retirer d'ici, puisque nous sommes au bout de notre mandat. Eh bien ! nous voulons que le pays sache si notre attitude a été assez digne, assez correcte, en le représentant. Je vous propose donc, et je crois que le député Damis sera d'accord avec moi, puisque nous sommes dans la Constitution, je vous propose de passer purement et simplement à l'ordre du jour sur le message du secrétaire d'État de la justice.

Nous avons différents projets de lois de haute importance déposés sur nos bureaux. Le secrétaire d'État de l'intérieur en a déposé plusieurs pour sa part, et il vient même les discuter aujourd'hui ; nous ne pouvons donc pas nous arrêter en chemin. La Chambre insultée..... (Interruption.)

M. G. Manigat. — Insultée n'est pas le mot. Nous ne pouvons pas admettre cette épithète, car on ne saurait insulter la Chambre.

Le président. — Je ne partage pas l'opinion du député Garescher, car le secrétaire d'État de la justice ne peut pas insulter la Chambre.

M. M. Garescher. — Si vous n'acceptez pas le mot insulter, disons alors que la Chambre, indignée, passe à l'ordre du jour.

Le président. — Il y a, Messieurs, trois propositions : celle du député Damis, demandant l'ajournement de la discussion de tout projet de loi jusqu'à la présentation des budgets ; celle du député Lavaud, demandant une interpellation immédiate ; et, enfin, celle du député Garescher, réclamant de passer à l'ordre du jour.

La proposition Garescher est rejetée.

La proposition Lavaud est agréée par l'Assemblée.

La séance est suspendue. — Elle est reprise vingt-cinq minutes après.

Le président. — Le message dont je vous ai donné lecture tout à l'heure a été immédiatement expédié au secrétaire d'État de la justice. On n'a pu le trouver ni en ses bureaux, ni au palais, ni chez lui. — J'ai envoyé une seconde fois, et Mme Archin a fait dire que le ministre est malade; ensuite, M. Archin a répondu qu'il ne pouvait décacheter une dépêche à l'adresse du secrétaire d'État de la justice, qu'il n'était plus secrétaire d'État.

Comme le ministre ne nous a pas même écrit pour nous apprendre comment il n'est plus secrétaire d'État, la Chambre n'a pas à le savoir non plus; seulement, nous pouvons dire qu'il n'y a rien d'officiel.

M. M. Lafontant. — Est-ce comme chargé du département des finances que le ministre de la justice nous dit qu'il n'est plus secrétaire d'État?

Le président. — Il fait dire qu'il n'est plus secrétaire d'État.

M. S. Louis fils. — Si M. Archin n'est plus secrétaire d'État, je propose, alors, de passer à l'ordre du jour sur son message.

M. M. Lavaud. — Messieurs, le président de la Chambre vient de vous donner communication de la réponse du secrétaire d'État de la justice. Voici donc ce que je vous soumets, car il faut que la question Archin ait une solution aujourd'hui même, afin que nous puissions nous occuper de nos travaux. Voici ma proposition : « *La Chambre, après communication du secrétaire d'État de la justice, intérimaire des finances, en date du 19 août, n° 342, qui a motivé son appel immédiat au sein de l'Assemblée, appel demeuré infructueux, passe à l'ordre du jour.*

» *Signé* M. LAVAUD, N. LÉGER, François MANIGAT, D. THÉODORE ».

M. M. Lafontant. — Passer à l'ordre du jour, sur quoi?

M. D. Cazeau fils. — Ce n'est pas assez clair.

M. M. Lavaud. — Il n'y a pas moyen de dire cela différemment. C'est très clair.

M. M. Lafontant. — On pourrait passer à l'ordre du jour sur l'interpellation.

M. M. Lavaud. — Ajoutez alors « *sur la susdite dépêche* ».

M. H. Vaval. — La Chambre ne peut pas passer à l'ordre du jour comme le demande le député Lavaud, puisque sa proposition n'est qu'une conséquence de la proposition Garescher. Je veux être conséquent avec moi-même. Aussi, je vous demande de ne pas voter la proposition Lavaud.

M. D. Cazeau fils. — Je prends la parole pour faire remarquer au député Vaval que si la Chambre avait rejeté la proposition Garescher, cela avait sa raison d'être, puisqu'on allait interpeller le ministre de la justice; mais le secrétaire d'État ne venant pas, nous sommes bien en droit de passer outre sur son message.

La proposition Lavaud, mise aux voix, est agréée par l'Assemblée, moins une voix.

Nous eûmes à examiner au conseil, le lendemain 25 août, et à fixer le budget général de la République pour la nouvelle année administrative de 1881-1882 : plusieurs séances avaient été précédemment consacrées à ce travail. Ce jour-là, M. Laforestrie arriva au conseil avec le budget des voies et moyens. Il s'empressa de faire observer que les allocations demandées pour les différents départements ministériels laissaient un écart d'environ P. 500,000, difficile à combler dans le moment, chiffre auquel pourraient encore s'ajouter d'autres valeurs à payer pour des réclamations faites au Gouvernement. On lui objecta que, dans une des précédentes réunions, M. Archin présent, les secrétaires d'État avaient déjà opéré toutes les diminutions possibles, et que, en sa qualité de secrétaire d'État des finances, toute faculté lui avait été accordée de repasser les différents budgets et d'y faire les observations qu'il jugerait convenables. M. Laforestrie s'y refusa, en rappelant au conseil que, dans une semblable circonstance, sous le président Riché, le Gouvernement avait réduit de moitié les appointements des fonctionnaires publics pour arriver à équilibrer le budget. Le président d'Haïti, prenant alors la parole, dit au secrétaire d'État des finances que ce qu'on pouvait faire à une autre époque n'était plus possible aujourd'hui; qu'il serait impolitique, dans l'actualité, de songer à réduire les appointements des fonctionnaires, pas plus que de modifier le cadre des bureaux publics, et que, pour la même raison, on ne saurait nullement toucher au cadre de l'armée.

Pour combler l'écart des P. 500,000, il faudrait nécessairement recourir à un emprunt, puisqu'il ne fallait pas songer alors à une augmentation d'impôts; mais dans la situation, suivant ce que fit remarquer M. Laforestrie, un emprunt à l'étranger était difficile, surtout si, au mois de décembre, le Gouvernement ne pouvait expédier le montant du coupon pour le terme de janvier 1882, soit 1,200,000 fr. environ. « Je ne puis, ajouta le secrétaire d'État des finances, après réflexion, je ne puis présenter aux Chambres un budget sans équilibre; c'est, d'ailleurs, une des conditions que j'ai acceptées, en France, avec les administrateurs de la Banque ».

Cet argument semblait plausible; mais jamais un crédit de P. 500,000 n'aurait dû être une difficulté sérieuse pour le pays qui, quoi qu'on dise, s'est toujours acquitté honorablement envers ses créanciers. La double dette française est sur le point d'être éteinte, malgré nos embarras de chaque jour; et, naguère encore, nous venions, par l'entremise de M. Laforestrie lui-même, de reconnaître une autre dette dont la légitimité avait été longtemps contestée. C'est au moment qu'elle était le plus contestée que M. Maltzer, représentant du Crédit général français, chargé de recevoir la portion des droits de douane nécessaire au service des obligations de l'emprunt Domingue, remit au Gouvernement provisoire la lettre de cette Compagnie, dans laquelle il est dit :

« Nous tenons, aujourd'hui, à vous donner l'assurance que les mêmes projets ou tous autres qui avaient pour objet de venir en aide à la République d'Haïti, d'établir solidement son crédit en Europe et de lui fournir toutes les ressources nécessaires au développement régulier de sa prospérité et de son commerce, pourront être repris immédiatement et menés à bonne fin à très bref délai, dès qu'un Gouvernement définitif aura été proclamé à Port-au-Prince, et aura fait connaître officiellement sa volonté de respecter les engagements pris antérieurement, au nom de l'État, par les représentants du pays ou leurs délégués ».

La République d'Haïti renferme trop de ressources, si l'on veut les développer, pour ne pas inspirer confiance aux capitalistes lorsqu'elle demande un modique emprunt de P. 500,000. Cela est si vrai, que trois mois auparavant, tandis que le Président était dans le Nord, un étranger, M. W. Lithgow, de New-York, qui avait étudié la situation du pays par lui-même, était venu, de son propre mouvement, nous offrir de mettre à la disposition du Gouvernement, non pas une valeur de P. 500,000, mais celle d'un million, aux mêmes conditions que le commerce avançait alors de l'argent au Trésor public, c'est-à-dire à 10 pour 100 d'intérêt une fois payé, valeur compensable en droits de douane. Mais, à ce moment-là, le Gouvernement, comptant sur les avantages attendus des négociations de M. Laforestrie, ne crut pas devoir accepter la proposition de M. W. Lithgow, et le Président, par une dépêche datée du Cap, nous dit de s'en référer à notre collègue des finances, qui venait d'arriver de sa mission les mains pleines de promesses (1).

---

(1) Voici, à ce propos, notre correspondance avec M. Laforestrie :

« Les deux projets de lois proposés par M. le Secrétaire d'État de l'agriculture imposent à l'État une dépense de P. 105,000. Les budgets des divers départements ministériels n'ayant pas encore été expédiés à la secrétairerie d'État des finances, il est impossible, quant à présent, de dire si les ressources du Trésor seront suffisantes pour faire face à cette charge nouvelle.

» Pétion-Ville, le 19 juillet 1881.

» *Le secrétaire d'État des finances*,

» *Signé* Ch. LAFORESTRIE ».

Dans le chiffre de P. 500,000 figure naturellement le crédit de P. 105,000, demandé par le département de l'agriculture pour l'introduction d'une nouvelle méthode dans la préparation du café et l'établissement d'usines destinées à la fabri-

---

« Port-au-Prince, le 20 juillet 1881.

Au Secrétaire d'État des finances, du commerce et des relations extérieures.

Mon cher Collègue,

Je vous prie de bien réfléchir sur les trois projets que je vous ai envoyés; ils sont réclamés, non seulement par la situation, mais encore par ma position comme secrétaire d'État de l'agriculture.

J'ai promis, et le Gouvernement a promis avec moi; il y va de ma dignité, de ma loyauté politique, de ne pas abandonner ces projets.

Pour le café, je vous dirai que le Gouvernement doit faire cette dépense, puisqu'il a promis par actes publics, aux populations rurales, des machines à décortiquer.

Voici comment j'ai fait mon calcul :

150 machines à P. 200	P.	30,000	»
300,000 pieds de planches		15,000	»
Total	P.	45,000	»

Je vous renouvelle, mon cher Collègue, l'assurance de ma considération très distinguée.

Signé D. LÉGITIME ».

« Pétion-Ville, le 22 juillet 1881.

Mon cher Collègue,

J'ai été si souffrant, que je n'ai pas pu répondre plus tôt à votre lettre du 20 de ce mois.

Veuillez m'excuser, et permettez-moi de vous dire que je n'ai jamais fait ni ne ferai la moindre opposition à vos projets.

J'ai seulement demandé, avant de me prononcer définitivement, à connaître l'ensemble des divers budgets, afin de chercher le moyen d'y faire entrer les sommes qui vous sont nécessaires.

Soyez, dans tous les cas, persuadé, mon cher Collègue, que je me résignerais difficilement à combattre un projet présenté par vous, et veuillez agréer les nouvelles assurances de tous mes sentiments dévoués.

Signé Ch. LAFORESTRIE ».

cation du sucre; résultat indispensable qu'on ne pouvait s'empêcher d'obtenir. Cette valeur, à part son éventualité, n'était qu'une avance faite à l'agriculture dont le développement aurait donné lieu à la création de nouvelles industries et augmenté indirectement les ressources du Trésor (1). L'avenir ne dépendait-il pas aussi de ces mesures? de celles que devait nous assurer le fonctionnement régulier de la Banque?

Depuis longtemps, les avances ou les subventions sont pratiquées chez tous les peuples qui veulent réaliser quelques progrès. Des lignes de chemins de fer et de bateaux à vapeur, des industries diverses, ont constamment reçu des gouvernements ces subsides, à l'aide desquels ils pouvaient commencer à s'établir.

Or, s'il en est ainsi chez les nations avancées, où l'initiative privée est si puissante, combien ne devons-nous pas nous-mêmes, à plus forte raison, accorder une protection au travail. En Haïti, on aura beau dire, c'est le Gouvernement qui tiendra longtemps encore la baguette de moniteur général, et son action ne pourra être remplacée par l'initiative privée que quand la fortune publique se sera faite à l'aide de sages mesures que l'intelligence des hommes d'État aura combinées (2). Eh quoi! depuis vingt ans, l'État d'Haïti n'accorde-t-il pas une subvention annuelle de 40, 50 et 60,000 piastres à la ligne des bateaux à vapeur du service accéléré? S'il y a des sub-

(1) La note suivante a été rédigée par le député Montas, qui soutenait la demande de crédit faite par le Gouvernement : « Il est à remarquer que ces allocations, demandées pour l'agriculture, ne constituent pas des dépenses entièrement nouvelles pour l'État. Sur ce chiffre de P. 428,478, une valeur de P. 217,420 figure au budget du département de l'intérieur pour l'exercice courant (Exercice 80-81). La dépense nouvelle à faire pour la régénération de l'agriculture n'est donc plus que de P. 211,058. C'est peu de chose, si l'on considère qu'il s'agit du salut de la République ».

(2) « Quand une nation vient à s'éclairer, a écrit un économiste, les lumières tantôt viennent du souverain, tantôt du corps de la nation. Heureux donc le peuple chez qui le chef est éclairé avant les autres, il fait, en dix ans, ce qu'un autre peuple ne fera qu'en trois siècles ».

ventions raisonnables, nécessaires, ce sont bien celles qu'on accorde à l'agriculture, à l'agriculture, qui fait vivre chez nous des milliers de bras.

M. Laforestrie persista dans son refus de revoir les budgets, malgré la pressante sollicitation de ses collègues. — On dut, enfin, se séparer sans s'arrêter à aucune solution. — Le ministre des finances, se retirant, nous laissa néanmoins l'espérance qu'il allait de nouveau examiner la question, et qu'il reviendrait ensuite nous apporter une solution. Mais quel ne fut pas notre étonnement lorsque, dans l'après-midi du même jour, nous apprîmes que le Président venait de recevoir sa démission.

Il y avait déjà vingt-quatre heures que celle de M. Archin était remise. Cette circonstance, jointe au manque d'accord ui venait de se manifester dans le dernier conseil, avait probablement décidé M. Laforestrie à prendre le parti auquel il s'était arrêté; n'étant pas habitué, nous disait-il, à parler dans les assemblées, il avait toujours compté sur M. Archin pour défendre ses projets au Corps législatif.

La Chambre siégeait ce jour-là, 26 août. Elle fut émue en apprenant la dislocation du Cabinet, et le président d'Haïti lui-même en ressentit une assez vive impression. Le moment était critique pour un tel changement. On conçoit que le Gouvernement avait besoin plutôt de toute sa force de cohésion pour opérer la réforme qui allait avoir lieu dans notre système administratif. Le maintien de notre crédit en dépendait un peu. Que faire, dans la nouvelle situation créée par la démission de deux secrétaires d'État? Réformer le Cabinet, en face d'une foule de prétentions, quand la Chambre elle-même, arrivée au terme de son mandat, allait s'effacer, c'était une solution difficile. Aussi, le président d'Haïti s'empressa-t-il de nous charger des portefeuilles laissés vacants par M. Archin, et d'appeler M. Brutus Saint-Victor, chef de division au ministère des finances, en qualité de secrétaire d'État provisoire de ce département. Le décret suivant fut immédiatement publié à cet effet :

SALOMON, *président d'Haïti,*

Vu les articles 109 et 124 de la Constitution,

A arrêté ce qui suit :

ARTICLE PREMIER. — La démission du général de division C. Archin, secrétaire d'État de la justice, de l'instruction publique et des cultes, est acceptée.

ART. 2. — Est également acceptée la démission de M. Charles Laforestrie, secrétaire d'État des finances, du commerce et des relations extérieures.

ART. 3. — M. Brutus Saint-Victor, chef de division à la secrétairerie d'État des finances, est chargé des portefeuilles des finances, du commerce et des relations extérieures, à titre de secrétaire d'État provisoire.

ART. 4. — Le général de division D. Légitime, secrétaire d'État de l'intérieur et de l'agriculture, est provisoirement chargé des portefeuilles de la justice, de l'instruction publique et des cultes.

ART. 5. — Le présent arrêté sera imprimé, publié et exécuté.

Donné au Palais national du Port-au-Prince, le 26 août 1881, an 78e de l'Indépendance.

Signé SALOMON.

Outre les circonstances que nous venons de rappeler, il y avait, pour le général Piquant et moi, qui étions restés les seuls survivants de l'ancien cabinet, convenance de nous effacer, afin de laisser au chef de l'État la faculté d'appeler d'autres citoyens à former immédiatement un nouveau ministère. Mais encore, comment se retirer, lorsque, personnellement, nous avions des intérêts divers à protéger et des comptes dont il fallait faire décharger notre Département dans cette même session législative? Nous venions d'engager notre honneur et notre responsabilité pour faire réussir l'Exposition nationale; cette entreprise était sur le point d'arriver à bonne fin; notre démission la compromettait, selon la logique implacable des choses. Tout nous imposait donc le devoir de persévérer et de poursuivre le succès définitif de l'œuvre, alors surtout que nous avions déjà eu tant de luttes et de déboires à subir pour atteindre notre but.

Ce même jour, 26 août, comme nous étions réunis en conseil, nous nous rendîmes tous ensemble à la Chambre des députés, pour y faire la remise de nos budgets. Quelques jours plus tard, le 5 septembre, le lendemain de l'ouverture de l'Exposition, un député, M. St-Cap-Louis Blot, apprenant, dit-il, le prochain départ de M. Charles Laforestrie, fit à la Chambre la proposition suivante :

Mes chers Collègues,

Vivant, comme moi, au milieu du peuple, vous savez, Messieurs, combien l'esprit public est effrayé de voir qu'au moment où les Chambres législatives attendaient le budget et les comptes généraux de la République, M. Charles Laforestrie a quitté inopinément le portefeuille des finances d'une manière si lâche et si ignominieuse, et se dispose à partir pour la France, où il *réside,* et cela sans rendre compte de sa gestion ministérielle !

La Chambre des représentants partage cette frayeur, qui est d'autant plus légitime, qu'elle a, elle aussi, à rendre compte à ses mandants de la mission qui lui a été confiée. Elle vient, par mon organe, demander l'interpellation, ou plutôt exprimer le désir patriotique de voir le Cabinet en entier se présenter à sa barre, pour s'expliquer sur la retraite du sieur Charles Laforestrie, et surtout sur son départ projeté pour le 9 ou le 10 (départ dénoncé par l'opinion publique).

Mes collègues voteront ma proposition, car elle intéresse à un haut point L'ORDRE PUBLIC.

Les députés soussignés proposent l'interpellation du Cabinet, pour s'expliquer sur la retraite de M. Laforestrie comme ministre des finances, et de son départ pour la

France, où il *réside,* sans rendre compte de sa gestion ministérielle.

Signé St-Cap-Louis Blot, M. André, Saint-Louis fils, Ducasse, Ségur Gentil, N. Léger, C.-J.-B. Damis.

Cette proposition fut votée, et, dès que le Gouvernement reçut le message qui nous la transmit, M. le général Piquant fut chargé de se présenter, au nom du conseil des secrétaires d'État, pour déclarer à la Chambre des députés qu'un secrétaire d'État avait le droit de se retirer d'un cabinet lorsqu'il cessait d'être en accord avec ses collègues. On discuta beaucoup dans cette séance, et on finit par émettre le vœu exprimé dans la résolution suivante :

RÉSOLUTION

Attendu que les motifs de la retraite de M. C. Laforestrie sont basés sur sa non-entente, avec les autres membres du Cabinet, sur la politique générale et administrative;

Vu l'alliance entre l'exposé de la situation et le budget de la République (département des finances), et les comptes généraux qui devaient être présentés par l'ex-secrétaire d'État, M. C. Laforestrie;

Vu les suspicions graves portées sur la retraite subite de l'ex-secrétaire d'État et de son départ prochain,

La Chambre émet le vœu de voir le Pouvoir exécutif prendre les mesures nécessaires, vu l'article 174 de la Constitution et la loi sur la responsabilité des fontionnaires du 7 septembre 1870, pour empêcher le départ de M. C. Laforestrie jusqu'à la reddition de compte de sa gestion.

Signé St-Cap-Louis Blot;

Appuyé M. André, L. Delbeau fils, F. Ducasse.

La proposition de résolution du député St-Cap-Louis Blot

est votée à l'unanimité des membres de l'Assemblée présents dans l'enceinte.

M. St-Cap-Louis Blot. — Allez, Messieurs les Secrétaires d'État, et dites au président de la République que nous vous avons donné les armes nécessaires pour combattre. Vive le président Salomon! — Vive le président Salomon!

Le président. — Collègue Blot! collègue Blot!

M. St-Cap-Louis Blot. — Je vous demande pardon, Messieurs, c'est un cri d'enthousiasme, c'est un élan de patriotisme.

CHAPITRE VI

Inauguration de l'Exposition.

Reportons-nous un jour en arrière, à la date du 4 septembre, et parlons de l'Exposition. On se rappelle que l'inauguration de cette fête, ne pouvant avoir lieu le 15 août, avait été renvoyée au premier dimanche de septembre (1). La Commission et les ouvriers avaient mis beaucoup d'activité pour que les travaux fussent achevés à la date fixée. Dans les derniers jours du mois d'août, il y avait partout une très grande animation; on voyait des gens en foule se transporter tous les soirs, dès 4 heures, au Champ de Mars et aux abords de l'édifice. Enfin, à l'approche de la fête, nous fîmes publier le programme suivant, embrassant le cérémonial de la fête militaire ; car, ce même jour, devait avoir lieu la distribution de nouveaux drapeaux aux troupes:

---

(1) AVIS

DE LA SECRÉTAIRERIE D'ÉTAT DE L'AGRICULTURE, etc.

Attendu que les divers produits destinés à l'Exposition nationale ne seront pas prêts à la date du 15 août prochain, d'après le vœu exprimé par la commission instituée à cet effet, le Gouvernement renvoie cette solennité au premier dimanche de septembre.

Signé D. LÉGITIME.

Port-au-Prince, le 29 juillet 1881.

PROGRAMME DE LA FÊTE DU 4 SEPTEMBRE 1881

DISTRIBUTION SOLENNELLE DES DRAPEAUX A L'ARMÉE — INAUGURATION DE L'EXPOSITION D'HAÏTI

Première partie.

Grande fête militaire, distribution solennelle des drapeaux à l'armée.

Le samedi 3 septembre, au coucher du soleil (6 heures), le Fort national annoncera la fête par une salve de dix-sept coups de canon, qu'il répètera le lendemain au lever du jour (6 heures du matin).

Le dimanche 4 septembre, à 6 heures du matin, le commandant de l'arrondissement fera prendre, à la garde nationale et aux troupes de la garnison, leur ligne de bataille au Champ de Mars.

A 7 heures, les sénateurs et les représentants, les membres du Corps diplomatique, les membres du Corps judiciaire, les fonctionnaires de toutes les administrations publiques, les membres du Jury de l'Exposition, les délégués des Commissions agricoles, le Commerce, les écoles du Gouvernement, se réuniront au palais national.

Ils se rendront au Champ de Mars, et occuperont les places qui leur seront désignées par les maîtres des cérémonies.

A 7 heures et demie, le Président d'Haïti, entouré des secrétaires d'État, de ses aides de camp et des officiers de l'état-major général, se rendra au Champ de Mars, où sera célébrée une messe solennelle pour la bénédiction des drapeaux.

Ordre des préséances.

Une salve sera tirée à l'arrivée du Président, à l'élévation et pendant la bénédiction des drapeaux.

Arrivé au Champ de Mars, le Président se dirigera immédiatement vers le pavillon central des tribunes. Il y entrera par le grand escalier d'honneur, et s'y installera, entouré des secrétaires d'État et des présidents des deux Chambres.

Messieurs les Sénateurs et Représentants, et les membres du Corps diplomatique, prendront place dans les tribunes, à droite et à gauche du pavillon présidentiel.

L'armée sera rangée en bataille, en face des tribunes, sur deux lignes parallèles :

Première ligne. — La garde nationale, les pompiers et la police.

Deuxième ligne. — La garde et les régiments de ligne, par numéros d'ordre; la cavalerie et l'artillerie, à la gauche de cette deuxième ligne, et un peu en arrière. — Aussitôt après la messe, commencera la remise des drapeaux à l'armée.

Les drapeaux seront remis d'abord à la garde, puis aux corps présents dans la capitale; enfin, aux autres corps cantonnés dans les divers arrondissements de la République; ces derniers seront tous représentés à la cérémonie par un chef de bataillon, le porte-drapeau et deux sous-officiers.

Chaque chef de corps recevra des mains du Président de la République le drapeau de son régiment. En le lui présentant, le Président lui adressera ces paroles :

« Jurez de rester fidèle au drapeau qui vous est confié, et » de le défendre comme le symbole de la patrie et l'emblème » de l'honneur national ».

Le chef de corps, étendant son épée vers le drapeau, répondra à haute voix :

« Je le jure! »

Il prendra alors son drapeau, le remettra immédiatement au porte-drapeau, et retournera avec lui à son régiment.

Les députations des corps non présents à la capitale, après avoir reçu leurs drapeaux, se rangeront à la droite de la première ligne de bataille, pour se trouver en tête de l'armée quand elle sera formée en colonne pour défiler.

Les officiers généraux présents dans la capitale assisteront à la cérémonie en grande tenue et à cheval. Ils se tiendront de chaque côté des tribunes pendant la remise des drapeaux.

Lorsque cette cérémonie sera terminée, le secrétaire d'État de la guerre quittera la tribune, montera à cheval, et viendra se placer au bas de l'escalier d'honneur. Il adressera alors une courte allocution au Président, pour lui présenter l'armée.

Aussitôt après cette allocution, le Président montera à cheval, et passera sur le front des lignes de bataille, ayant à sa droite le secrétaire d'État de la guerre, et suivi seulement des autres secrétaires d'État et de son état-major particulier. Les divers autres états-majors se placeront au milieu du Champ de Mars, face à l'armée pendant l'inspection du Président, et face aux tribunes pendant le défilé.

Quand Son Excellence aura regagné la tribune, le secrétaire d'État de la guerre prendra place, au milieu du Champ de Mars, à la tête des états-majors.

Le commandant de l'arrondissement fera les commandements nécessaires pour disposer les troupes au défilé.

Après le défilé, l'armée sera massée à droite et à gauche de la grille des jardins de l'Exposition.

Deuxième partie.

Inauguration de l'Exposition nationale d'Haïti.

Aussitôt après la cérémonie militaire, le Président se dirigera vers le palais de l'Exposition.

Il sera reçu à la grille par la Commission de l'Exposition. Le président de cette Commission lui souhaitera la bienvenue.

Puis, le cortège officiel seul pénètrera dans les jardins et suivra la grande avenue du bassin pour gagner le palais.

Lorsqu'il sera arrivé sous le péristyle du palais, le secrétaire d'État de l'agriculture prononcera un discours solennel.

Alors, le Président de la République déclarera l'Exposition ouverte.

Une salve de dix-sept coups de canon annoncera cette déclaration.

Aussitôt, le maëstro Astrée fera entendre, par un corps de musique composé de 125 exécutants, une marche triomphale dédiée à Son Excellence le Président d'Haïti.

Après l'audition de ce morceau, le Président et son cortège parcourront officiellement les différentes salles du palais.

Une salve saluera le départ du Président, et aussitôt les grilles seront ouvertes au public.

L'entrée sera gratuite pendant toute cette journée et les deux jours suivants.

L'orchestre du général Occide fera entendre jusqu'à 5 heures, dans les jardins de l'Exposition, les plus brillants morceaux de son répertoire.

Le public trouvera aux abords de l'Exposition des jeux et divertissements de toutes sortes : manèges, chevaux de bois, etc., etc.

Les portes du palais seront fermées à 5 heures, heure réglementaire pour toute la durée de l'Exposition.

Le public sera prévenu un quart d'heure à l'avance par quelques coups de cloche.

Les jardins resteront ouverts jusqu'à 9 heures.

Troisième partie.

Illumination, feu d'artifice, retraite aux flambeaux.

A 7 heures, illumination générale des jardins et du palais, ainsi que des principaux édifices de la capitale.

A 8 heures, grand feu d'artifice : bombes, fusées romaines, grandes pièces d'artifice allégoriques, feux de Bengale, etc.

Ce feu d'artifice sera tiré au Champ de Mars, en face des tribunes.

Après le feu d'artifice, grande retraite militaire aux flambeaux.

Le secrétaire d'État de la guerre et de la marine,
Signé H. PIQUANT.

Le secrétaire d'État de l'intérieur et de l'agriculture,
Signé F.-D. LÉGITIME.

Les membres du jury étaient, depuis plusieurs jours, réunis à la capitale, ainsi que les délégués des différentes commissions agricoles. Le 4 septembre, dès 4 heures du matin, le canon annonça à la population que la nation entière, unie au Gouvernement dans une commune pensée, allait, pour la première fois, célébrer la vraie fête du travail. Nous laissons ici parler le *Moniteur*, journal officiel (1) :

« Le 3 du courant, à 6 heures du soir, le Fort national annonçait, par une salve de dix-sept coups de canon, l'ouverture de notre première Exposition nationale. Le lendemain 4, à 3 heures du matin, l'assemblée générale était battue ; le Fort national, à 5 heures et demie, répétait ses dix-sept coups de canon, et la ville entière, à ce signal, se préparait à prendre part à cette immense et nouvelle solennité.

---

(1) Il est bon de rappeler ici l'article publié dans le journal *l'Œil*. La malveillance s'en empara pour faire, du général Piquant et de moi-même, deux candidats à la présidence, et pour nous rendre ainsi suspects au chef de l'État; tant il est vrai que l'ignorance et la calomnie se suivent toujours de près pour incriminer les meilleures intentions.

LE 4 SEPTEMBRE

Ce jour-là, l'armée recevait ses drapeaux ; l'Exposition nationale ouvrait ses portes. Deux fêtes, l'une guerrière, l'autre toute pacifique et industrielle, se célébraient en même temps au Champ de Mars.

Hâtons-nous de le dire, les deux fêtes ont été dignes de la République et dignes du Président.

M. H. Piquant, le ministre de la guerre, dans une éloquente allocution, a fait vibrer toutes les âmes ; il a remué tous les cœurs.

« Cette armée, la voilà, Président, telle que vos soins nous l'ont faite », s'écriait-il. Et son beau geste de soldat intrépide nous montrait nos soldats réorganisés, grâce à son activité et à son intelligence. C'est bien là le type du patriote jeune et ardent, plein de résolution et de feu, ainsi qu'il convient à notre époque. En le regardant, chacun se disait qu'il était vraiment là à sa place, et on sentait que le Président avait été bien inspiré en lui confiant la réorganisation de l'armée.

Ce n'est pas celui-là, certes, qui trompera sa confiance ni celle de la nation! Jeune et plein d'avenir, cet homme-là ne voudra ni ne pourra se perdre dans des calculs égoïstes et étroits. Ses visées sont plus hautes!

Déjà, conformément au programme des secrétaires d'État de la guerre et de l'agriculture, les troupes de la garnison, sous les ordres du commandant de l'arrondissement, le général P. Benjamin, la garde de Son Excellence le Président d'Haïti, sous les ordres du général A. Prophète, la garde nationale, sous les ordres du général B. Prophète, et la police administrative, sous les ordres du général H. Laforest, se mettaient en mouvement avec un entrain admirable et allaient prendre leur ligne de bataille au Champ de Mars.

La ville s'animait peu à peu, et à huit heures, entre la place d'Armes et le centre de la capitale, il s'était établi un courant considérable de citoyens empressés d'admirer tous les préparatifs.

Dans le même moment, Son Excellence le Président d'Haïti,

L'amour du bien public le soutiendra et lui dictera le devoir, toujours le devoir, envers son chef et envers son pays.

Du reste, il est, dans son tempérament, quelque chose d'héroïque et de convaincu qui plaît aux masses et lui assure un grand prestige !

Dimanche, sous sa chaude parole, un frisson électrique courait parmi la foule et lui disait qu'il était en communication avec elle.

Le ministre de la guerre est un tribun doublé d'un politique qui est à trop bonne école — celle du Président de la République — pour ne pas comprendre les temps que nous traversons et pour ne pas en faire une étude approfondie !

M. D. Légitime, le ministre de l'agriculture, a prouvé, par son Exposition nationale, que la persévérance et la volonté sont deux qualités qu'il possède à un haut degré ! Qu'il les garde précieusement ! Dans un pays comme le nôtre, où elles sont si rares, ceux qui ont le bonheur de les posséder disposent d'une force considérable.

Personne ne pouvait croire qu'en si peu de temps on eût pu créer le palais splendide qui, comme par enchantement, s'est élevé au Champ de Mars. M. D. Légitime a convaincu les plus sceptiques. Il faut l'admirer sans réserve !

Jamais plus belle pensée ne s'est réalisée avec plus d'énergie et de courage. Chez nous, généralement, on se contente d'exprimer les belles pensées ; on ne songe jamais à les réaliser.

M. D. Légitime a tenu à honneur de marcher en dehors des voies connues.

Il a bien fait, et nous ne l'oublions pas. Le peuple, dans le sein duquel son nom est devenu si populaire, l'a chaudement félicité et remercié par ses

entourée des secrétaires d'État et suivi de ses aides de camp, des officiers de l'état-major général, quittait le palais et allait occuper le pavillon central des tribunes du Champ de Mars. MM. les Sénateurs et Représentants, les membres du Corps diplomatique, prenaient place, dans les mêmes tribunes, à droite et à gauche du pavillon présidentiel.

Les fonctionnaires de toutes les administrations publiques, les membres du jury de l'Exposition, les délégués des commissions agricoles, le commerce, les écoles du Gouvernement, occupaient les places qui leur étaient désignées par les maîtres des cérémonies.

A l'heure indiquée, Mgr Bélouino, évêque d'Hériopolis, était arrivé avec le clergé.

La messe est dite dans un pavillon, dans lequel est dressé

---

enthousiastes acclamations. Il l'a remercié d'avoir accompli une œuvre d'intérêt général, une œuvre qui prouve qu'il a confiance dans l'avenir de notre pays.

Pour faire des choses utiles et grandes en ce monde, la condition essentielle est d'avoir la foi. M. D. Légitime a foi dans nos destinées futures; son Exposition nationale le prouve!

Le peuple, qui a si souvent vu des ministres sceptiques et incrédules, remercie et félicite le ministre qui croit dans le progrès national.

Dans quelques années, quand les prémisses posées aujourd'hui auront donné ce que nous sommes en droit d'attendre d'elles, en même temps que le nom du président Salomon, le premier nom qui sera sur toutes les lèvres sera celui de M. D. Légitime!

Oui, le Président de la République avait eu la main heureuse, cette fois, dans ces deux choix! Oui, ce sont là deux hommes de progrès et d'avenir. Ils ont une valeur réelle, une valeur personnelle. Nous applaudirons toujours à des choix semblables, qui consolident et fortifient un gouvernement!

Puisse, le Président de la République, être toujours aussi bien inspiré!! Puisse-t-il, pour le bonheur du peuple haïtien, choisir toujours des citoyens intelligents et courageux, pleinement dévoués — dévoués sans réticences — à sa personne et à son Gouvernement!

La paix règne partout; le peuple ne veut plus d'agitations. Il a confiance dans l'éminent citoyen qui occupe la première magistrature de l'État. Nos ennemis sont réduits à l'impuissance.

Ils n'ont plus d'autres ressources que d'épier nos fautes. *Évitons d'en faire.*

l'autel, en face des tribunes. Mme Salomon, Mme D. Légitime, Mme H. Piquant, y ont pris place, ainsi que d'autres dames.

Pendant la messe, on ne peut être empêché d'être distrait par l'aspect réellement imposant de tout ce qui frappe la vue.

Presque au pied du morne de l'hôpital, qui encadre si grandiosement la vaste place où l'on se trouve, s'élève l'élégant palais de l'Exposition, précédé de son jardin, de sa grille et de ses kiosques. A droite et à gauche, on voit de jolis pavillons qui s'emplissent d'une foule joyeuse; les voitures du tramway débarquent un flot de visiteurs, les troupes de toutes armes s'alignent correctement, les pompiers, en costume de feu, ont à leur tête M. Démost, qui n'a pas peu contribué au succès de ce jour. Tout cet ensemble, plein d'éclat et de gaieté, est encore embelli par la présence des jeunes filles des écoles nationales.

Sur toutes les têtes s'agitent les flammes de nombreux mâts vénitiens. La façade de l'Exposition et le balcon du bâtiment central présentent une décoration d'étamine et de drapeaux.

Mais on est retiré tout à coup de la contemplation par le bruit du canon, à la fin de la messe. Monseigneur va procéder à la bénédiction des drapeaux. Il s'avance sur le devant du pavillon où l'on a officié, et prononce le discours suivant :

« Monsieur le Président,

» Nos très chers Frères,

» L'Évangile de ce jour (1) nous inculque le devoir de la reconnaissance, et nous sommes ici pour l'accomplir. A notre avis, trois objets, en ce moment, la sollicitent : un grand soldat, qui fut un grand colonisateur (2), avait pris pour devise l'épée et la charrue, *ense et aratro,* le tout surmonté de la croix. Ces trois choses, nous les avons sous les yeux : l'épée, en voici le symbole; la charrue, elle

(1) XIIIe dimanche après la Pentecôte.

(2) Le maréchal Bugeaud.

est à quelques pas; l'une et l'autre sont à l'ombre de la croix.

» Il n'est personne qui ne comprenne et qui ne dise les biens dont nous sommes redevables à l'épée qui nous défend et nous garde, à la charrue qui nous donne le pain de chaque jour. Mais sont-ils nombreux les hommes qui apprécient et qui proclament ce que nous devons à la croix?

» Serait-ce, N. T. C. F., parce que la main qui la tient élevée aux regards du monde est celle de l'Église catholique? Quoi qu'il en soit, nous voulons aujourd'hui lui faire sa part, en disant ce qui a été fait en ce pays, par la croix et pour la croix, depuis la date à jamais mémorable, dans votre histoire, du 18 mars 1860.

» Sur ce terrain, nous nous sentons très à l'aise, puisque votre présence au pied de l'autel vous y place avec nous. Pour un autre motif encore : n'ayant rien fait en Haïti, nous pouvons, sans encourir un soupçon quelconque, célébrer les œuvres de ceux qui nous y ont devancés.

» Nous avons vu, il y a tantôt quinze ans, votre premier Archevêque, en proie au zèle inassouvi qui travaillait sa belle âme, dévoré de cette nostalgie du pasteur éloigné de son troupeau, à laquelle il a fini par succomber. Les doux pontifes qui ont recueilli son héritage étaient nos amis avant que nous eussions l'honneur d'être leur collègue, et lorsqu'ils nous entretenaient des résultats obtenus, de leurs espérances en l'avenir, de l'appui qu'ils attendaient de vous, Monsieur le Président, ce qu'ils oubliaient toujours, c'était eux-mêmes.

» Mais, venu de ce côté de l'Océan, il nous a suffi d'un regard jeté sur leur œuvre pour être saisi d'admiration.

» Nous ne dirons pas tout ce que nous avons admiré : il nous suffira de citer le clergé qu'ils ont formé à leur image et à leur ressemblance, ces prêtres si pieux, si exemplaires, si dévoués au peuple vers lequel les a poussés l'esprit de Dieu.

» Si dévoués à ce peuple!

» Ne le fallait-il pas, N. T. C. F., pour les arracher au

doux pays de France et les amener, ici, braver les ardeurs meurtrières de votre soleil? Et ne faut-il pas que leur exemple ait ouvert derrière eux une source inépuisable de dévouement, pour que ceux qui aspirent à les suivre ne se laissent point effrayer par ce nécrologe interminable grossi chaque jour des noms des derniers venus?

» Après tout, les morts intercèdent au ciel pour ceux qui restent, et les saints travaux ne se ralentissent pas. Nous parlons moins des entreprises matérielles, si méritoires pourtant à cause de difficultés inouïes, que d'œuvres plus grandes, plus difficiles encore, et partant plus fécondes : celles-là, on les fait avec son âme en attirant d'autres âmes.

» L'instruction religieuse, prodiguée sous toutes ses formes, envahissant cette terre haïtienne « comme les eaux de la mer » (1), les sacrements, ces canaux de la grâce divine, abreuvant toutes les âmes, les mourants assistés dans leur agonie, la dépouille des morts honorée des bénédictions de l'Église, le culte, dont la splendeur n'a rien à envier aux chrétientés les plus favorisées, les écoles catholiques surgissant de toutes parts, les associations qui, sous des noms divers, abritent et vivifient la piété et la charité, le nombre toujours croissant des familles régulières, condition absolue de toute dignité, de tout progrès, de tout avenir quelconque, que sais-je? Le temps me manquerait, comme à l'apôtre Paul, s'il me fallait tout dire : *deficiet me tempus enarrantem* (2). A vous de dire, N. T. C. F., s'il faut que je continue de me servir de sa parole pour retracer les conditions dans lesquelles les hommes de Dieu poursuivent ici leur carrière laborieuse. « Les uns ont été tourmentés, les autres ont souffert les outrages; ils ont mené une vie errante, abandonnés, affligés, persécutés, eux dont le monde n'était pas digne », *Quibus dignus nos erat mundus* (3)? Ce qu'il y a de certain, c'est

(1) Js. XI, 9.
(2) Heb. XI, 32.
(3) Heb. XI, 32.

que la plupart sont condamnés à une dure solitude, à des immolations dont la nature a horreur, à des fatigues sans nom, tout cela compensé par quels dédommagements? Lorsque la maladie vient les clouer sur un lit de douleur, c'est quelquefois bien loin des secours du ciel et de la terre; et souvent ils exhalent leur dernier souffle sans un cœur ami pour le recueillir.

» Ah! si du sein de ce vaste auditoire, une voix, une seule voix s'élevait pour contester ce que vous devez au prêtre catholique, j'évoquerais le souvenir de ce grand citoyen de Rome qui, après ses triomphes sur Annibal, fut mis en accusation, et dont on n'obtint que cette réponse : « Montez avec » moi au Capitole pour rendre grâces aux Dieux de ce qu'ils » m'ont donné de sauver Rome ».

» Mais cette voix ne se fera point entendre, car ce serait la voix de la passion, de l'ignorance ou de l'obéissance servile à je ne sais quel mot d'ordre émané de régions où le jour ne pénètre pas. Nous ne voulons point admettre l'existence de telles choses parmi nous.

» Nous ne le voulons point, parce que nous croyons fermement que vous aimez votre pays, et vous en donnez la preuve; car, qu'est ceci, sinon une solennité patriotique? La religion devait y présider, puisque c'est elle qui enseigne l'amour de la patrie et qui en fait une obligation de justice.

» Or, ces prêtres, que d'autres cieux ont vu naître et qui ne les oublient pas, aiment aussi leur patrie d'adoption, où, pourtant, ils ne sauraient avoir un coin de terre qui leur appartienne. S'ils ne sont pas vos concitoyens dans le sens matériel du mot, ils le sont d'une manière suréminente par ce sentiment greffé en eux de main divine. Sentiment qui les anime aux généreux efforts, mais aussi qui les éclaire et leur montre qu'ils vous sont indispensables. Comprenez-le vous-même, N. T. C. F., et lorsque vous l'aurez compris, n'hésitez pas à le dire bien haut : Oui, la croix que ces hommes ont arboré sur nos rivages, et qu'ils disent être la seule vie des âmes, est aussi la vie de la patrie Haïtienne. Donc, l'ennemi de la croix ne sait ou ne veut pas aimer son pays.

» Salut donc, ô croix notre unique espérance, *spes unica!* Ici, que votre règne s'affermisse et prospère, et que les puissances ennemies reculent en votre présence, *fugit, partes adversæ!* Que par votre influence, ces étendards, que nous allons bénir, soient la terreur des ennemis du nom chrétien, *sit inimicis populi Christiani terribile!* Que la charrue, tenue par des mains chrétiennes, fasse vivre le corps pour qu'il soit le serviteur de l'âme, et qu'elle-même soit la servante de Dieu!

» *In nomine patris, etc.* »

Après ce discours, Monseigneur bénit les drapeaux, qui furent remis successivement aux chefs de corps.

Le président d'Haïti rappela aux soldats que les drapeaux sont le symbole de l'honneur et du dévouement à la patrie. Les officiers qui les recevaient des mains de Son Excellence juraient, au nom de l'armée, de leur être fidèles.

A ce moment, le secrétaire d'État de la guerre, à cheval, se présenta devant la tribune du Président et lui adressa les paroles suivantes :

« Président,

» Voici l'armée, dont l'organisation, dès votre avènement à la première magistrature de l'État, a été toujours l'objet de votre plus grande et paternelle sollicitude, que j'ai l'honneur de présenter à Votre Excellence. — La voici, Président, aujourd'hui uniformément habillée, équipée et armée, et offrant un coup d'œil assez admirable et assez magnifique.

» Jouissez donc, Président, de ce premier triomphe, qui n'est que l'avant-coureur d'autres plus grands encore qui vous sont réservés, et auxquels Votre Excellence a le droit de s'attendre.

» Voyez et contemplez cette armée, par vos soins organisée, et cette foule compacte de citoyens qui vous admirent, et qui, à juste titre, Président, vous surnomment *le Père et le Sauveur de la Patrie.*

» En effet, Président, l'armée, ainsi relevée et organisée, va bientôt sortir, grâce à vos efforts patriotiques, de l'état de désordre et d'anarchie auquel elle était abandonnée depuis si longtemps. — Aussi, joyeuse et contente, elle vient, par mon organe, vous offrir ses hommages les plus respectueux et sa plus profonde reconnaissance; elle vient renouveler en ce moment de grande solennité, à la fois religieuse et militaire, ses sentiments de dévouement et de fidélité à Votre Excellence et à son Gouvernement.

» Ce résultat rapidement obtenu en moins de deux ans, grâce à la volonté suprême, est sans conteste, Président, un progrès réel pour le pays. — C'est immense!! Aussi nous disons :

» Gloire à Dieu! Honneur à Votre Excellence et au Corps législatif, si dignement et si honorablement représenté à vos côtés et partout dans cette grande fête nationale, et dont le concours vous a permis aussi de réaliser tous ces bienfaits!

» Ce grand Corps de l'État, j'en reste convaincu, continuera ce concours à Votre Excellence, pour parfaire cette grande œuvre de réformation et de réparation que vous avez si résolument et si dignement entreprise.

» Le pays s'en ressent de ces réformes effectuées et réalisées en un si court espace de temps, et qui lui offrent tant de garanties et de sécurité. Il y applaudit chaleureusement, et la Nation, témoin, vous vote des félicitations bien sincères et vous en tient compte.

» Courage donc, Président! Continuez votre œuvre! Dieu est avec vous! Courage! Le pays est avec vous aussi, et le pays a parlé. — Il entend que la paix et la tranquillité que vous lui avez assurées depuis votre arrivée au pouvoir se maintiennent, se conservent et se raffermissent.

» L'armée, à la tête de laquelle je vous parle, et moi, nous venons vous renouveler, encore une fois, notre serment de fidélité à Votre Excellence et au pays. Nous vous le promettons devant Dieu, devant Votre Excellence et sur cette épée, symbole de l'honneur, et avec laquelle je vous salue bien respectueusement.

» Vive le président d'Haïti! — Vivent la paix et la tranquillité! — Vive l'union de la famille haïtienne! — Vive l'Assemblée nationale! »

Le Président répondit à ces paroles :

« Général,

» Ce serment que vous venez de faire, vous l'avez fait à la patrie, dont j'ai été et suis encore le serviteur dévoué et fidèle, et pour laquelle je suis prêt à verser la dernière goutte de mon sang.

» Jurer fidélité et dévouement à mon Gouvernement, c'est jurer fidélité et dévouement à la patrie. Depuis l'âge de 14 ans, j'ai commencé à servir mon pays, et pendant une carrière de quarante et quelques années, quoiqu'on ait pu dire, je n'ai jamais démérité de la confiance et de l'estime de mes concitoyens.

» C'est en récompense des constants efforts que j'ai faits pour le bonheur de ma patrie, c'est en récompense de mes services, que j'ai mérité l'honneur d'être aujourd'hui chef de l'État.

» J'invite donc tous mes concitoyens à suivre mon exemple.

» Ce que j'ai fait pour Haïti n'est rien en raison de ce qu'il me reste à faire, de ce que je compte faire.

» C'est pourquoi je prie tous mes concitoyens de m'aider à assurer la paix que, depuis deux ans, j'ai donnée au pays, et qui seule me permettra de faire tout le bien que je désire pour le bonheur et la prospérité d'Haïti ».

(Applaudissements et vivats.)

Puis, Son Excellence monta à cheval et passa sur le front des lignes de bataille, ayant à sa droite le secrétaire d'État de la guerre, et suivi des autres secrétaires d'État et de son état-major particulier.

Le défilé eut lieu plus tard sous les yeux de Son Excellence, qui était venue prendre position en face des tribunes. Chacun put alors remarquer l'excellente tenue des troupes et les progrès rapides réalisés dans la marche et les autres mouvements.

Après la cérémonie militaire, le président se dirige vers le palais de l'Exposition. Il est suivi de tout le cortège officiel. Arrivé à la grande grille d'entrée, il est reçu par le président de la commission, M. J. St-Macary, magistrat communal, qui lui souhaite la bienvenue dans les termes suivants :

« Président,

» A l'entrée de ce palais, qui représente le Travail et le Progrès, nous venons, avec bonheur, recevoir et saluer Votre Excellence.

» En créant la première Exposition qui va s'ouvrir aujourd'hui à la capitale, votre Gouvernement, Président, a conçu une pensée bienfaisante qui aura, nous en sommes convaincus, un écho retentissant dans tout le pays.

» Nous avons été les interprètes de cette noble idée de progrès. Nous nous estimerons heureux si, dans le peu de temps que nous avons eu pour l'exécuter, nous avons réussi à atteindre le but proposé, vers lequel tous mes collègues et moi nous avons porté notre bonne volonté et nos efforts.

» L'opinion publique s'est déjà prononcée ; elle a acclamé cette grande œuvre, parce qu'elle a compris que les dépenses qui lui ont été consacrées seront des dépenses qui ne tarderont pas à produire leurs fruits avec usure pour le bonheur d'Haïti.

» Veuillez, Président, entrer dans cette enceinte, mais, auparavant, permettez-nous de nous écrier :

» Vive le travail ! Vive le progrès ! Vive le président Salomon ! »

Après ces paroles, Son Excellence le Président d'Haïti est entrée dans le jardin de l'Exposition et est accueillie, au seuil de l'édifice, par le secrétaire d'État de l'intérieur et de l'agriculture, M. le général D. Légitime, qui a prononcé le discours suivant :

« Président,

» L'année dernière, Votre Excellence voulant se rendre compte de la situation véritable du pays, afin de porter remède aux maux dont souffrent nos populations, s'est empressée de visiter le vaste arrondissement de Jacmel. Là, après avoir tout vu et tout considéré, reconnaissant par où péchait notre ancien système administratif, Votre Excellence prononça les paroles suivantes à la fête du 1er mai :

« Jusqu'ici, la fête de l'agriculture n'est qu'une banalité;
» elle ne répond pas à l'idée qui l'a fit instituer. Je compte
» faire de cette solennité du 1er mai une fête sérieuse, car
» sans vous, citoyens agriculteurs, le pays ne peut pas
» marcher. Continuez à cultiver avec ardeur vos champs;
» mon Gouvernement ne manquera pas de vous encourager
» prochainement ».

» C'est donc pour faire répondre les faits à ces paroles publiques que vous assemblez le pays tout entier dans ce concours agricole et industriel, dont l'heureux effet sera de créer l'émulation parmi nos concitoyens, qui pourront constater ce que le génie naturel du pays, abandonné jusqu'ici à ses propres forces, a pu surmonter à travers tant de commotions politiques, et de stimuler aussi le zèle de chacun par des encouragements mérités.

» En cela, vous avez puissamment fait, Président, et c'est au nom du pays que vous sauvez par cette réforme, c'est au nom des hommes groupés autour de cet édifice, que je m'empresse de vous saluer par ce titre que l'écho de nos montagnes a répété depuis bientôt deux ans : Vous êtes le Père de la Patrie!

» En encourageant l'agriculture, en protégeant les diverses branches de notre industrie nationale, vous continuez la mission que vous vous êtes imposée de détourner les esprits des erreurs de la politique, vous sauvez la jeunesse, qui cessera d'être inquiète de son avenir; vous commencez, enfin, cette révolution économique que vous avez promise à vos concitoyens. Les hommes, encore divisés sur des questions d'intérêt politique et égoïste, viendront se rencontrer sur le terrain neutre de l'Exposition, champ clos où le mérite seul et la valeur intrinsèque décident du triomphe et désignent la place de chacun.

» Il était réservé à votre caractère élevé — ce sera là une gloire qui entourera votre nom — de couronner l'œuvre de nos pères : eux, ils ont conquis l'indépendance politique dont nous sommes si fiers et si jaloux; vous, citoyen éclairé par l'expérience du siècle et par des malheurs personnels, vous cherchez à produire la lutte du travail, à ramener l'aisance dans nos familles et à procurer ainsi à votre pays son indépendance civile. Par de sages combinaisons, ramenant tous les Haïtiens à la même unité de vue et les tenant dans une même communauté d'intérêts, vous réveillerez en eux l'esprit de solidarité qui fait la force de la nation.

» L'Exposition, Président, qui s'ouvre pour la première fois en Haïti, est, pour les esprits clairvoyants, bien autre chose qu'une simple fête. Dans ce concours, il n'y a pas un vain étalage de produits divers : l'Exposition, comme vous l'entendez et comme vous voulez le faire entendre, est un tribunal où les talents, dégagés de toutes entraves, pourront venir au grand jour réclamer les droits qu'ils ont acquis et les privilèges qui leur reviennent. Assurément, la démocratie moderne, à laquelle ne s'adaptent plus les mesures arbitraires et tyranniques de la maréchaussée, la démocratie moderne ne pouvait mieux trouver, comme moyen de contrôle et d'excitation, que l'Exposition publique et officielle des produits, fruit des efforts de l'homme (1). En effet, c'est sans peine que

(1) La première idée des *Expositions* appartient à M. Fois de Neufchâteau, ministre de France vers 1798. Le Gouvernement de la République de 1848 donna un nouvel éclat aux *Expositions* en y conviant l'*agriculture*.

toutes les têtes se courbent, que toutes les ambitions se soumettent, quand l'opinion publique, la grande souveraine, a parlé et a décerné ses prix.

» En ouvrant notre Exposition, nous plantons notre premier jalon, et demain ce sera la grande lutte lorsque, plus confiants dans nos forces, nous pourrons subir la comparaison, en appelant dans l'arène nos sœurs des Antilles.

« Citoyens qui êtes ici assemblés, je vous convie à crier avec moi :

» Vive la nation! Vive le président de la République! Vivent l'agriculture et l'industrie! »

Puis, le Président adressa au peuple et aux soldats réunis le discours suivant :

« Concitoyens,

« En nous léguant une patrie et en instituant dans leur première Constitution la fête de l'agriculture, les fondateurs de notre indépendance avaient compris qu'à côté de l'épée qui venait de vaincre, il fallait la charrue; la charrue dont s'honoraient, autant que de leurs plus brillantes victoires, les grands hommes de l'antiquité.

» Arrivé au pouvoir, ma plus sérieuse attention s'est portée sur l'agriculture, source unique, jusqu'ici, de la fortune publique, et grâce à des efforts constants et au concours de tous, notamment des membres de la Commission de l'Exposition agricole et industrielle en Haïti.

» Soldats! j'ai voulu, en choisissant ce jour pour vous remettre vos drapeaux, vous associer intimement à cette fête, en ce sens qu'elle doit vous être chère à un double titre : d'abord, parce que ce sont vos immortels devanciers dans la carrière des armes qui l'ont instituée, ensuite parce que, quoique armés de la carabine, vos bras vigoureux trouvent encore le temps pour remuer notre sol et en faire sortir ces richesses qui, en d'autres temps, valurent à la patrie le titre de reine des Antilles. — Avec la paix et l'ordre, à l'affermissement desquels nous travaillons, nous reconquerrons ce titre.

» Concitoyens! l'Exposition qui va s'ouvrir est le premier pas que fait mon Gouvernement dans la voie des encouragements accordés à notre agriculture et à notre industrie naissante. Quelque modeste que soit cette première Exposition, elle n'en est pas moins le prélude d'un avenir meilleur; elle indique la route à suivre pour conquérir à notre beau pays toute la gloire réservée aux nations agricoles.

» Je suis heureux de constater l'empressement que toutes les populations de la République ont mis à répondre à l'appel du Gouvernement : cet empressement est la preuve la plus manifeste des nobles sentiments de la nation et de son ferme désir de relever la patrie de ses ruines par l'ordre et le travail.

» Les garanties de calme et de sécurité que j'ai données au pays sont les premiers encouragements que je devais aux classes laborieuses, si intéressées au maintien de la tranquillité publique. — L'Exposition est l'arène du travail national dans laquelle va s'engager la lutte pacifique et glorieuse, dont le résultat constant sera d'ajouter de nouveaux progrès aux progrès déjà réalisés.

» Au nom de la République, je déclare ouverte l'Exposition de 1881.

» Vivent l'agriculture et l'industrie! — Vive l'armée! — Vive la République! — Vive à jamais la paix! »

Aussitôt après, une salve de dix-sept coups de canon annonça à la population l'ouverture de l'Exposition.

En ce moment, le jardin fut envahi par la foule impatiente de voir ce précieux étalage de produits nationaux. Son Excellence, après avoir parcouru toutes les salles du palais, où se multipliaient les maîtres des cérémonies et les commissaires d'honneur nommés par le secrétaire d'État de l'intérieur et de l'agriculture, se reposa un moment dans la grande salle d'honneur où, ayant pris de nouveau la parole, il porta un toast à la prospérité de la France, se rappelant que ce même jour, il y a onze ans, il assistait, à Paris, à la proclamation de la République française, puis effectua sa sortie au milieu des acclamations du peuple.

Pendant ce temps, les 125 musiciens du maëstro Astrée exécutaient, avec un ensemble parfait, une marche triomphale dédiée à Son Excellence le Président d'Haïti.

La population, visiblement émue par cette fête, qui avait tout l'attrait de la nouveauté, y voyait le gage de la paix. Vers midi, elle commença à se retirer pour aller se préparer aux réjouissances du soir; malheureusement, le mauvais temps la contraria; mais rien ne fut perdu, car le lendemain, lundi, le programme fut ponctuellement exécuté. La retraite militaire aux flambeaux, des feux d'artifice, des illuminations et d'autres spectacles, prouvaient encore que le Gouvernement avait voulu marquer de la façon la plus éclatante ce jour d'où doit partir l'ère nouvelle de notre relèvement agricole et industriel.

Voilà donc, couronnée du plus grand succès, l'œuvre à laquelle, pendant huit mois, le Gouvernement, aidé de la Commission de l'Exposition, s'est consacré avec une ardeur infatigable. Le pays et la société entière y verront les dispositions réellement novatrices du Gouvernement du président Salomon.

Les réjouissances publiques commencèrent immédiatement après l'ouverture de l'Exposition; elles furent des plus brillantes; mais l'ivresse de la joie devait malheureusement produire, le lendemain, un conflit regrettable entre les soldats de la garde et les hommes de la police. Ce fut à la suite d'une vive discussion engagée entre quelques-uns des plus exaltés, que deux soldats de la garde tombèrent frappés d'une balle. Le mardi 6 septembre, averti de bonne heure de ce qui s'était passé dans la nuit, nous nous empressâmes d'aller trouver le ministre de la guerre, pour prendre avec lui des mesures que commandait la circonstance. Nous fîmes ensemble la tournée de la ville, dans le but de rallier les soldats qui, en ce moment-là, donnaient la chasse aux agents de la police; d'autres, plus exaltés encore, avaient juré la mort du chef de cette police, le général Hérard Laforest. Ce même jour, à 10 heures du matin, le président Salomon, à qui nous avions rendu compte de ce qui s'était passé et de ce que nous avions fait, quitta sa campagne de Turgeau, et vint avec nous faire deux nouvelles tournées dans la ville. Par son attitude, Son Excellence contribua à rétablir l'ordre. Elle promit prompte justice à ceux qui déploraient le sort de leurs camarades morts ou blessés, et qui, dans la matinée, avaient cherché à les venger d'une manière si arbitraire.

Cette triste aventure était une heureuse occasion offerte à la malveillance, qui s'en saisit; on arriva jusqu'à vouloir assurer qu'elle était l'effet d'un coup de main préparé par le général Laforest. Cette méchante imputation nous atteignit indirectement, car la police relevait de notre autorité.

Expliquons, en quelques mots, la cause de ce conflit. Le 4 septembre, le corps de la police, fort de 250 hommes environ, défila, avec la garde nationale, devant la tribune du chef de l'État. C'était la première fois qu'on l'avait vu en si belle tenue, et la première fois aussi qu'il portait une enseigne, un pavillon de soie jaune qui est sa couleur. Il était, en outre, précédé d'un corps de musique formé pour la circonstance, mais destiné plutôt à jouer pour le public, chaque dimanche, sur la place du Champ de Mars. Ce spectacle nouveau fit naturellement sensation. « La police n'a pas le droit d'avoir un drapeau, une musique », se disaient entre eux les soldats; et là-dessus, après la revue, on commença des discussions de part et d'autre. Ce léger progrès, il faut qu'on le sache, avait été réalisé sous notre impulsion et avec le sentiment d'amour-propre du général Hérard Laforest.

Le 5 au soir, les troupes se réunirent au Champ de Mars, après une brillante retraite aux flambeaux; dès que les soldats furent renvoyés, ils allèrent se mêler à la foule et aux agents de la police qui avaient la surveillance de l'Exposition. Les propos de la matinée reprirent alors leur cours. Des soldats, qui avaient déjà vidé plus d'un petit verre, se mirent à jouer aux dés, nouvelle occasion de se taquiner; mais de la plaisanterie on passa aux injures, et des injures aux menaces. On s'arma, et, dans la tourmente qui s'en suivit, plusieurs coups de fusil partirent du côté de la police et atteignirent deux soldats de la garde, qui moururent sur-le-champ.

Dès ce moment commencèrent les scènes de désordre que nous venons de raconter plus haut. Les soldats de la garde, indignés, se jetèrent sur les armes dont ils pouvaient disposer, et coururent sus aux agents de la police, commissaires ou autres. Le général Hérard Laforest n'était pas présent sur les lieux; mais, par malheur pour lui, il avait des inimitiés dans l'armée. Chef de la police, il eut, en plusieurs reprises, à faire appréhender des soldats, dans l'intérêt même de la discipline de leurs corps, et, par son zèle et son caractère, ce général s'était aliéné l'esprit des chefs eux-mêmes. Par son zèle, et c'est toujours ainsi, on pouvait croire qu'il travaillait à faire déprécier le service des autres; par son caractère, il se mettait souvent en opposition avec les agents supérieurs de l'autorité, tenant trop peu compte de leurs observations. A cet égard, le général Hérard pensait pouvoir se renfermer dans l'une des dispositions de la loi sur l'organisation de la police administrative, ainsi conçue :

« La police administrative est exercée, dans toute l'étendue de la République, par le secrétaire d'État de l'intérieur, et par délégation de son autorité, par les commandants d'arrondissements et des communes. »

A la capitale, le secrétaire d'État de l'intérieur ne peut déléguer son pouvoir en matière de police; mais nous, qui avons étudié le milieu dans lequel nous vivons, nous n'avons jamais voulu, comme nos prédécesseurs, jouir, dans toute sa plénitude, du privilège que nous accorde cette loi, craignant qu'un conflit pût en résulter d'un jour à l'autre.

Ce qui venait de se passer dans la nuit du 5 septembre n'avait pourtant rien d'extraordinaire. L'histoire de pareilles scènes remonte à une époque bien éloignée : le président d'Haïti en a rappelé les faits (1). Sous tous nos gouvernements, cela s'est vu, et hier encore, à Jacmel, à l'occasion de

---

(1) A l'audience du 11 septembre, le président Salomon tint ce langage aux officiers de l'armée :

« A propos de l'incident survenu dans la nuit du 6 au 7 de ce mois, entre la police et les soldats de ma garde, on a fait courir le bruit que c'était une conspiration contre mon Gouvernement. Cela n'est pas vrai; je n'ai tellement pas prêté l'oreille à ce bruit, que, le lendemain de cette affaire, je me suis rendu en plaine, où j'ai passé le reste de la semaine.

Dernièrement, on a écrit du Cap-Haïtien que Brutus Casimir et Gélus Bien-Aimé étaient dans les mornes du Cahos et s'apprêtaient à attaquer le Gouvernement. Ces nouvelles sont fausses : je sais que ces exilés sont aux îles Turques dans la dernière misère, et épiant les nouvelles d'Haïti. Ils ne savent même pas ce qui se passe ici.

On doit perdre cette mauvaise habitude de rapporter ces nouvelles, qui font toujours plus de tort au pays qu'on ne le pense.

Croyez-moi, il n'y a rien. La République est tranquille. Je suis président d'Haïti, je sais tout!

Je connais les sentiments de chacun, et je suis persuadé que tous les esprits sont en faveur de mon Gouvernement et veulent le maintien de la paix que j'ai donnée au pays! »

(Vivats et applaudissements prolongés.)

Le Président reçut, un quart d'heure après, la députation de l'Assemblée nationale, chargée de lui remettre la réponse de cette assemblée et l'exposé général de la situation de la République. Il parla ainsi à la députation :

« Messieurs,

J'ai la faveur de vous annoncer que l'ordre et la tranquillité règnent dans toute l'étendue de la République. Les rapports que j'ai reçus de tous les points du pays sont des plus satisfaisants.

Nous avons tous assisté à la fête du 4 septembre courant, à l'occasion de la distribution solennelle des drapeaux et de l'ouverture de l'Exposition nationale.

Cette fête a été magnifique, et tout le monde en a été content!

Comme il n'y a pas de ciel sans nuage, la fête a été attristée par un conflit qui a eu lieu entre la police et quelques soldats de ma garde. Ce qui s'est passé l'autre jour n'est rien d'extraordinaire. Cela se voit souvent et se verra encore.

Dans les fêtes publiques, lorsqu'on s'amuse, lorsqu'on s'échauffe, il arrive toujours des conflits. De sorte que je suis profondément peiné d'apprendre

la fête de l'Exposition locale organisée dans cette ville, les hommes de police ont eu maille à partir avec les soldats de la ligne. Mais, pour donner une idée de la colère à laquelle on

---

que des individus ont cru voir, dans cette malheureuse affaire, une conspiration contre mon Gouvernement.

A moins d'avoir la preuve du contraire, je dirai non, il n'y a pas eu de conspiration !

Personne n'est assez fou, à la capitale, pour concevoir la pensée de conspirer contre mon Gouvernement.

A mon retour du Nord, des soldats, pris de boisson, ont tiré quelques coups de fusil. La même chose s'est produite, le jour de mon arrivée à la capitale, sortant du Sud.

Dans les onze années que j'ai passées au gouvernement de l'empereur Soulouque, et c'était un gouvernement fort, ces désordres se sont produits.

Sous le président Pétion, sous le président Boyer, les mêmes faits se sont passés. Il y a toujours eu antagonisme entre différents corps de l'armée.

Je suis des Cayes; eh bien, quand le 13e régiment venait en garnison à la capitale, à cette époque, il se battait toujours avec la garde. Chaque soldat du 13e régiment avait dans sa poche un rasoir pour couper la queue de l'habit des soldats de la garde. (La garde portait, dans ce temps, des habits très longs.)

On ne se figure pas le tort que l'on fait au pays quand on fait circuler ces bruits. Ces bruits arrêtent la marche des affaires, non pas ici, mais à l'étranger.

Enfin, l'instruction de cette malheureuse affaire se fait, et je soutiens toujours, jusqu'à ce qu'on me prouve le contraire, qu'il n'y a pas eu de conspiration !

Comment croire que la police, quelque bien organisée qu'elle soit, puisse résister à ma garde.

Ma garde seule suffit pour combattre toute insurrection dans la République !

Je ne le souhaite pas, mais je dis que le jour où un département du pays se lèverait contre mon Gouvernement, avec ma garde seulement, j'aplanirai toute difficulté.

Je crains qu'il y ait des passions dans tout cela. On ne se servira jamais de mon bras pour être un instrument de vengeance !

Si on a des haines personnelles, on doit les régler sur le terrain d'honneur, car le duel n'est pas défendu en Haïti !

(Vivats et applaudissements.)

Le pays est tranquille.

Nous avons deux démissions, et l'opinion publique s'est prononcée. C'est très regrettable, mais cela n'a pas arrêté la marche des affaires publiques.

Mon Gouvernement marche de l'avant, et Dieu seul pourra l'arrêter ! »

se porta, cette fois, contre le général Laforest, disons un mot de ce qui a eu lieu à cet égard.

La commission d'enquête militaire, appelée à connaître des faits de ce dernier événement, fit, un jour, venir le général Hérard pour être entendu. Après qu'on l'eût interrogé, on ordonna qu'il fût arrêté et déposé dans les prisons de cette ville. Cette nouvelle nous était à peine parvenue, que nous nous empressâmes d'en donner avis au Président d'Haïti, alors à Truitier. L'acte d'accusation fut immédiatement dressé, et, comme cela se pratique en pareil cas, les pièces du procès furent communiquées au chef de l'État. Le Président, après les avoir lues et examinées, adressa la lettre suivante au général Piquant, ainsi qu'à nous :

Port-au-Prince, le 12 septembre 1881, an 78e de l'Indépendance.

SALOMON, *président d'Haïti,*
Aux Secrétaires d'État de la guerre et de l'intérieur.

Messieurs les Secrétaires d'État,

Je viens de lire attentivement l'interrogatoire des individus impliqués dans l'affaire dite des 4 et 5 courant, et j'avoue ne pas comprendre qu'on ait trouvé, dans les différentes dépositions, un fait de nature à motiver l'arrestation et le dépôt en prison du général Hérard Laforest. Aussi dois-je blâmer de nouveau le capitaine instructeur de l'affaire d'avoir fait déposer le général Laforest sans avoir, au préalable, soumis les interrogatoires aux secrétaires d'État de la guerre et de l'intérieur.

Le tort que je vois au général Laforest, c'est de n'avoir pas inspecté les armes du corps de police pour savoir si elles étaient chargées ou non. Tout le monde sait qu'à mon départ pour le Nord, j'avais ordonné que les armes fussent chargées, et c'est ce qui a été fait. Et étant donnée la négligence qui se constate dans le service — négligence dont j'ai parlé à mon audience d'hier — on conçoit facilement que personne n'ait songé, après avoir ordonné de charger les armes pour une raison, à les faire décharger quand *cette raison avait cessé.*

Le général Laforest m'a donné tant de preuves de dévouement, de fidélité et d'attachement à mon Gouvernement, que je ne verrai en lui un conspirateur que quand j'apprendrai qu'il est à la tête d'hommes armés et campés contre l'ordre actuel des choses qu'il m'a puissamment aidé à raffermir.

Le général Laforest a des ennemis, et je crois que la passion pousse ces ennemis contre lui. Mais je ne me ferai l'instrument des passions de personne. C'est ainsi que hier on m'a présenté une vieille femme de Bel-Air, qui était venue me dénoncer ce général qui, *de concert, dit-elle, avec le clergé, fait un jubilé pour me renverser.*

Je sais que certains voudraient me voir soupçonner tout le monde, considérer comme ennemis et conspirateurs ceux qui sont le plus près de moi et qui me donnent chaque jour des témoignages nouveaux de leur dévouement à ma personne et à la patrie ; mais, grâce à Dieu, je sais discerner.

Personne qui déclare que le général Laforest ait pu charger les armes et ordonner de tirer ; au contraire, il est dit qu'en quittant le poste du palais de l'Exposition, il a ordonné de tenir *tout en bon ordre.*

En vous renvoyant les cahiers d'interrogatoire pour être remis immédiatement au général Pénor, j'ai cru devoir entrer avec vous, Messieurs les Secrétaires d'État, dans les considérations qui précèdent et que j'ai envisagées avec vous, hier, au palais. Que ceux qui ont tué soient punis, mais que la passion ne cherche pas à faire d'un innocent une victime.

Tout à vous.

Signé SALOMON jeune.

Que pouvait-on faire en ce moment? Le général Laforest en prison, devant s'asseoir sur la sellette criminelle, il ne fallait pas moins, pour son honneur, qu'un verdict public vînt le réhabiliter. C'est ce qui eut lieu. Le tribunal militaire le renvoya hors de cause.

Quelques jours plus tard, le 27 septembre, après une messe solennelle que firent chanter les officiers de la garde en mémoire des victimes du malheureux incident, le président d'Haïti, afin d'effacer toute trace de dissensions entre la police et les soldats de la garde, prit la parole au milieu des officiers réunis, et porta le toast suivant :

« Messieurs, je bois à l'union de la famille haïtienne. Je bois à cette union que je prêche non pas seulement aujourd'hui, mais depuis 1843 que je suis entré dans la politique.

» Je bois particulièrement à l'union de tous les soldats de la République, et plus particulièrement encore à l'union de ma garde et de la police administrative de la capitale. Si tous vous m'aimez, si tous vous voulez voir le bonheur du pays et le maintien de mon Gouvernement, soyez unis, mes amis !

» Je ne cesse de le répéter, ce qui est arrivé dans la nuit du 5 au 6 de ce mois est un malheur. Personne ne l'avait prévu. C'est toujours ce qui arrive lorsque, dans une fête publique, on s'amuse, on s'échauffe. Déplorons cette malheureuse circonstance ! Que ce liquide que nous allons boire cimente à jamais, dans nos cœurs, l'union et la paix !

La garde et la police sont mes enfants. Je n'entends pas qu'ils soient désunis.

Aussi, c'est pour resserrer les liens de l'union qui doit exister entre les soldats de ces corps, que dimanche prochain je vais assister à la fête paroissiale de la commune de la Croix-des-Bouquets. J'amène avec moi la garde et la police.

Buvons donc, mes amis, à l'union et à la paix ! »

(Vivats et applaudissements prolongés.)

Le verdict du tribunal une fois rendu, verdict qui condamne à la peine de mort le commissaire de police Coudol et un autre agent en fuite, nous pensâmes qu'il y avait lieu de faire un remaniement dans le corps de la police de la capitale, sur lequel retombait la responsabilité de l'incident du 5 septembre. Le président d'Haïti, sur notre demande, nomma une commission à cet effet; elle fut composée du commandant de l'arrondissement, du chef de l'état-major, le général Vériquain, du magistrat communal et de M. Zéphir, juge de paix. Et, pour mieux nous renseigner sur les noms et la valeur morale des hommes qui figuraient jusqu'alors sur la matricule de ce corps, et dont plusieurs ne sont pas natifs de Port-au-Prince, nous adressâmes la circulaire suivante aux autorités militaires et aux commissaires du Gouvernement, dans la circonscription desquels ils ont déclaré avoir eu précédemment leurs domiciles.

Port-au-Prince, le 1er octobre 1881, an 78e de l'Indépendance.

Le Secrétaire d'État de la police générale et de l'agriculture aux Commandants des arrondissements de la République.

Général,

Le Gouvernement, désirant réformer le corps de la police administrative de la capitale, veut se renseigner sur la valeur et la moralité des hommes qui le composent actuellement. Je vous envoie, en conséquence, une liste de ces agents qui sont natifs de différentes localités de votre arrondissement, et se sont fait incorporer à la capitale.

Vous voudrez bien fournir le plus tôt, à mon département, les renseignements les plus précis sur ces individus, lesquels nous permettront de reconnaître ceux qui méritent d'être conservés dans les cadres.

Recevez, Général, l'assurance de ma parfaite considération.

Signé F.-D. LÉGITIME.

Nous fîmes ensuite le rapport suivant au président de la République :

7 octobre 1881.

« Président,

» Je vous remets, sous ce couvert, le rapport de la commission que vous avez nommée pour réviser la matricule du corps de la police administrative.

» J'informe Votre Excellence que déjà, sur une liste que cette commission m'avait remise, j'ai écrit aux commandants d'arrondissements et commissaires de gouvernement de plusieurs localités, pour qu'ils me fournissent les renseignements les plus précis sur les personnes faisant actuellement partie du corps de la police administrative de Port-au-Prince, lesquelles ont habité, autrefois, dans leurs circonscriptions respectives. Dès que ces renseignements me parviendront — je les attends par la prochaine poste ou par celle de la semaine suivante — je m'empresserai de les soumettre à Votre Excellence.

» La commission, dans son rapport, critique la loi sur l'organisation de la police administrative, parce que cette loi fait de ce corps une police armée. En vous remettant copie de la loi dont s'agit, je dois faire remarquer à Votre Excellence que la tâche de cette commission ne s'étendait pas jusque-là ; elle n'avait purement qu'à revoir la matricule de la police et à s'assurer de la moralité des agents qui forment ce corps. Au Gouvernement seul appartient le droit de se prononcer et de décider sur l'opportunité d'une telle loi.

» Votre Excellence appréciera le rapport dont il est question, et ordonnera d'opérer la réforme selon qu'elle le jugera convenable.

» Je profite de cette occasion pour faire observer à Votre Excellence que c'est depuis mon administration que les hommes de la police ont commencé le service de circulation dans les rues de la capitale. J'ai fait plus : j'ai détaché du service de la police administrative vingt hommes, que j'emploie comme police active ou police d'information. Cette création est de la plus haute importance pour bien régler le service de la police. Étant donné que les hommes qui portent insigne ne peuvent parvenir facilement à mettre la main sur les malfaiteurs, la vue de l'uniforme mettant ceux-ci sur leurs gardes, on conçoit que l'homme de police qui circule sans porter aucun signe distinctif est plus capable d'être en rapport avec les gens, et peut mieux saisir les cas de contravention.

» Pour que cette police d'information puisse bien remplir son devoir, j'ai partagé la ville en quatre sections et donné à chacune d'elles cinq des nouveaux agents, qui sont obligés de faire deux rapports quotidiens au bureau de la police générale.

» Votre Excellence trouvera également sous ce pli un plan de la ville, que j'ai fait dresser à cette occasion.

» J'ai l'honneur, Président, d'être, etc., etc. »

La fête de l'Exposition, qui devait durer plusieurs jours, fut malheureusement contrariée par cette échauffourée des soldats. Les habitants des environs, qui avaient assisté à l'inauguration, furent donc obligés de s'en aller en emportant leurs tentes et leurs tambours. Cependant, une foule compacte n'en continua pas moins à visiter l'Exposition, et tous les jours, pendant trois mois, on vit des personnes, tant de la capitale que de la province, se rencontrer soit dans les salles, soit dans la cour du modeste monument.

Les membres qui devaient composer le jury avaient été choisis dans toutes les villes de la République. Ne pouvant rester à la capitale jusqu'à la fermeture de l'Exposition, ils rentrèrent dans leurs foyers, ainsi que les délégués des commissions agricoles. A la veille de leur départ, nous donnâmes, en leur honneur, un dîner auquel prirent part les membres du Bureau de la Chambre et de celui du Sénat. La réunion eut lieu au Champ de Mars. Le président d'Haïti ne pouvant être présent à ce dîner par suite d'une légère indisposition, nous priâmes le général Piquant, secrétaire d'État de la guerre, de vouloir bien présider le banquet : lui aussi souffrait en ce moment; il s'excusa, en nous témoignant tout son regret de ne pouvoir assister à la fête.

Au début de ce banquet solennel, nous portâmes un toast au chef de l'État, toast à la suite duquel nous ajoutâmes ces paroles :

« Il y a neuf mois, je fus appelé à occuper une place dans le cabinet dont le président Salomon est le chef; je ne pouvais décliner cet honneur, lorsque je voyais engagé au plus fort de la lutte, exposé à tous les coups, un homme que de longs malheurs n'avaient ni aigri ni découragé; j'ai donc, sans hésitation, accepté mon poste de combat à ses côtés.

Le combat auquel nous nous sommes résolument livrés n'a pas pour mobile une sordide ambition, qui soulève à grands flots les passions humaines; ce n'est pas non plus celui qui, sur des corps mutilés et des villes en cendres, porte en triomphe un homme à la domination; le noble combat auquel le général Salomon nous convie, nous ses ministres, à contribuer de nos facultés, et le peuple de ses forces vives, c'est le combat de la politique raisonnée qui veut triompher définitivement de l'aveugle anarchie ».

Aux membres de la Commission de l'Exposition, nous adressâmes les paroles suivantes :

« Messieurs, j'ai eu recours à vous il y a sept mois. Vous avez bien voulu répondre à mon appel, et, depuis ce moment, on vous voit, chaque jour, vous consacrer à une œuvre dont la réussite, au début, pouvait paraître chimérique. Citoyens pleins de foi dans la destinée du pays, vous n'avez jamais cessé d'espérer du succès d'une entreprise essentiellement nationale. Aussi, par nos efforts communs, des montagnes de difficultés se sont aplanies. Aujourd'hui, l'Exposition est faite; il ne nous reste plus qu'à nous féliciter du résultat obtenu.

Je vous remercie au nom du président d'Haïti, qui se réjouit de notre œuvre. Je vous remercie au nom de la société entière, qui s'enorgueillit de ce nouveau succès ».

Le 17 septembre eut lieu, au palais de l'Exposition, la première conférence littéraire par M. Solon Ménos. M. Ménos est le premier de nos compatriotes qui, tout jeune encore, après de brillantes études faites à Paris, a été reçu docteur en droit. Ses succès à Paris, dans ce centre de la civilisation, sont une preuve de l'aptitude de notre race au progrès; aussi notre pays, dans son malheur, sent-il renaître ses espérances en voyant cette pléïade, cette nouvelle génération qui lui apporte l'honneur et le renom. Comme il avait été convenu plusieurs jours d'avance, une suite de conférences devait avoir lieu pendant toute la durée de l'Exposition. Après M. Ménos, arrivait le tour de M. le Dr Archimède Désert (29 ans), directeur de notre école de médecine. La première conférence fut vivement applaudie, et tous ceux qui eurent le privilège d'y assister témoignèrent de leur satisfaction. La seconde ne put avoir lieu.

Les visiteurs, comme nous l'avons dit, se pressaient en grand nombre à l'Exposition. On estime à plus de vingt mille les personnes qui y sont allées tous les jours de la semaine, sauf le samedi et le dimanche, qui étaient réservés aux ouvriers et aux gens de la campagne. Comme on doit se l'imaginer, un tel succès ne devait point laisser en repos les implacables ennemis du bonheur d'autrui. Ils se remirent donc à ourdir leurs machinations secrètes, remuant ainsi ciel et terre; mais le bon sens public eut bientôt fait justice de leur perfidie.

La commission qui a préparé l'Exposition et qui en a suivi les travaux était digne, en tout point, de la considération dont elle a joui. Jamais, en effet, commission ne fut mieux composée ni ne remplit plus noblement sa tâche. Ceux que nous avions choisis pour en faire partie étaient par leurs noms, leur position et leur talent, une garantie d'ordre, d'honnêteté, et, partant, de succès. S'ils ont mérité les éloges que le président de la République leur a adressés dans son discours du 4 septembre, nous sentons que nous leur devons encore, ici, l'hommage de notre plus vive reconnaissance. Pendant sept mois, ces Messieurs nous ont prêté généreusement le concours de leur intelligence, sacrifiant affaires, plaisirs et repos, pour se réunir régulièrement, trois fois par semaine, dans la halle en fer du bord de mer. Leur dévouement ne s'arrêta pas là. On vit l'un deux, l'infatigable abbé *Weik,* qui a déjà rendu tant de services au pays, profiter des vacances du Séminaire pour s'aventurer bien avant dans les mornes des Gonaïves, même jusqu'aux limites du Borgne, d'où il devait nous rapporter quelques beaux échantillons de minerai. Ce voyage avait pour but principal la découverte d'une mine de mercure dont M. Sabourin avait annoncé l'existence dans ces parages. D'autres membres, tels que MM. Fouchard et Louis Rivière, n'ont pas hésité, quand il fallait assurer le succès de l'entreprise, à dépenser leur propre argent. *M. A. Guyot* en fit autant, et, bien qu'il ne fût pas un des membres de la commission, il n'en coopéra pas moins à toutes les entreprises. Mais, hélas! la mort n'a pas tardé, depuis, à frapper dans les rangs de ceux qui avaient si franchement uni leurs efforts à ceux du Gouvernement dans une œuvre de progrès et de civilisation. Trois d'entre eux dorment maintenant leur dernier sommeil : *F.-H. Démost, Jean de Govaërts* et *Louis Gras.* Nous n'essaierons pas de les faire connaître dans toutes les phases de leur existence, mais qu'il nous soit permis de consigner ici leurs états de service depuis qu'ils se sont donnés à Haïti, devenue pour eux une patrie d'adoption.

Théodore Démost, français de naissance, est arrivé dans le pays en 1860. Lieutenant en second de l'aviso *le Geffrard,* il ne tarda point à en devenir le commandant. Il croisa, en 1865, devant le Cap; mais, en officier d'honneur, il se démit, en 1867, devant la révolution triomphante. Le premier, il eut la gloire de former, malgré de grandes difficultés, un corps de sapeurs-pompiers libres qui rivalisait de zèle et de courage avec les sapeurs-pompiers du Séminaire, formés par le père Weik. Sous l'ascendant de son intelligence et des sentiments de son cœur, le commandant Démost fit régner la discipline et sut maintenir un véritable esprit de corps dans la nouvelle légion, qu'il conduisait lui-même sur le théâtre des incendies. Homme de cœur, citoyen honnête, régulier et méthodique, il mérita que ses collègues de la commission le nommassent à l'unanimité directeur de l'Exposition. Il s'y distingua en payant de sa personne. Cet homme, que la société a tant regretté, n'a jamais connu d'autre joie, durant le temps qu'il a vécu parmi nous, que la joie de la famille et celle qu'il puisait dans le dévouement, dévouement toujours sublime chez lui, parce qu'il était toujours spontané.

Le second, *M. Jean de Govaërts,* belge de naissance, fut, dans toute l'acception du mot, un homme de distinction. Pendant les deux années qu'il vécut parmi nous, mille circonstances avaient fait de lui un de nos amis avant notre arrivée aux affaires. Ingénieur du Gouvernement pour les mines, il marqua, avec M. Miguel Boom, son nom au frontispice de l'édifice bâti au fond du Champ de Mars. Il se dévoua tellement au succès de cette lourde entreprise, en compagnie de MM. Boom et Baron, que tous trois ont fait, d'un quartier naguère obscur, malsain, dangereux, un lieu aujourd'hui plein de charmes et d'avenir.

Quant à M. Louis Gras, quel service n'a-t-il pas rendu en si peu de temps? Le pays serait vraiment heureux s'il pouvait toujours compter sur le concours de tels hommes. Dire que M. Louis Gras était un officier de l'armée française, c'est faire assez son éloge. Nous étions au ministère quand il arriva dans le pays et nous fut présenté. Après avoir obtenu régulièrement un congé, il fit une absence, mais revint parmi nous; et, comme alors, il voulut utiliser le temps, il profita de l'heureuse occasion qui lui fut offerte par la réforme de l'armée haïtienne, et devint instructeur général des troupes du Gouvernement. Mais, depuis longtemps déjà, M. Gras s'était fait connaître en se distinguant. Dès le premier temps de son arrivée, il publia l'intéressant opuscule intitulé : *La Question chevaline en Haïti,* ouvrage qu'il nous dédia. Il consentit ensuite à faire partie de la Commission de l'Exposition, et, dans cette charge, il écrivit plusieurs articles dans les journaux du pays, afin d'intéresser de plus en plus les esprits au succès de notre entreprise. C'est encore lui qui contribua le plus, avec MM. Boisson, Jaëger et Démost, à l'organisation de la fête et à l'installation des objets exposés. M. Gras publia, presque en même temps, d'autres ouvrages pour le ministère de la guerre, sur la réorganisation de l'armée. A tant de capacités et d'énergie, il savait joindre une grande modestie et un noble désintéressement. Il était, parmi nous, l'image vivante de la France, la France telle que le progrès des idées l'a faite.

Tels sont les hommes dont notre société eut à regretter la perte en si peu de temps.

La Commission de l'Exposition a travaillé pendant sept mois, nous l'avons dit; sept mois! ce n'est pas un petit labeur pour qui connaît le pays (1). Le peuple d'Haïti, à force d'avoir été trompé, comme l'a très bien dit le général

---

(1) « L'EXPOSITION D'HAÏTI

A ceux qui, comme moi, ne vont pas quatre fois par an à la savane, parce que c'est trop loin pour un habitué du bord de la mer, je promets une charmante surprise à la prochaine visite qu'ils y feront.

Tout là-bas, dans ces fonds perdus, s'élève une belle construction de la plus agréable tournure, bien qu'encore inachevée : c'est le palais de l'Exposition. Avouons-le, l'Exposition sera coquettement logée.

On n'en parlait presque plus, depuis bien longtemps, dans le public, mais il paraît, cependant, qu'on s'en occupait et qu'on y travaillait en haut lieu. La commission que le Gouvernement a nommée pour préparer l'Exposition agricole et industrielle du Port-au-Prince a fait sans bruit, et rapidement, de la belle et bonne besogne. Il paraît qu'elle se réunit tous les mardis en séance ordinaire, et qu'elle éprouve encore la nécessité de tenir fréquemment des séances extraordinaires. Ah! ce n'est pas une sinécure que de faire partie de cette commission! Quelqu'un soulève-t-il, au cours d'une séance, une idée qui paraît de prime abord mériter quelque considération, aussitôt il est chargé de dresser un rapport, une sous-commission est nommée pour l'examiner; et c'est ainsi qu'on ne néglige rien de tout ce qui peut contribuer à rendre l'Exposition agréable et utile.

Voilà ce qu'on dit, voilà ce que j'ai entendu. Nos félicitations et nos remerciements sincères à notre laborieux magistrat communal et à la commission modèle qu'il préside!

L'ouverture de l'Exposition est fixée, dit-on, au 15 août. Nous touchons

Turenne Carrié, dans son discours au banquet du Champ de Mars, est, à la fin, devenu sceptique : il ne croit plus à rien; mais ces hommes de la Commission avaient cru, eux; c'est pourquoi nous avons réussi, malgré les difficultés semées sur nos pas. Ils ont, par conséquent, bien mérité les premières médailles de l'Exposition. Nous ne devions pas fermer ce chapitre sans y inscrire leurs noms en lettres d'or.

---

presque au terme. Le public haïtien ne serait-il pas satisfait de savoir, dès maintenant, ce qui s'y fait et ce qu'on y prépare?

Quant à moi, je l'avoue, ma curiosité a été mise en éveil par ce que j'ai vu. De simple promeneur désœuvré, je veux devenir un amateur ardent de tout voir et de tout savoir, et je crois être agréable aux lecteurs de l'*Œil* en les tenant au courant chaque semaine, à cette même place, du résultat de mes investigations.

Je me garderai bien de parler des qualités et des avantages de telle ou telle machine, de tels ou tels produits, car, je l'avoue humblement, je serais trop mauvais juge. Ma tâche sera plus facile et plus attrayante : je parlerai du palais et de ses jardins, des kiosques, des jets d'eau, des fêtes, des concerts présumés, des courses, des cavalcades, etc......., et, me glissant quelquefois dans l'intérieur du palais, je ferai passer sous les yeux des lecteurs toutes les richesses et les merveilles qu'il recèlera bientôt.

La fameuse loterie de l'Exposition, dont l'idée a été si bien accueillie par tous, sera aussi un sujet trop intéressant pour négliger d'en parler. Je ne manquerai pas de diriger de ce côté les plus minutieuses investigations........ Un bon génie à moi commettra en ma faveur une foule de petites indiscrétions que je m'empresserai de communiquer aux lecteurs de l'*Œil*.

Je puis annoncer déjà que les billets de la loterie, imprimés, comme on le sait, à New-York, sont attendus très prochainement, et seront mis aussitôt en circulation. »

(Journal *l'Œil*.) O.

TABLEAU

DES

MEMBRES DE L'EXPOSITION NATIONALE

Président : M. Jules St-Macary, *magistrat communal.*

Vice-Président : M. Louis Rivière.

MM. Th. Démost, *directeur.*
M. Boom, *ingénieur.*
J. de Govaërts, *ingénieur.*
C. Fouchard, *trésorier.*
Émile Pierre, *membre.*
l'abbé Weik, *membre.*

MM. le Dr Baron, *membre.*
Charles Miot, *membre.*
Th. Lahens, *membre.*
Louis Gras, *membre adjoint.*
E. Boisson, *membre adjoint.*
J. Jaëger, *membre adjoint.*

ARCHITECTES :

MM. Balancé (1).
Trésil.

LISTE DU JURY DE L'EXPOSITION DE 1881

Département de l'Ouest.

Port-au-Prince : MM. M. Ancion, Louis Baron, Th. Madiou, Robelin, D. Aubry, Charney, E. Nau, D. Abélard, F. Jacob, Pillot, J.-J. Audain, F. Armand, de Montferrand, J.-C. Antoine Lacoste, Riboul aîné, A. Guyot, L. Montas, S. Gabriel, Ed. Régnier, S. Gentil, Dr.-T. Lamothe, F. Marcelin, A. Rossignol, T. Carrié, C. Déjean, A. Lochard, J.-E. Caze, M. Carré, A. Duval, A. Bourjolly, J. Woolley, Dag. Lespinasse et O. Cameau.

Jacmel : MM. Em. Lafontant et D.-Jn. Louis.

Petit-Goâve : S. Boubou.

(1) Celui-ci est encore mort naguère.

Département du Nord.

Cap-Haïtien : MM. St-Cap-Louis Blot, Dest-Auguste, A. Samson, R.-G. Augustin, A. Firmin, G. Manigat, D. Gentil.

Département du Sud.

Cayes : MM. D. Condé, N. Léger, V. Douyon, Buteau fils.

Jérémie : MM. G. Margron, L. Titus, Fatal.

Anse-à-Veau : MM. A. Guttiérez, S. Pallière.

Département de l'Artibonite.

Gonaïves : MM. J. Chenet, F. Geffrard.

Saint-Marc : M. Evan Lloyd.

LISTE DES OBJETS EXPOSÉS

Il y a eu :

Objets exposés	2,025
Nombre d'exposants	1,228

En outre :

Exposants étrangers	6
Objets de provenance étrangère	106

Le nombre des exposants en café seulement a été de 386, dont voici le détail :

Aquin, 6; Borgne, 2; Cap-Haïtien, 1; Cayes, 55; Coteaux, 3; Dessalines, 3; Gonaïves, 26; Grande-Rivière, 1; Jacmel, 1; Lascahobas, 1; Léogane, 10; Marmelade, 45; Mirebalais, 4; Môle Saint-Nicolas, 2; Nippes, 5; Port-au-Prince, 6; Petit-Goâve, 70; Port-de-Paix, 1; Port-Salut, 75; Saint-Marc, 3; Tiburon, 29; Torbec, 37. — Total : 386.

CHAPITRE VII

Résumé des travaux législatifs. — Différentes lois votées par les Chambres. — Comptes des travaux de l'Exposition. — Budget de l'agriculture.

Après l'ouverture de l'Exposition, à laquelle avaient assisté les membres de la Chambre et du Sénat, le Gouvernement reprit la suite des travaux législatifs, qui, par un décret du 17 août, venaient d'être prolongés jusqu'au 20 octobre. Plusieurs projets de lois et de contrats présentés, l'année précédente, par notre prédécesseur, M. Laroche, furent discutés, votés et sanctionnés.

Tels sont :

1° Une loi sur les conseils communaux;

2° Un contrat passé avec M. Hart, pour l'établissement d'une savonnerie;

3° Un contrat passé avec M. Hippolyte Lapeyre, pour l'établissement d'une ligne de chemin de fer.

D'autres projets de lois, que nous avons eu l'honneur de présenter nous-même, furent aussi favorablement accueillis et ne subirent que très peu de modifications; ils sont au nombre de six, savoir (1) :

---

(1) Voici la lettre que j'écrivis à ce sujet à mon collègue des finances :

Pétion-Ville, le 29 juillet 1881.

Mon cher Collègue,

Je viens de recevoir votre lettre de ce jour, et je m'empresse de vous en remercier.

Votre projet de loi supprimant les droits de sortie sur le coton, et les rem-

1° Une loi sur les récompenses à accorder aux exposants;

2° Une loi sur les encouragements à accorder à l'industrie sucrière;

3° Une loi sur les encouragements à accorder pour la préparation du café;

4° Une loi sur l'organisation de divers services agricoles;

5° Une loi en faveur des artisans haïtiens;

6° Une loi modifiant quelques dispositions du décret du 22 juin 1867, et celles de la loi électorale du 22 août 1872.

D'autres lois procédant de l'initiative des Chambres, dont l'exécution incombait à notre département, furent encore votées; ce sont :

1° Loi portant érection en communes de cinquième classe des quartiers de Saint-Raphaël, des Anglais, du Quartier-Morin, des Perches, des Grands-Bois et d'un poste militaire, celui du Petit-Bourg-de-Port-Margot en quartier (21 août);

2° Autre loi portant érection en communes de cinquième classe des quartiers militaires de Sainte-Suzanne et de Grand-Gosier (3 octobre);

3° Loi qui fixe les limites de Dessalines;

4° Loi portant récompense nationale en faveur du général de division Salomon, président d'Haïti (13 octobre);

5° Loi portant érection de Morlin-Crochu en poste militaire (4 octobre);

6° Loi qui rapporte tous décrets, lois, etc., qui établissaient

---

plaçant par un droit plus élevé sur le tabac, est un projet que je me proposais de présenter moi-même.

Ai-je donc besoin de vous dire que je le trouve excellent?

Quant à l'exemption du droit de tonnage pour les navires chargés de fruits, ne peut-il pas y avoir là une occasion de fraude? J'appelle votre attention sur ce point, tout en trouvant le projet de loi en lui-même très bon et très favorable aux intérêts de l'agriculture.

Agréez, je vous prie, mon cher Collègue, les nouvelles assurances de tous mes sentiments dévoués.

Signé Ch. LAFORESTRIE.

le séquestre des biens des ex-présidents Fabre Geffrard et Michel Domingue, décédés (29 octobre);

7° Loi qui accorde au général Boisrond-Canal, ex-président d'Haïti, une pension mensuelle de *deux cent cinquante piastres fortes*, à titre de récompense nationale, pendant toute sa vie;

8° Loi par laquelle les Chambres votèrent P. 2,000 pour concourir à la souscription ouverte pour élever un mausolée, en France, à l'ancien général en chef Toussaint-Louverture, le premier héros de notre indépendance.

Cette liste eût été augmentée d'une loi très importante sur la prestation, si le projet présenté l'année précédente par le député Montas, remis cette fois encore en discussion, avait été adopté dans toutes ses parties. Le principe en était déjà admis, et plusieurs articles en avaient été votés, quand un amendement du député Lamothe, accepté par la majorité de la Chambre, détermina le député Montas à retirer le projet (1).

Puis, les allocations budgétaires de notre département furent votées avec quelques modifications. On a, depuis, reproché cette largesse aux Chambres, en raison de l'état financier de la République.

La Chambre des députés, examinant ensuite les comptes de dépenses de l'Exposition, en donna décharge au département de l'agriculture.

---

(1) Mais voici à quelle somme s'élèverait la dépense pour l'entretien seulement du personnel chargé de la réparation des routes.

Pour chaque arrondissement :

1 ingénieur, à P. 150	P.	150
10 cantonniers, à P. 30		300
10 élèves cantonniers, à P. 10		100
	P.	550

Soit P. 6,600 par an pour chaque arrondissement, ou P. 151,800 pour les 23 arrondissements de la République.

Au Sénat, nous avons été une fois interpellé, comme secrétaire d'État chargé du portefeuille de la justice. Il s'agissait de la détention de M. M. Alexis. Déjà, M. Archin, alors qu'il tenait ce portefeuille, avait donné à la Chambre des députés les explications y relatives, et voici dans quels termes :

Port-au-Prince, le 25 juillet 1881, an 78e de l'Indépendance.

Le Secrétaire d'État au département de la justice à la Chambre des représentants.

Messieurs les Représentants,

. . . .

. . . .

Or, le décret du Gouvernement provisoire en date du 17 septembre 1879, où se trouve inscrit en toutes lettres le nom de M. M. Alexis dit Fils-Aimé, est du nombre de ces actes et décrets.

De plus, la police du Gouvernement actuel, depuis son avènement, a toujours accusé ce prisonnier, malgré sa détention, d'entretenir avec les réfugiés de Kingston et d'autres lieux, ses anciens coreligionnaires politiques, qui conspirent activement contre la sûreté de l'État, une correspondance subversive de l'ordre de choses existant en ce moment dans la République, et comme la conduite délictueuse de ces ennemis de la paix publique est présentement l'objet d'une information judiciaire très sérieuse, le citoyen M. Alexis y sera nécessairement compris.

Veuillez agréer, Messieurs les Représentants, l'assurance de ma considération très distinguée.

Signé T. ARCHIN.

En nous présentant au Sénat pour répondre à l'interpellation qui devait nous être adressée, nous avions donc à nous baser sur la déclaration déjà faite par notre prédécesseur.

Néanmoins, la discussion fut longue et assez vive. Enfin, un sénateur, M. T. Lafontant, sur l'assurance que nous allions nous occuper de la question et qu'une solution y serait prochainement donnée, proposa l'ordre du jour suivant, qui, après de nouvelles discussions, fut adopté :

« Le Sénat, plein de confiance dans la loyauté de M. le Secrétaire d'État intérimaire au département de la justice, se déclare satisfait des explications qu'il lui a fournies et passe à l'ordre du jour. »

Nous ne transcrirons ici que les lois qui font strictement partie de notre administration, les comptes détaillés de l'Exposition et le nouveau budget de l'agriculture.

LOI

SALOMON, *président d'Haïti,*

Considérant que le Gouvernement, en inaugurant pour la première fois l'Exposition qui doit s'ouvrir le 4 septembre prochain, a eu pour but d'encourager l'agriculture et l'industrie, et de faire naître en même temps l'émulation parmi ceux qui, par leurs efforts et leur intelligence, concourent au développement du travail national ;

Considérant qu'il a le devoir de récompenser les citoyens qui se seront distingués par leurs travaux ou par leurs produits, ainsi que ceux qui auront apporté leur concours à cette œuvre de progrès ;

Considérant qu'il y a lieu de distribuer avec équité les récompenses qui seront décernées aux plus méritants ;

Sur la proposition du secrétaire d'État de l'intérieur et de l'agriculture, et de l'avis du conseil des secrétaires d'État,

A proposé,

Et le CORPS LÉGISLATIF a voté la loi suivante :

ARTICLE PREMIER. — Un jury spécial statuera sur le mérite des travaux et des produits exposés.

ART. 2. — Les membres de ce jury seront choisis et nommés

par le Comité de l'Exposition, avec l'agrément du secrétaire d'État de l'intérieur et de l'agriculture.

Art. 3. — Il est institué, pour les récompenses à décerner par le jury, trois médailles commémoratives :

1° Une médaille d'or, qui sera donnée à titre de prix d'honneur ;

2° Des médailles de première classe en argent ;

3° Des médailles de deuxième classe en bronze.

Art. 4. — Ces médailles porteront, d'un côté, l'effigie du président d'Haïti, avec l'exergue : *Salomon, président de la République d'Haïti*, et de l'autre côté, dans une couronne de laurier, deux cornes d'abondance, avec l'exergue : *Exposition nationale d'Haïti, année 1881.*

Art. 5. — Les citoyens qui auront obtenu une médaille la porteront sur le côté gauche de la poitrine.

Celle en or et celles en argent avec un ruban aux couleurs nationales. Celles en bronze avec un ruban vert.

Il sera, en outre, décerné des mentions honorables qui seront établies par les diplômes.

Art. 6. — Chaque récompense accordée sera l'objet d'un brevet spécial signé par le président d'Haïti.

Donné à la Chambre des représentants, au Port-au-Prince, le 13 septembre 1881, an 78e de l'Indépendance.

Le président de la Chambre,

François Manigat.

Cette loi fut promulguée le 4 octobre 1881.

LOI

SUR LES ENCOURAGEMENTS A ACCORDER A L'INDUSTRIE SUCRIÈRE

Salomon, *président d'Haïti*,

Considérant qu'il importe de travailler à la régénération de notre industrie sucrière et de relever, en l'encourageant, la culture de la canne ;

Considérant que le plus sûr moyen de faire prospérer une industrie, c'est de créer un débouché à ses produits;

Considérant que la raffinerie est appelée à pousser à la fabrication du sucre brut dont elle a besoin pour son travail de chaque jour, et à faire développer sur une grande échelle la culture de la canne;

Sur le rapport du secrétaire d'État de l'agriculture et de l'avis du conseil des secrétaires d'État,

A proposé,

Et le Corps législatif a rendu la loi suivante :

Article premier. — Un crédit de P. 60,000 est ouvert au Gouvernement pour concourir à la création d'une raffinerie de sucre.

Art. 2. — Il est laissé à la discrétion du Gouvernement d'en user :

1° Soit à titre de garantie d'intérêt sur le capital de l'usine à fonder;

2° Soit à titre d'encouragement plus direct en souscrivant à une partie du capital de cet établissement;

3° Soit à titre de prêt, moyennant des garanties sérieuses pour en assurer le remboursement en cinq annuités.

Art. 3. — En attendant le fonctionnement de cette raffinerie, les sucres bruts d'Haïti, expédiés à l'étranger et revenus raffinés, sont admis en franchise de droit moyennant les formalités qui suivent.

Art. 4. — Tous les sucres destinés à l'exportation seront soumis à la vérification de l'inspecteur ou du contrôleur de douane chargé du pesage, qui en fera ouvrir ou perforer autant de barils ou boucauts qu'il croira convenable, et constatera si les barils ou boucauts contiennent véritablement des sucres bruts.

Art. 5. — Immédiatement après cette inspection, ces barils ou boucauts seront pesés. Leurs poids bruts et nets, leurs marques, les noms des fabricants et des expéditeurs, seront inscrits sur un registre spécial et copiés sur un acquit-à-caution qui, signé par l'inspecteur ou le contrôleur au pesage, accompagnera lesdits sucres au port de destination et reviendra, visé par le consul d'Haïti de ce port, annexé à la facture des sucres raffinés importés à leur place.

Art. 6. — Cet acquit-à-caution, annulé par le directeur de la douane au moment de la vérification, sera expédié à l'administration des finances avec les bordereaux de droits, pour justifier la franchise dont ont joui ces sucres.

Art. 7. — Tout sucre blanc raffiné importé sans l'acquit-à-caution paiera les droits de douane.

Art. 8. — Contre chaque cent livres nettes de sucres brut embarquées et portées sur l'acquit-à-caution, l'expéditeur pourra importer en franchise de droits une quantité de soixante-dix livres de sucre blanc raffiné.

Art. 9. — Tous les mois, les directeurs de douane sont tenus d'expédier au département de l'agriculture un extrait du registre d'exportation des sucres, contenant le nombre des colis embarqués, les poids bruts et nets, les noms des fabriquants, ceux des expéditeurs et les ports de destination, avec désignation de la vérification au pesage.

Art. 10. — Le Gouvernement assure un intérêt de 6 pour 100 l'an, pendant cinq années, aux compagnies qui se chargeront d'établir, à leurs risques et périls, les premières usines centrales dans le pays.

Il leur sera, de plus, concédé, sur les biens du domaine public, la quantité de terre jugée nécessaire à leur établissement.

Art. 11. — Aucun contrat ne sera admis par le Gouvernement, si la compagnie ou la personne qui s'engage ne donne les garanties les plus sûres des moyens d'action dont elle peut disposer pour entreprendre et conduire les travaux.

Art. 12. — La présente loi, dont l'exécution est confiée au secrétaire d'État des finances et à celui de l'agriculture, chacun en ce qui le concerne, abroge toutes les lois et dispositions de lois qui lui sont contraires.

Donné à la Maison nationale, au Port-au-Prince, le 27 septembre 1881, an 78e de l'Indépendance.

Le président du Sénat,
M. MONTASSE.

Les secrétaires,
T. DUPUY, J.-P. LAFONTANT.

Donné à la Chambre des représentants, au Port-au-Prince, le 6 octobre 1881, an 78e de l'Indépendance.

Le président de la Chambre,
François MANIGAT.

Les secrétaires,
N. LÉGER, D. THÉODORE.

AU NOM DE LA RÉPUBLIQUE

Le président d'Haïti ordonne que la loi ci-dessus du Corps législatif soit revêtue du sceau de la République, imprimée, publiée et exécutée.

Donné au Palais national, au Port-au-Prince, le 5 octobre 1881, an 78e de l'Indépendance.

SALOMON.

Par le Président :

Le secrétaire d'État de l'intérieur et de l'agriculture,
F.-D. LÉGITIME.

Le secrétaire d'État provisoire des finances et du commerce,
B. SAINT-VICTOR.

LOI

SUR LES ENCOURAGEMENTS A ACCORDER POUR LA PRÉPARATION DU CAFÉ

SALOMON, *président d'Haïti,*

Considérant le discrédit qui est jeté sur notre café, notre principale denrée d'exportation;

Considérant qu'il y a lieu d'arrêter, par une préparation mécanique, les causes de la baisse qu'il subit, en obtenant du café meilleur et plus beau que celui qui est actuellement livré à la consommation, et qu'il importe d'aviser, en même temps, un moyen d'en augmenter la production;

Sur le rapport de M. le Secrétaire d'État de l'agriculture et de l'avis du conseil des secrétaires d'État,

A proposé,

Et le CORPS LÉGISLATIF a voté la loi suivante :

ARTICLE PREMIER. — Un crédit de 45,000 piastres est ouvert au Gouvernement dans le but de faciliter la bonne préparation du café et d'en augmenter la production.

ART. 2. — En conséquence, le Gouvernement est autorisé à fournir des moulins à grager et à décortiquer, ainsi que des matériaux nécessaires à la construction des glacis à tiroirs, à tous ceux qui s'engageront à monter, dans ce but, un établissement au centre d'une région caféière.

ART. 3. — Ces avantages seront accordés à 150 établissements, chaque année.

ART. 4. — Sur le terrain même de l'exploitation, il est facultatif aux habitants de s'entendre avec les fondateurs de l'usine pour la vente de leurs denrées.

ART. 5. — Un mois après le fonctionnement des usines, chaque expéditeur sera tenu de n'embarquer que du café vanné et trié, sous peine d'une amende d'une piastre, au profit du Trésor public, pour chaque sac contenant des vices propres.

La moitié de ce revenu sera accordée à l'inspecteur du Gouvernement.

ART. 6. — Désormais, ceux qui planteront du café dans les conditions qui seront établies par un arrêté du président d'Haïti, recevront une prime d'encouragement de 2 centimes par pied reconnu vivace un an après la plantation.

ART. 7. — La présente loi abroge toutes les dispositions de lois, arrêtés, etc., qui leur seront contraires, et sera exécutée à la diligence des secrétaires d'État de l'agriculture et des finances, chacun en ce qui le concerne.

Donné à la Maison nationale, au Port-au-Prince, le 27 septembre 1881, an 78e de l'Indépendance.

Le président du Sénat,
M. MONTASSE.

Les secrétaires,
T. DUPUY, J.-P. LAFONTANT.

Donné à la Chambre des représentants, au Port-au-Prince, le 7 octobre 1881, an 78e de l'Indépendance.

Le président de la Chambre,
François MANIGAT.

Cette loi fut promulguée le 3 octobre 1881.

LOI

SUR L'ORGANISATION DE DIVERS SERVICES AGRICOLES

SALOMON, *président d'Haïti,*

Usant de la faculté que lui accorde l'article 79 de la Constitution;

Considérant que pour donner à l'agriculture entière sécurité et salutaire impulsion, et seconder, enfin, l'essor de l'industrie agricole, il est urgent de prendre les mesures les plus efficaces;

Considérant que les efforts isolés des agriculteurs ne peuvent, en aucun cas, remplacer les effets de la centralisation agricole;

Sur le rapport du secrétaire d'État de l'intérieur et de l'agriculture,

Et de l'avis du conseil des secrétaires d'État,

A proposé,

Et le CORPS LÉGISLATIF a rendu la loi suivante :

ARTICLE PREMIER. — Il sera établi pour les cinq départements de la République, à compter du jour de la publication de la présente loi, cinq inspecteurs généraux de l'agriculture, et, dans chaque commune, selon son importance, un ou deux inspecteurs, lesquels ont pour mission spéciale d'exercer une surveillance active et directe sur toutes les parties du service agricole et de la police des campagnes, de constater le zèle ou la négligence des agents qui y sont préposés, et la façon dont s'y exécutent les lois et les instructions de l'autorité supérieure.

Art. 2. — En attendant qu'il soit pourvu à l'exécution de la présente loi par des règlements d'administration publique concernant leurs fonctions et attributions, les inspecteurs de commune relèveront directement des inspecteurs généraux.

Néanmoins, ils exercent leurs attributions sous la surveillance de l'autorité militaire, c'est-à-dire de leurs commandants d'arrondissement ou de commune.

Art. 3. — Les inspecteurs généraux correspondront régulièrement avec le secrétaire d'État de l'agriculture, de qui ils relèveront directement. Ils recevront chacun, en raison de l'importance de leurs fonctions, un traitement de *deux cents piastres* par mois.

Art. 4. — Les inspecteurs seront payés selon l'importance de leurs communes respectives, conformément au tableau annexé à la présente loi. Il leur sera, de plus, alloué, tous les *six mois,* une indemnité pécuniaire proportionnée au travail qu'ils auront dirigé et fait effectuer pendant chaque semestre. Cette indemnité sera laissée à l'appréciation de l'autorité supérieure. Il en sera de même des chefs de section, si le Gouvernement le juge nécessaire.

Le Gouvernement demeure autorisé à récompenser, chaque année, le zèle des inspecteurs les plus méritants. Cette récompense pourra s'étendre aux chefs de section.

Art. 5. — Les inspecteurs généraux et les inspecteurs de commune ne pourront exercer la profession de spéculateurs en denrées.

ART. 6. — Il y aura, à la secrétairerie d'État de l'agriculture, un directeur de l'agriculture aux appointements de *deux cents piastres* par mois.

ART. 7. — Il y aura, près du secrétaire d'État de l'agriculture, un conseil supérieur de l'agriculture composé de deux professeurs de sciences naturelles et physiques des collèges de la capitale, d'un jurisconsulte et de quatre agronomes choisis par le Pouvoir exécutif. — Le président de ce conseil sera élu par les autres membres.

Le secrétaire d'État de l'agriculture en est le président d'honneur.

Sont membres nés du conseil : le directeur de l'agriculture, les cinq inspecteurs généraux et l'ingénieur du Gouvernement.

ART. 8. — Le conseil supérieur, sans préjudice des convocations extraordinaires, aura deux sessions annuelles dans l'intervalle des sessions législatives. Chaque session durera un mois. Il sera saisi de toutes les questions qui touchent aux intérêts agricoles. Toutes ses décisions seront présentées au secrétaire d'État de l'agriculture, avec lequel il est en rapport immédiat, sous forme de lois ou de règlements.

ART. 9. — Les fonctions des membres du conseil sont honorifiques. Le président du conseil sera choisi parmi les cinq inspecteurs généraux.

ART. 10. — Il est alloué au conseil supérieur, pour tous frais, une somme annuelle de *cinq cents piastres*.

ART. 11. — Il y aura un comice agricole dans chaque commune de la République, dont les attributions seront d'organiser les concours agricoles, d'émettre des vœux sur tout ce qui peut assurer ou accroître le bien-être matériel et moral des populations rurales.

ART. 12. — Chaque comice se composera du ou des députés de la commune, du commandant de l'arrondissement, qui sera remplacé par le commandant de la commune dans les communes dépendantes du chef-lieu d'arrondissement, du juge de paix, du magistrat communal et de trois citoyens notables et compétents nommés par le Gouvernement pour un an.

Art. 13. — Les fonctions de membres des comices agricoles sont honorifiques. Néanmoins, les secrétaires des comices seront payés pendant trois mois, chaque année. Ils recevront par mois, celui du Port-au-Prince, *quarante piastres;* ceux du Cap-Haïtien, des Gonaïves, de Jacmel, Cayes, Jérémie, Saint-Marc, Port-de-Paix, *trente piastres,* et ceux des autres communes, *vingt piastres* chacun.

Art. 14. — Des primes d'encouragement sont accordées pour les nouvelles productions.

Art. 15. — Il est alloué à chaque comice, pour tous frais, une somme de *cent cinquante piastres* par an.

Art. 16. — Nul ne peut jouir de la prime accordée par l'État s'il n'a, d'avance, fait la déclaration expresse de la quantité de terre qu'il se propose de cultiver en telle denrée déterminée.

Cette déclaration, faite devant le notaire ou le juge de paix de la commune, sera enregistrée gratuitement au bureau du conseil communal, ainsi qu'au bureau de l'inspecteur; un extrait en sera expédié à l'inspecteur général.

Art. 17. — Aucune déclaration ne sera admise par le notaire ou le juge de paix, si ce n'est en présence de l'officier de la section où se trouve le terrain à cultiver.

Art. 18. — Trois mois avant l'époque fixée pour le paiement des primes, vérification sera faite de la position du terrain en culture par une commission désignée par le comice avant sa séparation, en y adjoignant comme renseignement l'inspecteur et le chef de la section.

Immédiatement après chaque vérification, les membres de la commission feront connaître au secrétaire d'État de l'agriculture, par un rapport circonstancié, quels sont les aspirants jugés admissibles aux primes à répartir.

Art. 19. — Le secrétaire d'État de l'intérieur et de l'agriculture et celui des finances, sont chargés, chacun en ce qui le concerne, de l'exécution de la présente loi.

Donné à la Maison nationale, au Port-au-Prince, le 29 septembre 1881, an 78e de l'Indépendance.

Le président du Sénat,
M. MONTASSE.

La promulgation de cette loi eut lieu le 11 octobre 1881.

LOI

EN FAVEUR DES ARTISANS. — MOTIF DE CETTE LOI

Des publicistes avaient, depuis longtemps, agité la question de savoir par quels moyens le Gouvernement arriverait à protéger l'industrie dans le pays. Les artisans haïtiens, poussés, à la fin, par des gens évidemment bien intentionnés, avaient adressé, en 1877, une pétition au Sénat de la République, demandant non pas le *droit au travail,* comme on le demanda en France en 1848, mais les moyens de travailler.

La question ainsi soumise à la délibération des grands Corps de l'État n'avait pu, jusqu'ici, être résolue d'une manière rationnelle. D'après les défenseurs de la pétition, l'État devait, pour donner pleine satisfaction à nos artisans, ou prohiber à l'importation des articles tels que : chaussures, vêtements, ou augmenter les droits déjà excessifs (1) qui frappent

---

(1) Les droits sur les chaussures sont les suivants :

Souliers pour hommes, P. 2 50 la douzaine.

Souliers pour femmes, P. 2 la douzaine.

Bottines pour hommes, P. 9 la douzaine.

Bottines pour femmes, P. 2 50 la douzaine.

Habits, paletots, lévites de drap et de casimir, P. 1, 2 et 3.

Lits, P. 3, 4, 6 et 8, selon qualité.

Armoires, P. 3 et 10, selon qualité.

Canapés, P. 2, 4 et 5, selon qualité.

Chaises, P. 1 75, 2 50 et 4, selon qualité.

Selles communes, P. 3.

Selles ordinaires, P. 6.

Selles fines, P. 8.

Plus un droit additionnel de 50 pour 100.

à l'entrée ces mêmes articles. Cette façon de résoudre un problème économique, devenu si simple depuis les savantes discussions qui, en Europe, y ont jeté tant de clarté, a paru absurde à beaucoup d'autres esprits. En effet, par la prohibition, on livrerait la masse de la population aux caprices des industriels, qui « en prendraient ainsi fort à leur aise et ne songeraient guère à améliorer, ni les conditions de la production, ni la qualité des produits ». Et par l'augmentation des droits, on ne ferait purement et simplement qu'élever outre mesure, sur notre place, la valeur marchande des produits étrangers et nationaux; car la concurrence n'existe pas là où les produits étrangers s'offrent presque seuls à la consommation générale (elle existerait tout au plus entre les différents produits étrangers) : ainsi voit-on, dans le pays, quelques ateliers qui réussissent, malgré bien des difficultés, à fabriquer des chaussures, des vêtements, des meubles, ne pas s'en trouver plus mal; encore trouvent-ils à vendre leurs produits plus cher.

En général, il faut le dire, nos artisans souffrent beaucoup, on le comprend; mais quelle protection le Gouvernement peut-il accorder à leur industrie?

La prohibition absolue est une mesure temporaire qui ne doit être adoptée que quand la nécessité en est clairement démontrée, pour permettre à une industrie naissante d'avoir le temps de se développer. Les droits protecteurs viennent ensuite, à l'aide des produits nationaux, contre la concurrence des produits étrangers; mais, dans l'un et l'autre cas, il faut que l'industrie d'où proviennent les produits ait d'abord une existence réelle, qu'elle se trouve à une de ses périodes de développement.

Avons-nous, chez nous, l'industrie organisée par le fait que nous avons des tailleurs, des cordonniers, des ébénistes et des forgerons; gens qui, pour travailler et pour vivre, attendent que des *pratiques* viennent leur commander, soit un habit, soit une paire de souliers, soit un lit, soit un mors de cheval; gens encore qui, pour la plupart, sont forcés, pour commencer les ouvrages commandés, de demander une avance de fonds?

A la vérité, les artisans, ou réunis ou épars, forment la somme de travail nécessaire à l'organisation de l'industrie; mais ne la créent pas, car l'existence d'une industrie suppose l'association des bras, des outils et des capitaux, se proposant un but: la satisfaction des besoins d'un grand nombre de consommateurs. Alors, on ne travaille pas pour un simple particulier, mais pour une agglomération d'hommes; et alors aussi, plus est *dense* la population qu'on cherche à servir, plus son industrie devient prospère.

Tant que l'industrie nationale ou l'industrie manufacturière, en Haïti, n'aura pas été organisée dans ces conditions, le Gouvernement ne pourra équitablement la protéger contre l'industrie étrangère. Celle-ci, malgré les frais de navigation, qui auraient dû l'entraver, fournit des articles meilleurs et à plus bas prix. C'est là, et chacun le comprend mieux, l'intérêt bien entendu des populations.

Nous avons des artisans, avons-nous dit, dont les produits se maintiennent, malgré la prétendue concurrence étrangère; dans ce nombre se trouvent beaucoup d'ébénistes, qui végètent malgré leur habileté. Mais qu'est-ce que l'ébénisterie haïtienne? Un métier qui stationne, non pas toujours faute de moyens, mais faute de recherches pour la satisfaction des goûts, et faute aussi de procédés qui simplifient le travail. La mode est une puissance encore plus agissante que la concurrence; celle-ci la modifie, mais c'est la mode qui, dans les affaires, règne en souveraine, inspire les acheteurs. Parce que nous vivons en Haïti, il ne faut pas croire que nous n'aimerions pas, quand notre fortune nous le permet, avoir dans nos salons des meubles du style Louis XIV, des canapés, des chaises bourrées et autres objets sculptés, toutes choses qui ne coûtent pas plus cher que les meubles massifs démodés, quoique bien faits, achetés dans le pays même. Les ébénistes, pour crier contre la concurrence étrangère, lorsque les droits sur les meubles sont déjà des droits protecteurs, devraient se mettre en mesure de fournir à la consommation des ouvrages faits au goût de chacun (1). Aux pauvres, ils devraient pouvoir offrir des lits de sapin pareils aux lits américains, qui se vendent à des prix excessivement bas. Voilà où en est, jusqu'ici, l'état de la question.

Haïti n'est pas, répète-t-on souvent, un pays exclusivement agricole; cela est vrai, et ceux qui disent le contraire n'ont jamais entendu non plus donner à leurs paroles un sens absolu; ils ont seulement en vue la situation telle qu'elle s'offre à nous avec nos peu de moyens d'action, et la perspective des avantages que, seule, l'agriculture offre en ce moment. Tous les hommes ne sont pas nés pour le labourage et le pâturage; il y a, dans notre société, des aspirations différentes comme il y a des tempéraments et des goûts différents. Nous sommes faits, les uns pour le commerce, les autres pour les arts libéraux, d'autres pour les arts mécaniques, d'autres, enfin, pour l'agriculture. Or, la sollicitude du Gouvernement doit pouvoir s'exercer sur tous; car son devoir est de protéger le travail sous quelque forme qu'il se présente. C'est ainsi qu'il pourra un jour, en organisant la fonderie et la maison centrale, faire sortir pour le pays des avantages considérables. Aujourd'hui, en faisant voter par les Chambres la loi qui accorde un crédit pour l'organisation des industries locales, il a posé les premiers jalons; et en voulant réunir en groupes les tailleurs et les cordonniers, qui sont en plus grand nombre, le Gouvernement s'est montré sage, économe; car il sait qu'au travail de l'artisan il faut l'alliance du capital, et pour favoriser cette alliance, il accorde une subvention de P. 50,000, une fois payée, seule protection possible dans l'actualité. Nous croyons devoir reproduire ici les dispositions législatives suivantes :

---

(1) Sans les Allemands et M. Pillot, on continuerait encore à fabriquer, pour notre usage, des lits pareils à ceux de l'époque de Pétion et de Boyer, lits que le mépris populaire a déjà baptisés du nom de *tonnerre m'écrase*.

LOI

Salomon, *président d'Haïti*,

Considérant que les artisans haïtiens manquent du secours nécessaire pour faire prospérer leurs industries;

Vu le degré de perfectionnement des articles tels que cuirs préparés, chaussures et vêtements, figurant à l'Exposition nationale;

Attendu qu'il y a lieu d'arriver, par un système d'encouragement raisonné, à organiser d'abord les trois industries qui les produisent;

Sur la proposition du secrétaire d'État de l'agriculture et l'avis du conseil des secrétaires d'État,

A proposé,

Et le Corps législatif a rendu la loi suivante :

Article premier. — Le Gouvernement accorde un crédit de *cinquante mille piastres*, pour aider à la fondation de trois compagnies distinctes ayant pour but de créer dans le pays :

1° Des établissements de chaussures;

2° Des établissements de vêtements;

3° Des tanneries.

Art. 2. — Ce crédit sera amortissable, en vingt-cinq ans, par annuités.

Art. 3. — Les compagnies ne pourront jouir de ce crédit qu'après leur constitution régulière, ayant prouvé qu'elles reposent sur un capital pouvant faire travailler, dans l'année, deux à trois cents ouvriers.

Donné à la Chambre des représentants, au Port-au-Prince, le 19 octobre 1881, an 78e de l'Indépendance.

Le président de la Chambre,
François Manigat.

La loi fut promulgée le 21 octobre 1881.

LOI

MODIFIANT QUELQUES DISPOSITIONS DU DÉCRET DU 22 JUIN 1867 ET DE LA LOI ÉLECTORALE DU 24 AOUT 1872

SALOMON, *président d'Haïti*,

Considérant que l'expérience prouve qu'il y a lieu de prévenir certains abus qui, bien souvent, se commettent dans les opérations préliminaires des assemblées primaires électorales, quand les magistrats communaux sont candidats à la députation nationale;

Considérant, dès lors, qu'il est nécessaire de modifier quelques prescriptions du décret du 22 juin 1867 et de la loi électorale du 24 août 1872, qui peuvent faciliter ces abus;

Sur la proposition du secrétaire d'État de l'intérieur et de l'agriculture, et de l'avis du conseil des secrétaires d'État,

A proposé,

Et le CORPS LÉGISLATIF a voté la loi modificative suivante :

ARTICLE PREMIER. — Lorsqu'un magistrat communal se porte candidat aux élections législatives dans sa commune, le conseil communal du lieu se réunit et désigne l'un de ses membres, qui doit, au lieu et place du magistrat, présider la commission appelée à confectionner la liste générale d'inscription des électeurs, et qui est aussi chargé de signer la carte d'inscription et de la délivrer à chaque électeur, en se conformant à la loi électorale en vigueur.

ART. 2. — Contrairement à l'article 4 du décret du 22 juin 1867, le membre délégué à cet effet préside également le bureau provisoire devant procéder à l'élection du président de l'assemblée primaire.

ART. 3. — Les cartes déjà signées par lesdits magistrats communaux, en vertu de la loi en vigueur jusqu'à ce jour, seront remplacées par de nouvelles cartes qui seront signées par le membre délégué, comme il est dit dans l'article 2 de la présente loi.

ART. 4. — La présente loi abroge toutes les dispositions de lois et de décrets sur la matière qui lui sont contraires, et sera exécutée à la diligence du secrétaire d'État de l'intérieur et de l'agriculture.

Donné à la Chambre des représentants, au Port-au-Prince, le 19 octobre 1881, an 78e de l'Indépendance.

Le président de la Chambre,
François MANIGAT.

La loi fut promulguée le 20 octobre 1881.

EXPOSITION NATIONALE

RÉSUMÉ DES COMPTES PRÉSENTÉS A LA CHAMBRE DES REPRÉSENTANTS

Premier compte.

Ingénieurs. — Bâtiments. — Canal et mur..P.	29,239	06
Dr Baron. — Kiosques et squares................	2,915	47
Père Weik. — Vitrines et collections............	1,400	»
Employés. — Leurs appointements..............	1,110	»
Bordereaux divers et travaux supplémentaires..	4,501	80
P.	39,166	33

Deuxième compte.

Pour achat de matériaux.........................P.	4,972	96
Pourcentage aux ingénieurs........................	2,836	»
Fonds avancés par le Trésor particulier.........	2,200	»
Fonds avancés par le Trésor général.............	1,686	»
A reporter..............P.	50,861	29

Report......................P.		50,861 29
Pour le jardin. — Au Dr Baron......P.	591 66	
Pour le jardin. — A M. Droit.........	400 »	
		991 66
Personnel du bureau de l'Exposition au 30 septembre 1881...		610 »
M. Élie, pour construction et achats divers......		3,005 »
Ernest Ulysse............................P.	80 »	
Frais divers, fournitures, paratonnerre..	211 95	
		991 95
Bassin, jet d'eau, banquettes en fer, fanaux, éclairage..		5,983 49
Simmonds frères, frais de la fête.................		1,813 »
Frais de transport, machines et autres objets pris de la halle en fer..................................		497 »
		24,887 06
	P.	64,053 39

Signé par les membres de la Commission :

Louis RIVIÈRE, C. MIOT, DÉMOST, WEIK,
Jean de GOVAERTS, Louis GRAS, L. JAEGER,
C. FOUCHARD, E. BOISSON, E. PIERRE.

Le président de la Commission,

Jules St-MACARY,
magistrat communal.

BUDGET DU DÉPARTEMENT DE L'AGRICULTURE

Exercice 1881-82.

SECTIONS		ALLOCATIONS VOTÉES			OBSERVATIONS
		PAR MOIS	PAR AN	TOTAUX	
1	Appointements du personnel de la secrétairerie..............	P. 910	10,920		
	Appointements des cinq inspecteurs généraux et toutes autres dépenses ordonnées par la loi sur l'organisation de divers services agricoles...........	....	23,890		
2	Administration rurale :				
	Appointements des inspecteurs de culture.................	2,075	24,900		
	Appointements des chefs de sections et des gardes champêtres......................	16,064	192,768		
3	*Gazette agricole*...............	....	5,000		
	Matériel et fournitures de bureau	....	3,000		
4	Frais de tournée..............	....	3,000		
1	Enseignement professionnel d'agriculture :				
	3 fermes-écoles; frais de premier établissement.............	....	15,000		
2	Concours agricole :				
	Achat de machines perfectionnées et célébration de la fête du 1er mai..................	....	15,000		
3	Crédit applicable aux encouragements accordés à la culture du café..................	....	45,000		
	Crédit applicable à la régénération de l'industrie sucrière....	....	60,000		
	Encouragements à l'agriculture et pour la création de nouveaux débouchés................	....	30,000		
				P. 428,478	

Nous garderons un impérissable souvenir de la Chambre et du Sénat de 1881, pour la façon dont ils nous ont secondé dans l'accomplissement de notre tâche de secrétaire d'État, la première fois que nous avons eu l'honneur de comparaître devant leurs assemblées. Nous leur sommes reconnaissant des nombreux témoignages de confiance qu'ils nous ont donnés depuis le commencement jusqu'à la fin de la session. Aussi, quelque temps avant de nous séparer, en déposant à la Chambre la loi en faveur des artisans, avons-nous essayé de rendre, par ces paroles prononcées à la Chambre des députés, nos sentiments de gratitude envers les mandataires de la nation :

« Messieurs de la 16e Législature, vous avez beaucoup fait. L'histoire qui enrégistre tout, et à laquelle aucune chose publique ne peut échapper, l'histoire viendra bientôt, après avoir pesé vos actes, vous voter les éloges que vous méritez à tant de titres.

Vous avez beaucoup fait, et parmi les choses qui marqueront éternellement votre passage, nous aimerons, nous, Pouvoir, et le peuple des campagnes avec nous, nous aimerons à citer ces lois sur l'agriculture que vous avez votées dernièrement avec patriotisme. Mais, avant de vous séparer, songez que vous avez devant vous, debout, vous soutenant de leur appui moral et de leurs applaudissements, les citoyens des villes et une jeunesse nouvelle. A ces hommes aussi vous devez beaucoup ; car ce n'est pas assez d'avoir voté des subventions à ceux qui, par leurs talents et leur génie, ont essayé de relever la littérature haïtienne, vous, 16e Législature, vous devez encore quelque chose à l'ouvrier, au citoyen qui, ne cherchant son existence ni dans les bureaux publics ni dans le travail de la terre, pour lequel il sent qu'il n'est pas fait, va se consacrer librement aux rudes labeurs de l'atelier. A ce citoyen-là, vous devez, assurément, et votre protection et votre sollicitude. C'est pourquoi, à la veille de votre séparation, je viens, confiant dans votre patriotisme, vous prier de voter ce projet de loi que l'Exécutif a proposé en faveur des industries locales.

Ce projet de loi, Messieurs, c'est le souffle du général Salomon, que vous avez élu président de la République; c'est la réalisation d'une parole dite, il y a deux ans, au pays, parole que le pays a su garder. »

§ II. — SESSION EXTRAORDINAIRE

Au 20 octobre 1881, il y avait juste quatre mois d'écoulés depuis l'ouverture de la session législative; les Chambres, selon le décret de prolongation rendu par le Sénat, allaient se former à cette date; mais, comme il restait encore à prendre certaines mesures législatives pour équilibrer les budgets, qui avaient subi des modifications, le Gouvernement décida qu'une convocation en session extraordinaire serait faite pour le lendemain, 21 octobre. Un décret fut publié à cet effet, et les mandataires, qui n'avaient pas encore quitté la capitale, se réunirent de nouveau en Assemblée nationale. Les deux Chambres se séparèrent ensuite, après avoir voté, dans les formes ordinaires, le décret qui ouvrait un crédit de P. 500,000 au secrétaire d'État des finances, crédit au moyen duquel il pourrait équilibrer le budget de 1881-1882.

TROISIÈME PARTIE

CHAPITRE PREMIER

Vacances. — Épidémie.

A cette époque de l'année, les travaux législatifs étant terminés, nous pensâmes à prendre quelque repos : depuis dix mois nous fléchissions sous une charge trop lourde. C'est beaucoup que d'avoir à gérer tour à tour les différents départements ministériels dans un si court intervalle, et, si l'on ajoute à ces occupations la nécessité de donner audience, chaque jour, jusqu'à deux cents personnes, on comprendra combien fut grande notre fatigue. Un journal de Bainet, *le Suffrage,* qui ne parut que quelque temps, contenait l'entrefilet suivant :

« D'après les nouvelles reçues par le dernier courrier, il est à constater que la paix et la tranquillité règnent sur tous les points du pays. Le ministère est dans le même état de travail ; il est à douter que ce seul objectif donne raison aux différents départements de tant de retard aux réceptions de rapports urgents qui, par la nature des choses, devraient attirer leur entière sévérité. (Allusion probablement aux manœuvres électorales.)

Nous croyons ne pas nous tromper ; M. Légitime, qui s'occupe spécialement de la fortune publique, l'agriculture, ne peut être un nouvel Atlas. Donc, la formation du cabinet fera asseoir beaucoup de prétendants debouts, et le service sera mieux rétribué. »

Ce journal avait raison; car, dans notre position et avec la négligence ordinaire des employés, il se pourrait bien qu'on eût à se plaindre d'un retard dans l'expédition de quelques affaires. Nous sentions tout le poids de la fatigue, mais notre courage ne faillit point. Nous étions arrivé aux affaires avec beaucoup d'enthousiasme, mais avec peu d'illusions. Ce n'est pas dans cette haute position politique que nous avons eu seulement occasion d'étudier les hommes; une vie active nous avait depuis longtemps mis en contact avec tous les tempéraments. Cette expérience acquise nous avait inspiré les lignes suivantes, lorsqu'à notre début nous avons écrit la lettre-préface de notre plan d'administration, adressée au président Salomon :

« Appelé à gérer le département de l'agriculture, je m'enorgueillis de pouvoir coopérer avec vous à l'œuvre que vous avez entreprise; mais je sens aussi tout le poids de la responsabilité que j'assume devant le pays. J'avoue que ce n'est pas sans un certain sentiment de crainte que j'entre dans l'arène politique. Ne m'étant jamais occupé, jusqu'ici, des questions d'administration que d'une manière purement spéculative, mes pas seraient hésitants si je n'étais persuadé de trouver en vous, qui m'encouragez, lumière, énergie et résolution de bien faire. Je vous dois ma sympathie et mon dévouement; je dois à mon pays le sacrifice de mon être, et à l'avenir mon nom et ma réputation : ces considérations me donneront courage. J'ai franchi mon Rubicon, et je sais ce qui m'attend. Je me voue à mon sort; j'affronterai sans faiblesse les traits de l'intrigue, ainsi que les périls, qui renaissent sans cesse sous les pas de l'homme politique. Quant à l'avenir, il sera ce que nos actions l'auront fait. Homme de conscience et de bonne volonté, nous pouvons sans frémir attendre le verdict de l'histoire, étant déjà assuré du secours d'en Haut. »

Quoi qu'il en soit, le ministère est une grande école, et c'est pour cela que nous répétons après un grand homme, Napoléon Ier : « La première année d'un ministère est une année d'apprentissage ».

Les députés partis, nous nous attendions nécessairement à la reconstitution définitive du ministère; l'état provisoire du cabinet ne pouvait durer plus longtemps. En attendant, nous essayâmes de prendre quelques jours de vacances. Vains efforts! la petite vérole avait déjà fait son apparition à la capitale. Ce fut donc pour nous, en notre qualité de secrétaire d'État de l'intérieur, un surcroît d'occupation dans un moment où nous nous y attendions le moins. Force nous fût donc de nous remettre à l'œuvre, afin de prendre, avec le concours du magistrat communal et des membres du jury médical, des mesures capables de prémunir la ville contre le danger qui la menaçait.

Le 13 octobre, dès que la police nous eut annoncé qu'un cas de variole s'était manifesté en ville, nous en fîmes prévenir le Dr Aubry, président du jury médical, et M. Jules St-Macary, magistrat communal, qui reçurent l'un et l'autre nos instructions. Le Dr Aubry, après qu'il se fut assuré de la véracité du fait, fit insérer l'article suivant dans les colonnes du *Moniteur* :

« ATTENTION! ATTENTION!

La petite vérole sévit avec assez d'intensité au Cap-Haïtien. Déjà deux cas isolés, communiqués par une personne venue de cette ville, ont été observés ici, rue Américaine.

Le Gouvernement, dans sa sollicitude pour nos populations, a autorisé le jury médical central à demander du vaccin à l'étranger, afin que ce puissant préservatif de la variole puisse être gratuitement mis à la disposition de tout le monde.

Le jury médical fixera le jour des vaccinations.

En attendant, comme la petite vérole est éminemment contagieuse, et que son foyer épidémique, qui est le mobile, peut se déplacer et immigrer facilement du Cap au Port-au-

Prince, chacun ferait très bien de se préparer en observant strictement une hygiène convenable, se mettre en quelque sorte en défense contre l'ennemi, afin de lui opposer le plus de résistance possible. Ainsi, se faire revacciner quand on l'a été depuis plus d'une dizaine d'années, ne commettre aucun excès, se purger légèrement avec du sedlitz, du citrate de magnésie ou tout autre laxatif, pas d'abus ni dans le boire ni dans le manger, entretenir dans sa maison et les environs la plus grande propreté, afin de faciliter les efforts de la commune qui s'occupe tant, en ce moment, de la salubrité publique, tels sont les moyens à employer pour se prémunir contre le fléau, s'il fait irruption ici, en attendant qu'enfants et grandes personnes puissent se faire vacciner et revacciner.

Le Président du jury médical,

AUBRY, D.-M. »

Le département de l'intérieur n'arrêta pas là ses efforts; il affecta de nouveaux fonds, soit P. 250 par semaine, données à la commune pour accélérer le travail d'assainissement qu'elle avait commencé, et on fonda aussitôt un hospice dans un lieu écarté, à la Croix-des-Martyrs, pour recevoir les premiers varioleux. Le magistrat communal et le Dr Désert nous faisaient chacun un rapport quotidien sur les progrès de la maladie.

Le 30 novembre, le magistrat communal fit publier un autre avis, ainsi conçu :

Port-au-Prince, le 30 novembre 1881, an 78e de l'Indépendance.

LE CONSEIL COMMUNAL DU PORT-AU-PRINCE

Annonce au public, en général, que quelques cas de petite vérole sont signalés en cette ville, et que, pour conjurer les funestes effets de l'épidémie, il importe que chacun, dans sa sphère d'activité, prenne les meilleures précautions pour venir en aide aux mesures générales ordonnées par l'autorité.

En conséquence, il est avisé ce qui suit :

1° Les commissaires et les sous-commissaires d'îlets sont tenus, conformément aux instructions qui leur ont été déjà transmises, de faire parvenir chaque jour, à l'hôtel communal, un rapport sur l'état sanitaire de leurs quartiers;

2° Ils feront connaître exactement les maisons où des cas de variole pourraient se produire;

3° Afin que toutes les mesures de salubrité publique et les précautions nécessaires soient prises, sans relâche, dans les quartiers menacés de l'épidémie, il est enjoint aux commissaires et sous-commissaires d'îlets, sous leur responsabilité personnelle, d'exiger qu'un drapeau ou mouchoir blanc soit placé devant chaque maison où il y aura un cas de signalé;

4° Le présent avis, qui sera publié et imprimé, sera exécuté à la diligence des officiers communaux et des autres agents de la commune.

Fait en l'Hôtel communal, les jour, mois et an que dessus.

Le magistrat communal,
Jules St-MACARY.

On se hâta de faire ensuite tout ce que commandait la circonstance. Les premières personnes qui furent atteintes par le fléau furent isolées avec soin. Dans les rues et sur les places publiques, on brûla du goudron et on jeta de la chaux vive dans les ruisseaux, afin de purifier l'atmosphère et d'assainir la ville.

Le 22 novembre, le magistrat communal fit publier l'avis suivant :

« L'Administration communale, qui n'a cessé de prendre les mesures les plus actives pour assurer le maintien de la propreté des rues et des places publiques, s'inquiète à bon droit, aujourd'hui, de la propreté intérieure des cours des maisons. En présence de la petite vérole qui sévit au Cap-Haïtien et dans ses environs, il lui est fait le devoir de ne pas perdre de vue l'emploi des meilleures précautions pour sauvegarder le Port-au-Prince de l'irruption de cette épidémie ou pour en enrayer la marche et les funestes effets, si le mal vient à y être signalé.

Des agents de la commune sont désignés pour parcourir les deux sections de la ville. Ils sont chargés de visiter l'intérieur des maisons et des cours ; de constater si, par quelque négligence, il n'y existe pas des dépôts de détritus de ménage ou autres choses malsaines qui, en s'agglomérant, peuvent devenir nuisibles à la salubrité publique.

Ces agents, à qui il est recommandé d'accomplir leur mission en employant le langage de la douceur et de la persuasion, ne manqueront pas d'être facilités dans cette tâche par le concours loyal et empressé de tous les habitants de la cité.

Personne, en effet, ne pourra se montrer hostile à une mesure dont l'opportunité et le bon effet doivent tourner au profit de la population en général.

Port-au-Prince, le 22 novembre 1881. »

Le 24 novembre, le département de l'intérieur, d'après le rapport du Dr Désert, donna avis au public d'un nouveau cas de variole, et recommanda les prescriptions ordonnées par le président du jury médical :

AVIS

DE LA SECRÉTAIRERIE D'ÉTAT DE L'INTÉRIEUR

Le chef de ce département se fait un devoir de porter à la connaissance de la population de la capitale que, par sa lettre en date du 22 novembre courant, nº 8, M. le Directeur de l'École de médecine annonce au jury médical la réception d'un *varioleux* dans la salle de Mars, clinique de l'École de médecine qu'il dirige.

En conséquence, toutes les mesures nécessaires d'hygiène

et de salubrité prescrites par M. le Dr Aubry, président du jury médical central de la République, et insérées au journal officiel du jeudi 13 octobre de la présente année, n° 41 *bis*, doivent être prises pour éviter la propagation de cette épidémie.

Tous les docteurs en ce moment à la capitale sont invités à se mettre à la disposition du jury médical pour procéder à la vaccination de tous les individus non encore vaccinés.

Port-au-Prince, le 24 novembre 1881.

On nous avait conseillé, dès le commencement, d'empêcher les communications avec les villes déjà envahies par l'épidémie; mais comment y serait-on parvenu, lorsque déjà le mal avait étendu ses ravages dans toutes les parties du nord d'Haïti. On ne pouvait que faire subir la quarantaine aux navires qui touchent dans les ports infectés; mais il était impossible d'empêcher les villes d'être en relation avec la campagne. La quarantaine ne pouvait avoir d'autre résultat que d'éloigner le mal, qui ne pouvait manquer de finir par envahir la capitale et les villes du Sud.

La petite vérole nous est venue de la partie de l'Est. Déjà, au mois de juillet, après que nous eûmes reçu avis de nos consuls que cette épidémie sévissait à Santiago, à Puerto-Plata et à Monte-Christ, nous avions adressé la circulaire suivante aux commandants des arrondissements et des communes.

Port-au-Prince, le 18 juin 1881.

Aux Commandants des arrondissements de la République.

Général,

D'après les renseignements reçus de l'étranger, la petite vérole sévit à Puerto-Plata, à Monte-Christ et à Santiago de los Caballeros.

En vue de protéger les populations du pays contre la contagion de cette épidémie, je vous invite, dès la réception de la présente, à passer des ordres aux chefs des mouvements des ports, pour que les mesures sanitaires prévues par la loi soient rigoureusement observées à l'égard des navires et passagers qui arriveront en votre port.

Accusez-moi réception de la présente circulaire, et recevez, Général, l'assurance de ma parfaite considération.

Signé D. LÉGITIME.

Néanmoins, la ville du Cap fut la première infestée de la petite vérole : un bâtiment, venu de Monte-Christ, y apporta cette épidémie. Il faudrait alors, pour intercepter les communications entre ces villes et les autres, qu'on pût recourir à de grands moyens (1). Le pouvions-nous? Dernièrement, en Russie, la peste fit son apparition dans un village du nom de Wetlianka. Le gouvernement moscovite n'hésita pas, pour empêcher le fléau de se propager et d'exercer ses ravages dans toute l'Europe, de prendre des mesures extrêmes que lui avaient conseillées les médecins. Ces mesures consistaient à détruire le village de Wetlianka et à transporter ailleurs ses habitants, sans qu'on leur laissât la liberté de sortir du cercle de la quarantaine. Puis, on accorda à ceux-ci des indemnités pour la perte de leurs biens meubles et immeubles. De pareilles mesures, en Haïti, ne seraient applicables que si l'épidémie, au lieu d'avoir été introduite par voie de mer dans une ville aussi importante que le Cap, était venue par la frontière, par le Ouanaminthe, par exemple. Toutefois, il faut le reconnaître, le pays, sous le rapport politique et financier, ne peut, quand de pareilles maladies viennent subitement

(1) La plupart, dépourvues de médecins, en demandaient pour venir vacciner les habitants; mais comme, au conseil, on ne put prendre aucune décision relative aux frais extraordinaires de déplacement, notre département fit ordonnancer une dépense de 150 piastres en faveur du bourg de Vallière, qui était dans le même cas que les autres, mais qui avait fait venir un docteur.

frapper nos populations, leur opposer que les moyens conseillés par l'hygiène.

Ah! si, en ce moment, nous avions déjà établi chez nous un lazaret, quel service ne nous aurait-il pas rendu? Pourquoi n'avait-on pas songé à doter d'un pareil établissement notre pays, qui est en relation avec tant de contrées d'où l'on peut chaque jour nous apporter quelques maladies contagieuses? Un lazaret serait pour Haïti, jusqu'ici protégé par la Providence, d'une urgente nécessité, et c'est préoccupé de cette idée que, le 17 novembre, nous fîmes expressément une excursion à l'île Carnéro, vulgairement appelée l'île à Cabrits. Nous pensions que cette île pourrait servir, soit à la fondation d'un pareil établissement ou à celle d'un pénitencier, à l'instar du pénitencier de Kingston (1). Voici le compte rendu de cette excursion :

APPRÉCIATIONS

Sur les Sources puantes, l'île Carnéro et les briqueteries de MM. Ménos et Fatton, par les soussignés, partis, le 17 novembre dernier, à bord du steamer Montrouis, *en excursion avec M. le Secrétaire d'État de l'intérieur et de l'agriculture.*

« Les sources sulfureuses connues sous le nom de *Sources puantes,* dont parle Moreau-de-St-Méry, jaillissent au pied d'une colline, tout près de la mer, par un assez grand nombre d'ouvertures naturelles creusées dans un rocher de consistance assez dure. Déjà, au siècle passé, ces eaux avaient

---

(1) Nos prisons, où se trouvent pêle-mêle les personnes incarcérées ou condamnées pour causes politiques et délits de droit commun, les militaires récalcitrants et quelquefois les débiteurs de mauvaise foi, coûtent déjà beaucoup à l'État pour leur entretien, et si, à cette dépense annuelle, on ajoute les réparations qu'elles exigent, on atteindra un chiffre au moyen duquel on pourrait construire une bonne maison pénitentiaire.

attiré l'attention des médecins, bien que les traitements par l'usage des eaux thermales n'eussent point encore la vogue et le crédit que la science leur a confirmés depuis. La principale d'entre elles a un débit suffisant pour alimenter un établissement de bains. L'eau en est parfaitement limpide, sa température est de 34 degrés centigrades (6 degrés environ au-dessus de la température de l'air ambiant, le jour de l'excursion.) Elle exhale l'odeur forte et caractéristique de l'hydrogène sulfuré, ce qui révèle la présence de ce gaz libre en dissolution, en même temps que la saveur urineuse du liquide indique la présence de bases alcalines (potasse, soude ou chaux) combinées avec ce même gaz. Le dépôt de soufre pulvérulent ou en très petits cristaux qu'on remarque sur les roches baignées par l'eau de la source, provient de l'oxydation, à l'air, de l'hydrogène sulfuré, soit libre, soit engagé dans une combinaison.

» Dans les endroits où un mince filet d'eau s'éparpille sur un sol poreux, l'oxydation est poussée beaucoup plus loin ; il en résulte de l'acide sulfurique, dont l'excessive acidité est facilement reconnaissable au goût quand on applique la langue sur des échantillons de terre poreuse convenablement choisis.

» Voilà, à peu près, tout ce qu'un examen nécessairement très sommaire, fait à la source même, peut nous apprendre de certain.

» L'eau des *Sources puantes* contient-elle des sulfures métalliques insolubles, mais tenus en dissolution à l'aide des sulfures alcalins ? Renferme-t-elle de l'iode, du brome, de l'arsenic, des chlorures, etc., etc., en proportion suffisante pour influer sur ses propriétés médicinales ? Peut-elle, au besoin, être bue en petite quantité par les malades ? De quelle source sulfureuse se rapproche-t-elle le plus par sa composition chimique ?

» Voilà des questions du plus haut intérêt pour le médecin qui voudrait appliquer ces eaux à la thérapeutique, questions qu'une analyse longue et minutieuse, faite à loisir dans le laboratoire, peut seule résoudre d'une manière satisfaisante.

» Il est à supposer que ces dépôts de soufre existent dans la colline, c'est-à-dire dans le voisinage de ces sources. La présence du soufre dans l'eau, et la nature volcanique du sol des Antilles, autorisent cette présomption. Quelques fouilles et quelques sondages pourraient seuls nous éclairer à ce sujet.

» Nous nous proposons, grâce à l'initiative encourageante du secrétaire d'État de l'intérieur, de pousser plus loin nos recherches. Nous ne pouvons, cependant, passer sous silence le travail qui a été fait, à l'égard de ces mêmes sources, par M. Eug. Nau, le vétéran dans toutes les questions scientifiques du pays.

. . . .

. . . .

« L'île Carnéro, désignée ordinairement sous le nom d'île à Cabrits, s'étend de l'est à l'ouest, parallèlement à la côte, sur une longueur de 700 mètres environ et une largeur moyenne de 150 mètres, entre la 41e et la 42e minute du 18e degré de longitude; elle présente un seul mamelon vers son centre; elle est située en face de l'endroit appelé *Source matelas*.

» Cette île ne peut être considérée que comme un promontoire détaché de la terre ferme par un bras de mer d'environ 500 mètres de largeur. Son sol, poreux et crayeux, est identiquement pareil à celui de la côte voisine et présente la même aridité. L'eau y fait complètement défaut, ce qui s'explique tout naturellement par la nature du sol; c'est précisément ce qui nous permet d'affirmer l'impossibilité de toutes cultures; et, déjà, le peu de végétation qu'on y remarque est bien rabougrie, au point que nous n'y avons pas constaté un seul arbre. Cet endroit, à cause de sa situation, ne conviendrait qu'à l'installation d'un lazaret, le seul établissement possible en ce lieu.

. . . .

. . . . »

» Quant aux deux briqueteries établies à Boucassin (1re section de l'Arcahaie), et que nous n'avons que rapidement visitées — la nuit nous ayant surpris au moment de notre attérissage en ce lieu —, nous ne pouvons, après avoir jeté un coup d'œil sur l'ensemble, et particulièrement sur l'outillage, que rendre un éclatant hommage à l'initiative, à la persévérance des honorables fondateurs de cette industrie en Haïti, MM. Ménos et Fatton.

» Ces deux établissements, parfaitement étrangers l'un à l'autre, et situés à peu de distance l'un de l'autre, à quelques pas du rivage, se trouvent, à tous les points de vue possibles, dans des conditions les plus favorables à leur prospérité ; et leur succès, assuré par la qualité des produits déjà fabriqués et employés, serait évidemment complet si les nobles efforts déployés par ces vaillants pionniers de l'industrie haïtienne étaient encouragés de la façon la plus effective.

» Port-au-Prince, le 26 novembre 1881.

» *Signé* Chs. THORP et Jn. de GOVAERTS, ingénieurs du Gouvernement ; Dr Arch. DÉSERT, directeur de l'École de médecine ; D. ABELLARD, directeur de la Fonderie nationale ; D. ROBELIN, professeur au Lycée national. »

Le 25 novembre, le président d'Haïti, justement alarmé du développement possible de la maladie, nous adressa la dépêche suivante :

Port-au-Prince, le 25 novembre 1881, an 78e de l'Indépendance.

Monsieur le Secrétaire d'État,

Pour la sauvegarde de ma responsabilité devant le pays, il importe que je vous renouvelle par la présente les ordres que je vous ai plus d'une fois donnés par écrit et de vive voix, à l'égard des précautions à prendre et des soins à donner, par rapport à nos populations, contre la petite vérole qui sévit en ce moment dans certains points de la République. — *Tout le monde indistinctement* doit être vacciné.

Faites-le savoir catégoriquement par une note au journal officiel, et écrivez aussi catégoriquement au jury médical, à l'inspecteur du service des hôpitaux et au directeur de l'École de médecine, pour que tous les jours, de telle heure à telle heure et dans les lieux qui seront désignés, des médecins se tiennent à la disposition des personnes à vacciner. — Correspondez, à cet égard, avec votre collègue de la guerre, pour ce qui concerne l'armée.

Je vous salue, Monsieur le Secrétaire d'État, avec une parfaite considération.

Signé SALOMON.

Le secrétaire d'État de la guerre et nous, nous avions pris déjà nos mesures, et comme on avait reçu auparavant, de Kingston et des États-Uuis, une forte quantité de vaccin, nous fîmes partir, pour maints endroits, des docteurs ainsi que des étudiants en médecine, avec mission de vacciner les populations. Nos envoyés séjournèrent à la Croix-des-Bouquets, à l'Arcahaie, à Pétion-Ville, partout dans les environs de la capitale. De cette façon, on peut dire que tout le mois de novembre se passa dans les précautions prises contre le fléau qui, à la fin, aux mois de janvier, février et mars, devait envahir entièrement tout l'arrondissemnt de Port-au-Prince. Nous eûmes aussi à prendre d'autres mesures d'administration pour la mise à exécution des nouvelles lois votées par les Chambres. Les différentes lettres circulaires publiées méritaient d'être mentionnées à cette occasion.

Le 1er décembre, un nouvel avis du ministère de l'intérieur rappela l'attention des jurys médicaux sur les devoirs qui leur sont imposés dans les cas d'épidémie :

SECRÉTAIRERIE D'ÉTAT DE L'INTÉRIEUR

En présence de l'épidémie de petite vérole qui sévit avec tant d'intensité sur plusieurs points de la République, le chef de ce département appelle l'attention des jurys médicaux sur les articles suivants de la loi du 2 juin 1847, qui les régit :

ART. 22. — Le jury médical est aussi institué en comité de vaccine.

Art. 23. — Le comité a pour attributions de propager la vaccine sur tous les points de la République, et surtout dans les campagnes où ce bienfait n'aurait pas encore pénétré.

Art. 24. — Il propose au Gouvernement les moyens de répandre la vaccine et de la faire apprécier par tous les habitants du pays.

Art. 25. — Il conserve la vaccine, se charge de l'inoculer et d'en tenir gratuitement à la disposition de tous les praticiens de la République.

Art. 26. — Le comité de vaccine recueille tous les faits relatifs à la petite vérole et à la varicelle, fait l'histoire de ces deux maladies et en conserve le souvenir dans ses annales.

Il fait connaître au public la nature des épidémies de ce genre, les causes qui les ont amenées, les moyens d'en abréger le cours et d'en prévenir le retour. Dans cette circonstance, il agit soit d'office, soit par l'invitation de l'autorité.

Art. 27. — Il indique au Gouvernement les mesures les plus efficaces à prendre pour arrêter les progrès de l'épidémie, et aux praticiens la meilleure méthode de traitement, pour que l'issue de la maladie soit aussi prompte et aussi heureuse que possible.

Art. 28. — Le jury médical s'assemble dans le lieu de ses séances deux fois chaque mois. Le président de ce corps pourra le convoquer à l'extraordinaire lorsque le cas l'exigera.

Art. 29. — Comme jury médical, il s'occupe de toutes les questions ci-dessus désignées et de la rédaction de l'article d'hygiène, qui doit être publié dans chaque trimestre.

Art. 30. — Réuni en comité de vaccine, il organise un service alternatif d'inoculation et de propagation générale de la vaccine, rédige, sous forme de journal, les observations recueillies sur ce sujet, et fait les procès-verbaux qui doivent être adressés au Gouvernement.

Art. 31. — Le jury se constituera, s'il y a lieu, en société médicale. Dans ce cas, ses fonctions consistent à réunir et à présenter tous les faits de la pratique, publics et particuliers, à discuter et à mettre en évidence les opinions et les méthodes qui ont le plus de succès.

Port-au-Prince, le 30 novembre 1881.

Le 2 décembre, le Dr Désert, conformément à une de nos dépêches, nous fit le rapport suivant : (Les différentes autres pièces et rapports relatifs à l'épidémie sont renvoyés à la quatrième partie de cet ouvrage.)

Port-au-Prince, 2 décembre 1881.

RAPPORT MÉDICAL

Monsieur le Secrétaire d'État,

J'ai l'honneur de vous annoncer qu'à la réception de votre dernière dépêche, j'ai établi, sous le contrôle du jury médical, un service régulier de vaccination dans les communes de cet arrondissement.

Je vous soumets, Secrétaire d'État, le relevé exact des vaccinations faites par les étudiants en médecine dans les localités ci-dessus désignées, savoir :

Du 28 au 30 novembre.

MM. D. Dorsainvil et Clausel, Pétion-Ville......	82	
J. Scott et Fortunat, Croix-des-Bouquets..	156	
D. Destouches et F. Armand, Carrefour...	87	
Borno et Poitevien, Turgeau	31	
Saint-Onge, Grande-Plaine	Inconnu.	
TOTAL		356

Du 25 novembre au 1er décembre.

École de médecine..	638
TOTAL *(à reporter)*...........	994

Report........................	994

Du 2 décembre.

Carrefour	301
École de médecine..	37
Total..............................	1,332

Les autres communes doivent être visitées demain samedi.

Les étudiants en médecine Georges Gauvin, de Grand-Goâve, et Ch. Duroc-Charlot, de Petit-Goâve, vont inoculer le virus vaccinal dans leurs communes.

Les Drs S. Thézan et A. Duroseau ont reçu du vaccin pour Léogane; de même, j'en ai donné avec empressement au Dr Bouzon pour Aquin.

Du 25 au 30 novembre.

Croix-des-Martyrs, deux militaires du e régiment d'infanterie..	2	

1er décembre.

Almador, matelot de la *Catherine*.................	1	
Tunis, indigent	1	
Un indigent qui a le délire...........................	1	
Total..................		5
Relevé général..............		1,337

Je saisis cette occasion pour vous signaler les pharmacies Centrale, Gagneron, Albertini, Aurel Bayard, Trouillot et Mahotière, qui font des fumigations de phénol jusqu'à neuf heures du soir. Cet exemple doit être suivi par les autres pharmaciens de la capitale.

Les médecins civils et militaires ont largement vacciné, et nous pouvons dire qu'avec les sages mesures de salubrité publique prises par le magistrat communal, notre population sera grandement protégée des ravages de l'épidémie.

La statistique des vaccinations faites par les médecins civils et militaires de cette ville atteint le chiffre d'environ deux ou trois mille.

Le chiffre de la léthalité jusqu'à ce jour est représenté par deux.

Le service de la Croix-des-Martyrs accepte aussi tous les malades de tout sexe et de tout âge, étant essentiellement *civil* et *temporaire.*

En résumé, Secrétaire d'État, les mesures préventives ont mis la moitié de notre population à l'abri de l'épidémie; et si vous y joignez les sages précautions d'hygiène publique prises par le magistrat communal, il nous est permis d'affirmer le peu de gravité, au point de la léthalité, qu'offrira la ville de Port-au-Prince.

Voilà, Monsieur le Secrétaire d'État, comment nous avons exécuté en peu de jours les instructions que vous nous avez données.

Veuillez agréer, Monsieur le Ministre, l'assurance de notre entier dévouement.

Dr Arch. DÉSERT,

Directeur de l'École de médecine et de pharmacie
Chef du service civil des varioleux.

CHAPITRE II

Voyage du Président. — Événements de Saint-Marc.

L'autorité légalement acquise et fortement exercée, a dit quelqu'un, est souvent le palladium des peuples nouveaux et la cause efficiente de leur *grandeur*.

Le 4 décembre, le Président d'Haïti, accompagné du secrétaire d'État de la guerre, d'une partie de son état-major et du régiment des chasseurs à pied de la garde, s'embarqua sur le *Reynaud* pour une tournée de dix jours. Bientôt après, nous reçûmes avis que des mécontents voulaient faire un coup de main à la capitale, mais que pour agir, ils attendaient des nouvelles de l'Artibonite.

Déjà, depuis deux mois, on avait senti une agitation sourde dans le pays, par rapport aux élections générales qui se préparaient et qui allaient avoir lieu en janvier 1882. La Chambre, qui avait si fortement contribué à fonder l'ordre de choses actuel, allait faire place à une nouvelle Chambre. Le pays se trouvait donc appelé, en cette occasion, à faire connaître ses sentiments. Dans cette circonstance, le Président d'Haïti, en audience publique du 6 novembre, avait dit ces paroles :

« A propos des élections, les uns disent que le Gouvernement doit avoir des candidats officiels pour la représentation nationale, les autres prétendent qu'il ne doit pas en avoir. Moi, je dis que comme chef d'État, je n'ai pas perdu mon droit de citoyen. Comme citoyen, j'ai le droit et le devoir d'avoir une opinion et de souhaiter que telles ou telles personnes soient appelées à la Chambre des représentants. Comme chef d'État, donc, j'ai le droit d'avoir mon opinion tout comme un simple citoyen, et, par conséquent, de désirer que telles ou telles personnes arrivent à la députation nationale.

Eh bien, je déclare que je n'ai pas de candidats officiels, mais *que je serais content de voir retourner à la Chambre tous ceux-là qui, dans la 16e Législature, ont marché avec mon Gouvernement.* »

Mais, depuis, les avis étaient partagés, même parmi les amis du Gouvernement. On s'agita, on intrigua dans tous les sens et dans tous les groupes. C'est alors que les exilés qui, auparavant, étaient dans la plus grande incertitude sur leur sort, et dont plusieurs déjà avaient la pensée de quitter Kingston pour Panama, crurent trouver une nouvelle occasion de tenter fortune par les armes. Cependant, des lettres saisies sur Mlle Sophie Dégout, à quelque temps de là, avaient laissé deviner la tendance des chefs de ce parti à renouer leurs anciennes relations politiques, excepté toutefois M. Ed. Paul, qui, s'adressant à des parents, leur disait : « Et quand le grand homme nous fera-t-il grâce? »

Ces continuels projets de prise d'armes n'ont jamais pu ébranler notre confiance, et ceux qui pensaient provoquer la guerre civile savaient qu'en cette circonstance ils exposeraient vainement leur vie. « On ne peut empêcher, avait souvent dit le chef de l'État, que des fous descendent dans la rue et crient :

A bas Salomon !..... »

Le Président absent, nous étions là, représentant le Pouvoir, ayant les moyens nécessaires pour repousser toute tentative téméraire d'insurrection. Quoiqu'il en soit, nous dûmes nous mettre sur nos gardes et faire suivre les mouvements des mécontents.

En effet, le 9 décembre, un officier, expédié de l'Arcahaie, arriva en toute hâte au Port-au-Prince, nous apportant la nouvelle d'une prise d'armes à Saint-Marc. La situation s'étant ainsi dessinée, nous nous empressâmes de convoquer toutes les autorités laissées à la capitale, pour prendre avec elles les mesures de circonstance. En un clin d'œil, tout fut fait; alors, seulement, nous laissâmes échapper dans le public la nouvelle de l'insurrection. Déjà, nos dépêches étaient acheminées dans toutes les localités, tandis que la *Sentinelle,* bateau de l'État, partait pour le Sud, apportant d'autres dépêches au Président d'Haïti.

Les forces du Gouvernement, que le son du clairon avait réunies, se concentrèrent aussitôt. Nous en détachâmes deux régiments de ligne, qui furent, l'un embarqué sur un bateau de la ligne Rivière, pour se rendre immédiatement à l'Arcahaie, et l'autre dirigé sur le Mirebalais, avec mission de rallier, en passant, la garde nationale de la Croix-des-Bouquets, sous les ordres du général Catulle Mirvil. Voici un ordre du jour portant les faits à la connaissance du public :

Le Secrétaire d'État de l'intérieur et de l'agriculture, chargé du département de la guerre et de la marine.

Concitoyens et soldats,

Hier, à 1 heure de l'après-midi, des agitateurs qui, depuis assez longtemps, tramaient contre l'ordre public et le Gouvernement, se sont enfin manifestés à Saint-Marc par un mouvement, profitant de la maladie du général T. Luvieux, commandant de l'arrondissement.

La ville de Saint-Marc, malgré toutes les menées des agitateurs, est, en grande partie, demeurée calme, et le général Luvieux, quoique souffrant, a pris des mesures contre les rebelles. Il se maintient ferme à son poste.

Le général P. Agnant, commandant de la commune de l'Arcahaie, a avisé les autorités de la capitale de ce mouvement et s'est porté sur Saint-Marc pour prêter son concours au général Luvieux. Des troupes sont parties pour renforcer la garnison de Saint-Marc. Bientôt, le Gouvernement apprendra l'insuccès de cette manifestation.

Citoyens, soyez calmes et pleins de confiance dans le Gouvernement, qui ne permettra pas que des factieux, des malfaiteurs, troublent la paix dont jouit la République, depuis deux ans, sous l'administration du Président Salomon.

Dans l'intérêt général, les mesures les plus énergiques, les plus sévères, sont prises, et ceux qui, après huit heures du soir, seront trouvés circulant par les rues et sur les places publiques, seront arrêtés et emprisonnés pour être jugés rigoureusement.

Port-au-Prince, le 9 décembre 1881, an 78e de l'Indépendance.

Signé F.-D. LÉGITIME.

Dans la soirée du même jour, d'autres dispositions furent prises pour que l'ordre ne fût pas troublé pendant la nuit. On se préparait, nous dit-on, à nous attaquer et à attaquer l'hôtel de l'arrondissement; mais les défenseurs de l'ordre public étaient là, qui attendaient.

Un ancien ami du Gouvernement, le député Canal, fut suspecté d'être avec les mécontents et désigné pour être l'un des chefs du mouvement insurrectionnel à la capitale. Nous le fîmes venir près de nous au palais du Gouvernement, où il nous déclara qu'il était allé prendre position au bureau de l'arrondissement dans le but d'aider le général Pénor, si celui-ci, comme il en avait la conviction, était attaqué pendant la nuit. Rien, d'ailleurs, ne pouvait faire accréditer la dénonciation faite contre lui : il était depuis le matin à nos côtés. Le député Canal resta néanmoins au palais et fit avec nous, cette nuit-là, l'inspection des postes de la ville.

Les forces du Gouvernement étaient distribuées de manière à pouvoir répondre à toutes les attaques sans qu'elles eussent besoin de sortir de leur position. Ainsi placées, l'ennemi qui aurait osé les attaquer ou se répandre dans la ville, quelle que fut son audace, aurait été bien vite écrasé, et nous, qui défendions l'ordre et l'autorité, nous n'étions point responsables de ce qui serait advenu.

La nuit se passa dans un calme profond; pas un bruit, pas

une détonation d'arme jetant l'inquiétude dans les familles. Nous devons rendre ici un éclatant hommage à l'activité, à l'énergie et au sang-froid des généraux Pénor Benjamin, A. Jeanty, Anselme Prophète, de l'armée, du général Brénor Prophète et de ses adjoints, de la garde nationale. Toujours dévoués et sincèrement dévoués, tant au Gouvernement qu'à la personne du chef de l'État, ils ont, ces vaillants officiers, en ce jour de crise politique, fait noblement leur devoir.

Le 10 décembre, nous reçûmes des nouvelles de plus en plus rassurantes; des exprès arrivaient de partout. Un second ordre du jour permit alors au public de mieux apprécier la situation :

Le Secrétaire d'État de l'intérieur et de l'agriculture, chargé du portefeuille de la guerre, etc.

Citoyens et soldats,

Le Gouvernement vous a annoncé hier la tentative qui a eu lieu à Saint-Marc par des factieux qui, depuis assez longtemps, tramaient contre l'ordre de choses existant.

Ce matin, les dépêches reçues du général Luvieux, commandant de l'arrondissement de Saint-Marc, ont porté à la connaissance des autorités de la capitale que les insurgés étaient réduits, cernés de tous côtés dans l'arsenal de cette ville, à mettre bas les armes.

Profitant de la maladie du général Luvieux, ils s'étaient manifestés dès le 8 courant. A leur tête se trouvent le général Désormes Gresseau, le citoyen Pio Rigaud et ses fils, deux frères du général Mentor Nicolas, ainsi que tous les factieux de la localité, sur lesquels l'autorité exerçait déjà la plus active surveillance.

Ils s'étaient d'abord réunis le 8, au bureau de la place, pour attaquer le général Prudo, commandant de la commune, et l'avaient fait prisonnier pendant un instant; mais la police, par ordre du général Luvieux, parvint à le dégager des mains des rebelles, qui se portèrent ensuite sur l'arsenal, dont ils s'emparèrent.

Le général Luvieux, maître de la ville, se maintient ferme, ayant le concours des fonctionnaires publics et de tous les bons citoyens. Le 20e régiment des Verrettes et le 4e régiment de la Petite-Rivière de l'Artibonite sont arrivés hier, 9, à Saint-Marc. Le général Luvieux avait déjà fait cerner l'arsenal et commencer le feu contre les rebelles.

Le Gouvernement a aussi reçu des lettres du général Jean-Jumeau, commandant de l'arrondissement des Gonaïves, qui se prépare à prêter tout son concours au général Luvieux. Son commandement est dans la plus parfaite tranquillité.

En ce moment, Citoyens et soldats, le poste qu'occupent les insurgés doit être infailliblement au pouvoir du Gouvernement, car, sauf ce petit point de la ville, tout le département de l'Artibonite s'est manifesté en faveur de l'ordre de choses actuel.

Depuis hier, des troupes, des munitions de guerre et de bouche, ont été expédiées de la capitale au général Luvieux par le vapeur *l'Estère,* qui est, en ce moment, sur rade de Saint-Marc.

En cette circonstance, le Gouvernement adresse les plus hautes félicitations au général Luvieux, au général Prudo, aux citoyens de Saint-Marc, à l'armée, qui ont déployé tant de résolution, tant d'énergie pour la défense de l'ordre.

Port-au-Prince, le 10 décembre 1881, an 78e de l'Indépendance.

Signé F.-D. Légitime.

Le soir, à 9 heures, un nouvel exprès parti de Saint-Marc nous remit les lettres du général Luvieux, nous annonçant la fuite des insurgés et le succès des troupes du Gouvernement. La dépêche par laquelle cette nouvelle nous arriva, et l'ordre du jour du commandant de l'arrondissement de Saint-Marc, furent immédiatement publiés dans les rues de la capitale; ils achevèrent d'apaiser les esprits :

J.-B.-T. LUVIEUX

Général de division des armées de la République, aide de camp honoraire de Son Excellence le Président d'Haïti, commandant de l'arrondissement de Saint-Marc.

Concitoyens,

Les incorrigibles Désormes Gresseau, Pio Rigaud, Étienne Supplice, Turenne Rigaud, William Rigaud, Arécius Rénélique, Henry Supplice, Saladin Adé, Godefroy Noël, Alcius St-Côme, Alcius Lanier, Othon Sterling, Jeanty Gresseau, Bruny Gresseau, Auguste Supplice, Damestoir Nicolas, Damus Jacques-Louis, Siméon Mac-Intosh, Dieudonné Paul, Saint-Ange St-Côme, Albert Guillaume, Carrié Solages, Savary St-Côme, Benoit Batraville, viennent à peine de jurer fidélité à Son Excellence le président Salomon, qu'ils ont poussé la folie jusqu'à lever l'étendard de la rébellion dans l'arrondissement confié à mon patriotisme.

Ces insensés s'emparèrent, après combat, de l'arsenal de cette ville. Ils comptaient sans leur hôte. Cernés presque partout à l'arsenal, après plusieurs combats vaillamment soutenus par le général Prudo, ces brigands ont compris qu'ils n'avaient plus de chance de salut que dans la fuite. Hier, à 7 heures du soir, ces insensés abandonnaient en toute hâte, et dans le plus grand désordre, le poste important dont ils s'étaient emparés presque par surprise.

Du côté du Gouvernement, il y a eu quatre morts et sept blessés.

Les nommés Damus Jacques-Louis, Siméon Mac-Intosh, ont payé de la vie leur folle entreprise. Alcius Lanier, Damestoir Nicolas, Albert Guillaume, Saint-Ange St-Côme et Othon Sterling, pris les armes à la main, viennent de subir le châtiment qu'ils se sont attiré.

En conséquence, la tranquillité la plus parfaite est rétablie et règne dans l'arrondissement de Saint-Marc.

Saint-Marc, le 10 décembre 1881, an 78e de l'Indépendance.

Signé J.-B. LUVIEUX.

Le dimanche 11 décembre, à 3 heures du matin, le Président d'Haïti, à bord du *Reynaud,* entra dans la rade du Port-au-Prince. Il était parti de Jérémie la veille, et voici dans quelle circonstance :

Samedi, à 8 heures du matin, au moment où Son Excellence faisait annoncer qu'elle donnerait audience dans l'après-midi, la *Sentinelle,* qui avait quitté le Port-au-Prince la veille, apportait au Président la nouvelle de la téméraire entreprise du général Désormes Gresseau à Saint-Marc. Son Excellence donna une courte audience à 10 heures (1). Elle exprima son regret d'être obligée de partir si tôt de Jérémie, vu les nouvelles qui lui étaient parvenues, et donna l'assurance à la population que l'ordre serait rétabli.

A 1 heure de l'après-midi, le *Reynaud* était en route pour la capitale, et dimanche 11 du courant, à 3 heures du matin, le Président était au Port-au-Prince.

(*Moniteur* du 15 décembre.)

Débarqué à 6 heures, le Président se rendit à l'église cathédrale et, de là, au palais national. Quelques minutes après que les troupes, sorties du bord de mer, eurent repris leur ligne de bataille sur la place Pétion, le Président quitta le palais, alla au-devant d'elles, et leur parla dans les termes de la proclamation qu'il allait faire publier.

Revenue au palais, Son Excellence rédigea la proclamation, que nous signâmes aussi; un arrêté et un ordre du jour parurent dans les mêmes circonstances. Voici les textes de ces trois documents :

---

(1) La *Sentinelle,* ayant eu sa machine dérangée, avait mis environ 18 heures pour faire le trajet du Port-au-Prince à Jérémie.

PROCLAMATION

AU PEUPLE ET A L'ARMÉE

Haïtiens,

Tandis que, l'année dernière, j'accomplissais une tournée dans le département du Sud, le général Mentor Nicolas, dont je connaissais les menées criminelles, se portait dans l'arrondissement de Saint-Marc, dans le but de lever l'étendard de la révolte contre mon gouvernement. Mais sa tentative échoua, comme vous le savez, devant l'énergie du général Turenne Luvieux, commandant de cet arrondissement.

Mentor Nicolas avait pour complice le général Désormes Gresseau. Ce général Désormes, à mon avènement au pouvoir, commandait l'arrondissement de Saint-Marc. Dans l'intérêt du bien public, je le remplaçai par le général Luvieux. Néanmoins, je lui accordai, à titre de compensation, une commission de *général payé à titre de récompense spéciale.* Je dus, plus tard, lui retirer cette commission, par la conviction que j'acquis de son indignité.

A mon passage à Saint-Marc, en mars de cette année, le général Gresseau était en prison pour motifs politiques ; je lui rendis la liberté, ainsi qu'à d'autres détenus comme lui.

Mais, comme ce général persévérait dans la voie funeste des conspirations, l'autorité et les amis de mon gouvernement me le dénonçaient sans cesse ; et c'est ainsi que, il y a trois mois environ, le général Luvieux, se rendant auprès de moi, se fit accompagner par ce général, voulant lui fournir l'occasion de voir le chef de l'État, qui n'eut que de bons conseils à lui donner.

Le 5 de ce mois, dans mon court passage à Saint-Marc, le général Désormes vint me saluer et *protester de son dévouement et de sa fidélité à mon gouvernement.* Mais, à peine avais-je quitté Saint-Marc, que, le 8, ce général, profitant de la maladie du général Luvieux et obéissant à un mot d'ordre venu de Saint-Thomas — le fait sera prouvé —, s'emparait de l'arsenal de Saint-Marc, suivi de quelques misérables, les mêmes auxquels j'ai ouvert les portes de la prison il y a neuf mois.

L'armée et la population marchèrent contre eux; cernés presque de toutes parts, ces forcenés firent pleuvoir des balles et des boulets sur la ville de Saint-Marc, oubliant, dans leur rage, que dans cette ville se trouvent leurs femmes et leurs enfants. Ainsi traqués, ils profitèrent des ténèbres de la nuit du 9 de ce mois pour prendre la fuite; Gresseau est du nombre de ceux qui ont pu s'échapper. Mais plusieurs ont trouvé la mort en combattant; d'autres, pris les armes à la main, ont été exécutés, entre autres : Othon Sterling, Alcius Lanier, Damestoir Nicolas (frère du général Mentor Nicolas), Albert Guillaume, Saint-Ange St-Côme (parent de A. Thoby). Dans la lutte, les insurgés Siméon Mac-Intosh et un autre frère du général Mentor Nicolas, le nommé Damus Jacques-Louis, ont succombé.

A la nouvelle de l'équipée du général Désormes Gresseau, les forces régulières et les gardes nationales des arrondissements voisins marchèrent contre Saint-Marc; mais, avant leur arrivée, le brave général Luvieux et son vaillant lieutenant le général Prudo, commandant de la commune de Saint-Marc, avaient étouffé l'insurrection. Ceux qui ne sont pas tombés sont en fuite, mais le glaive saura les atteindre.

Haïtiens !

Vous êtes témoins de la modération avec laquelle j'ai, jusqu'ici, agi vis-à-vis des contempteurs de l'ordre, de ces haïtiens qui ne rêvent que le bouleversement du pays. Se méprenant sur mes sentiments, ils ont qualifié de peur cette modération, et beaucoup de mes amis m'ont accusé de faiblesse.

Les uns et les autres sont dans l'erreur. Je ne voulais pas être l'agresseur; et, pour faire mon devoir et le faire jusqu'au bout, j'attendais que l'on attaquât mon gouvernement. Aujourd'hui que les attaques se sont bien accentuées, grâce aux tentatives de Mentor Nicolas et de Désormes Gresseau, mon devoir est bien et nettement tracé : agir avec vigueur et énergie, voilà ce qu'il m'indique. Il est temps, Concitoyens, de rassurer les familles et le pays... Ils seront rassurés !!!

Honneur au brave et valeureux général Luvieux !

Honneur à son digne lieutenant le général Prudo !

Honneur aux autorités et aux citoyens de Saint-Marc et des arrondissements circonvoisins qui, tous, ont fait leur devoir !

Vive l'union ! — Vive la paix !

Donné au Palais national du Port-au-Prince, le 11 décembre 1881, an 78e de l'Indépendance.

Signé SALOMON.

ARRÊTÉ

En conséquence du mouvement insurrectionnel qui a éclaté à Saint-Marc le 8 courant, sous la direction du général Désormes Gresseau, actuellement en fuite;

Attendu que ce mouvement a pour complices des individus habitant les arrondissements de Jacmel et du Port-au-Prince;

Vu l'article 197 de la Constitution et la loi du 13 avril 1880, sur l'état de siège;

De l'avis du conseil des secrétaires d'État;

A ARRÊTÉ et ARRÊTE ce qui suit :

ARTICLE PREMIER. — Les arrondissements du Port-au-Prince, de Saint-Marc et de Jacmel, sont déclarés en état de siège.

ART. 2. — Le présent arrêté sera imprimé, publié, et les secrétaires d'État, chacun en ce qui le concerne, sont chargés de son exécution.

Donné au Palais national du Port-au-Prince, le 11 décembre 1881, an 78e de l'Indépendance.

Signé SALOMON.

ORDRE DU JOUR

Désormes Gresseau, traqué à Saint-Marc, s'est enfui avec ses principaux complices, les nommés : Pio Rigaud, Étienne Supplice, Turenne Rigaud, William Rigaud, Arécius Rénélique, Henri Supplice, Saladin Adé, Godefroy Noël, Jeanty Gresseau, Bruni Gresseau, Auguste Supplice, Dieudonné Paul, Alcius St-Côme, Carrié Solages, Savary St-Côme et Benoit Batraville.

Ces dix-sept individus sont mis hors la loi, et il est ordonné de leur courir sus.

Cet ordre du jour sera imprimé, publié et exécuté.

Donné au Palais national, au Port-au-Prince, le 11 décembre 1881, an 78e de l'Indépendance.

Signé SALOMON.

INTÉRIEUR

D'après les rapports parvenus au Gouvernement, l'ordre et la tranquillité règnent sur tous les points de la République.

La ville de Saint-Marc est rentrée dans le plus grand calme, grâce aux mesures énergiques qui ont été prises par l'autorité lors de cette folle tentative de prise d'armes, qui a jeté un si grand trouble dans la population.

Il est bon de noter que, dès la réception de la nouvelle, tous les habitants des arrondissements avoisinants se sont groupés comme un seul homme autour de l'autorité pour marcher contre l'insurrection. Ces populations ont donné, par là, la preuve évidente de leur dévouement à l'ordre de choses actuel et de leur attachement au chef de l'État.

Que le pays se rassure et continue à avoir confiance dans la sagesse du Président de la République, qui, aidé du concours des bons citoyens, saura maintenir quand même la paix dans la famille haïtienne.

Le Président ne s'arrêta pas trop longtemps en ville; après un entretien avec M. Mérion, substitut du commissaire du

Gouvernement, à qui il donna une mission pour Jacmel, il partit pour Pétion-Ville, où, depuis son départ, s'était retirée Mme Salomon. C'est alors que, de concert avec les autorités de la capitale, et sur leur demande, nous accordâmes l'élargissement de quelques personnes contre lesquelles, jusqu'à ce moment, selon qu'on le pensait, la prévention n'était point suffisante pour justifier une plus longue détention. M. Georges Haëntjens, on le sait, était opposé aux principes du Gouvernement actuel, et on était, de plus, au courant de quelques-uns de ses faits et gestes politiques; il était donc de rigueur de l'arrêter, dans ces moments de trouble, comme suspect de conspiration. Mais aucune tentative de prise d'armes n'ayant eu lieu du 8 au 10 à la capitale, nous avons pensé que le prévenu pouvait encore jouir de sa liberté. D'ailleurs, M. Edgard Haëntjens, son frère, nous avait déjà déclaré, dans une conversation privée, qu'on avait cherché à entraîner son frère dans cette affaire; mais plutôt que de prêter la main aux gens qui, disait-il, « avaient *brûlé la rue Pavée* », et qui étaient cause de la ruine de son parti, Georges Haëntjens aimerait mieux venir les combattre dans les rangs des défenseurs du Gouvernement. En effet, jusqu'alors, tout semblait indiquer que les mécontents du parti Bazelais, ceux, du moins, qui étaient au Port-au-Prince, voulaient s'abstenir de prendre part à l'agitation faite au profit de gens, répétaient-ils, qui voulaient *décapiter leur parti.*

Toutes ces raisons nous ont donc déterminé à faire mettre quelques personnes en liberté. Toutefois, inquiet à propos de M. Haëntjens, nous fîmes cette recommandation au général Pénor, qui allait lui-même à la prison : « Dites à M. Haëntjens, en quittant la prison, de venir nous trouver; nous avons à lui parler ». M. Haëntjens, libéré, ne venant pas, nous dûmes le faire appeler une seconde fois dans la même journée; mais ce fut encore en vain.

Le lendemain 12 décembre, le Président revint de Pétion-Ville, où il avait appris ce qui s'était passé en son absence. Il nous fit appeler, ainsi que les généraux Pénor et A. Genty, pour nous reprocher d'avoir agi sans l'avoir consulté. « Je suis chef d'État, dit-il; j'admets qu'on voulût mettre MM. Haëntjens et Catilina en liberté, mais on aurait dû m'attendre pour me consulter. Je n'étais pas loin d'ici, j'étais à Pétion-Ville; et, d'ailleurs, avait-on besoin de tant se presser?.... J'ai des notes, j'ai des pièces établissant que M. Haëntjens est un des principaux ennemis de mon Gouvernement, et qu'il est l'agent le plus actif de M. Boyer-Bazelais. »

En droit, le chef du Gouvernement avait bien raison; il n'y avait réellement pas lieu de tant se presser. Mais, en agissant comme nous l'avons fait, nous avons suivi tout simplement les précédents établis.

Ayant eu, pendant l'absence du Président, la responsabilité de garder la capitale, après y avoir maintenu l'ordre et la tranquillité, nous avons usé, au moment de l'arrivée du Président, d'un droit correspondant au devoir que nous avions loyalement rempli. Cependant, rien ne peut s'opposer à ce que des individus ainsi libérés fussent de nouveau recherchés, si des raisons produites ultérieurement autorisaient leur arrestation. Nous subîmes, néanmoins, un désavœu motivé.

Il fut décidé, dès lors, que MM. Haëntjens et Catilina seraient réintégrés en prison. Celui-ci fut repris avant qu'il n'eût eu le temps de rentrer chez lui (1). On se mit immédiatement à rechercher le premier; mais le bruit de l'arrestation du général Catilina s'étant aussitôt répandu, M. Haëntjens s'effaça.

Déjà on avait perdu tout espoir de le rencontrer, quand le mercredi suivant, 14 décembre, tandis que nous soupions, le commandant de la place et le général Badère se trouvant assis à nos côtés, M. Haëntjens, accompagné de son frère Edgard, pénétra dans notre salon. Naturellement, on ne pouvait s'attendre à voir celui-là, lorsque, quatre jours auparavant, il n'avait pas cru devoir se rendre à notre appel.

---

(1) Le général Catilina a été mis en liberté ce même jour, 12 décembre.

Venant maintenant, de son propre mouvement, à la rencontre de l'autorité, le général Genty fit son devoir de soldat en lui disant : « Vous êtes mon prisonnier ».

Les méchants, ces hommes sans cœur qui démolissent tout, gouvernements, institutions et réputations, n'ont pas manqué, encore ici, l'occasion de faire circuler les bruits les plus étranges, les plus contradictoires. D'après les uns, nous avions voulu protéger les ennemis du Gouvernement; d'après les autres, nous avions tendu un piège à *l'innocent,* à M. Georges Haëntjens. Eh! pourquoi? La fuite de M. Haëntjens n'aurait pas été un si grand danger pour l'État!

Ces accusations insensées, ces cris de la passion sauvage, sont encore moins révoltants que l'équivoque dans lequel ils peuvent placer quelqu'un.

Dans un pays que tourmente la fièvre révolutionnaire, les partis, dans leur exaltation, montrent toujours ce défaut d'appréciation. Nul ne peut juger sainement s'il est exclusif, car l'exclusivisme c'est l'égoïsme, mais un égoïsme méprisable. Les victimes tombent alors sous les coups redoublés des fureurs aveugles; tout citoyen modéré devient suspect et est accusé de trahison envers la République. En 1793, des patriotes, en qui semblaient résider les grands principes de 89, n'ont pu triompher des énergumènes de leur temps; aussi ont-ils payé de leur tête le soi-disant crime de la modération. L'histoire est pleine de ces enseignements, et partout et toujours les hommes politiques subissent les rigueurs de cette loi créée par de malheureux événements.

Nous avons eu cette situation en perspective; mais jamais la peur ni un faux respect humain ne nous empêchera d'agir selon notre conscience et selon notre raison. Notre conduite, dans les circonstances où nous nous étions trouvé le 11 décembre 1881, fut en tout point correcte et conforme à la dépêche du chef de l'État, que nous avons rapportée au dernier chapitre de la première partie de cet ouvrage, dans laquelle il est dit, en termes qui mériteront dans l'avenir les meilleurs éloges à son auteur :

« ..... Il est toujours désagréable pour un gouvernement » d'arrêter des suspects et d'être obligé de les remettre en » liberté faute de preuves. Tâchez donc de réunir quelques » preuves qui autorisent l'autorité à faire des arrestations » préventives.

» Cependant, si la conspiration dénoncée l'est véritablement » par la *clameur publique*, l'autorité peut s'assurer de la » personne des principaux individus signalés. Mais elle ne » doit agir ainsi qu'en cas d'extrême nécessité.

» S'il faut, en de telles circonstances, agir avec énergie, » il faut aussi agir avec tact et prudence.. »

Cependant, s'il y a un regret qu'un homme politique peut ressentir et confesser, c'est celui que nous éprouvons, à cette heure, d'avoir fait mettre en liberté M. Georges Haëntjens. Il était dans sa prison comme simple prévenu politique; il devait y rester pour attendre la décision de ses juges et les nouvelles dénonciations qui, dès ce moment, n'ont pas manqué de se reproduire à sa charge. Les misérables n'auraient pu trouver alors l'occasion de porter atteinte à notre réputation de loyauté.

Du reste, une commission d'enquête fut formée pour connaître des faits ressortant de cette malheureuse affaire de Saint-Marc.

Le 17 décembre, le Président de la République publia l'adresse suivante :

« Haïtiens,

» Pour la seconde fois, les ennemis de l'ordre ont osé attaquer mon Gouvernement. En octobre de l'année dernière, c'était Mentor Nicolas; le 8 décembre courant, c'était Désormes Gresseau. Les deux avaient pris Saint-Marc pour le théâtre de leurs criminels exploits. Les deux ont succombé devant l'énergie du vaillant général Luvieux, commandant de l'arrondissement de Saint-Marc, et du général Prudo, commandant de la commune.

» Commandants des 23 arrondissements et des 74 communes de la République, fonctionnaires publics, citoyens, soldats, tous vous avez fait votre devoir.

» A la nouvelle de l'odieux attentat du général D. Gresseau, vous vous êtes levés comme un seul homme pour aller à la défense de Saint-Marc et du Gouvernement menacés.

» Devant votre attitude et devant l'indignation générale, Désormes, comprenant son impuissance, a pris la fuite. Il a fui, mais après avoir fait couler le sang de ses frères et essayé de détruire la ville de Saint-Marc.

» Oui, tous vous avez fait votre devoir. C'est maintenant au Gouvernement à faire le sien, et il le fera!!!

» En mon nom, au nom de la patrie, je vous remercie, mes fidèles lieutenants, je vous remercie, fonctionnaires publics, citoyens et soldats.

» Donné au Palais national du Port-au-Prince, le 17 décembre 1881, an 78e de l'Indépendance.

» *Signé* SALOMON ».

NOTA. — Le Gouvernement s'empresse de faire savoir qu'aux dix-sept insurgés de Saint-Marc, qui sont en fuite, il faut ajouter les nommés Diogène Narcisse et Philoxène Bazin, ce dernier gendre du général Désormes Gresseau.

En conséquence, ils sont aussi mis hors la loi, et il est ordonné de leur courir sus.

CHAPITRE III

Situation financière. — Chute du Cabinet.

A cette époque de l'année, mi-décembre, le pays, remis des émotions causées par l'événement raconté plus haut, commença à s'apercevoir des embarras qu'allait faire naître le manque de récolte. Une crise financière devant en résulter, le Gouvernement voulut s'entourer d'hommes avec lesquels il pût étudier sérieusement la situation économique du pays. Le Président prit donc l'initiative de faire nommer une commission de négociants qui devaient se réunir bientôt au conseil du Cabinet.

Cette commission, formée, se réunit une première fois au palais de la présidence. Là, plusieurs personnes prirent successivement la parole, les unes pour proposer des mesures qu'elles croyaient nécessaires, d'autres pour faire une charge à fond contre la Banque. Comme alors il n'y avait point d'ensemble ni de plan formulé, on ne put s'entendre dans cette première séance. Mais, sur l'observation que fit le Président d'Haïti, on convint que M. Vouillon, directeur de la Banque nationale, serait invité à une nouvelle réunion. « Il ne faut » pas, avait ajouté Son Excellence, qu'il soit dit que la com» mission que nous avons formée a eu pour but d'attaquer » la Banque. Je suis un homme loyal; la Banque, Messieurs, » c'est mon œuvre. »

A la seconde réunion, M. Vouillon, présent, prit la parole, dès le début, pour défendre la Banque en expliquant pourquoi, jusqu'alors, cette institution de crédit, établie depuis le 1er octobre, ne fonctionnait pas d'une manière définitive. D'autres orateurs parlèrent après lui; mais, cette fois encore, rien ne fut résolu. Enfin, on arrêta que la commission, pour agir plus librement, se réunirait une troisième fois chez l'un de ses membres, et qu'elle ferait ensuite un rapport au Gouvernement.

Voici comment nous entendions, pour notre part, expliquer, dans cette seconde séance, l'état de notre situation économique :

« La crise que nous traversons en ce moment me paraît pouvoir s'expliquer clairement. Au point de vue financier, nous disons tous qu'un pays ne peut rapporter plus que ses ressources ne le lui permettent. Ces ressources, qui se résument ici en droits de douane seulement, sont-elles restées les mêmes? Évidemment non. Elles ont considérablement diminué, et leur diminution provient du concours de plusieurs circonstances que nous allons examiner.

» D'abord, il y a : 1° les dettes que nous ont laissées les révolutions, dettes qui absorbent en grande partie nos revenus; et 2° il y a le paiement des annuités de ces dettes avec des intérêts exorbitants, le tout créant une charge de P. . . . . annuelle.

» Ensuite, viennent la baisse du café en Europe et la diminution de notre récolte. Cette baisse cause un véritable malaise dans les affaires, car les habitants, qui, autrefois, avaient pour habitude de baser leurs propres affaires sur les revenus de leur café, ne peuvent se décider à sacrifier leur marchandise s'ils n'y sont forcés, aujourd'hui, par de dures nécessités. Ils sont d'autant plus tenaces, qu'ils voient diminuer la récolte, circonstance qui leur fait éprouver une double perte. Il leur est enlevé ainsi les trois quarts environ de leurs anciens revenus.

» La situation actuelle est donc la résultante de ces trois choses combinées :

» 1° Dettes créées par les révolutions;

» 2° Concurrence faite à nos produits à l'Étranger;

» 3° La mauvaise récolte.

» C'est pourquoi le Gouvernement lui-même, malgré la

meilleure volonté, se trouve embarrassé, ayant à faire face aux exigences du service courant et ayant à solder l'arriéré, qui n'est pas une dette moins sacrée que les autres. C'est pourquoi encore le commerce ne se trouve pas moins embarrassé, puisque, d'un côté, le manque de ressources chez les individus fait que l'on consomme moins, et que, de l'autre, ce même commerce ne peut compter régulièrement sur la circulation des P. . . . . produits des appointements, de la solde et d'autres dépenses, sommes payées par l'État et qui entrent mensuellement dans ses coffres.

» Cette situation peut-elle continuer ainsi sans qu'on lui applique un remède immédiat?

» Non! et pour l'améliorer sans retard, il faudrait, selon moi, deux choses dans l'actualité :

» 1° Le fonctionnement régulier de la Banque, qui, alors, pourra escompter les effets de commerce, faire des prêts sur dépôts, titres, etc. Elle arrivera ainsi à satisfaire les intérêts commerciaux et privés, et à se concilier toutes les sympathies;

» 2° Le paiement des arriérés selon un mode de crédit qui sera consenti entre les parties contractantes.

» Il faudrait, enfin, activer la production du pays; exciter les gens au travail, afin que la terre leur rapporte le double, le triple de ce qu'elle donnait jadis. De cette façon, nous arriverons, par un système de proportion, à diminuer avant longtemps les droits sur le café, et nous combattrons ensuite les effets de la morte saison.

» Mais, ici, je dois faire observer aux membres de la commission que ce n'est pas assez d'avoir poussé à la production; il faut encore ouvrir des débouchés, non seulement pour écouler facilement les anciens produits, mais pour y en faire aboutir d'autres qui ne sont pas encore exportés. Puis, il faut à l'agriculture un crédit qui lui est nécessaire, crédit sans lequel toute volonté devient impuissante.

» Le pays, dans ces conditions, pourra désormais s'émouvoir moins facilement en face des difficultés, et, dès ce moment, nous serons plus assurés de sa marche en avant. »

Nous ne pûmes lire cette note au cours de la tenue de cette séance, mais elle doit trouver place dans ce récit.

Les jours s'écoulent rapidement, et les événements se précipitent toujours. En ce moment-là, on entendit le bruit d'un changement de ministère, et ce bruit alla en s'accentuant de plus en plus. C'était prévu (1).

Enfin, le vendredi, jour où nous tenions régulièrement conseil, nous pûmes voir le Président le matin de bonne heure; il nous annonça que nous ne devions nous réunir que le soir à 6 heures. A l'heure fixée, les secrétaires d'État se rendirent au Palais, mais dans une pièce où se trouvaient déjà présents les généraux P. Benjamin, A. Genty, Anselme Prophète, Vériquain et Jean Charles, MM. François Manigat et Zéphir, ce dernier président de la commission d'enquête. On comprit de suite que le chef de l'État voulait faire une communication importante. Il vint, en effet, nous trouver, et, dès qu'il eut pris place, le Président se plaignit de ses fatigues, et en arriva à parler du peu d'accord qui existait

(1) Déjà, à propos de ce même bruit, le Président d'Haïti, le 6 novembre dernier, en audience publique, s'était exprimé en ces termes :

« Mes chers amis,

» L'ordre et la tranquillité règnent sur tous les points de la République, et cet ordre et cette tranquillité font le désespoir des ennemis du pays. C'est pourquoi on invente mille absurdités dans le but d'ébranler la fidélité de mes meilleurs amis, de mes plus fidèles lieutenants, et d'enrayer la marche en avant de mon Gouvernement.

» Ainsi, ces jours derniers, on a fait courir le bruit que j'avais ordonné l'arrestation du général Piquant, mon ministre de la guerre. J'ai donné ordre au Ministère public de poursuivre l'individu qui a apporté cette fausse nouvelle à Mme Piquant; c'est une propagande, et il me faut remonter à la source!

» J'ai fait venir ici le général Plaisil Rock, commandant de l'arrondissement de Nippes, pour lui parler; immédiatement on a dit que je l'ai demandé pour remplacer le général Pénor Benjamin, dont je n'ai pas à me plaindre.

» En raison des mesures que j'ai arrêtées avec mes ministres dans l'intention d'encourager les cultivateurs pour le nettoyage du café, afin d'en augmenter la valeur sur les marchés étrangers, on a dit que je vais établir le monopole et

entre les membres du cabinet. On était placé, pensait-il, aux deux points extrêmes de sa politique, les uns représentant le parti de la modération, les autres celui de la rigueur. On en vint alors à des explications; l'entretien dura deux heures, après lesquelles nous nous séparâmes.

Dès cet instant, le ministère avait vécu. Comme nous dûmes revoir le Président le lendemain matin, le secrétaire d'État de la guerre posa la question de confiance. Le Président répondit qu'il avait toujours confiance dans ses ministres. Mais le sort en était jeté, il fallut se séparer; le moment était arrivé de se démettre pour laisser au chef de l'État la liberté de composer un cabinet de son choix et conforme à l'esprit du moment : *A situation nouvelle, des hommes nouveaux.* Il n'existait pas, d'ailleurs, de cabinet réel; nous étions là pour des raisons que nous avons fait connaître plus haut, mais aussi pour ne point paraître des *lâcheurs* aux yeux de certaines gens.

Alors, nous prîmes chacun le temps nécessaire pour achever

---

que j'ai fait monter des balances pour acheter tous les cafés du pays. J'ai donné une monnaie métallique qui a cours dans tous les pays; on a dit que cette monnaie est de mauvais aloi, que c'est du cuivre, qu'il y a bien peu d'argent; et, pourtant, c'est une monnaie frappée comme la monnaie française et ayant la même valeur.

» Voilà à peu près, Messieurs, le canevas sur lequel brodent les ennemis de tout progrès du pays.

» Il faut tenir compte que tous ces bruits ne peuvent rien contre le bon sens des populations, qui ont foi aujourd'hui dans l'avenir.

. . . .

» On parle de changement de ministère; on cite même les noms de ceux qui doivent remplacer ou être appelés à compléter le Cabinet. Eh bien! ceux-là qui parlent ainsi sont plus avancés que moi. Ce que je me propose de faire à l'égard du ministère, Dieu seul le sait!

» Soyez persuadés, mes amis, que je suis un homme de bon sens, un patriote dévoué au bonheur de mes concitoyens. Je sais ce qu'il leur faut, et je crois connaître assez bien les aspirations du pays.

» Ce que le pays veut, c'est l'ordre, la paix et la tranquillité. Rendez-moi cette justice, mes amis, c'est que j'ai fait tous mes efforts pour les maintenir et les consolider, depuis deux ans que je suis au pouvoir. »

de mettre ordre aux diverses affaires de nos départements respectifs. Le 30 décembre, M. B. St-Victor, notre collègue des finances et nous, nous nous rendîmes au ministère de la guerre, où il fut convenu, avec le général Piquant, de nous démettre au plus tôt. A cet effet, chacun devait voir le chef de l'État séparément pour ne point laisser à la malveillance l'occasion de nuire, ni d'éveiller trop tôt les vautours politiques qui s'abattent à l'envi sur les ministres qui tombent. Le lendemain, 31 décembre 1881, nous envoyâmes chacun notre démission au Président d'Haïti. La nôtre fut conçue en ces termes :

« Président,

» Il y a un an, Votre Excellence m'a fait l'honneur de m'appeler à l'importante charge de secrétaire d'État de l'agriculture, et, six mois plus tard, à celle de l'intérieur. J'ai eu, durant ce temps, à gérer par intérim les différents autres portefeuilles, mission que je me suis efforcé de remplir avec conscience, assiduité et énergie, afin de répondre dignement à votre confiance, voulant loyalement servir Votre Excellence dans la réalisation de son magnifique programme.

» Mais il y a, Président, des moments, commandés par la politique, où les hommes doivent s'effacer pour obéir aux exigences d'une situation : c'est pourquoi, tout en restant attaché à votre personne, qui est la représentation de la véritable politique nationale, et en vous priant de compter sur mon entier dévouement, je viens prier Votre Excellence de vouloir accepter ma démission. »

A cette date et à pareil jour, il y avait un an et vingt jours que nous avions été appelé aux fonctions de secrétaire d'État. Cette année, consacrée à la gestion des affaires de la République, fut véritablement une année d'expérience, et c'est donc pourquoi, avec cette nouvelle expérience acquise, nous nous croyons autorisé à dire à tous ceux qui sont appelés à jouer un rôle dans ces hautes régions politiques, soit par rapport à leurs idées, soit par rapport à leur situation, soit, enfin, par rapport à leur patriotisme, qu'il est toujours délicat d'entrer dans un cabinet déjà formé, parce que là il y a toujours des influences acquises et des idées arrêtées contre lesquelles il est toujours difficile de lutter. Alors, il faudra ou qu'*on se soumette* ou qu'*on se démette;* mais ce ne sera, dans aucun cas, sans avoir soulevé contre soi bien d'injustes colères. Il y a deux choses qui diviseront toujours les hommes : la religion et la politique.

On voulut savoir, depuis, comment était tombé le ministère; le Président d'Haïti lui-même s'est chargé du soin de l'expliquer lorsque, à l'audience du dimanche 8 janvier 1882, il dit ces paroles aux hommes assemblés pour l'écouter :

« Mes amis,

» Je suis heureux de pouvoir vous dire que la paix règne sur tous les points de la République.

» A propos du changement du ministère, je vous dois quelques explications. Certaines personnes croient ou plutôt semblent voir dans ce changement de ministère une séparation entre moi et les ministres sortants. C'est là une profonde erreur, car, parmi les fonctionnaires amovibles, ce sont les ministres qui sont le plus susceptibles de quitter leurs fonctions. Alors que le chef de l'État serait content de ses ministres, ceux-ci doivent s'effacer si l'opinion publique leur est contraire.

» Des ministres peuvent tomber encore devant l'attitude des Chambres; enfin, mille causes diverses peuvent exiger la séparation du chef d'État d'avec ses ministres. (Nombreuses marques d'assentiment.)

» Le président Geffrard a changé vingt-sept ministres en huit ans. Le ministre de l'empereur Faustin qui a le plus duré, c'est moi. Je m'abstiens de dire pourquoi je suis resté onze années son ministre des finances. Vous en dire la cause, ce serait faire mon éloge, et je ne le dois pas. Les ministres tombent selon les nécessités d'une situation; tel ministre qui quitte aujourd'hui peut revenir six mois après; et, si le départ de chaque ministre devait être une cause de mécontentement ou de rupture, il faudrait considérer un chef d'État bien malheureux, puisque, pour ne pas mécontenter un ministre, son ami, qui cesse ses fonctions, il lui faudrait choisir pour ministres des personnes qu'il n'estime pas.

» Qui pourrait prévoir que mes nouveaux ministres, en ce moment à mes côtés, doivent y rester éternellement? Nous resterons ensemble ou nous nous séparerons, suivant que l'intérêt du pays le commandera.

» Le secrétaire d'État de l'instruction publique et de l'agriculture a été mon pupille, c'est mon jeune ami.

» Eh bien, vous croyez que c'est par pure amitié seulement que je l'ai appelé dans les conseils du Gouvernement? S'il le faut, je me départirai de lui, lui conservant toujours mon estime et mon amitié.

» Les personnes qui croient donc qu'il suffit de n'être plus ministre d'un chef d'État pour n'être plus son ami, sont dans la plus profonde erreur. »

Tout homme d'État doit donc faire son profit d'une telle déclaration, et s'il pouvait lui rester au cœur quelque amertume, il en cherchera la cause, comme l'a dit le Président, dans les calculs politiques, qui naissent des circonstances.

QUATRIÈME PARTIE

DÉPARTEMENT DES FINANCES

AVIS

DE LA SECRÉTAIRERIE D'ÉTAT DES FINANCES

Le département des finances déclare qu'il ne sera fait aucun paiement d'effets publics avant le 15 du courant; en conséquence, il est absolument inutile qu'on s'adresse, à cet effet, au chargé de ce département, qui se refusera formellement de recevoir ceux qui, en dépit de cet avis, voudront l'en entretenir.

Il rappelle, d'ailleurs, aux porteurs d'effets, qu'ils doivent s'adresser à l'administrateur des finances toutes les fois qu'il s'agira de paiement.

Port-au-Prince, le 7 janvier 1881.

AVIS

DE LA SECRÉTAIRERIE D'ÉTAT DES FINANCES ET DU COMMERCE

Les porteurs de feuilles de l'exercice 1880-81 de tous les arrondissements financiers de la République voudront bien, à partir de ce jour et jusqu'au 30 de ce mois, les faire inscrire au bureau de leur administration principale des finances.

Port-au-Prince, le 7 janvier 1881.

Le secrétaire d'État des finances par intérim,
Signé D. LÉGITIME.

AVIS

DE LA SECRÉTAIRERIE D'ÉTAT DES FINANCES ET DU COMMERCE

Le secrétaire d'État de l'agriculture chargé par intérim du portefeuille des finances et du commerce, annonce au public en général que les appointements du mois de janvier payés, il ne s'occupe plus d'aucun paiement, le titulaire au département des finances devant venir prochainement occuper son poste.

Port-au-Prince, le 3 février 1881.

Signé D. LÉGITIME.

Port-au-Prince, le 31 janvier 1881, an 78e de l'Indépendance.

Le Secrétaire d'État au département des finances et du commerce.

En vertu d'une décision du conseil des secrétaires d'État prise avant le mois de novembre dernier, le public est prévenu que tout ce qui a trait au service de la caisse d'amortissement est suspendu jusqu'à l'arrivée du titulaire au département des finances.

DÉPARTEMENT DE L'AGRICULTURE

Exposition.

Port-au-Prince, le 6 mai 1881.

COMMISSION DE L'EXPOSITION DE 1881

Monsieur et cher Concitoyen,

L'Exposition dont nous sommes chargés de diriger l'organisation aura, pour la nation entière, une importance considérable en groupant les produits du travail national envoyés de tous les points de la République; mais il est incontestable qu'elle aura, pour Port-au-Prince et pour les différentes industries qui y existent, un intérêt particulier.

D'abord, elle aura lieu à la capitale, à laquelle elle donnera, pendant sa durée, une animation inaccoutumée et évidemment profitable au commerce de la ville.

D'un autre côté, les produits de l'industrie port-au-princienne étant déjà sur place, seront amenés à l'Exposition pour ainsi dire sans déplacement.

La capitale, enfin, où se trouvent réunis en plus grand nombre les différents corps de métiers, doit tenir à honneur d'occuper le premier rang dans cette solennité, qui est industrielle en même temps qu'agricole.

Le Gouvernement, dans sa sollicitude pour les vrais intérêts du pays, a tenu à ce que tous ceux qui exercent un art, une industrie, un métier, puissent exposer et mettre en relief le produit de leur travail, de quelque nature qu'il soit.

Pour répondre à la pensée du Gouvernement, et, en même temps, pour donner à l'Exposition tout l'éclat désirable, la Commission vous convie à concourir au succès de cette œuvre de paix en prenant place parmi les exposants.

Ce sera, du reste, pour vous personnellement, une bien favorable occasion de vous faire connaître et de faire apprécier votre industrie.

Les récompenses qui seront accordées aux produits exposés qui, dans chaque classe, auront été jugés les plus dignes, la réputation d'habileté que consacrent ces récompenses, seront des stimulants d'émulation qui, en excitant chacun à produire une œuvre plus perfectionnée, élève la valeur de la production et réalise des progrès dans le plus vulgaire des métiers comme dans le plus noble des arts.

La Commission est convaincue que vous ne resterez pas en dehors de ce concours pacifique ouvert à tous les travailleurs; que vous voudrez, au contraire, vous signaler en préparant, dès à présent, ce que vous pourrez produire de mieux dans votre industrie, afin d'acquérir une légitime réputation d'habileté, dont vous verrez les effets se manifester bientôt par une augmentation de travail, et, par conséquent, de bien-être.

De son côté, elle vous aidera à atteindre ce but par tous les moyens en son pouvoir.

Des avis ultérieurs vous feront connaître jusqu'à quelle date les produits destinés à l'Exposition pourront être reçus.

On peut, dès à présent, faire les envois et demander tous les renseignements relatifs à l'Exposition au bureau de la Commission de l'Exposition, installé dans la grande halle en fer, à côté de la douane.

Veuillez agréer, Monsieur et cher Concitoyen, l'assurance de notre parfaite considération.

Les membres de la Commission,
Dr G. BARON, C. MIOT, M. BOOM, Ls RIVIÈRE, C. FOUCHARD, Jean DE GOVAERTS, DÉMOST, Th. LAHENS.

Le Président,
Jules St-MACARY.

COMMISSION DE L'EXPOSITION DE PORT-AU-PRINCE

La Commission de l'Exposition de Port-au-Prince a l'honneur d'informer le public que, par décision du Gouvernement, la date de l'ouverture de l'Exposition a été officiellement fixée au 15 août prochain.

Toutes les mesures ont été prises pour donner un grand éclat à cette solennité agricole et industrielle, qui, pour la première fois, groupera tous les produits du travail national sous quelque forme qu'ils se présentent, agriculture, industrie, beaux-arts.

L'opinion publique a manifesté partout son enthousiasme, et, de toutes parts, on concourt à cette œuvre de paix en envoyant de tous les points de la République des produits destinés à être exposés.

La Commission fait un nouvel et pressant appel, non seulement aux agriculteurs et aux producteurs, qui doivent fournir les éléments essentiels de l'Exposition, mais à tous ceux qui exercent un art, une industrie, un métier, conviant chacun à exposer et à mettre en relief les produits de son travail.

A ce sujet, il est rappelé que les envois à l'Exposition peuvent être faits à la Commission de l'Exposition, soit directement, soit par l'intermédiaire des commissions agricoles, des commandants de commune et des commandants d'arrondissement, des instructions ministérielles ayant été données à ce sujet aux diverses autorités.

La Commission de l'Exposition a son siège, actuellement, dans la grande halle en fer, près de la douane ; ses bureaux sont ouverts tous les jours, de 8 heures du matin à midi, et de 2 heures à 5 heures du soir.

Tous les produits devront être reçus avant le 25 juillet, date de rigueur, pour que le travail de classement et l'impression du catalogue puissent être faits avant l'ouverture de l'Exposition.

La durée de l'Exposition sera ultérieurement fixée ; elle sera close par la distribution solennelle des récompenses.

Port-au-Prince, le 23 juin 1881.

Les membres de la Commission,
L. RIVIÈRE, C. MIOT, C. FOUCHARD, DÉMOST, E. PIERRE,
Jean DE GOVAERTS, M. BOOM, Dr G. BARON.

Le président de la Commission,
Jules St-MACARY.

L'EXPOSITION

L'ouverture de l'Exposition est irrévocablement fixée au 15 août.

Les constructions du futur palais sont déjà très avancées, les jardins sont tracés, on fait les plantations nécessaires et on va installer les eaux : avant un mois, tout sera terminé. On veut que les alentours du palais soient un lieu de délices qui mérite la prédilection des promeneurs et soit un attrait de plus pour l'Exposition. Frais ombrages, concerts, buffets, rien n'y manquera.

La Commission déploie une étonnante activité et ne néglige rien pour préparer le succès de cette fête agricole ; nous l'en félicitons.

Ce qui nous réjouit, surtout parce que nous estimons que c'est du meilleur augure pour l'Exposition et pour l'agriculture, dont on veut provoquer le relèvement et l'extension, c'est que bon nombre de producteurs et de cultivateurs haïtiens ont déjà répondu à l'appel qui leur a été adressé et ont envoyé leurs produits, lesquels sont emmagasinés dans la halle en fer, au bord de la mer, au milieu de machines et d'instruments perfectionnés venus des États-Unis, de la France et de l'Angleterre. Ils y resteront jusqu'à ce qu'ils puissent, enfin, prendre possession du palais qui leur est destiné.

Quelques industriels de la capitale et des autres villes de la République, prévenus par des circulaires, ont déjà envoyé des spécimens de leurs travaux. Ceux d'entre eux qui ne sont pas encore prêts, mais qui veulent exposer, sont priés de hâter la confection de leurs ouvrages, afin que la Commission puisse commencer bientôt le classement général et réserver à chaque objet la place qui lui convient.

GRANDE LOTERIE NATIONALE DE L'EXPOSITION

SOUS LE PATRONAGE DU CONSEIL COMMUNAL DE PORT-AU-PRINCE ET AVEC L'AUTORISATION DU GOUVERNEMENT

La Commission de l'Exposition, en vue de donner à l'Exposition la plus grande extension, et pour procurer les ressources spéciales qui pourraient être affectées à l'achat des produits exposés, émet, sous le patronage du conseil communal de Port-au-Prince et avec l'autorisation du Gouvernement, une *loterie*, sur les bases indiquées par le règlement dont elle publie l'extrait suivant :

ARTICLE PREMIER. — Une loterie nationale, à l'occasion de l'Exposition agricole et industrielle de 1881, est créée par la Commission de l'Exposition, sous le patronage du conseil communal de Port-au-Prince et avec l'autorisation du Gouvernement.

ART. 2.— Il sera fait une émission d'une première série de *dix mille billets*. L'émission de nouvelles séries pourra avoir lieu successivement après l'épuisement des séries précédentes, et si la Commission le juge nécessaire.

ART. 3.— Le prix du billet sera d'une piastre.

ART. 4.— La loterie comprendra trois cent quarante-deux lots, dont voici la fixation :

1°	1 gros lot de................P.	2,000
2°	1 lot de................	500
3°	2 lots de................	200
4°	4 lots de................	100
5°	3 lots de................	50
6°	24 lots de................	25
7°	300 lots de................	5
8°	2 lots de................	100

dits d'approximation, gagnés, l'un par le numéro qui précède, et l'autre par celui qui suit le billet gagnant le gros lot.

ART. 5. — Les numéros gagnants seront publiés dans les journaux de Port-au-Prince et affichés dans toutes les villes et communes de la République, et il sera accordé un délai de trois mois à tout porteur de billet gagnant pour retirer le lot qui lui sera échu. Passé ce délai, les sommes non réclamées resteront acquises à l'œuvre de l'Exposition.

ART. 6. — Le tirage de la loterie aura lieu vers la fin de l'Exposition. Le lieu, le jour et l'heure, seront fixés ultérieurement par la Commission.

Port-au-Prince, le 23 juin 1881.

Par délégation de la Commission de l'Exposition.

Les membres du Comité de la loterie,
C. MIOT, C. FOUCHARD, E. PIERRE, L. GRAS, E. BOISSON.

Le président du Comité,
L. RIVIÈRE.

18 juillet 1881.

A Monsieur B. RIVIÈRE, *directeur de la Compagnie des bateaux haïtiens.*

Monsieur,

J'écris aux commandants des arrondissements où touchent vos vapeurs d'embarquer à leur bord les produits agricoles et industriels destinés à l'Exposition nationale de la capitale.

Veuillez en conséquence, je vous prie, donner des ordres à vos capitaines et à vos agents de les recevoir.

Veuillez agréer, Monsieur, l'assurance de ma considération distinguée.

Signé D. LÉGITIME.

---

18 juillet 1881.

CIRCULAIRE

AUX COMMISSIONS AGRICOLES DE LA RÉPUBLIQUE

Messieurs,

Les vapeurs du service accéléré partant, cette semaine, pour divers ports de la République, veuillez remettre au commandant de l'arrondissement où touchent les bateaux tous les produits agricoles et industriels que vous avez réunis, pour qu'ils soient acheminés par lui à la capitale. Des ordres sont donnés en conséquence.

Agréez, Messieurs, l'assurance de ma considération distinguée.

Signé D. LÉGITIME.

---

18 juillet 1881.

CIRCULAIRE

AUX COMMANDANTS DES ARRONDISSEMENTS DE LA RÉPUBLIQUE

Général,

Veuillez recevoir des commissions agricoles, et embarquer sur le bateau de la ligne haïtienne pour compte de l'État, les produits agricoles et industriels destinés à l'Exposition de la capitale. La compagnie des vapeurs est avisée de cette disposition.

Agréez, Général, mes salutations empressées.

P.-S. Comme il n'existe pas de commission dans votre arrondissement, veuillez faire aboutir les produits que vous avez pu réunir au Cap-Haïtien à l'adresse de votre collègue, qui les fera parvenir à la Commission de l'Exposition.

Le post-scriptum s'adresse aux commandants des arrondissements du Borgne, du Môle Saint-Nicolas, du Fort-Liberté, de Saint-Michel, du Trou et de la Grande-Rivière-du-Nord.

Signé D. Légitime.

COURSES DE L'EXPOSITION

La Commission de l'Exposition, chargée d'organiser les fêtes, annonce officiellement que des courses auront lieu pendant la durée de l'Exposition.

Ces courses se feront, comme à l'ordinaire, au Champ de Mars. Elles occuperont trois journées dont les dates seront fixées ultérieurement, et qui seront portées à la connaissance du public par le programme *in extenso* que la Commission fera paraître la semaine prochaine.

Toutefois, les personnes qui ont l'intention d'engager des chevaux sont prévenues dès maintenant, afin qu'elles puissent s'y préparer, que la première journée est fixée au premier dimanche de septembre.

Les statuts et le règlement des courses, insérés au programme, feront connaître le mode et les conditions de l'engagement.

Dans chacune des trois journées de courses, il sera couru un grand prix et plusieurs prix secondaires.

COMMISSION DE L'EXPOSITION DE 1881

COMITÉ DE LA LOTERIE

Une annonce parue dans le *Peuple* du 1er octobre courant a, par erreur, indiqué le 16 du courant comme étant la date du 1er tirage de la *loterie nationale de l'Exposition*.

Comme il reste encore environ la moitié des billets à placer, ce premier tirage est ajourné, et le comité de la loterie fera connaître ultérieurement le jour définitivement fixé pour ce tirage.

SECRÉTAIRERIE D'ÉTAT DE L'INTÉRIEUR ET DE L'AGRICULTURE

Jeudi dernier est arrivée à la capitale une délégation de Petit-Goâve, composée des citoyens Murat Michaud, Daurig Rigaud, Élie Rodriguez, Cirrachus Jn-Louis, Belfort Legrand, Doranville Jn-Louis et Clédamor.

Présentée par le secrétaire d'État de l'intérieur et de l'agriculture au Président d'Haïti, elle a été l'objet de l'accueil le plus sympathique de la part de Son Excellence.

Les citoyens susnommés ont adressé à Son Excellence les plus chaleureuses félicitations au nom de la population de la commune de Petit-Goâve, qui a si bien compris les intentions du Gouvernement, et a désiré témoigner de son dévouement à l'ordre et au progrès par l'envoi d'une délégation, à l'occasion de notre première Exposition nationale.

---

19 juillet 1881.

CIRCULAIRE

AUX COMMANDANTS DES ARRONDISSEMENTS DE LA RÉPUBLIQUE

Général,

D'après le vœu exprimé par la Commission de l'Exposition, le Gouvernement, considérant que divers produits ne seront pas prêts à la date du 15 août, a décidé que cette solennité aura lieu le premier dimanche de septembre.

Continuez, pendant ce temps, à nous expédier les produits que vous aurez réunis.

Veuillez agréer, Général, mes salutations distinguées.

Signé D. LÉGITIME.

Correspondance administrative.

INDUSTRIE SUCRIÈRE

PROJETS ET CONSIDÉRATIONS

SOUMIS A L'APPRÉCIATION DE LA COMMISSION CHARGÉE D'ÉTUDIER LA QUESTION DE LA FABRICATION POSSIBLE EN HAÏTI

Non seulement du SUCRE soit brut, soit blanc, pouvant être consommé et exporté directement, mais de la transformation de nos TAFIAS en des Alcools plus fins provenant des Mélasses et Sirops.

Nous connaissons tous l'état improductif et fâcheux où est tombé le pays, et la déplorable réduction de la fortune publique.

Le Gouvernement, dans sa sollicitude paternelle, veut apporter un remède efficace aux divers maux qui nous rongent. Le Trésor public n'est pas bien pourvu ; il a déjà de nombreuses obligations à remplir ; cependant, l'administration supérieure serait disposée à le mettre à contribution pour nous aider à sortir de la triste situation où nous nous trouvons. Ainsi, pour commencer, il ne faut pas que nous soyons trop exigeants : il faut que nos demandes soient en conformité des facultés pécuniaires que nous connaissons à celui qui nous fait ses offres.

Le Gouvernement sait que relever l'agriculture, protéger l'industrie sucrière, c'est arriver certainement à améliorer notre sort et nous permettre de nous suffire. Il nous demande à produire des moyens propres à la fabrication du sucre brut, d'abord, qui, étant un produit exportable, pourra, tout en offrant de nouveaux avantages à l'agriculture, faciliter le commerce dans ses remises.

« Je propose, pour encourager et développer la fabrication du sucre brut, que » le Gouvernement, pendant un temps déterminé, accorde aux producteurs » une prime de 2 centimes la livre à l'embarquement, et leur fasse des » avances de fonds en raison de leur moralité et de l'importance de leurs » usines et plantations ; ces avances devant servir à couvrir leurs frais généraux » d'organisation, de production ou de fabrication, etc. Cette prime sera ac- » cordée pour les sucres livrés à l'exportation seulement : toute quantité » devant être consommée dans l'intérieur n'obtiendra pas de prime. »

Quel que soit le peu de richesse que possède un État, quelle que soit la gêne d'un pays qu'il faut relever et qui a des ressources, son Gouvernement doit faire un sacrifice quelconque pour ce relèvement, et ce sacrifice, quelque énorme qu'il puisse être fait, pour le cas qui nous occupe, à l'endroit de la renaissance de l'industrie sucrière, est indispensable et exigible ; ce sacrifice, c'est la prime que je réclame ; que ce sacrifice ne produise nul résultat pécuniaire momentané au pays, il importe, néanmoins, qu'il soit fait ; et ce, pour la dignité, la gloire et l'honneur du Gouvernement régissant un peuple intéressant et occupant un rang dans le cadre des nations.

Si le Gouvernement ne se presse de prodiguer du secours à l'agriculture, de contribuer à donner de la valeur à ses produits, il ne sera pas bien loin d'avoir à constater la chute totale de cette noble industrie, et de voir cette portion de la population qui s'y livre avec tant d'ardeur, et après avoir beaucoup travaillé, être dévorée par les plus affreuses privations du moindre de ses besoins.

Si nos planteurs ne fabriquent pas de sucre, ce n'est pas qu'ils en ignorent l'avantage et tout le bénéfice qu'ils peuvent en tirer. Cependant, ils ne s'en occupent nullement et se contentent de produire du sirop ; de ce sirop bienfaiteur dont le prompt résultat, quoique peu rémunérateur, leur permet de combler plus ou moins et sans retard leurs pressants besoins, et de combattre momentanément leur misère. Tandis que le sucre rapportant *100 pour 100* d'avantage, pour ne pas être extrême, exigerait du temps avant réalisation. Cette réalisation, étant tardive par le fait du principe de fabrication et de préparation, ne peut être acceptée de gaîté de cœur par ceux qui, sans dissipation aucune, ont toujours besoin d'argent, non seulement pour alimenter leur industrie, mais pour manger ; manger, hélas ! besoin qui ne peut pas attendre !

Par conséquent, avec du secours accordé, des avances faites surtout, les planteurs, aujourd'hui aux abois, feraient preuve d'intelligence, de mérite, de talent, en aimant mieux gagner vingt que dix, c'est-à-dire obtenir pour leur sucre 4, 5, 6 P. le cent, au lieu de P. 1 50 pour 100 pour leur sirop; surtout quand il n'y a guère plus de peine ni de frais à faire du sucre, ce qui n'est qu'une affaire de temps. Ainsi, en voilà le seul et unique désagrément, qui ne peut être combattu qu'avec de l'argent comptant. C'est pourquoi j'ai proclamé plus haut que le capital développe l'intelligence et rend même habile.

La Commission étant composée de respectables commerçants et de jeunes planteurs (tout en ayant égard à mon doyen, M. Eugène Nau), mon devoir, comme ancien propriétaire, exploiteur d'usines, mon devoir, dis-je, est de vous instruire sur bien des points que vous pouvez ignorer; points qui ne peuvent être approfondis que par ceux qui s'occupent de l'industrie sucrière depuis longtemps. Néanmoins, votre participation à l'œuvre dont nous nous occupons en ce moment est utile, indispensable, dans le sens de lui donner une base solide, une forme réelle et parfaite; tâche qui ne saurait être mieux remplie que par des commerçants tels que vous, intelligents et s'entendant en finances.

Malgré tout ce que je viens d'énumérer, comme principal, pour faciliter la fabrication du sucre, il y a des auxiliaires qui ne doivent pas nous échapper et que tout gouvernement, pénétré de son devoir, est en mesure de procurer. Ces auxiliaires sont : des bras en quantité suffisante et la police garantissant la sécurité.

Ces conditions bien observées, le travail reprendra, et, comme conséquence, on verra bientôt s'établir des usines perfectionnées qui pourront être acquises par les propriétaires à l'aide d'une institution de Crédit foncier; ou dont le Gouvernement pourra faciliter la fondation, comme usines centrales, dans les grands centres et au moyen de concessions, de valeurs et de privilèges qui seraient accordés à des compagnies.

Avec ces usines perfectionnées renaîtra alors la fabrication du sucre blanc; fabrication qui ne sera pas tardive, si les moyens sont intelligemment appliqués. Alors, la production des sucres devenant réelle, ces produits obtenant de la valeur, il sera inopportun que le Gouvernement continue à accorder des primes d'encouragement, car le branle étant donné, attendu que chacun poursuivra son affaire, les installations auront été déjà toutes faites. Le tout est d'accoutumer les planteurs, moyennant encouragement, à fabriquer du sucre. La production devenue importante et pouvant satisfaire à la consommation intérieure, la prohibition de ce produit étranger sera décrétée, comme protection dernière.

La production du sirop et du tafia est devenue si onéreuse, que nous sommes menacés de voir la culture de la canne abandonnée; culture qui jadis, à notre connaissance, rendait de si grands services au pays. Aujourd'hui qu'elle nous refuse ses bienfaits, le motif en est bien connu : « l'argent manque dans le pays », il faut donc que nous nous en procurions par le sucre, contre lequel nous pourrons obtenir des valeurs du dehors.

Les mêmes moyens employés pour le sucre peuvent servir à la transformation de nos tafias en des alcools plus fins, tels que le rhum, etc.

L'inexpérience de quelques-uns de nos lecteurs sera, sans doute, poussée à se demander : comment ! quand l'industrie caféière ne réclame pas de prime d'encouragement ni d'avances, pourquoi doit-il en falloir à l'industrie sucrière? La raison en est bien simple, et la voici : supposons que, par le fait d'une grande baisse dans le café et dans le sirop, comme cela se voit instantanément, les producteurs soient pris de dégoût, de découragement, laissent souffrir leurs champs de caféiers et de cannes, les abandonnent même, il arriverait que les caféiers, quoique négligés, abandonnés, ne périraient pas ; c'est généralement connu; tandis que les cannes, après peu de temps d'abandon, seraient totalement détruites, tant par les herbes parasites, les animaux libres dans les champs, la vieillesse, que par la dévastation ; ces cannes seraient à renouveler si une occasion de hausse se présentait. L'avantage naturel reste donc du côté des caféiers, qui ne périssent jamais. Partant, il est indispensable que protection soit plus essentiellement accordée aux planteurs de cannes qu'aux planteurs de caféiers.

En outre, cette protection contribuera à porter les propriétaires d'usines à cannes à dépenser pour les entretenir, malgré les inconvénients qui peuvent atteindre cette industrie sucrière.

Il ne faut pas qu'on se figure que toutes les usines actuelles de la plaine pourront fabriquer du sucre à volonté et immédiatement; non, le motif en est celui-ci : par impuissance de force motrice, les moulins fonctionnent si lentement, que le vesou qu'ils produisent a le temps d'être en fermentation avant de subir l'action du calorique, ce qui neutralise totalement la coagulation, qui est la première condition pour la fabrication du sucre; il faut que le vesou soit cuit promptement, et pour le cuire, on doit en avoir une quantité suffisante à la capacité de ces équipages à feu nu que nous possédons maintenant.

Ainsi, pour commencer, ce ne seront que les moulins puissants et actifs qui produiront du sucre, en attendant que les autres soient réparés et mis en état de bien fonctionner; et, pour les réparer, il faut encore de l'argent ; donc, il est indispensable que le Gouvernement fasse des avances aux planteurs. *Vouloir étant pouvoir* en matière d'industrie et dans les conditions susénoncées d'encouragements, il semblerait que, déjà, je vois du sucre sortir de nos usines.

DISCOURS

PRONONCÉ PAR LE PREMIER CONSEILLER COMMUNAL DE LA MARMELADE, SUR L'AUTEL DE LA PATRIE, LE 1er MAI 1881

Laborieux Cultivateurs,

Je dois vous rappeler que chaque année, à pareil jour, réunis autour de l'autel sacré de la patrie, nous célébrons la belle fête solennelle du 1er mai. La prospérité d'une nation ne dépend que de l'agriculture.

Hommage à vous, chers Concitoyens! continuez à travailler vos champs; c'est là que vous trouverez le bien-être. Rivalisez d'ardeur; le travail, dans le fond, est noble et honorable.

Cultivateurs,

Vos champs sont fertiles; plus vous les travaillerez avec force et courage, plus vous serez contents de vous.

La prospérité d'une nation ne dépend que du degré d'avancement de son agriculture; pour arriver à ce grand résultat, il faut de la persévérance.

Ce serait une faute pour nous, Cultivateurs, de ne pas fêter cette solennité!

Fortifiez-vous dans l'amour du travail agricole; c'est là que vous trouverez l'aisance et la consolation. Vous êtes pauvres en ce moment; le Gouvernement le sait; il tient à cœur de vous procurer une tranquillité durable, pour que vos travaux ne puissent s'ajourner un seul instant; de son côté, l'administration de notre sage Président, avec des instruments nouveaux qu'il cherche à nous faire avoir concernant l'agriculture, procurera un bénéfice que votre amour-propre verra.

Le président Salomon travaille pour le bonheur du pays; il cherche à faire voir aux habitants cultivateurs l'amour du travail, pour que leur existence soit satisfaisante avec l'aide de la Providence; sa grande tournée dans le Nord fera la gloire de tous les citoyens.

Avec cette paix que vient de nous donner le chef de la nation, il vient d'établir une Banque qui fera le bonheur de la nation, et principalement le vôtre, Cultivateurs.

C'est par cette considération que notre chef vient d'appeler un citoyen intelligent au département de l'agriculture.

Il y a un concours agricole qui a été ouvert depuis le 19 du mois dernier; une commission de citoyens des différents cantons de cette commune est chargée de vous faire comprendre l'esprit de cette institution.

Rendons-nous à l'église paroissiale pour assister au *Te Deum* qui sera chanté en action de grâces pour la prospérité de notre cher pays et la conservation de notre estimé père Salomon.

Après la cérémonie, vous êtes conviés à vous rendre à l'hôtel communal pour recevoir les instruments aratoires que le secrétaire d'État de l'agriculture nous a chargé de distribuer aux cultivateurs les plus méritants.

Vive la paix! — Vive l'union! — Vive l'agriculture! Vive la Constitution! — Vive le président Salomon!

DISCOURS

PRONONCÉ PAR VIESEUL BISSINTHE A L'ARRIVÉE DU PRÉSIDENT D'HAÏTI AU BORGNE

Président,

Les élèves de l'école nationale primaire de garçons du Borgne viennent, par mon organe, vous exprimer combien ils se sentent heureux de vous voir au milieu d'eux.

Ils font des vœux au ciel pour votre conservation à la première magistrature de l'État, car, Président, qui peut ne pas tenir à se voir gouverner par un chef si plein de justice, d'assiduité et de zèle, qui accorde les mêmes soins aux grands et aux petits, et à son peuple en général, et qui veille lui-même aux intérêts de son pays et à la marche régulière de ses administrations.

Oui, Excellence, votre sagesse, le bien-être public et la paix que vous avez assurés au pays, montrent assez combien votre cœur est grand. Pour moi, je n'ai pas encore fait l'expérience des révolutions, et je ne désire point la faire. Honnis soient donc les révolutions et les révolutionnaires.

Ma pensée toute naïve ne me permet pas de continuer davantage; il ne me reste donc qu'à remercier Votre Excellence du choix qu'elle a fait de M. Bussy Pouyol; l'assiduité, le zèle de ce citoyen, montrent assez qu'il a l'amour de son pays et qu'il fait tout au nom et en l'honneur de celui qui l'a placé, et que lui, M. Bussy Pouyol, ne cessera jamais de servir en prodiguant le pain de l'instruction aux jeunes gens qui lui sont confiés.

Que Dieu donc vous accorde ses lumières et vous conserve à tout jamais à la tête de notre République!

Veuillez croire, Président, que nous faisons des vœux pour le maintien de votre gouvernement et la conservation de vos précieux jours, et croyez aussi qu'en esprit nous vous accompagnons durant tout le trajet que vous avez encore à faire.

Vive le Président d'Haïti! — Vive la paix! — Vive la Constitution!

Au Secrétaire d'État de l'agriculture.

Secrétaire d'État,

La commission chargée par vous d'étudier la question de la fabrication du sucre et de la transformation de nos tafias en alcools plus fins propres à l'exportation, a l'honneur de vous présenter le résultat de ses travaux.

Pour elle, il n'y a pas de doute qu'avec les usines existant sur nos habitations, quelque primitives et quelqu'imparfaites qu'elles soient, on puisse fabriquer du sucre en assez grande quantité pour alimenter la consommation intérieure, et même en faire une denrée d'exportation. Les cent cinquante millions de sucre tant blanc que brut exportés par la colonie dans les derniers temps, les sucres bruts et raffinés fabriqués par les Jn-François Lespinasse, les Ch. Lacombe, les Nau, les Lerebours, les Despuseau, etc., le prouvent surabondamment.

Plusieurs causes ont contribué à faire disparaître le sucre de nos produits : 1o la désorganisation du travail dans nos campagnes, à la suite de nos guerres civiles; 2o l'anéantissement du marché à sucre dans nos villes; 3o le manque de sécurité et de garantie, qui a éloigné les propriétaires et les capitalistes des travaux agricoles, et a empêché d'introduire chez nous l'outillage nouveau qui a transformé ailleurs l'industrie sucrière, a amené cette division du travail qui a fait la prospérité d'un nombre de pays.

Nos cultivateurs, découragés depuis longtemps, ont mis de côté la fabrication du sucre et se sont livrés à un travail moins pénible, celui de transformer leurs sirops en tafia. Aussi, le nombre des distilleries qui, au temps de la colonie, s'élevait à peine à 182 dans toute l'île, et qui, en 1789, exportait environ 600 barriques de tafia, se compte aujourd'hui par milliers, et celui de barriques de tafia fabriqué, par dizaine de milliers. C'est à un tel état de choses qu'il faut mettre fin.

La commission rend justice aux efforts que fait le Gouvernement pour relever l'agriculture, pour encourager nos habitants et les porter à un travail plus sérieux, et, en même temps, plus rémunérateur. Cet édifice qui s'élève au Champ de Mars, et où le travail sera publiquement honoré et récompensé, ne nous montre-t-il pas qu'une ère nouvelle commence, que le travailleur peut compter sur le concours et la protection du Gouvernement, que l'heure de la désorganisation est passée pour faire place à celle de la régénération du travail national?

La commission pense que pour faire revivre la fabrication du sucre, il faut, avant toutes choses, créer de nouveau le marché au sucre. Il faut que l'habitant puisse vendre son sucre comme il vend son café, comme il vend son campêche, son cacao, son coton, sa cire et son miel.

Pour arriver à ce résultat, plusieurs propositions ont été faites à la commission. C'est, d'abord, M. Riboul aîné, habitant émérite qui, malgré les difficultés du temps, continue à fabriquer du sucre et ne s'en trouve pas trop mal. Il propose de demander au Gouvernement une prime de 2 centimes par livre de sucre à l'exportation, et, en second lieu, des prêts ne dépassant pas 1,000 piastres, garantis par la propriété et amortissables sur le produit des récoltes, prêts qui doivent permettre d'améliorer les usines.

Il croit que cette prime et ces prêts porteront les habitants à faire du sucre. Vous avez vu dans les journaux, Secrétaire d'État, le développement de la proposition Riboul.

M. Charles Fatton, d'accord avec plusieurs autres membres de la commission, a pensé que la proposition de M. Riboul ne réaliserait pas le but désiré, celui de faire fabriquer le sucre, parce que cette prime de 2 centimes ne suffirait pas pour éveiller l'attention des négociants et les exciter à acheter le sucre et à l'exporter. Cette prime ne couvrirait pas la perte que l'on pourrait faire dans l'exportation de ce produit. Suivant lui, il vaut mieux généraliser par une loi la mesure qui avait été adoptée en faveur de M. Cutts et du général Joseph Lamothe, autoriser l'embarquement de nos sucres bruts accompagnés d'un acquit-à-caution, pour les faire revenir en sucre blanc francs de droits. L'expéditeur, assuré d'obtenir le « drawback » américain, plus les 4 centimes et demie de droit d'importation, sans compter le bénéfice à faire sur le sucre raffiné, pourrait facilement payer pour nos sucres sur place de 5 à 7 centimes, prix rémunérateur qui pousserait à la production. Cette mesure créerait plus vite en Haïti un marché à sucre. Il faudrait l'entourer de toutes les précautions possibles pour empêcher la fraude. La prime, en ce cas, au lieu d'être de 2 centimes, serait de 4 centimes et demie. Il n'y a pas de doute pour la commission que cette mesure, bien appliquée et seulement pour une période de transition, fasse renaître chez nous l'industrie sucrière. La commission croit devoir la recommander à votre attention, comme elle recommande aussi la proposition suivante, faite au début par MM. Rossignol et Ch. Thorp, et reprise en sous-œuvre par M. Labbé Barbancourt, proposition qui consiste, pour le Gouvernement, à encourager, par tous les moyens possibles, l'établissement immédiat d'une raffinerie de sucre, soit en offrant aux capitaux qui s'y engageraient une garantie d'intérêts, soit en y prenant une part plus effective par une souscription nationale aux actions de cette usine. La commission ne doit pas vous cacher qu'elle verrait avec orgueil s'élever un tel établissement, qui nous exempterait de la honte de faire venir de l'étranger le sucre blanc que notre pays a si longtemps produit et qu'il devrait même pouvoir exporter avec avantage.

La création d'une raffinerie doit, comme conséquence immédiate, amener la production du sucre brut sur une grande échelle. Il lui en faut pour son service journalier, et elle n'hésiterait pas à payer jusqu'à 7 centimes pour le sucre brut quand elle pourrait vendre ses produits à 15 centimes, ce qui lui laisserait un beau profit.

Mais l'établissement d'une raffinerie prend du temps. Il ne faudrait pas moins d'un an pour la monter et la mettre en opération. Pendant cet intervalle, l'autre mesure pourrait être appliquée, et même préparerait le terrain à la raffinerie, en donnant aux cultivateurs l'habitude de faire le sucre brut. Le marché serait créé et la raffinerie viendrait en profiter. — Avec l'écoulement facile de ses produits, l'habitant, ayant plus d'aisance, pourrait améliorer son outillage, faire venir des États-Unis ces machines simples et peu coûteuses qui constituent un véritable progrès pour la fabrication du sucre, machines que le Gouvernement devrait faire étudier par ses ingénieurs et chercher à répandre parmi notre population agricole.

La consommation intérieure du pays est d'environ trois millions de livres de sucre blanc; c'est presque la centième partie de ce que pourraient et devraient produire nos magnifiques plaines.

Dans le principe, la raffinerie pourrait employer tout le sucre brut fabriqué; mais, à moins d'exporter ses produits et de pouvoir supporter avantageusement la concurrence des produits similaires sur les marchés étrangers, la raffinerie, dans un avenir prochain, sera débordée. La commission, tout en vous recommandant la raffinerie comme moyen immédiat de faire renaître la fabrication du sucre, ne prétend pas perdre de vue l'usine centrale qui est le couronnement de l'édifice, l'usine centrale que M. Laquintinie a proposée et qui a été agréée par tout le monde. Ce n'est pas ici le lieu de faire l'éloge d'un établissement. La commission, Secrétaire d'État, vous réfère, pour les avantages de l'usine centrale, au travail consciencieux de M. Laquintinie, travail qui accompagne ce rapport, qui a été publié au *Moniteur haïtien*. Pour favoriser l'établissement de telles usines, la commission ne peut que vous faire les mêmes recommandations que pour la raffinerie, offrir des garanties d'intérêt aux capitaux qui voudraient s'engager dans leur construction ou bien prendre l'initiative de la création d'une société par actions, et souscrire pour une partie du capital. Il est possible qu'à ces conditions le Gouvernement obtienne d'une de ces grandes maisons de Paris, de Nantes ou de Lille, ou d'une maison américaine, de venir fonder une ou plusieurs usines en Haïti, ou d'en faire l'avance. On dit que c'est sur une garantie d'intérêt de 7 pour 100 que la compagnie française des ateliers de Fives-Lille a, tout récemment, traité avec le Gouvernement brésilien pour la mise en exercice de cinq établissements de ce genre dans les provinces de Bahia et de Pernambuco.

Ainsi, pour nous résumer, la commission propose, comme moyen efficace de faire renaître la fabrication immédiate du sucre, la mesure d'autoriser l'embarquement de nos sucres bruts sous acquit-à-caution avec toutes les précautions ou garanties voulues, et de les faire rentrer raffinés francs de droit. C'est, du reste, Secrétaire d'État, un des moyens que vous avez indiqué vous-même dans ce mémoire sur l'agriculture que vous avez adressé à Son Excellence le Président d'Haïti. Cette mesure servira de préparation à l'établissement de la raffinerie; elle pourrait être accompagnée, par le Gouvernement, de l'introduction de ces machines américaines, simples et peu coûteuses, dont nous avons déjà parlé, et qui faciliteraient la fabrication du sucre, en attendant la création de ces grandes usines qui feront la fortune de notre pays.

Ce n'est que quand nous aurons fait suffisamment de sucre pour alimenter la consommation intérieure que le Gouvernement pourra céder aux vœux impatients d'un grand nombre d'habitants, qui ne voient de salut pour la culture de la canne que dans l'établissement de droits prohibitifs sur les sucres étrangers. Pour protéger une industrie, il faut au moins qu'elle existe.

D'un autre côté, la commission croit pouvoir compter sur l'installation de la Banque pour donner une grande impulsion à l'agriculture et à l'industrie sucrière. Ce sont ces entreprises agricoles et industrielles que la Banque est appelée à développer chez nous, comme elle l'a fait ailleurs. C'est elle qui facilitera l'établissement des chemins de fer, pour mettre l'intérieur du pays en communication avec nos ports de mer et faire arriver rapidement et à peu de frais nos produits agricoles sur les marchés où ils doivent s'écouler.

Passant à la seconde question, celle de la transformation de nos tafias en alcools plus fins et propres à l'exportation, la commission est d'avis que la fabrication du sucre doit amener une grande amélioration dans notre système de distillerie. Le tafia, au lieu d'être le produit principal de la canne, deviendra un produit auxiliaire. La quantité en diminuera, et comme l'habitant ne sera pas obligé de sacrifier son tafia, comme aujourd'hui, pour payer ses frais d'exportation, il le distillera avec plus de soin, lui donnera plus de force et le laissera vieillir pour le rendre meilleur. C'est alors qu'il pourra songer à l'exporter avec avantage. Le tafia et le rhum reprendront valeur le jour où nous commencerons à fabriquer du sucre. Pour notre distillation, nous avons des machines plus perfectionnées. Sous ce rapport, nous avons fait plus de progrès que dans l'industrie sucrière. Ce qu'il nous faut, c'est de diminuer la quantité d'alcool fabriqué pour en améliorer la qualité.

La commission ne croirait pas remplir convenablement sa tâche si, avant de finir ce rapport, elle n'appelait l'attention du Gouvernement sur un fait qui mérite d'être sérieusement examiné. Si l'industrie sucrière avait cessé d'exister chez nous, n'exigeait plus la protection du Gouvernement, il n'en est pas de même de la production des alcools; la protection a diminué au fur et à mesure du développement de cette industrie. Nous n'avons qu'à comparer notre tarif actuel de douane avec celui de 1825 et celui de 1827. Les législateurs d'alors avaient compris qu'il fallait protéger nos distilleries et les produits qu'elles fabriquaient, et empêcher la concurrence étrangère de venir les étouffer dans leur berceau. Ainsi, une foule de petites industries, qui ont disparu aujourd'hui, vivaient et prospéraient à l'ombre de cette protection. Tout le monde se souvient des fabriques de liqueurs des Pradère père, des Bruno, des Dunénil St-Rome; nous faisions alors des liqueurs qui rivalisaient avec les meilleures marques de France. En 1827, les eaux-de-vie payaient, à l'entrée, P. 2 50 le gallon et P. 4 la douzaine de bouteilles; l'esprit de vin payait P. 2 le gallon; on ne connaissait pas alors cette eau-de-vie pour chapeaux à 4 centimes le gallon, monstruosité qui existe encore. Sous cette dénomination, on introduit ici de l'eau-de-vie fine et des alcools fins qui servent à fabriquer du rhum dans le pays de la canne à sucre, et à alimenter les quelques misérables fabriques de liqueurs qui ont survécu à la ruine générale. Défenseur né de notre agriculture, que par votre énergie vous voulez relever, nous vous demandons, Secrétaire d'État, d'exposer ces faits au conseil du Gouvernement et de porter cette question devant nos Chambres, à savoir si nous ne devons pas revenir à ces principes de 1827, et, à l'instar des autres gouvernements, entourer d'une protection efficace cette industrie éminemment nationale.

La commission sera heureuse, Secrétaire d'État, si elle a pu remplir à votre satisfaction la mission importante et délicate que vous avez confiée à son patriotisme. Elle vous prie d'agréer ses respectueuses salutations.

Signé L. Barbancourt, O. Piquant, F. Marcelin, C. Fatton, A. Rossignol, L.-J. Adam, Ch. Thorp, M. Carré, Moléus Germain, L. Rivière, Riboul aîné, Eug. Nau, D. Lespinasse, président; L. Madiou, secrétaire.

Port-au-Prince, le 7 avril 1881.

Au Secrétaire d'État de l'agriculture.

Secrétaire d'État,

Vous m'avez demandé un rapport ayant trait, non seulement à l'installation d'un jardin d'acclimatation pour les plantes étrangères, mais encore pouvant servir à introduire dans les environs de la capitale certaines plantes de ce pays-ci, lesquelles plantes, en temps et lieux, rendront certainement de grands services. Je m'empresse de répondre à votre attente.

D'abord, Secrétaire d'État, je me suis occupé de trouver un endroit qui puisse réunir, sur une surface relativement très petite, tous les avantages capables de mener à bonne fin le plan que vous vous proposez de mettre à exécution.

Je pense avoir trouvé ce terrain.

Je crois, Secrétaire d'État, que l'on chercherait en vain, dans les environs de Port-au-Prince, un terrain qui puisse mieux s'accommoder au genre de culture que vous avez en vue.

Au-dessous de la source de Leclerair se trouve un terrain très propice pour toutes espèces de cultures. Ce terrain appartient à M. Nau.

D'un côté, une colline recevant régulièrement les rayons du soleil levant; de l'autre, à environ 600 mètres, une autre colline ne recevant que les rayons du soleil couchant; au centre, un assez beau plateau qui peut être arrosé dans tous les sens à l'aide d'irrigations bien aménagées ; au sud, une petite colline au sommet de laquelle arrive l'eau de Leclerair, formant une cascade tombant d'environ 8 mètres de hauteur.

A part cette disposition très avantageuse, comme vous avez dû le remarquer, Secrétaire d'État, ce terrain offre un autre avantage : c'est qu'il ne se trouve pas bien éloigné de la ville ; il est situé à environ 1 kilomètre de la Source-Salée.

Dans le cas, Secrétaire d'État, où le propriétaire de cette habitation — qui, dans ce moment-ci, fournit à peine quelques paquets d'herbes de Guinée et quelques épis de maïs — demanderait une somme au delà de celle que vous pourriez allouer, non pas pour en faire l'acquisition, mais bien pour un simple fermage, à mon avis de huit années, il ne nous resterait plus qu'une seule décision à prendre : transformer le jardin botanique actuel en un jardin d'acclimatation.

Dans le cas où vous accepteriez cette idée, il nous faudrait : 1° de l'eau jour et nuit ; 2° des jeunes gens sachant au moins lire et écrire qui pourront, en temps et lieux, devenir des jardiniers ou des agronomes, partant, appelés à rendre service à leur pays. Le nombre de ces jeunes gens est laissé à votre appréciation ; 3° élargir ou plutôt prolonger la serre froide que nous possédons ; 4° des engrais ; 5° chose très difficile, je vous l'avoue, Secrétaire d'État, une police qui ne permette à qui que ce soit de pénétrer dans le jardin qu'à certains jours et à certaines heures.

Pour terminer, Secrétaire d'État, il me reste à vous parler du *Siphonia elastica* ou arbre au *caoutchouc*.

Le *Siphonia elastica* est un arbre de la Guyane et du Brésil qui atteint une hauteur de 16 à 20 mètres ; son suc laiteux, obtenu par des incisions faites au tronc, se prend à l'air en une masse tenace et très élastique, connue sous le nom de caoutchouc ; c'est un carbure d'hydrogène se ramollissant dans l'eau bouillante, insoluble dans l'alcool, mais soluble dans l'éther et le sulfure de carbone. Grâce à cette solubilité, le caoutchouc est devenu l'objet d'un commerce considérable, par l'application qui en a été faite à la fabrication de tissus élastiques, de vêtements, de chaussures imperméables et d'ustensiles divers.

Avant de terminer, Secrétaire d'État, ce rapport déjà un peu long, permettez-moi de vous faire remarquer que si l'on voulait tirer parti de certains végétaux de ce pays, on pourrait aussi recueillir une grande quantité de caoutchouc en faisant des incisions au tronc de plusieurs plantes, pour la plupart indigènes, telles que les quatre variétés de figuiers que nous possédons, de l'arbre véritable, du frangipanier, etc., etc.

Et en dernière analyse, on peut recueillir une grande quantité de brai, en faisant bouillir les fruits de cette plante désignée sous le nom vulgaire de *figuier maudit*.

Dans l'espoir, Secrétaire d'État, que ce rapport pourra vous être de quelque utilité,

J'ai l'honneur de vous saluer.

J. DROIT,
Jardinier de l'Hôpital militaire.

AVIS

DE LA SECRÉTAIRERIE D'ÉTAT DE L'INTÉRIEUR ET DE L'AGRICULTURE

En raison de l'abus qui se commet dans certaines localités et contre lequel on réclame, le département de l'agriculture croit devoir rappeler aux commandants d'arrondissements et de communes les dispositions ci-après du Code rural, relatives à l'emploi des cabrouets et tombereaux dans les travaux d'utilité publique :

ART. 61. — Les cabrouets ou tombereaux jugés nécessaires pour les travaux de réparation de routes publiques et particulières sont fournis, sur première réquisition, par ceux des propriétaires de biens ruraux qui en possèderont, dans la proportion d'une journée par chaque cabrouet et chaque semaine, jusqu'à l'achèvement des travaux.

ART. 64. — Dans aucun cas, et sous quelque prétexte que ce soit, les travailleurs, cabrouets, tombereaux ou bêtes de charge, ne pourront être détournés des travaux pour être employés dans un intérêt particulier.

Port-au-Prince, le 13 août 1881.

AVIS

DE LA SECRÉTAIRERIE D'ÉTAT DE L'AGRICULTURE

Vu les plaintes réitérées parvenues au département de l'agriculture sur l'inobservance des prescriptions du Code rural, relatives à la réquisition des cabrouets et tombereaux pour les travaux de réparation des routes publiques et particulières,

Le secrétaire d'État de ce département rappelle aux commandants d'arrondissement et de place l'avis publié sur le *Moniteur* du 12 août dernier, ainsi conçu :

« En raison de l'abus qui se commet dans certaines localités et contre lequel on réclame, le département de l'agriculture croit devoir rappeler aux commandants d'arrondissements et de communes les dispositions ci-après du Code rural, relatives à l'emploi des cabrouets et tombereaux dans les travaux d'utilité publique.

ART. 61. — Les cabrouets ou tombereaux jugés nécessaires pour les travaux de réparation de routes publiques et particulières sont fournis, sur première réquisition, par ceux des propriétaires de biens ruraux qui en posséderont, dans la proportion d'une journée par chaque cabrouet et chaque semaine, jusqu'à l'achèvement des travaux.

Art. 64. — Dans aucun cas, et sous quelque prétexte que ce soit, les travailleurs, cabrouets, tombereaux ou bêtes de charge, ne pourront être détournés des travaux pour être employés dans un intérêt particulier. »

Port-au-Prince, le 13 octobre 1881, an 78e de l'Indépendance.

SECTION DE LA CORRESPONDANCE GÉNÉRALE

CIRCULAIRE

Le Secrétaire d'État de l'agriculture aux commandants des arrondissements et des communes de la République.

Général,

Le Gouvernement, comme vous le savez, par des dispositions préparatoires et par la grande entreprise de l'Exposition nationale, qui a été couronnée de succès, a déjà jeté les bases des réformes qu'il a l'ambition d'accomplir pour le relèvement de notre agriculture.

Les moyens dont il a le plus besoin, les Chambres législatives viennent de les lui donner en votant les lois qui leur ont été présentées. L'ensemble de ces moyens, c'est l'organisation de divers services agricoles sur un pied plus favorable à nos agriculteurs.

Il convient de bien faire comprendre aux chefs de sections quel est leur devoir, qui est parfaitement tracé dans les articles 12, 13, 14 et 15 de la loi sur l'organisation en question. L'idée du Gouvernement est que ces agents de l'autorité dans les campagnes soient récompensés désormais, et cette idée est traduite par la disposition particulière (art. 4), qui leur alloue une indemnité pécuniaire proportionnée au travail qu'ils auront fait.

Leur obligation principale est d'être présents chez le notaire ou le juge de paix au moment de la déclaration pour les nouvelles cultures.

L'économie de cette loi est évidente ; le Gouvernement encourage, mais il veut le faire à bon escient. Il intéresse à son œuvre les inspecteurs de culture et les chefs de section, afin d'arriver à constater les efforts des producteurs auxquels il accorde des primes d'encouragement.

En un mot, Général, le Gouvernement convie tous les agents de l'autorité à se mettre à la hauteur de ses intentions, à marcher avec lui d'un pas assuré, et à déployer dans l'accomplissement de leur mission l'intelligence et le dévouement qu'exige l'exécution de nouvelles mesures d'administration agricole.

Accusez-moi réception de la présente, et agréez, Général, l'assurance de ma parfaite considération.

Signé F.-D. LÉGITIME.

Port-au-Prince, le 13 octobre 1881, an 78e de l'Indépendance.

SECTION DE LA CORRESPONDANCE AGRICOLE

CIRCULAIRE

Le Secrétaire d'État de l'agriculture aux Inspecteurs de culture des différentes communes de la République.

Monsieur l'Inspecteur,

Une loi vient d'être votée pour l'organisation du service de l'agriculture. Vous êtes un des principaux agents du Gouvernement dans cette branche de l'administration; appelé à surveiller le travail et l'exécution des lois sur la police des campagnes, c'est sur vous que pèse moralement la responsabilité qui découle de ces lois. Notre tâche est grande, en ce moment surtout que le Gouvernement veut donner une forte impulsion au travail, mais grande aussi sera la récompense qui vous reviendra si vous répondez à l'attente du chef qui vous commande et aussi à l'attente du pays. Dans l'article 4 de la nouvelle loi, il est dit expressément :

« Les Inspecteurs seront payés selon l'importance de leurs communes respectives, conformément au tableau annexé à la présente loi. Il leur sera, de plus, alloué, tous les six mois, une indemnité pécuniaire proportionnée au travail qu'ils auront dirigé et fait effectuer pendant chaque semestre; cette indemnité sera laissée à l'appréciation de l'administration supérieure. Il en sera de même des chefs de sections, si le Gouvernement le juge nécessaire. »

Déjà des primes d'encouragement sont accordées à ceux de nos cultivateurs qui, dans leurs propres intérêts, concourront à augmenter la production nationale. Ne tardez pas à vous mettre à l'œuvre d'une manière conforme aux idées du progrès.

Pour instructions, je vous dirai que vous aurez d'abord à vous mettre en relations constantes avec les habitants cultivateurs, à demander l'application des lois qui régissent les campagnes et à faire constamment vos rapports à l'autorité de qui vous relevez. Puis, à la fin de chaque quinzaine, vous devez vous trouver à côté du chef de la commune, pour le mettre au courant des choses de la culture et lui présenter les chefs de sections qui auront plus ou moins bien fait leurs devoirs.

A la fin de chaque mois, Monsieur l'Inspecteur, vous ne manquerez pas de faire un rapport détaillé, que vous adresserez au département de l'agriculture et au bureau de l'inspecteur général de votre département dès que celui-ci sera nommé.

Accusez-moi réception de la présente, et recevez, Monsieur l'Inspecteur, l'assurance de ma considération distinguée.

Signé F.-D. LÉGITIME.

Port-au-Prince, le 13 octobre 1881, an 78e de l'Indépendance.

CIRCULAIRE

Le Secrétaire d'État de l'intérieur et de l'agriculture aux Conseils communaux de la République.

Monsieur le Magistrat,

En exécution de la nouvelle loi sur l'organisation de divers services d'agriculture, l'obligation est faite aux habitants qui entreprendront la culture d'un nouveau champ en telle denrée déterminée, de déclarer d'avance la quantité de terre qu'ils se proposent de travailler. La déclaration est faite devant le notaire ou le juge de paix de la commune, pour être subséquemment enregistrée gratuitement au bureau du conseil communal, ainsi qu'à celui de l'inspecteur de culture (art. 13 de la loi).

L'article 4 dit que la déclaration ne sera admise qu'en présence de l'officier de la section où se trouve le terrain à cultiver.

Cette déclaration, après avoir été reçue par le notaire ou le juge de paix e délivrée au déclarant, sera enregistrée par vous dans un registre que vous tiendrez et que le Gouvernement vous fera parvenir à cet effet. Je fais appel à votre patriotisme, pour que le cultivateur en général soit bien mis au courant des dispositions auxquelles il a à se conformer pour arriver à obtenir la prime d'encouragement accordée aux producteurs des denrées nouvelles en tous genres.

Accusez-moi réception de la présente, et agréez, Monsieur le Magistrat, l'assurance de ma haute considération.

Signé F.-D. LÉGITIME.

Port-au-Prince, le 13 octobre 1881, an 78e de l'Indépendance.

SECTION DE LA CORRESPONDANCE GÉNÉRALE

CIRCULAIRE

Le Secrétaire d'État de l'agriculture aux Négociants et aux Spéculateurs en denrées.

Messieurs,

Il est reconnu que la baisse constante du prix de notre café a pour principale cause la mauvaise préparation et les moyens par trop rudimentaires employés jusqu'ici pour sécher cette fève. Le café en cerise, étendu trop longtemps sur le glacis (ancien modèle), y contracte, sous l'action combinée du soleil et de la pluie, des vices propres qui le déprécient.

Le Pouvoir exécutif, dans sa sollicitude pour l'agriculture et les agriculteurs, vient d'obtenir des Chambres législatives le vote des lois qui permettent de réparer le mal.

Il est maintenant facultatif d'établir au centre des sections rurales, pour la bonne préparation et l'achat du café, un établissement dans le genre de celui que M. Francis Jacob, d'initiative privée, a établi à Pétion-Ville, et qu'il exploite avantageusement depuis deux ans. Le café qui en sort obtient presque le double du prix courant.

Dans l'intérêt de l'agriculture et du commerce, Messieurs les Négociants et Messieurs les Spéculateurs, le moment est venu de vous entendre et de prendre aussi l'initiative de ces nouveaux établissements.

Le Gouvernement, en vertu des lois qui viennent d'être votées, vous donne :

1° Une machine à déceriser ;

2° Une machine à décortiquer ;

3° Les matériaux pour un glacis à tiroirs ou à toits mobiles, qui protège le café contre la pluie.

(S'adresser, pour tous renseignements, à M. Francis Jacob, qui veut bien se mettre à la disposition du Gouvernement pour l'aider à propager ces machines.)

Messieurs, pour réussir et augmenter votre capital, vous n'avez besoin que de vous associer et de vous entendre par des règlements privés ; et avec un peu d'eau sur le lieu de votre exploitation, votre entreprise deviendra facile.

Il est laissé aux expéditeurs de café la faculté de le vanner et de le trier à leur façon, quoique ces opérations puissent être faites, sans inconvénient, dans l'établissement encouragé par l'État.

Recevez, Messieurs, l'assurance de ma considération très distinguée.

Signé F.-D. Légitime.

Port-au-Prince, 13 octobre 1881.

Monsieur Vouillon, *directeur de la Banque nationale.*

Monsieur le Directeur,

J'ai l'avantage de vous remettre, sous ce couvert, la collection des lois votées en faveur de l'agriculture.

L'intérêt de la Banque se trouve intimement lié aux intérêts de l'agriculture, en ce sens que l'augmentation de la production doit amener l'extension des affaires. Je me fais un devoir de vous envoyer ces lois, qui assurent le meilleur résultat pour l'avenir.

Agréez, Monsieur le Directeur, l'expression de mes sentiments les plus distingués.

Signé D. LÉGITIME.

Port-au-Prince, le 24 octobre 1881, an 78e de l'Indépendance.

SECTION DE LA CORRESPONDANCE GÉNÉRALE

CIRCULAIRE

Le Secrétaire d'État de l'agriculture aux Commandants des arrondissements et des communes de la République.

Général,

Le moment est venu de déployer toute l'énergie nécessaire pour faire triompher les efforts tentés par le Gouvernement pour relever l'agriculture. Là est le salut pour le pays. Vous devez stimuler le zèle des inspecteurs de culture, afin qu'ils remplissent convenablement leurs devoirs; autrement, dénoncez-les à l'autorité supérieure s'ils sont reconnus incapables. Il faut que, dans le courant de ce mois, le dernier habitant de la campagne soit imbu des mesures prises par le Gouvernement.

En conséquence, vous aurez à convoquer les chefs de sections et à leur expliquer l'économie des nouvelles lois. Vous aurez, de plus, à donner des ordres à vos adjoints, aux inspecteurs de culture, afin de parcourir les diverses sections pour s'assurer de l'exécution des ordres donnés. Je ne tarderai pas à faire suivre ces délégations que vous aurez formées par des agents de mon ministère, ou à venir, en personne, visiter les lieux.

Croyez-moi, mon cher Général, vous n'aurez rien fait pour votre pays, que vous aimez tant, si vous n'aidez à faire augmenter la production, et, par conséquent, la fortune publique.

C'est encore le moyen le meilleur, le plus puissant, d'arrêter les révolutions et d'annuler les conspirations.

Accusez-moi réception de la présente, et recevez, Général, l'assurance de ma parfaite considération.

Signé F.-D. LÉGITIME.

Port-au-Prince, le 9 novembre 1881, an 78e de l'Indépendance.

SECTION DE LA COMPTABILITÉ

CIRCULAIRE

Le Secrétaire d'État de l'intérieur, de la police générale et de l'agriculture, aux Magistrats communaux appartenant à la seconde catégorie mentionnée en l'article 2 de la loi du 3 octobre 1881, et aux Agents domaniaux de la République.

Messieurs,

Conformément à l'article 67 des règlements sur le service de la trésorerie, ainsi conçu : « Quant aux autres revenus de la République, quels qu'ils soient, ils sont versés à la Banque en vertu de mandats dressés par les administrateurs, soit contre les individus fermiers, locataires ou redevanciers à un titre quelconque de l'État, soit contre les comptables spéciaux, tels que directeur principal de l'enregistrement ou autres », mon collègue au département des finances a transmis des ordres aux administrateurs de votre circonscription financière, pour qu'ils invitent les payeurs de leurs arrondissements respectifs d'avoir à ne pas acquitter vos feuilles d'appointements, de locations ou autres, sans que vous leur ayez rendu vos comptes mensuels de recettes avec exhibition des quittances de la Banque, et ce, pour la stricte observation dudit article.

Je ne doute pas, Messieurs, que vous ne mettiez toute votre activité en œuvre, non seulement pour répondre à l'attente du Gouvernement, mais aussi pour ne pas vous trouver sous le coup de la loi qui règle la matière.

Accusez-moi réception de la présente, et recevez, Messieurs, l'assurance de ma parfaite considération.

Signé F.-D. LÉGITIME.

Port-au-Prince, le 10 novembre 1881, an 78e de l'Indépendance.

SECTION DE LA CORRESPONDANCE AGRICOLE

CIRCULAIRE

Le Secrétaire d'État de l'agriculture aux Inspecteurs de culture des différentes communes de la République.

Monsieur l'Inspecteur,

En conformité des nouvelles lois qui ont été votées pour le relèvement de notre agriculture, je vous invite à multiplier vos tournées dans votre commune et à expliquer aux habitants les dispositions de ces lois. Vous direz particulièrement aux cultivateurs des mornes que leur café, par sa mauvaise qualité actuelle, est presque invendable sur les marchés étrangers où, en d'autres temps, il était préféré à celui de tous les autres pays. Pour en relever la valeur, le Gouvernement a commandé des machines qui seront établies dans les centres des sections rurales produisant suffisamment cette fève; et, pour pouvoir lutter avec les autres pays producteurs, il va, par tous les moyens mis en son pouvoir, entreprendre d'augmenter la quantité du café et d'en améliorer la qualité. Vous leur ferez comprendre que, par chaque pied nouvellement planté, l'habitant cultivateur recevra une prime d'encouragement qui s'élèvera, par carreau de terre, à P. 60 environ, autrement dit P. 600 pour dix carreaux. Vous expliquerez encore aux habitants les formalités qu'ils auront à remplir pour arriver à cette fin.

En attendant que le Gouvernement reçoive des déceriseurs et des décortiqueurs pour la nouvelle préparation du café, faites bien soigner cette fève sur les glacis, et donnez toujours le conseil de ramasser les cerises rouges et bien mûres. Ne négligez pas non plus de faire planter, dans les sections de votre commune, beaucoup de cocotiers, car cet arbre rapporte P. 5 annuellement, soit P. 500 pour 100 pieds seulement.

Les plantations de tabac devront aussi attirer votre attention; profitez de ce mois pour porter les habitants à en faire des semis. Des instructions sur sa culture et sur sa préparation vous seront fournies ultérieurement par mon département.

Ensuite vient le riz, qui, à partir d'avril, est semé dans les terrains humides, et qui peut l'être aussi sur beaucoup d'autres points du pays avant cette époque. Cet article étant d'une grande consommation dans nos campagnes, la moitié des sections au moins devrait le cultiver; et, pour éviter des frais et une perte de temps, déjà le Gouvernement promet aux grands centres producteurs de cette denrée des décortiqueurs et des vanneurs.

Vous aurez aussi à faire planter le manioc, dont on tire l'amidon, article qui se vend à New-York plus de 5 centimes la livre, soit P. 5 les 100 livres.

Dans quelques sections à terrain humide, vous pourrez faire, surtout dans les « gorges », planter le cacaoyer; c'est un produit très rémunérateur. L'année prochaine, nous obtiendrons des Chambres les primes nécessaires pour pousser au développement de cette culture.

Je ne terminerai pas mes instructions, Monsieur l'Inspecteur, sans vous faire une dernière et importante prescription; je veux parler de la culture des vivres de toutes sortes. — Portez les cultivateurs à profiter des saisons propices à ces dernières plantations.

La pomme de terre plantée en novembre et décembre peut être expédiée en février aux États-Unis; comme primeur, elle se vend à cette époque, à New-York, 9 à 10 piastres le baril.

Vous aurez à signaler à mon département et au commandant de votre commune les habitants propriétaires de vos sections que leur énergie et leur bonne conduite recommandent, pour remplir la charge de chefs de districts là où il n'en existe pas.

Le Gouvernement a droit à votre concours, surtout dans ce moment où, grâce à la Banque, qui fonctionne, vous allez être payés régulièrement de vos émoluments. Surveillez avec soin les chemins publics et vicinaux, les digues et les canaux de distribution et d'arrosage, là où ces derniers sont établis. Faites des rapports hebdomadaires à votre commandant de place, et, une fois par mois, à mon département. Il faut que la police rurale prête tout son concours à l'agriculture; le Gouvernement compte beaucoup sur elle pour le maintien de la sécurité dans les campagnes.

Accusez-moi réception de la présente, et agréez, Monsieur l'Inspecteur, l'assurance de ma parfaite considération.

Signé F.-D. LÉGITIME.

SECRÉTAIRERIE D'ÉTAT DE L'AGRICULTURE

AVIS

En exécution de l'article 2 de la loi qui autorise le Gouvernement à fournir des moulins à grager et à décortiquer à tous ceux qui s'engageront à monter une usine, au centre d'une section rurale, pour la bonne préparation du café, le secrétaire d'État de ce département, voulant éviter toute confusion dans la distribution de ces machines, invite les personnes qui voudront bénéficier des avantages de la loi à produire leurs demandes à la secrétairerie d'État de l'agriculture.

L'engagement, pris par lettre envers le Gouvernement, sera de bâtir une maison convenable pour recevoir les machines et de les faire fonctionner dans le délai fixé. Les demandes seront appuyées par le chef de la section où l'on devra s'établir, puis par le magistrat communal et le commandant de la commune.

Conformément à l'article 3 de la même loi, les avantages susdits seront accordés à cent cinquante établissements chaque année.

Port-au-Prince, le 14 novembre 1881.

AVIS

En conformité de la circulaire du secrétaire d'État de l'agriculture, en date du 13 octobre courant, aux négociants et spéculateurs, relative à la préparation du café, M. O.-J. Francis, agent du ministère de l'agriculture pour les établissements caféiers ruraux, prie ceux qui veulent jouir des bénéfices de la loi du 27 septembre 1881 sur les encouragements à accorder pour la bonne préparation du café, de bien vouloir formuler clairement toutes les demandes de renseignements qu'ils désirent avoir, à ce sujet, sur les machines et les installations caféières, et de les lui adresser au ministère de l'agriculture. M. Francis mettra de l'empressement à satisfaire les intérêts.

Port-au-Prince, le 10 août 1881.

Aux Commandants des arrondissements de la République.

Général,

Veuillez donner des ordres aux commandants de place de votre circonscription, pour me faire avoir le plus tôt possible un rapport sur l'étendue des sections rurales de leurs communes.

Accusez-moi réception de la présente, et recevez, Général, mes salutations empressées.

Signé D. LÉGITIME.

---

16 septembre 1881.

Aux Présidents des commissions agricoles de la République.

Messieurs,

Le Gouvernement désirant connaître l'époque des cultures dans les différentes zones du pays, afin d'établir un tableau comportant mensuellement le moment réel des divers semis et plantations, je m'adresse à vos lumières et à votre activité pour avoir les renseignements nécessaires à ce sujet. En regard de chaque produit énuméré dans le modèle de tableau que je vous envoie sous ce pli, vous indiquerez l'époque de la plantation et vous ajouterez, s'il y a lieu, les produits qui ne s'y trouvent pas.

Veuillez, Général, m'accuser réception de la présente et agréer l'assurance de ma considération distinguée.

Signé D. LÉGITIME.

---

25 novembre 1881.

RAPPORT

FAIT A SON EXCELLENCE LE PRÉSIDENT D'HAÏTI SUR LE SERVICE DU DÉPARTEMENT DE L'AGRICULTURE

Président,

J'ai eu l'honneur de vous faire le rapport du mois de septembre dernier, qui embrassait les principaux points de l'administration du département de l'agriculture. Aujourd'hui, je viens soumettre à Votre Excellence celui du mois d'octobre expiré.

Depuis que, sur la demande des commandants d'arrondissements, vous avez commissionné presque tous les chefs de sections, il s'est opéré un changement dans le service. Les rapports de ces officiers sont plus détaillés ; on y puise de bonnes notes, et il est facile de voir que ces agents de l'autorité déploient plus de zèle et d'activité.

Le nouveau commandant de la commune de Port-au-Prince m'a demandé un délai, afin d'apprécier par lui-même le mérite des chefs de sections avant de les faire commissionner, et se réserve de faire changer ceux dont il aura reconnu l'incapacité. Le commissaire du Gouvernement de Port-au-Prince m'annonce que plusieurs officiers de sections du Nord-Ouest sont, en ce moment, poursuivis pour crimes ou délits. Leurs noms seront prochainement envoyés à Votre Excellence.

En conformité des nouvelles lois sur l'agriculture, j'ai donné à tous les fonctionnaires appelés à prendre part à leur exécution des instructions nécessaires. J'ai le regret de vous dire que quatre commandants d'arrondissements et seize inspecteurs de culture n'ont pas répondu à mes dépêches ; il en est de même de plusieurs notaires et commandants de communes. Je leur ai réitéré mes prescriptions.

Plusieurs inspecteurs de culture ne sont pas à la hauteur de leur charge. Le commandant de l'arrondissement de Saint-Marc m'a dénoncé celui de sa commune, qui ne remplit pas ses devoirs. Je prendrai des informations à cet égard avant de présenter à Votre Excellence un candidat pour le remplacer.

A propos des nouvelles plantations, j'entretiendrai, tout d'abord, Votre Excellence de la ramie ; cette plante fibreuse se répand peu à peu dans le pays.

On peut, en ce moment, évaluer la quantité de pieds plantés dans les arrondissements de Jacmel et de Port-au-Prince à plus de 30,000. En cet état de choses, si la machine que mon département a fait venir d'Europe pouvait être utilisée, machine qu'il faut faire mouvoir par la vapeur ou au moyen d'un manège, la culture de la ramie prendrait une grande extension par l'encouragement qui résulterait du rouissage de cette plante. Avec les 30,000 pieds existants, nous pourrons avoir, d'ici au mois de janvier, 300,000 pieds. Je vais m'occuper, soit de faire confectionner un manège ici même, soit d'en importer un des États-Unis. Il n'y a pas de doute que la ramie ne puisse venir en aide à nos producteurs dans la morte saison.

Je ferai remarquer aussi à Votre Excellence que j'ai introduit dans le pays deux nouvelles espèces de pommes de terre, le *magnum bonum* et le *marjolin*. J'ai distribué ces tubercules à des propriétaires de Bizoton, de Turgeau et de Pétion-Ville ; j'espère pouvoir faire l'expérience de leur rendement au commencement de février de l'année prochaine. Les pommes de terre expédiées à la mi-février à destination de New-York peuvent se vendre, comme primeur, 9 à 10 piastres le baril. Ce serait encore là, si nous parvenions à propager cette culture, un nouveau produit d'exportation.

Mon département continue à donner des ordres pour la plantation des cocotiers. Plusieurs commandants d'arrondissements ont répondu à mon appel depuis mon dernier rapport du 30 septembre expiré, dans lequel j'entretenais Votre Excellence de ce riche produit. Déjà, le commandant de la place de l'Acul-du-Nord a pu en réunir une quantité considérable destinée à l'exportation.

Une plantation modèle de tabac a été établie sur la propriété de M. Charles Fatton par un cultivateur de Cuba, M. Ulpiano Cardenas, qui déjà obtient des résultats satisfaisants. Les semences proviennent de l'île de Cuba même.

En général, Président, d'après les rapports des commandants d'arrondissements et de communes et des inspecteurs, l'agriculture s'améliore peu à peu; et comme l'arrière saison, dans laquelle nous nous trouvons, est très propice à l'horticulture, je n'ai pas manqué, pour nous prémunir l'année prochaine contre la disette, de conseiller aux habitants de grandes plantations de manioc, d'ignames et de vivres de toutes sortes.

La culture du riz, du maïs, du petit mil et du coton, ne devant commencer qu'à partir de mars prochain dans les trois quarts du pays, mon département prendra d'avance les dispositions nécessaires pour en activer les plantations.

J'ai reçu d'Europe des noyaux de pêches, de brugnons, d'abricots et de prunes, des graines de framboisiers et de la semence de houblon. La culture de ces divers produits réussira très bien sur l'habitation Kenskoff. Je ferai remarquer à Votre Excellence qu'une portion de cette habitation appartient à l'État. Je vais donner des ordres pour la plantation de ces variétés de fruits, qui pourront enrichir la commune de Pétion-Ville.

Je ne terminerai pas, Président, sans vous entretenir un instant des grandes voies de communication et des chemins vicinaux dont l'agriculture, en particulier, doit retirer de si grands avantages.

Les rapports que j'ai reçus des départements sont assez favorables; des corvées s'y font un peu partout.

Dans l'Ouest, il n'en est pas de même; la viabilité y est très négligée. Cependant, de Pétion-Ville à Kenskoff, le général Millien Laurent a fait réparer, sur une grande étendue, le chemin, qui n'était presque plus praticable; mais dans la grande plaine, les grandes voies, comme toutes les autres routes, sont dans un état déplorable, surtout de Descloches à Thomazeau. Dans les environs de ce quartier, les canaux qui déversaient leurs eaux dans l'étang sont obstrués, et ces eaux, ne trouvant pas d'issues convenables pour s'écouler, forment des cloaques très dangereux pour les voyageurs.

J'ai donné les ordres les plus précis pour que des corvées soient entreprises dans le département de l'Ouest.

Tel est, Président, le rapport que j'ai l'honneur de soumettre à Votre

Excellence, et qui constate les efforts que mon département ne cesse de faire pour atteindre le but que se propose le Gouvernement.

J'ai l'honneur d'être, Président, de Votre Excellence, le très humble et très dévoué serviteur.

Signé D. LÉGITIME.

Port-au-Prince, le 29 novembre 1881, an 78e de l'Indépendance.

Le Secrétaire d'État de l'agriculture aux Commandants des communes de la République.

Général,

Je vous expédie par ce courrier des brochures sur la préparation du café; vous aurez à les distribuer aux officiers de section de votre commandement.

La saison étant trop avancée pour le décerisage du café, vous prescrirez aux officiers ruraux de porter les habitants à employer les autres moyens indiqués dans la brochure.

Pour cette année, l'habitant n'aura besoin que des décortiqueurs et des vanneurs; le Gouvernement va en fournir aux grands centres caféiers.

Agréez, Général, mes salutations distinguées.

Signé F.-D. LÉGITIME.

Port-au-Prince, le 1881, an 78e de l'Indépendance.

Le Secrétaire d'État de l'agriculture à Messieurs les Commerçants.

Mon cher Concitoyen,

Dans le budget de mon département, il est porté une somme de P. 30,000 affectée à la création de nouveaux débouchés pour nos produits agricoles, qui ne sont pas encore assez exploités ni assez demandés à l'étranger.

Le Gouvernement désirant, pour le moment, pousser à la production et favoriser l'exportation des denrées telles que : vin de palme, huile de ricin, amidon, huile de coco, noix de coco, indigo et riz, je pense que je dois m'adresser à des hommes comme vous, qui avez tant d'intérêt dans la solution économique que nous recherchons en vue du développement de la richesse nationale. Ainsi, si vous voulez vous occuper de l'achat de ces articles sur la place où vous exercez votre commerce, pour les expédier en quantité abondante dans les ports d'Amérique ou d'Europe, nous vous garantirons la différence qui pourrait résulter de leur vente. De plus, nous devrons encore vous tenir compte de vos peines, en vous accordant une commission que nous pourrons fixer après entente préalable.

Veuillez, mon cher Monsieur et Concitoyen, me faire savoir votre opinion à cet égard

Agréez, mon cher Concitoyen, l'expression sincère de mes salutations les plus distinguées.

Signé D. Légitime.

Port-au-Prince, le 3 décembre 1881, an 78e de l'Indépendance.

SECTION DE COMPTABILITÉ

CIRCULAIRE

Le Secrétaire d'État de l'intérieur et de l'agriculture aux Administrateurs des finances de la République.

Monsieur l'Administrateur,

Certains changements ayant été opérés dans divers arrondissements financiers de la République, je vous invite à me faire avoir, par le prochain courrier, un état nominatif de tous les fonctionnaires et employés de votre arrondissement qui relèvent de mon département, en y faisant aussi figurer leurs appointements.

Vous me ferez connaître les charges qui seraient vacantes, soit par mort ou démission.

Convaincu de l'activité que vous mettrez dans l'accomplissement de ce devoir, je vous salue, Monsieur l'Administrateur, avec une parfaite considération.

Signé F.-D. Légitime.

AVIS

DE LA SECRÉTAIRERIE D'ÉTAT DE L'AGRICULTURE

Le secrétaire d'État de l'agriculture a reçu de Cuba de la semence du tabac de la *Vuelto de abajo*, que le capitaine-général de cette île a eu la gracieuseté de lui envoyer par l'entremise du consul d'Espagne à Port-au-Prince, M. M. Garride.

Les habitants qui voudront s'adonner à la culture de cette plante auront à s'adresser à ce département pour avoir de ces semences. Les semis devront être faits avant la fin de janvier. Cette culture peut être très lucrative pour les planteurs ; elle leur est spécialement recommandée.

INSTRUCTION

Il faut semer le tabac en janvier au plus tard et l'arroser, s'il y a sécheresse, au moins tous les deux jours.

Dans 12 pieds carrés de superficie, on peut avoir des milliers de plants.

La terre doit être très ameublie et débarrassée des pierres. Quoique l'on n'ait pas besoin de la tamiser, il faut bien la battre et y passer le râteau à plusieurs reprises. Il convient de mêler à la terre un peu de terreau.

Dès que les plants ont atteint 5 à 6 pouces de hauteur, il faut les transplanter ; à cet effet, pendant que l'on fait les semailles, on prépare de la terre et l'on profite, s'il est possible, d'un grain de pluie pour opérer. Les jeunes pieds qui seraient transplantés en temps de sécheresse sans être arrosés ne réussiraient pas. Il faut au moins les arroser pendant les cinq ou six premiers jours de la transplantation.

ENCORE NOS CAFÉS

Nous nous empressons de mettre sous les yeux de nos lecteurs l'extrait suivant du *Journal du Havre,* du 10 juin dernier, que nous avons reçu par le packet :

« Depuis quelques temps, il s'est établi une active concurrence entre les principaux pays producteurs de cafés, et cette concurrence a eu pour heureux effet d'amener une abondance de la marchandise en même temps qu'une préparation plus soignée. Il en résulte tout naturellement un adoucissement sensible dans les prix, ce dont la consommation se réjouit fort. Les Haïti même, qui étaient réputés généralement pour être aussi bons que mal préparés, ont fait quelques progrès sous ce dernier rapport. Ainsi, il est arrivé dernièrement, sur notre place de Port-au-Prince, un petit lot de café gragé et lavé portant la marque O. F. Le grain est petit, mais entier, et d'un beau vert : son parfum est ainsi concentré.

Si ce pays dévoloppait la préparation mécanique de cette denrée, nous verrions avant peu le café Haïti plus recherché que bien d'autres sortes, car les amateurs le préfèrent, et il n'y avait que sa mauvaise préparation et ses vices propres qui l'avaient fait descendre du rang qu'il peut et doit occuper. »

Cet article n'a pas besoin de commentaires. Nous avons assez fait connaître à nos compatriotes, dans cette Gazette, la valeur qu'une bonne préparation donnerait à nos cafés. Ce petit lot de café gragé et lavé, signalé par le *Journal du Havre,* provient de l'usine de notre jeune ami Octave Françis. Nous avons appelé l'attention du Gouvernement sur cet établissement, qui est incomplet et qui mérite d'être encouragé. Nous pouvons déjà constater les bons résultats obtenus par cette usine. Que serait-ce donc, si notre concitoyen pouvait se procurer ces quelques machines qui lui manquent !

(Le Moniteur.) Un Patriote.

Port-au-Prince, le 6 décembre 1881, an 78e de l'Indépendance.

Le Secrétaire d'État de l'agriculture aux Commandants des arrondissements, aux Commandants des communes, aux Magistrats communaux et aux Inspecteurs de culture de la République.

Général,

En conformité de la loi du 11 octobre de la présente année sur l'organisation de divers services agricoles, veuillez faire connaître chaque quinzaine, à mon département, le nombre de cultivateurs qui auront fait des déclarations de la quantité de terre qu'ils se proposent de cultiver en telle denrée déterminée.

Vous aurez à donner des ordres en conséquence aux chefs de sections.

Agréez, Général, mes salutations distinguées.

Signé F.-D. LÉGITIME.

DE LA PRÉPARATION DU CAFÉ

NOTIONS PRÉLIMINAIRES

Pour avoir du beau et du bon café, il ne s'agit pas seulement de le bien préparer; il faut commencer d'abord par le bien cueillir, et cette cueillette demande un soin tout particulier.

Comme n'importe quel autre fruit, qui n'a pas de saveur quand on le cueille avant sa complète maturité, le café perd de son arome, de sa teinte verdâtre, lorsqu'il est récolté prématurément; cueilli avant maturité, il donne des fèves blanches sans poids et sans arome; un peu plus mûr, sans l'être néanmoins tout à fait, la couleur des fèves est plus foncée, mais l'arome, le poids et la grosseur, sont moindres. Donc, il est indispensable de le cueillir à point, et cela se reconnaît de la même façon que pour les autres fruits.

Le café est bon à cueillir lorsque la cerise est littéralement rouge, et d'un rouge tirant un peu sur le noir; la fève, alors, a absorbé toute la nourriture qui lui échéyait, et, conséquemment, elle est arrivée à son dernier développement de grosseur, de poids et d'arome. D'ailleurs, quand la cerise est bien mûre, elle se détache plus facilement de son pédoncule, et la cueillette alors donne moins de peine, sans compter qu'elle ne fait aucun tort à l'arbrisseau, l'attache de la cerise à l'écorce cessant presque d'elle-même, ce qui est bon à noter en passant, le contraire étant un grand mal pour le caféier même.

Mais tout a des limites; et, si nous recommandons de bien laisser mûrir la cerise sur l'arbrisseau, nous recommandons essentiellement de ne pas la laisser tomber, car ramasser des cerises à terre est tout à fait impraticable, et ce serait alors une perte sensible pour le producteur.

L'habitant, donc, qui a un champ de caféiers en production, doit y passer une visite au moins tous les deux jours, pour cueillir les cerises *réellement bien mûres*, et il faut qu'il ne touche pas à celles qui, *bien que jaunes*, ne sont pas encore arrivées complètement à point. Dans cet intervalle de 48 heures, il est matériellement impossible que des cerises arrivent à un degré de maturité tel qu'elles se détachent et tombent d'elles-mêmes.

La première opération à faire, après la cueillette, est le décerisage, opération indispensable à toute bonne préparation de cafés ; nous allons la définir, en même temps que nous indiquerons les moyens par lesquels on y parvient le plus économiquement.

DU DÉCERISAGE

Cette opération consiste à enlever la première pellicule qui couvre les deux fèves de café et les tient liées. Elle doit s'effectuer au plus tard trois jours après la cueillette, car, autrement, la fermentation se mettrait dans les cerises, et la fève subirait forcément une détérioration, ce qui serait un grand mal. Elle se fait très économiquement par une machine qui a pris le nom de *déceriseur*, et qui, selon son importance, donne un travail de 1,000, 2,000, jusqu'à 6,000 livres de café par jour.

La plus petite dimension de cette machine, qui peut être mue par deux hommes, attirera surtout notre attention, puisque c'est d'elle dont on devra se servir le plus. Elle est très simple, très facile à manier, et surtout très économique, nous ne croyons pas inutile de le répéter.

Cette machine consiste en un simple *roll* ou cylindre en bois, recouvert d'une plaque de cuivre rouge dans laquelle on a fait des dents ; ce *roll* est placé horizontalement, à une distance équivalente à la grosseur d'une cerise de café, avec une autre plaque en cuivre immobile.

De chaque côté du cylindre, on a adapté une manivelle qui sert à lui imprimer le mouvement. Au-dessus du moulin, un entonnoir sert à déposer les cerises, d'où elles vont tomber entre le *roll* et la plaque de cuivre immobile, et, en tournant, les dents du *roll* déchirent la pellicule des cerises sans entamer aucunement la fève elle-même. Pellicules et fèves sortant du moulin tombent ensuite sur un crible incliné, auquel la force qui fait mouvoir le moulin lui-même imprime un fort mouvement de trépidation, et alors les fèves vont d'un côté et les pellicules de l'autre. Telle est, en résumé succinct, la définition d'un *déceriseur*.

Quant aux moyens de s'en servir, ils sont aussi simples que la machine elle-même. Il n'y a qu'à imprimer au cylindre, par le secours des deux manivelles, un mouvement de rotation le plus régulier possible, et on alimente de cerises l'entonnoir, dont l'orifice n'en laisse passer à la fois que juste la quantité nécessaire.

Un déceriseur mû par deux hommes peut passer jusqu'à 1,500 livres de café par jour ; ce n'est donc pas une bien grande dépense, surtout si l'on considère les immenses avantages que l'on tire du décerisage des cafés, lesquels consistent à faire un produit bien supérieur, et, de plus, à économiser un temps précieux que l'on perd aujourd'hui à faire sécher les cerises en coque.

Le moulin doit être lavé deux fois par jour, à midi et le soir, pour enlever la gomme des cerises, nuisible à son bon fonctionnement.

DU LAVAGE

Après avoir décerisé les cafés, on les met dans de grandes boîtes en bois, pour provoquer une légère fermentation qui sert à enlever toute la gomme dont sont enduites les fèves. Voici comment l'on doit procéder : après avoir rempli ces boîtes de café venant d'être décerisé, on les couvre de feuilles vertes de bananiers, et l'on recouvre le tout de morceaux de planches que l'on assujettit avec quelque chose de lourd. Vingt-quatre heures après, le degré de fermentation doit être suffisant, et on le reconnaît tel quand, en plongeant la main dans les boîtes, on ne sent plus rien de collant. Cette fermentation est nécessaire à tous les points de vue, et surtout pour faciliter le lavage, qui serait extrêmement difficile sans elle.

Le lavage est tout à fait utile, il ne faut pas qu'on se le dissimule, car, sans lui, le séchage des fèves serait par trop difficile. L'opinion généralement répandue ici est que laver le café lui fait perdre son arome ; cette opinion est tout à fait erronée, par la meilleure de toutes les raisons ; c'est que, outre la pellicule qui a été déjà enlevée, la fève est recouverte d'un parchemin complètement imperméable, de sorte que l'eau ne peut pas atteindre directement la fève pour lui enlever son arome.

Après le décerisage et la fermentation dont il vient d'être parlé, le lavage est donc de rigueur, et il n'est plus difficile ; il ne suffit que de tremper les fèves dans de l'eau pendant quelques minutes en agitant un peu l'eau.

DU SÉCHAGE

Le séchage du café décerisé est la chose la plus facile par elle-même, puisqu'il ne s'agit que de l'exposer au soleil pendant une huitaine de jours au plus ; mais quels sont les meilleurs moyens à employer pour y arriver ? Là est toute la question.

Le système des glacis, qui est généralement usité dans notre pays, est déjà défectueux pour faire sécher des cafés en coque, et comment ne le serait-il pas davantage pour des décerisés ? Et ils sont, en effet, bien défectueux, nos glacis, car, comment préserver les cafés qui y sont étendus d'un grain de pluie qui vient vous surprendre ? Impossible, et alors quel résultat obtient-on ? Des fèves noires, résultat déplorable à tous les points de vue.

Pour obvier à cet inconvénient capital, le moyen le plus pratique à employer est celui de *tiroirs mobiles* recouverts d'un toit, et en voici la description :

Supposons une maison de 10 pieds de large sur 16 de long et de 10 de hauteur ou de clair, dans laquelle nous voulons installer deux rangées de tiroirs mobiles, chacun des tiroirs devant avoir 9 pieds de long et 7 de large, ce qui nous donne nos deux rangées sur la longueur de ladite maison : trois des côtés seront palissadés, le quatrième restera provisoirement ouvert pour le jeu des tiroirs. Un seul poteau, au milieu de ce quatrième côté, séparera en deux parties égales les 16 pieds de longueur, de sorte que nous aurons deux compartiments de 10 pieds de largeur sur 8 de profondeur. Dans chacun de ces compartiments, nous installons quatre tiroirs mobiles, et voilà comment :

A 2 pieds du sol, nous faisons partir, à 8 pieds de largeur entre elles, deux longrines en pitchpin que nous prolongeons de 40 pieds en dehors de la maison ;

A 2 pieds de ces deux premières longrines, nous en faisons partir deux autres que nous prolongeons de 31 pieds ;

A 2 pieds de celles-ci, nous en plaçons deux autres que nous prolongeons de 22 pieds ;

Et enfin, à 2 pieds de ces deux dernières, nous en plaçons deux autres que nous prolongeons de 13 pieds ;

D'où un espace de 4 pieds entre le dernier tiroir et la maison, espace suffisant pour empêcher l'ombre de celle-ci de se projeter sur le produit à faire sécher.

Sur chaque prolongement de deux longrines parallèles, nous plaçons un tiroir auquel nous avons eu le soin de mettre quatre roues, de sorte que nous avons de cette façon, en opérant de même pour le deuxième compartiment, huit tiroirs dont deux sont à 40 pieds de la maison, deux à 31, deux à 22 et deux à 13, soit, en totalité, huit tiroirs recevant ensemble le soleil à toute heure de la journée, et contenus pourtant, la nuit, dans un simple espace couvert de 10 pieds sur 16.

Il va sans dire que la maison doit être placée de façon que les tiroirs soient exposés au soleil de 8 heures du matin à 5 heures du soir.

Le quatrième côté de la maison, que nous avons laissé provisoirement ouvert, se ferme par des portes fichées aux longrines, qu'on lève pour laisser passer les tiroirs et qu'on laisse tomber après les avoir rentrés ; une barre en fer placée perpendiculairement dans deux pitons, et retenue en bas par un cadenas, finit complètement la fermeture.

Nous avons dit plus loin que chaque tiroir devait avoir 9 pieds de long sur 7 de large, et nous ajoutons maintenant 0,15 centimètres de rebord, soit 3 mètres $\times$ 2,33 $\times$ 0,10 = 0,699 décimètres cubes de café que chacun d'eux pourra sécher dans huit jours, ou bien environ 1,000 livres, d'où il ressort qu'un séchoir de la dimension sus-énoncée séchera dans un mois de 30 à 35,000 livres de café.

Et ce séchage se fait sans aucun risque à courir, car bien que, dès le matin à 8 heures, l'on pousse les tiroirs au soleil, au moindre indice de pluie on les rentre sans difficulté, grâce aux roues dont ils sont pourvus, et qui en permettent la locomotion presque sans force motrice : un homme seul suffit amplement pour sortir ou rentrer les huit tiroirs dans 10 minutes au plus.

Nous n'avons pas besoin de nous appesantir sur le grand avantage de notre mode de séchoir ; tout le monde le concevra à priori ; mais il est bon, pourtant, que nous ajoutions une considération décisive en sa faveur : c'est qu'il coûte encore moins, nonobstant ses avantages, pour une même quantité de café à sécher, que le carreau en glacis et en ciment.

DU DÉCORTIQUAGE

Le café ainsi séché dans son parchemin, c'est-à-dire par transmission, au lieu de l'être par l'action directe du soleil sur la fève elle-même, est mieux séché, conserve tout son poids, tout son arome, et, ce qui n'est pas à dédaigner, sa véritable couleur vert pomme, appelée au Havre *fin vert*.

On le reconnaît suffisamment sec lorsque, par la seule pression de la main, le parchemin se brise en poussière. On concevra alors que l'opération du décortiquage devienne très facile, ce qui permet aux fèves de rester entières.

Il y a quelque temps encore, on se servait, pour cette opération du décortiquage, de mortiers et de pilons ; ce moyen est démodé depuis longtemps, et reconnu vicieux à bien juste titre. Il est remplacé avantageusement par une *machine à décortiquer* qui consiste en une turbine verticale tournant autour d'une plaque de caoutchouc adaptée aux parois intérieures d'un mortier, si je peux l'appeler ainsi. Entre la turbine et la plaque, on a ménagé un espace vide où l'on met le café, et l'on ferme ensuite. Le mouvement de rotation imprimé à la turbine établit un frottement continuel des fèves sur la plaque de caoutchouc, ce qui fait que le décortiquage s'opère avec une facilité exemplaire, et sans qu'une seule fève se brise, ce qui s'explique aisément par la plaque de caoutchouc contre laquelle le frottement a lieu.

Cette machine à décortiquer, dont M. Octave Francis a un spécimen à Pétion-Ville, et dont il est le premier importateur dans notre pays, est digne d'être visitée par tous nos producteurs de café ; elle est simple, ne prend pas beaucoup de place, et, de plus, est très simple à faire mouvoir. Suivant son importance, elle peut décortiquer 1,000, 2,000, 3,000 livres de café par jour.

Deux hommes suffisent à faire mouvoir la plus petite dimension de cette machine, qui donne au moins un travail de 1,000 livres par jour.

DU VANNAGE ET DU CRIBLAGE

Ces deux opérations se font en même temps et par une même machine, déjà bien connue, puisque tous les exportateurs de café s'en servent depuis longtemps pour nettoyer leurs cafés avant de les expédier.

On peut en avoir de différents genres chez MM. Barbancourt, G. Serre, L. Leroy, Th. Streitberg, C. Roney, etc., etc.

On sent que les cafés sortant du décortiqueur sont mêlés avec les débris de leurs parchemins ; ce sont ces débris que le vanneur a pour propriété d'enlever. Il fait cette opération en même temps, nous l'avons déjà dit, que celle du criblage ou, autrement dit, de la division des fèves.

Par trois cribles, placés l'un sur l'autre et de dimensions différentes, cette division se fait de la façon suivante :

1° Le premier crible donne les grosses fèves de dimensions presque égales, et que l'on nomme *bonifieur ;*

2° Le deuxième crible donne des fèves plus petites auxquelles on a donné le nom de *habitant ;*

3° Enfin, le troisième crible donne les toutes petites fèves et brisures connues sous le nom de *triage.*

Un seul homme fait mouvoir un vanneur qui peut donner un travail minimum de 1,500 livres de café par jour.

RÉSUMÉ

La préparation du café donne donc lieu à sept opérations distinctes :

1° La cueillette des cerises ;
2° Le décerisage ;
3° Le lavage ;
4° Le séchage ;
5° Le décortiquage ;
6° Le vannage ;
7° Le criblage.

Nous les avons passées toutes en revue, et avons indiqué comment il faut les faire et les moyens à employer pour y parvenir dans les meilleures conditions possibles.

De ces sept opérations, quatre se font par les moyens mécaniques : le décerisage, le décortiquage, le vannage et le criblage, et il n'y a, par conséquent, qu'à bien surveiller les machines qui les opèrent pour obtenir certainement un résultat très satisfaisant.

Mais trois autres se font par l'habitant lui-même ou par des hommes sous sa direction : la cueillette, le lavage et le séchage, et elles demandent un soin tout particulier ; nous ne croyons pas oiseux de le répéter, car, de deux surtout, la *cueillette* des cerises au moment opportun et le *séchage,* dépendent essentiellement la beauté et la bonté du produit à obtenir.

En effet, si les cerises se cueillent avant leur complète maturité, l'on n'aura jamais ni de beaux ni de bons cafés ; et si les cafés, décerisés dans de bonnes conditions pourtant, se mouillent sur les glacis ou dans les tiroirs, l'on n'évitera jamais les graines noires, qui sont une si grande dépréciation de notre principale denrée.

Nous terminons en affirmant que par les sept opérations à faire pour la bonne préparation du café, exécutées ponctuellement, avec soin, intelligence et discernement, comme nous les avons décrites, on obtiendra certainement un produit d'une valeur d'au moins 50 pour 100 de plus que celui d'aujourd'hui.

Port-au-Prince, le 27 octobre 1881.

Nous ajouterons comme complément aux travaux qui concernent l'agriculture l'extrait suivant du journal *l'Œil*, de Port-au-Prince :

« Nous ne pouvons juger, quant à présent, de la carrière politique de la législature qui va finir.

» Nous ne pouvons en donner aucune vue d'ensemble ; attendons qu'elle ait vécu ses derniers jours.

» Quand elle sera l'histoire, il y aura assez de temps pour la faire comparaître à la barre de l'opinion publique. Mais on peut dire, dès à présent, qu'elle laisse après elle des actes qui marqueront.

» Parmi ces actes, il y en a un qui se recommande hautement à l'attention publique et qui contient, en germe, tout un avenir fécond.

» Sur la proposition de notre éminent secrétaire d'État de l'intérieur, elle a voté une loi qui permettra prochainement, nous l'espérons, l'établissement d'une raffinerie nationale. Il y a quelques mois, un groupe de citoyens recommandables à tous égards a présenté à M. D. Légitime, sur cet objet, un projet de contrat d'une portée tout à fait pratique et ne nécessitant ni grands capitaux ni un trop long espace de temps pour sa réalisation.

» On sait l'ardeur que M. D. Légitime apporte dans toutes les questions qui tiennent au développement social. Qu'on nous permette le mot, c'est un affamé de progrès et de civilisation.

» Tout ce qui a trait au relèvement de la patrie le trouve, non pas seulement attentif et bienveillant, mais encore résolument convaincu et prêt à la lutte.

» Sa foi patriotique, son inébranlable confiance dans l'avenir, ne connaissent pas d'obstacles. Et quand il a la chance de rencontrer des citoyens intelligents et honnêtes, des travailleurs qui veulent l'aider à ramener la richesse dans notre beau pays, il est toujours disposé à leur donner son plus ferme concours.

» C'est sous cette inspiration qu'il a présenté le projet aux Chambres et qu'il a sollicité leur vote.

» Maintenant que le projet est voté, on peut espérer qu'avant longtemps une source nouvelle de revenus va s'ouvrir pour les habitants de cette République. »

Ministère de l'agriculture.

On se rappelle que jusqu'à la date du 11 décembre 1880, le département de l'agriculture formait une dépendance du ministère de l'intérieur. Devenu, à cette époque, ministère spécial d'agriculture par arrêté du Président d'Haïti, il dut recevoir une nouvelle organisation nécessitant des dépenses que n'avait pu prévoir le Gouvernement lors du vote du budget de 1880-81, dépenses telles que : appointements du secrétaire d'État, matériel, fournitures de bureau, location, frais de tournées, réparations des routes publiques de la plaine du Cul-de-Sac, *Journal d'agriculture ;* puis celles d'un personnel plus approprié à la nouvelle organisation, et les premières dépenses pour le palais de l'Exposition. Néanmoins, il y figurait déjà, dans le budget de l'intérieur, une valeur de P. 245,538, répartie comme suit, pour l'ancien département de l'agriculture :

Appointements du personnel.......................... P.	7,560	»
d° de l'ingénieur des mines....................	2,640	»
d° des inspecteurs et de la police rurale........	217,668	»

DÉPENSES DIVERSES

Pour la fête du 1er mai....................................	2,670	»
d° achat de machines perfectionnées et primes d'encouragement	15,000	»
P.	245,538	»

Je, soussigné, comptable au département de l'agriculture, certifie exact et conforme aux livres le présent relevé.

CINÉAS.

Les appointements d'octobre et de novembre furent ordonnancés sous M. Évariste Laroche et montaient à la somme de ....

Nous avons dépensé pour notre part :

	CHAPITRE Ier				CHAPITRE VI	CHAPITRE VIII	TOTAUX
	SECTION 3	SECTION 4	SECTION 5	SECTION 6	SECTION 1	SECTION 1	
	Appointements	Fournitures de bureau	Matériel	Location	Inspection et Police rurale	Dépenses diverses	
	piastres	piastres	piastres	piastres	piastres	piastres	piastres
Arrondisst financier du Port-au-Prince	12,855 50	2,893 10	363 55	1,050 »	26,568 »	79,560 »	123,281 07
» du Cap-Haïtien...	» »	» »	» »	» »	27,950 »	» »	27,950 »
» de Jacmel.......	» »	» »	» »	» »	15,080 »	2,400 »	17,480 »
» des Cayes.......	» »	» »	» »	» »	12,540 »	1,541 »	14,081 »
» de Jérémie......	» »	» »	» »	» »	9,360 »	25 »	9,385 »
» de Tiburon......	» »	» »	» »	» »	5,990 »	181 66	6,171 66
» de Nippes.......	» »	» »	» »	» »	9,200 »	» »	9,200 »
» de Petit-Goâve...	» »	» »	» »	» »	10,880 »	» »	10,880 »
» d'Aquin.........	» »	» »	» »	» »	8,480 »	» »	8,480 »
» des Gonaïves.....	» »	35 14	» »	» »	16,500 »	125 »	16,660 14
» de Saint-Marc...	» »	» »	» »	» »	4,480 »	» »	4,480 »
» de Port-de-Paix..	» »	» »	» »	» »	11,050 »	» »	11,050 »
	12,855 50	2,928 24	353 55	1,050 »	158,078 »	83,833 58	259,098 87

Section des

Dès que nous prîmes possession du ministère de l'intérieur, nous ordonnâmes connaître la Balance du budget pour les nouvelles dépenses à faire dans la section dépenses :

ALLOCATIONS BUDGÉTAIRES
DE 1880-1881

	CHAPITRE IV		
	Appointements	Matériels et frais extraordinaires	Travaux et subventions
	piastres	piastres	piastres
Chiffres votés pour l'Exercice 1880-81.	25,080 »	10,500 »	506,000 »
Valeurs dépensées sous M. Laroche...	11,495 »	1,859 15	259,495 72
Balance...........	13,583 »	8,640 85	246,504 28

Certifié conforme aux livres :

Le Comptable des travaux publics,

B. Désert.

travaux publics.

d'arrêter les comptes de notre prédécesseur, M. Évariste Laroche, et de nous faire des travaux publics. Voici quel fut le résultat de l'opération et quelles furent les

ALLOCATIONS BUDGÉTAIRES

DE JUIN AU 30 SEPTEMBRE 1880

	CHAPITRE IV		
	SECTION 1	SECTION 2	SECTION 3
	Appointements	Matériel et frais extraordinaires	Travaux et subventions
	piastres	piastres	piastres
Arrondiss[t] financier du Port-au-Prince	4,160 »	197 »	196,371 04
» des Cayes........	» »	» »	2,740 72
» des Gonaïves.....	» »	» »	11,685 »
» du Cap-Haïtien...	» »	» »	35,530 79
» de Tiburon	» »	» »	8,752 »
» de Petit-Goâve...	» »	» »	5,012 20
» de Port-de-Paix..	» »	» »	5,360 25
» de Jacmel	» »	» »	44,232 21
» de Nippes	» »	» »	5,500 »
» de Saint-Marc....	» »	» »	6,946 88
» de Jérémie	» »	» »	4,673 20
	4,160 »	197 »	326,804 29
Balance en excédants de recettes et de dépenses......................	9,425 »	8,443 85	80,300 »
	13,585 »	8,640 85	246,504 28

Les personnes étrangères aux affaires de l'administration peuvent se trouver frappées d'étonnement en voyant figurer ce chiffre de P. 196,371 04 dépensées en quatre mois pour le Port-au-Prince seulement ; aussi nous hâtons-nous de leur en donner l'explication. Dans les comptes d'un Exercice, il ne peut y avoir solution de continuité, tout s'enchaîne à peu près; tels travaux ordonnés par notre prédécesseur, ayant eu sous lui un commencement d'exécution, peuvent ne s'achever — leurs comptes réglés — que sous notre administration : ainsi il en a été de la construction du palais de la Présidence (P. 64,973 07), de celle des quatre ministères (P. 19,500), pour le Port-au-Prince; de la réparation de la maison Broussier, du warf et de l'hôpital militaire de Jacmel (P. 41,369 46), pour l'administration de Jacmel.

Dans le chiffre de P. 196,000 figurent ensuite les valeurs pour d'importants travaux, tels que l'achèvement du palais de l'Exposition, dont les premières dépenses ont été faites par le ministère spécial de l'agriculture, alors sans budget; la construction d'une halle en fer à la douane, réparation complète de l'hôpital militaire et travaux sur la route de Turgeau.

Au 30 septembre 1881, quand il s'est agi de fermer la comptabilité de l'Exercice 1880-81, l'administrateur des finances fut autorisé à dresser des ordonnances pour solde des divers travaux commencés; ces ordonnances furent déposées. Mais, depuis, le Gouvernement, sur notre demande, a décidé que notre administration sera déchargée des valeurs pour travaux non continués et qui ne peuvent être achevés, en raison des difficultés du moment. Les comptes ainsi ordonnancés montent à *P. 60,681 16.*

DÉPARTEMENT DE L'INTÉRIEUR

Section des travaux publics.

SECRÉTAIRERIE D'ÉTAT DE L'INTÉRIEUR ET DE L'AGRICULTURE

AVIS

Aux termes de l'article 51 des règlements sur le service de la trésorerie, les administrateurs des finances de la République sont invités à faire aboutir à la secrétairerie d'État de l'intérieur et de l'agriculture, dès la première quinzaine de chaque mois, l'état des valeurs à payer aux fonctionnaires et employés de leurs arrondissements respectifs, pour que l'émission et l'envoi des mandats correspondants sur la Banque puissent se faire avant la fin du mois, et ce, dans le but d'éviter tout retard dans le paiement, les formalités prévues en l'article 52 ayant été remplies.

Port-au-Prince, le 25 novembre 1881.

AVIS

DE LA SECRÉTAIRERIE D'ÉTAT DE L'INTÉRIEUR

En raison des nombreuses demandes d'entreprises de travaux publics adressées à l'intérieur, le chef de ce département annonce au public qu'en vertu des règlements sur le service de la trésorerie dévolu à la Banque, tous ceux qui désirent concourir pour l'exécution d'un travail quelconque devront se conformer aux prescriptions desdits règlements et des articles suivants du chapitre 2 de la loi sur le mode de concession des travaux publics, en date du 23 août 1877 :

CHAPITRE II

Du mode de concession des travaux.

Art. 8. — Les travaux d'entretien, les réparations et constructions dont la valeur totale n'excède pas 500 piastres, peuvent être concédés de gré à gré à des entrepreneurs d'une capacité éprouvée et d'une solvabilité notoire.

Sont encore concédés de gré à gré :

1° Les travaux d'art dont l'exécution ne peut être confiée qu'à des ouvriers spéciaux ou à des artistes éprouvés ;

2° Ceux qui n'ont été l'objet d'aucune offre aux adjudications ; toutefois, quand l'administration a fixé un maximum de prix, elle ne doit pas le dépasser ;

3° Ceux à l'égard desquels le conseil des secrétaires d'État a annulé les adjudications, conformément au troisième paragraphe de l'article 16 ;

4° Ceux qui, dans les cas d'urgence, amenés par des circonstances imprévues, ne peuvent pas subir les délais des adjudications. Ces circonstances seront relatées dans un rapport fait par l'ingénieur du Gouvernement ;

5° Les grands travaux d'utilité publique, qui seront confiés à des capitalistes ou à des compagnies par autorité spéciale du Corps législatif ; les plans, devis, cahiers des charges et contrats seront, au préalable, dressés et présentés aux Chambres comme éléments d'appréciation.

ART. 9. — Les travaux dont la valeur excède 500 piastres doivent être concédés par voie d'adjudication, comme il sera déterminé ci-après :

ART. 10. — Outre les plans, devis descriptifs et détails estimatifs des travaux, la direction générale rédigera, pour chaque entreprise, un cahier des charges où seront spécifiées les conditions générales des adjudications, ainsi que celles particulières à l'entreprise, et copies du tout seront envoyées à l'administrateur des finances de la localité où l'adjudication doit avoir lieu.

Il sera toujours stipulé un cautionnement en argent ou en immeubles d'une valeur égale au moins à la moitié du prix des travaux, et à défaut de cautionnement, une caution d'une solvabilité notoire et donnant les mêmes garanties hypothécaires.

Les dispositions des deux paragraphes de cet article sont également applicables aux travaux concédés de gré à gré.

ART. 11. — Une fois l'administrateur des finances dûment saisi de ces pièces et de toutes autres instructions ministérielles qui peuvent les accompagner, il insérera un avis au journal officiel ; et si l'adjudication se fait en dehors de la capitale, l'avis sera répété dans un autre journal de la localité où elle doit avoir lieu. En cas d'absence d'un organe de publicité locale, l'administrateur des finances se servira de la voie des affiches, qu'il placardera dans les principaux lieux de réunion et aux portes des différentes administrations publiques.

Cet avis contiendra :

1° En entier ou par extrait les clauses et conditions du cahier des charges ;

2° Le jour, le lieu et l'heure pour l'adjudication.

Et il sera répété de semaine en semaine pendant un mois au moins. Néanmoins, ce délai peut être réduit de quinze jours dans le cas où l'administration supérieure le juge nécessaire, et il peut être porté jusqu'à quatre mois pour les grands travaux où il serait nécessaire de faire appel au crédit de l'étranger.

Art. 12. — Les personnes qui désirent concourir peuvent prendre communication du cahier des charges et des autres documents déposés au bureau de l'administration des finances, et leurs soumissions porteront en termes exprès qu'elles acceptent les clauses et conditions y mentionnées.

Ces soumissions désigneront surtout le cautionnement ou la caution offerte en garantie.

Art. 13. — Le jour et l'heure fixés pour l'adjudication, les soumissions seront remises cachetées et en séance publique, en présence d'une commission composée comme suit :

1o L'administrateur des finances ou un employé supérieur par lui délégué ;

2o Un membre de la Chambre des comptes, désigné par le président ; dans les localités hors du Port-au-Prince, un juge du tribunal civil, désigné par le doyen; et là où il n'y a pas de tribunal civil, le juge de paix de la localité ;

3o Le président du conseil d'arrondissement (remplacé aujourd'hui par le magistrat communal).

L'administration supérieure peut toujours arrêter un maximum de prix pour l'adjudication, et alors l'administrateur des finances en sera prévenu d'avance par une lettre qui ne sera décachetée et lue qu'à la suite des offres des soumissionnaires.

Art. 14. — Les offres seront décachetées immédiatement après le dépôt des lettres : lecture en sera donnée, ainsi que de toutes autres pièces y relatives, et les résultats des opérations seront constatés dans un procès-verbal séance tenante. Copie certifiée de ce procès-verbal sera sans retard expédiée au secrétaire d'État de l'intérieur et de l'agriculture, avec les observations de la commission.

Art. 15. — Aucune adjudication n'est valable et définitive qu'après l'approbation du conseil des secrétaires d'État.

Art. 16. — En cas de rejet d'une adjudication par le conseil des secrétaires d'État, il sera procédé à une nouvelle adjudication dans les mêmes formes que celles établies aux articles précédents.

Dans le cas où plusieurs soumissionnaires offriraient un même prix agréé par le conseil des secrétaires d'État, il sera également procédé à une nouvelle adjudication, conformément au paragraphe précédent, mais entre ces soumissionnaires seulement.

Dans le cas où, après deux adjudications, aucun résultat satisfaisant n'est obtenu, le secrétaire d'État de l'intérieur, de l'avis du conseil des secrétaires d'État, sera autorisé à passer un marché de gré à gré avec un entrepreneur, à la condition, toutefois, de prendre pour base l'offre la plus avantageuse qui a été faite à l'État.

Art. 17. — Aussitôt que l'administrateur des finances aura reçu l'ordre de passer un marché de gré à gré ou d'accepter une adjudication, il exécutera la clause de la caution ou du cautionnement.

S'il s'agit d'un immeuble, il s'assurera qu'il est libre de toute hypothèque, que la valeur en est au moins égale à celle du cautionnement exigé par le cahier des charges, et il prendra hypothèque sur l'immeuble au nom de l'État et aux frais de l'entrepreneur.

Par conséquent, il devient inutile de s'adresser au département de l'intérieur sans s'être conformé, au préalable, aux prescriptions des susdits articles.

En outre, des subventions et diverses dépenses sont, il est vrai, votées par les Chambres, mais le Pouvoir exécutif, qui administre les deniers publics et qui en a la responsabilité, ne peut liquider ces subventions ni faire ces dépenses qu'au fur et à mesure et en raison des recettes de la République, faites et encaissées durant l'exercice actuel ; c'est, d'ailleurs, ce qui est nettement défini dans le nouveau règlement de la trésorerie et dans les lois sur les finances.

L'administration supérieure doit commencer par faire exécuter les travaux les plus urgents.

AVIS

DE LA SECRÉTAIRERIE D'ÉTAT DE L'INTÉRIEUR, ETC.

SECTION DES TRAVAUX PUBLICS

En raison des difficultés qui se sont déjà présentées entre l'État et certains concessionnaires, et voulant prévenir le retour de semblables embarras, dont les effets sont de paralyser l'administration supérieure en lui enlevant la jouissance de ses droits pour un temps plus ou moins long, et cela sans aucune compensation, il a été décidé ce qui suit, d'après décision du conseil des secrétaires d'État :

Tout individu aspirant à une concession quelconque pour une exploitation est informé que sa demande ne sera pas prise en considération si elle n'est accompagnée de garanties suffisantes, telles que : 1° la caution à fournir au Gouvernement; 2° le cautionnement en espèces ou en titres négociables à déposer au Trésor. Les intéressés sont, en outre, avertis que, dans le cas d'un contrat à intervenir entre eux et le Gouvernement, ils ne pourront transférer leurs droits à une tierce partie ou à une compagnie quelconque sans l'agrément exprès du Gouvernement.

AVIS

En conformité de la loi sur le « mode de concession des travaux publics », le département de l'intérieur met au concours et au rabais les entreprises suivantes :

1o Réparations des deux canaux de « Davezac » et de « Valmire », situés, l'un dans la plaine de Jacob (Cayes), et l'autre dans celle de l'Artibonite ;

2o Réparations du bassin général du Port-au-Prince ;

3o Endiguement de la grande Rivière du Nord ;

4o Édification de la fontaine de Saint-Marc ;

5o Rétablissement de la fontaine des Gonaïves ;

6o Érection de celle de l'Anse-d'Haynault.

Les soumissions seront reçues d'après le mode établi par la loi qui régit la matière.

AVIS

DE LA SECRÉTAIRERIE D'ÉTAT DE L'INTÉRIEUR ET DE L'AGRICULTURE

A partir du présent avis, un délai de *huit jours* est accordé à tous ceux qui avaient reçu de l'administration de mon prédécesseur des vêtements à confectionner pour la police administrative des différentes villes de la République.

Ce délai passé, leurs noms seront livrés à qui de droit, pour que des poursuites les plus rigoureuses soient exercées contre eux.

Port-au-Prince, le 23 juillet 1881.

Port-au-Prince, le 26 septembre 1881.

Monsieur le Secrétaire d'État de l'intérieur.

Monsieur le Secrétaire d'État,

Suivant votre désir, j'ai l'honneur de vous adresser M. Montreuil, *tailleur de pierre,* que vous avez l'intention d'employer à former des élèves pour développer dans notre pays ce métier si important, et, en même temps, si délaissé.

M. Montreuil pourrait exécuter, comme exemple, quelque petit monument en pierre, tel qu'une fontaine ou autre.

Veuillez agréer, Monsieur le Secrétaire d'État, mes bien respectueuses salutations.

Signé Léon LAFORESTRIE,
ingénieur du Gouvernement.

RAPPORT DÉTAILLÉ

SUR UN TRAVAIL D'ESTIMATION DES PHARES EN VUE D'UN RACHAT PAR LE GOUVERNEMENT, PAR LES INGÉNIEURS JEAN DE GOVAERTS ET J.-B. DEHOUX

A Monsieur le Secrétaire d'État de l'intérieur et de l'agriculture.

Monsieur le Secrétaire d'État,

Conformément à votre demande du mois de juillet, nous nous sommes livrés à une étude aussi consciencieuse que possible de la question délicate que vous avez soumise à notre examen.

Nous avons l'honneur, aujourd'hui, de vous remettre, en même temps que le résultat de notre travail, toutes les bases et données officielles qui ont servi d'éléments à nos calculs relatifs à l'évaluation du coût de l'établissement des phares.

Nous avons, en premier lieu, examiné le contrat passé entre MM. Barbier et Fenestre, constructeurs à Paris, et M. Clément Haëntjens, contrat d'après lequel il ressort que le prix d'achat des phares de la pointe du Lamentin et des Arcadins s'élève à la somme de 360,000 fr. Nous n'avons pas cru devoir admettre, dans le cas de rachat par l'État, la commission de 6 pour 100 de retard dans le paiement des mensualités exigées par le constructeur au concessionnaire. Celui-ci se trouvera, dans le cas qui nous occupe, à même, après un rachat par l'État, de s'acquitter immédiatement de cette charge par une simple question d'escompte. Nous avons simplement admis l'intérêt de 6 pour 100 des sommes restant dues, intérêt légal à percevoir jusqu'au paiement intégral de la créance contractée par le concessionnaire.

Puis, nous avons examiné les bordereaux de l'expédition des phares, ainsi que les débours faits par M. Clément Haëntjens pour le voyage du mécanicien monteur. Nous nous sommes rapportés, ainsi que pour les bordereaux de la construction proprement dite des deux phares, à la bonne foi du concessionnaire; mais nous avons, en tous points, cherché à nous rendre compte des dépenses de construction, dont nous avons eu, guidés comme nous le sommes par l'intérêt seul du Gouvernement, à réduire certaines évaluations.

Enfin, nous avons calculé les bordereaux des paquebots de la ligne du *Royal Mail* qui sont entrés dans le port à partir du mois de juillet 1880. Ces bateaux ont été exemptés, par décision du Gouvernement, des droits de phare, mais le montant ci-joint équivaut à l'indemnité, légitimement due en principe, ainsi que pour les deux années qui restent à courir, en faveur du concessionnaire.

Toutefois, pour l'évaluation du montant d'indemnité pour ces deux années, nous avons tenu compte de l'escompte en faveur du Gouvernement, dans le cas où le paiement se ferait au comptant; nous avons de même tenu compte de l'escompte pour les deux années de jouissance restant à courir jusqu'au 1er juillet 1883, en vertu du délai stipulé dans l'article 3 de la loi du 14 septembre 1878. Nous n'avons agi autrement que pour ce qui concerne les 25 pour 100 en sus, qui sont dûs au concessionnaire en vertu de l'article 3 du 14 septembre 1878. C'est la seule valeur que nous avons jugée ne pouvoir tomber sous le coup de l'escompte qui frappait toutes les autres dans le cas d'un paiement immédiat.

Pour ce qui concerne l'indemnité des deux années de jouissance restant à courir jusqu'au 1er juillet 1883, elle a été calculée sur la moyenne du tonnage du Port-au-Prince, d'après la statistique de la Chambre des comptes pour les bâtiments à voile et pour les steamers, d'après les documents des agents des compagnies, selon le tableau suivant, qui a servi de base à notre évaluation :

ÉTAT DU MOUVEMENT DU PORT DE PORT-AU-PRINCE

D'APRÈS LA STATISTIQUE DE LA CHAMBRE DES COMPTES

DÉSIGNATION	COMPAGNIES	TONNAGES
Voiliers.......	....Tx.	20,722 28
Steamers......	*Royal Mail* (exemptée)...... 2 steamers d'environ 2,500 t. par mois, soit 5,000 t. × 12...	60,000 »
»	*Transatlantique*........... 2 d° d° 2,000 d° 4,000 t. × 12...	48,000 »
»	*Atlas*..................... 3 d° d° 1,000 d° 3,000 t. × 12...	36,000 »
»	*West-Indies*.............. 2 d° d° 1,200 d° 2,400 t. × 12...	28,800 »
»	*Hambourgeoise*............ 2 d° d° 2,000 d° 4,000 t. × 12...	48,000 »
»	*Anglo-Mexicaine* (irrégulière) 1 d° d° 800 à 1,000 d° 1,000 t. × 12...	12,000 »
	TOTAL GÉNÉRAL...........................Tx.	253,522 28

Nous sommes arrivés ainsi à évaluer à 10,000 piastres, nombre rond, l'indemnité de jouissance pour chacune de ces deux années, ce qui fait donc 20,000 piastres, moins l'escompte, en admettant le taux légal de 6 pour 100 l'an, ce qui réduit cette somme à P. 17,767 86.

Comme récapitulation générale de notre travail, nous vous présentons les tableaux suivants, dans l'ordre d'examen que nous vous avons indiqué plus haut, et qui, par un coup d'œil, vous faciliteront votre travail personnel.

§ I

PRIX D'ACHAT

Prix d'achat des phares du Lamentin et des Arcadins, d'après le contrat de MM. Barbier et Fenestre, constructeurs à Paris, soit........	F.	360,000 »
Intérêts à 6 pour 100 l'an, dûs d'après les charges admises, à courir du 31 janvier au 31 juillet 1881, soit 6 mois, soit......	F.	10,800 »
	F.	370,800 »
	Soit en P.	69,568 60

§ II

FRAIS D'EXPÉDITION

Transport en gare, et de là au Havre, à raison de 25 fr. par tonneau (52,897 k.), soit....................................	F.	1,322 42
Fret pour steamer, à raison de 70 fr. par tonneau		3,702 79
Assurance à 1 1/2 pour 100 sur 360,000 fr., soit............		5,400 »
	F.	10,425 21
	Soit en P.	1,955 95
Débarquement en rade....................................	P.	200 »
Honoraires de M. Alinquant, mécanicien monteur, à raison de 150 piastres par mois, à dater du départ de Paris jusqu'au jour du retour, soit du 2 janvier 1880 au 1er avril : 7 mois..........		1,050 »
Nourriture et logement de M. Alinquant, y compris le vin, à 2 piastres 50 par jour, soit 7 mois à 75 piastres, soit..........		525 »
	P.	3,730 95

§ III

CONSTRUCTION DU PHARE DES ARCADINS

Transport du matériel du Port-au-Prince aux Arcadins, avec location d'acons et de barges..................................		150 »
Débarquement et transport à pied d'œuvre		120 »
A reporter	P.	270 »

Report........................P.	270	»
Coupe des arbres de l'îlot et réparation du sol..............	110	»
Construction d'une maison de 30 pieds avec galerie de 8 pieds, couverte en essentes, avec transport et nourriture des ouvriers.	1,000	»
50 barils ciment de Portland, à 8 piastres................	400	»
50 barils sable pris à l'embouchure du....................	25	»
150 barils gravois, à 0 piastre 50........................	75	»
50 barils eau douce pour les travaux, achetés à Mont-Rouis, à 1 piastre 06..	50	»
30 pilots en bayahonde, à 4 piastres, soit...................	120	»
12 manœuvres pour la construction du phare, à 5 piastres par semaine, pendant 6 semaines, soit 60 × 6...................	360	»
2 ouvriers, à 10 piastres par semaine, soit 20 × 6..........	120	»
Location du ouàri du capitaine Camille, pour transports, visites, etc., de janvier à juillet 1880........................	150	»
Peinture blanche, 55 quarts, à 2 piastres 25...............	78	75
Minium, 10 quarts, à 12 piastres 50........................	125	»
Huile de lin, 25 gallons, à 1 piastre 40....................	35	»
Madriers, cordages, clous, confection des pièces nécessaires au montage..	150	»
TOTAL P.	3,068	75

§ IV

CONSTRUCTION DU PHARE DU LAMENTIN

Transport du matériel du grand phare au Lamentin avec débarquement sur l'habitation de M. Yé François, avec transport de l'habitation François à celle du général Casimir..........P.	200	»
Achat du matériel (pioches, bêches, haches, manchettes, brouettes et seaux..	400	»
Coupe des arbres et mangles, drainage et préparation du terrain..	110	»
Construction d'une maison de 30 pieds avec galerie de 8 pieds, couverte en essentes, et transport du matériel et des ouvriers, ainsi que la peinture et le pavage, estimée.....................	1,000	»
100 barils ciment Portland, à 8 piastres......................	800	»
100 barils sable, à 0 piastre 50............................	50	»
300 barils gravois, à 0 piastre 50..........................	150	»
Madriers, cordages et pieux nécessaires pour échafaudage et montage du phare..	245	»
A reporter........................P.	2,955	»

Report........................P.	2,955	»
80 pilots en bayahonde et tendre acajou, à 5 piastres..........	400	»
Payé au ouari du capitaine Lucinda pour le transport desdits bois de Williamson......................................	50	»
90 quarts peinture blanche, à 2 piastres 25..................	202	50
25 quarts minium, à 12 piastres 50..........................	312	50
80 gallons d'huile de lin, à 1 piastre 40......................	112	»
25 manœuvres pour la construction du phare, à 4 piastres par semaine, pendant 18 semaines, soit 100 × 18..................	1,800	»
Au chef d'équipe, pour toute la durée du travail	360	»
Location de canots du 1er janvier au 1er juillet 1880, pour visites, inspections diverses et menus frais..........................	380	»
Gratification au mécanicien monteur et honoraires de l'ingénieur	300	»
TOTAL P.	6,872	»

§ V

BORDEREAUX DES PAQUEBOTS DE LA COMPAGNIE DU « ROYAL MAIL » QUI SONT ENTRÉS DANS LE PORT A DATER DE JUILLET 1880.

1880			
10 juillet....	Steamer *Medway,* 3,687 ton., à 0 p. 06..P.	221 22	
	Intérêts à 6 pour 100 l'an, du 10 juillet 1880 au 31 juillet 1881, 386 jours...........	14 23	
			235 45
19 juillet....	Steamer *Moselle,* 3,252 ton., à 0 p. 06....	195 12	
	Intérêts à 6 pour 100, du 19 juillet 1880 au 30 juillet 1881, 377 jours..............	12 26	
			207 38
10 août.....	Steamer *Moselle*.........................	195 12	
	Intérêts du 10 août 1880 au 31 juillet 1881, 355 jours..........................	11 37	
			206 49
19 août......	Steamer *Nile,* 3,069 ton.................	184 14	
	Intérêts du 19 août 1880 au 31 juillet 1881, 346 jours..........................	10 62	
			194 76
10 septembre.	Steamer *Nile*........................	184 14	
	Intérêts du 10 septembre 1880 au 31 juillet 1881, 324 jours.....................	9 91	
			194 05
	A reporter........................P.		1,038 13

	Report..............................P.		1,038 13
19 septembre.	Steamer *Para*, 3,805 ton., à 0 p. 06	228 30	
	Intérêts du 19 septembre 1880 au 31 juillet 1881, 315 jours..........................	12 32	
			240 62
10 octobre...	Steamer *Para*	228 30	
	Intérêts du 10 octobre 1880 au 31 juillet 1881, 294 jours	11 18	
			239 48
19 octobre...	Steamer *Tagus*, 3,252 ton., à 0 p. 06	195 12	
	Intérêts 6 pour 100, du 19 octobre 1880 au 31 juillet 1881, 285 jours..............	9 27	
			204 39
10 novembre.	Steamer *Tagus*...........................	195 12	
	Intérêts du 10 novembre 1880 au 31 juillet 1881, 263 jours..........................	8 54	
			203 66
19 novembre.	Steamer *Medway*.........................	221 22	
	Intérêts du 19 novembre 1880 au 31 juillet 1881, 254 jours..........................	9 36	
			230 58
10 décembre.	Steamer *Medway*.........................	221 22	
	Intérêts du 10 décembre 1880 au 31 juillet 1881, 233 jours	8 58	
			229 80
19 décembre.	Steamer *Nile*	182 34	
	Intérêts du 19 décembre 1880 au 31 juillet 1881, 224 jours	6 88	
			189 22
1881			
10 janvier ...	Steamer *Nile*	182 34	
	Intérêts du 10 janvier au 31 juillet, 202 jours.	6 14	
			188 48
19 janvier ...	Steamer *Moselle*	195 12	
	Intérêts au 31 juillet, 193 jours...........	6 27	
			201 39
10 février....	Steamer *Moselle*.........................	195 12	
	Intérêts au 31 juillet, 171 jours	5 35	
			200 47
19 février....	Steamer *Para*	228 30	
	Intérêts au 31 juillet, 162 jours	6 16	
			234 46
	A reporter..........................P.		3,400 68

	Report.................................P.		3,400 68
10 mars.....	Steamer *Don*, 3,805 ton., à 0 p. 06.......	228 30	
	Intérêts au 31 juillet, 134 jours	5 09	
			233 39
19 mars.....	Steamer *Para*........................	228 30	
	Intérêts au 31 juillet, 143 jours	5 44	
			233 74
10 avril	Steamer *Don*	228 30	
	Intérêts au 31 juillet, 112 jours	4 26	
			232 56
19 avril.....	Steamer *Medway*......................	221 22	
	Intérêts au 31 juillet, 103 jours	3 79	
			225 01
10 mai......	Steamer *Medway*.....................	221 22	
	Intérêts au 31 juillet, 82 jours	3 04	
			224 26
19 mai......	Steamer *Nile*.........................	182 34	
	Intérêts au 31 juillet, 73 jours	2 21	
			184 55
10 juin......	Steamer *Nile*.........................	182 34	
	Intérêts au 31 juillet, 51 jours	1 54	
			183 88
19 juin......	Steamer *Moselle*	195 12	
	Intérêts au 31 juillet, 42 jours	1 36	
			196 48
10 juillet....	Steamer *Moselle*......................	195 12	
	Intérêts au 31 juillet, 21 jours...........	0 68	
			195 80
19 juillet	Steamer *Para*........................	228 30	
	Intérêts au 31 juillet, 12 jours............	0 45	
			228 75
	Soit.............................P.		5,540 10

Résumé de ces divers tableaux.

§ I, Prix d'achat des deux phares.......................P.	69,568 48
§ II. Frais d'expédition, etc................................	3,730 95
§ III. Construction du phare des Arcadins.................	3,068 75
§ IV, Construction du phare du Lamentin	6,872 »
§ V. Bordereaux des droits dûs par la Compagnie de la *Malle Royale* de juillet 1880 à juillet 1881..........................	5,540 »
P.	88,780 26

Nous arrivons donc à un total de *quatre-vingt-huit mille sept cent quatre-vingt piastres vingt-huit centièmes.* Dans cette somme ne sont pas comprises les deux indemnités suivantes, que nous avons signalées précédemment et que nous faisons naturellement entrer en ligne de compte :

1° Indemnité due au concessionnaire pour les deux années de jouissance restant à courir jusqu'au 1er juillet 1883, et que nous avons calculée sur la moyenne du tonnage, d'après le premier tableau ci-joint, et que nous avons évaluée en tenant compte de l'escompte à 6 pour 100 = 17,767 piastres 86 ;

2° Indemnité due au concessionnaire pour les bordereaux de la *Malle Royale*, jusqu'ici exempte de tous droits de phare, et cela calculée pour la durée des deux années de jouissance auxquelles M. Clément Haëntjens, par l'article 3 du contrat, a droit.

En admettant deux steamers de 3,000 tonnes en moyenne de tonnage par mois, et avec le droit de 0 piastre 06, nous arrivons à la somme de 8,640 piastres ; et en tenant compte de l'escompte, cette somme revient à 7,724 piastres 29. Le total de ces deux indemnités s'élève donc à la somme de 25,492 piastres 25, somme qui reste à ajouter à celle du coût et de l'établissement des deux phares.

L'ensemble général s'élève donc, d'après nos évaluations les plus consciencieuses, à la valeur de :

	88,780 28
	25,492 15
	P. 114,272 43

c'est-à-dire cent quatorze mille deux cent soixante-douze piastres quarante-trois centièmes.

Enfin, en vertu de l'article 3 de la loi du 14 septembre 1878, M. Clément Haëntjens bénéficie de 25 pour 100, calculés sur le montant et en sus des dépenses de construction des deux phares. D'après les paragraphes 1, 2, 3, 4, les frais d'établissement s'élèvent à la somme de 83,240 piastres 18. Les 25 pour 100 de cette somme représentent 20,810 piastres 04.

Nous en concluons donc que le prix de revient, pour le rachat des phares par le Gouvernement haïtien, s'élèverait à 114,272 piastres 43, plus 20,810 piastres 04, soit 135,082 piastres 49, c'est-à-dire cent trente-cinq mille quatre-vingt-deux piastres quarante-sept centièmes.

Telle est, Monsieur le Secrétaire d'État, la conclusion de notre travail. Le concessionnaire était arrivé à fixer une somme de 143,381 piastres 14, c'est-à-dire une somme de huit mille deux cent quatre-vingt-quatorze piastres quatre-vingt-dix centièmes au-dessus de nos propres évaluations (8,298 p. 67 c.).

En dernière analyse, nous ferons remarquer à M. le Secrétaire d'État que ce chiffre de 135,082 piastres 47 c., déterminé d'une façon aussi exacte que possible, n'excède guère le triple de la somme déterminée comme indemnité par l'arbitrage du 30 mai passé.

Nous espérons, Monsieur le Secrétaire d'État, avoir répondu à votre attente, et nous vous prions d'agréer nos sentiments respectueux.

L'ingénieur rapporteur,
Jean DE GOVAERTS.

L'ingénieur en chef,
J.-B. DEHOUX,
ingénieur.

Port-au-Prince, le 2 août 1881.

NOTA BENE. — Le Gouvernement se refusant à payer les deux indemnités : 17,767 piastres 86 et 7,724 piastres 29, il a été offert à M. Clément 135,082 piastres 47 et 25,492 piastres 15, soit :

135,082 47
25,492 15
P. 109,590 32

Cent neuf mille cinq cent quatre-vingt-dix piastres trente-deux centièmes pour le rachat des deux phares.

La vente n'a pas eu lieu.

Faits cités au *Moniteur* comme moyens d'encouragement.

La secrétairerie d'État de l'agriculture a reçu le rapport de la commission agricole de la commune de l'Arcahaie. Ce rapport sera publié sur le journal officiel de l'agriculture.

Le Gouvernement envoie ses plus vives félicitations aux membres de cette commission qui, dans un court espace de temps, ont répondu à son attente. Il félicite en même temps les habitants de cette commune, qui se sont depuis longtemps distingués dans le travail de la terre, au point de faire de l'Arcahaie le grenier d'une grande partie de la République.

Honneur à la mémoire du général Jeannot, sous le commandement duquel la commune de l'Arcahaie a pris tout son développement.

Sera ainsi honorée la mémoire de tous commandants d'arrondissement et de tous commandants de commune qui, se passionnant pour le travail, auront fait venir la prospérité dans les populations confiées à leurs soins.

Port-au-Prince, ce 15 février 1881.

Les membres de la Commission d'agriculture pour la commune de l'Arcahaie sont :

M. T. Carrié, ex-secrétaire d'État, *président*.

Millien Saint-Jean,	*membre.*	Aristide Jean-Baptiste,	*membre.*
Coicou Louis,	do	Aurélien Darcelin,	do
Joseph Pierre Louis,	do	Morinville Guillaume,	do
Jean Charles Étienne,	do	Belfort fils,	do
Dornatien Magloire,	do	Auguste Toussaint,	do
Jeudi Tancrède,	do	Renaud Imbert,	do
Alexandre Fanfan,	do	Deschênes Oki,	do

SECRÉTAIRERIE D'ÉTAT DE L'INTÉRIEUR ET DE L'AGRICULTURE

Le Gouvernement a pour devoir de rendre un hommage éclatant à tous ceux qui, dans des moments de danger imminent, donnent des preuves de courage et de dévouement.

Aujourd'hui, nous voulons nous rappeler avec bonheur la noble conduite de M. Advisse qui, comme second du navire français *Haïti,* sauva d'un naufrage infaillible l'équipage et les passagers de la goëlette haïtienne *Marie-Louise,* lesquels étaient au nombre de trente-trois personnes des deux sexes.

Honneur à M. Advisse !

En présence de l'activité et du zèle que la compagnie des pompiers libres a déployés, encore une fois, pour arrêter les ravages de l'incendie qui a éclaté le 24 du courant dans le quartier de la Croix-des-Bossales, l'administration supérieure adresse ses félicitations au commandant Th.-T. Démost, ainsi qu'à M. l'abbé Weick, à l'initiative duquel la société doit l'existence d'une institution qui, depuis sa formation, a rendu des services signalés à la population du Port-au-Prince.

Le Gouvernement se plaît à reconnaître l'utilité de cette compagnie; aussi, se fera-t-il un devoir de l'encourager dans la tâche si noble et si élevée qu'elle s'est imposée.

L'administration supérieure profite aussi de cette occasion pour adresser ses félicitations à M. Buffet, qui s'est si dignement comporté le jour du sinistre.

SECRÉTAIRERIE D'ÉTAT DE L'AGRICULTURE

ARCAHAIE

A la suite des abondantes pluies de la dernière quinzaine, la commune de l'Arcahaie a été envahie par les eaux. Le débordement des rivières, principalement dans les deux sections du Boucassin, a occasionné des dégâts assez considérables.

D'après le rapport du commandant de la commune et des officiers que le secrétaire d'État de l'agriculture avait envoyés sur les lieux, les clôtures sur une grande étendue, et les plantations, ont été enlevées ; des animaux ont péri ; des ponts, des maisons et des guildives même, n'ont pu résister à la force du courant.

En fait d'hommes, on n'a pas eu de malheur à déplorer.

On croirait difficilement à l'entrain déployé par la population, qui s'est mise immédiatement à l'œuvre pour réparer les pertes sous la direction du commandant de la place et des chefs des sections, si les travaux déjà exécutés n'étaient là pour l'attester.

Le pont de la ravine *Manègre* va être reconstruit pour le passage du Président d'Haïti.

Le Gouvernement envoie ses félicitations aux cultivateurs, soucieux de leurs intérêts, pour leur empressement à rétablir le nécessaire après un pareil désastre, et pour le concours prêté aux autorités. La conduite de celles-ci est au-dessus de tout éloge. Aujourd'hui, chacun a repris son travail.

Le secrétaire d'État de l'agriculture met sous les yeux de tous nos concitoyens des campagnes cet exemple de bonnes dispositions et d'élan.

SECRÉTAIRERIE D'ÉTAT DE L'AGRICULTURE

Les lois sur l'agriculture sont votées seulement depuis quelques jours, et déjà elles reçoivent leur excellente application sur différents points du pays. Nous recevons de divers arrondissements les notes les plus satisfaisantes sur leur exécution.

Le général Jean-Michel-Jean Poix, commandant de la place de l'Acul-du-Nord, mettant en pratique les mesures du Gouvernement, a obtenu un des premiers des résultats dans sa commune. Il nous a fait part de l'empressement que mettent les cultivateurs à venir s'inscrire pour de nouvelles plantations. De plus, il a pu réunir une quantité considérable de cocos destinés à l'exportation.

Le résultat de cette opération sera ultérieurement porté à la connaissance de nos cultivateurs, que cet exemple ne manquera pas d'encourager pour le développement de la production des fruits du pays.

Félicitations au général Jean-Michel-Jean Poix, dont l'initiative doit être imitée par tous les autres agents de l'autorité!

Port-au-Prince, le 19 novembre 1881.

Épidémie. — Rapports et mesures sanitaires.

Port-au-Prince, le 8 décembre 1881.

RAPPORT

Monsieur le Secrétaire d'État,

Depuis mon dernier rapport, quelques faits isolés de variole se sont présentés, et un seul cas de mort a été constaté dans la dernière semaine.

L'épidémie semble se limiter, et les quartiers qu'elle visite sont surtout ceux habités par une population nécessiteuse ne tenant jamais compte des moyens d'hygiène privée et publique.

La vaccination se fait sur une large échelle, les fumigations se font régulièrement; les cours, les fosses d'aisances, sont assainies par de la chaux vive ou du chlorure de chaux.

Une nouvelle tournée de vaccination a été faite par MM. Dorsinville, Clausel, Scott, Charlot, Cauvin, Fortunat et Destouches, à Carrefour, Pétion-Ville, Croix-des-Bouquets, Pont-Bédette, Grand-Goâve, Petit-Goâve, Léogane.

Selon votre désir, Monsieur le Secrétaire d'État, MM. Archer, P. Rose et Scott, quitteront la capitale pour vacciner pendant trois jours la commune et les sections de l'Arcahaie.

A l'École de médecine, du 2 au 7 décembre, 780 vaccinations.

A la Croix-des-Martyrs, les six varioleux sont dans un état satisfaisant, et deux d'entre eux sont hors de tout danger.

J'ai l'honneur, Monsieur le Secrétaire d'État, de vous offrir mes respectueux hommages.

Dr Arch. DÉSERT,
directeur de l'École de médecine et de pharmacie.

Port-au-Prince, 10 décembre 1881.

RAPPORT

Monsieur le Secrétaire d'État,

J'ai l'honneur de vous annoncer que, depuis le 8 de ce mois, il s'est présenté deux nouveaux cas de variole; immédiatement je les ai isolés.

A la Croix-des-Martyrs, hier, j'ai perdu l'officier des tirailleurs du Gouvernement, entré le 7 courant dans mon service.

Le 9, j'ai reçu deux nouvelles victimes de l'épidémie.

Le peu d'extension de l'épidémie depuis quinze jours me permet d'affirmer de nouveau, Secrétaire d'État, que les mesures sanitaires, jointes aux précautions hygiéniques prises par la commune sous le contrôle du jury médical, empêcheront le développement de la variole dans l'arrondissement et dans les communes déjà soumises à la vaccination.

Je vous réitère, Monsieur le Secrétaire d'État, mes respectueux hommages.

Dr Arch. DÉSERT,
directeur de l'École de médecine et de pharmacie,
chef du service des varioleux.

Port-au-Prince, 15 décembre 1881.

RAPPORT

Monsieur le Secrétaire d'État,

L'épidémie est toujours localisée dans les quartiers déjà signalés dans mon dernier rapport.

A la Croix-des-Martyrs, j'ai reçu hier de la police sanitaire de la commune, deux femmes et deux enfants; ainsi, le chiffre de mes malades est de onze.

J'ai dû, à l'aide d'une cloison mobile, diviser ma salle et séparer ainsi les hommes des femmes et enfants.

Le service de la vaccination ne s'arrête pas, les mesures d'hygiène publique sont sévèrement prises et exécutées par l'administration communale, et, du 26 novembre au 15 décembre, la capitale n'a eu que 31 varioleux. Le chiffre des décès est de 7 pour 100.

J'ai l'honneur, Monsieur le Secrétaire d'État, de vous offrir l'hommage de mon profond respect.

Dr Arch. DÉSERT,
directeur de l'École de médecine et de pharmacie,
chef du service des varioleux.

LA COMMUNE DU PORT-AU-PRINCE

Le conseil communal du Port-au-Prince, qui, dans plusieurs arrêtés et avis, a déjà indiqué à la population les mesures et les précautions à prendre en présence de la petite vérole qui a paru en cette ville, fait redoubler d'activité et de surveillance dans les travaux d'assainissement qui sont partout entrepris.

Dix autres tombereaux, avec une nouvelle escouade de vingt travailleurs, viennent d'être ajoutés au service quotidien de la ville. A l'aide de ce renfort, bien des cours, à la Croix-des-Bossales surtout, ont été entièrement nettoyées et assainies. Ce travail spécial, qui se poursuit avec ordre et célérité, ne contribuera pas peu, avec le maintien de la propreté dans les rues et dans les places publiques, à enrayer la marche de l'épidémie naissante.

Jusqu'à ce jour, 15 décembre, il y a eu 33 cas de constatés. Dans ce nombre, on n'a compté que 6 décès.

Dans l'asile qu'a établi l'Administration supérieure à la Croix-des-Bossales, au sud-est de la ville, et dont s'occupe aussi la commune, il se trouve, en ce moment, sept varioleux qui reçoivent les soins nécessaires et les secours de l'art, sous la haute inspection du docteur A. Désert, directeur de l'École nationale de médecine et de pharmacie.

Les mesures générales de salubrité, de précautions hygiéniques et autres ordonnées dans l'actualité, sont exécutées, sous le contrôle immédiat et incessant de l'administration communale, par un comité ou compagnie formée de neuf agents communaux.

Ce comité s'occupe :

1° De la visite des maisons et des cours ;

2° De la recherche et de la constatation des cas de variole ;

3° Du transport des varioleux sans secours à l'asile de la Croix-des-Martyrs ;

4° De l'inhumation immédiate des varioleux décédés ;

5° De la surveillance des travaux d'assainissement et de nettoiement des endroits qui lui sont désignés ;

6° Des fumigations quotidiennes au goudron, à l'encens, au phénol et à la chaux vive, dans tous les quartiers de la ville, de 6 heures à 10 heures du soir ;

7° De la désinfection continuelle, par la chaux vive, des ruisseaux de certains quartiers de la ville ;

8° De la désignation des terrains non occupés qu'il importe de faire immédiatement clôturer, sauf répétition ultérieure et légale des défenses contre les propriétaires qui auront refusé de le faire dans le délai prescrit ;

9° De toutes transmissions d'ordres, d'avis et de conseils se rapportant aux mesures prises pour arrêter la marche de l'épidémie.

En résumé, on peut dire que l'épidémie semble n'acquérir aucune intensité, la moyenne des cas restant la même jusqu'ici, c'est-à-dire deux par jour.

Malgré ce service pressant, actif et extraordinaire, l'administration communale ne ralentit en rien l'accomplissement de ses autres branches d'attributions. Par suite des accidents qui lui ont été signalés, elle exige, aujourd'hui, que sur chaque voiture publique soit affiché l'avis du 18 novembre dernier, n° 43, réglant la circulation des omnibus et charrettes sur la voie publique, et ordonnant aux conducteurs de prendre toujours leur droite, soit en montant, soit en descendant, afin d'éviter sûrement les collisions. Il a été, en conséquence, prescrit aux officiers communaux et autres agents de l'administration, de tenir la main à l'exécution de toutes les prescriptions de cet avis, et surtout d'exiger que toute voiture circulant le soir ait toujours ses deux fanaux allumés.

Port-au-Prince, le 15 décembre 1881.

Port-au-Prince, 22 décembre 1881.

RAPPORT

Monsieur le Secrétaire d'État,

J'ai l'honneur de vous annoncer que, depuis le 15 courant, il s'est présenté d'autres cas de variole dans les mêmes quartiers. Ces cas augmentent surtout à l'arrivée des navires qui fréquentent les ports du Nord : ce qui indique clairement que les mesures d'hygiène ordonnées par le jury médical y ont été négligées.

A la Croix-des-Martyrs, j'ai six femmes et trois militaires, dont l'un du 11e régiment. Deux soldats du 6e régiment, complètement guéris, ont reçu hier leur *exeat*. Quatre autres militaires sont en pleine convalescence.

La cour Pisquette, foyer de l'épidémie, a eu le plus de malades. Sa population s'obstine à cacher les divers cas de variole, et il est pénible, Secrétaire d'État, de constater que, même dans la classe aisée, la police sanitaire de la commune rencontre une certaine résistance dans l'exécution des moyens de salubrité publique, résistance, cependant, qu'il faudra vaincre si l'on veut combattre l'épidémie.

La commune continue avec zèle les moyens d'assainissement.

J'ai l'honneur, Monsieur le Ministre, de vous présenter mon profond respect.

Dr Arch. DÉSERT,
directeur de l'École de médecine et de pharmacie.

AVIS TRÈS IMPORTANT

Je rappelle au public que l'hospice des varioleux établi à la Croix-des-Martyrs est essentiellement destiné à recevoir les malades nécessiteux. L'État n'ayant jamais nourri les personnes aisées, ne saurait, en aucune circonstance, les y faire transporter ; elles sont seulement obligées de prendre toutes les mesures d'hygiène publique et privée ou de se rendre hors de la ville.

L'inhumation d'un varioleux est nécessairement immédiate et obligatoire quatre heures après le décès.

Dr Arch. DÉSERT.

24 décembre 1881.

DÉPARTEMENT DE L'INSTRUCTION PUBLIQUE

Port-au-Prince, le 30 novembre 1881, an 78e de l'Indépendance.

SECTION DE L'INSTRUCTION PUBLIQUE

CIRCULAIRE

Le Secrétaire d'État intérimaire au département de l'instruction publique aux Inspecteurs des écoles de la République.

Monsieur l'Inspecteur,

L'article 7, troisième alinéa, de la loi sur la surveillance et l'inspection des écoles, vous fait l'obligation d'adresser tous les trois mois, au secrétaire d'État de l'instruction publique et au conseil supérieur, un rapport sur chaque école de votre circonscription. Je regrette de constater que vous ne vous conformez pas à cette prescription formelle de la loi. Pourtant, vous devez comprendre combien est important, pour la marche régulière des études, que ces rapports trimestriels, que vous avez pour devoir de rédiger, soient régulièrement expédiés à l'administration supérieure. Je vous déclare que je n'entends plus avoir de reproches à vous faire à cet égard. J'espère que vous prendrez en sérieuse considération la présente circulaire, dont vous m'accuserez réception par le plus prochain courrier.

Recevez, Monsieur l'Inspecteur, l'assurance de ma parfaite considération.

Signé F.-D. LÉGITIME.

Port-au-Prince, le 30 novembre 1881, an 78e de l'Indépendance.

SECTION DE L'INSTRUCTION PUBLIQUE

CIRCULAIRE

Le Secrétaire d'État intérimaire au département de l'instruction publique à la Commission locale des communes de la République.

Messieurs,

Vous êtes tenus aux termes de l'article 14, deuxième alinéa, de la loi sur la surveillance et l'inspection des écoles, de faire un rapport mensuel sur l'état des écoles de votre commune, tant à l'inspecteur de votre circonscription qu'au secrétaire d'État de l'instruction publique et au conseil supérieur. Je regrette de constater que vous négligez de remplir cette obligation formelle que vous prescrit la loi, ce qui est préjudiciable à la marche régulière des études. Je n'entends pas qu'il continue à en être ainsi.

Veuillez donc, désormais, exécuter ponctuellement la disposition de la loi que je viens de vous rappeler, et ne pas me mettre dans la nécessité de vous faire de nouveaux reproches à cet égard.

Accusez-moi réception de la présente et recevez l'assurance de ma parfaite considération.

Signé F.-D. LÉGITIME.

Port-au-Prince, le 30 novembre 1881, an 78e de l'Indépendance.

SECTION DE LA CORRESPONDANCE GÉNÉRALE

CIRCULAIRE

Le Secrétaire d'État intérimaire au département de l'instruction publique aux Commandants des arrondissements de la République.

Général,

Depuis qu'on sait qu'il y a de nouvelles écoles rurales à fonder, on vient de toutes parts solliciter la direction de certaines écoles rurales qui ne sont pas encore établies, et cela pour avoir l'avantage de recevoir des appointements sans travailler. Pour couper court à cet abus, j'ai décidé que, désormais, il ne sera nommé un directeur d'école rurale que lorsque cette école sera pourvue d'un local et d'un matériel qui lui permettent de fonctionner. En conséquence, veuillez, sans retard, prendre des dispositions pour faire construire des locaux convenables dans toutes les sections rurales de votre arrondissement. Vous ferez en sorte que les locaux soient bâtis, autant que possible, au centre des sections rurales, afin que les enfants aient à peu près tous le même rayon à parcourir pour s'y rendre.

Si, à côté de la chapelle, à côté de l'usine pour la fabrication de vos cafés et de vos denrées, vous établissez l'école rurale, vous aurez, mon cher Général, immensément fait pour la prospérité et la civilisation de votre pays.

Accusez-moi réception de la présente, et recevez, Général, l'assurance de ma parfaite considération.

Signé F.-D. LÉGITIME.

Port-au-Prince, le 20 décembre 1881, an 78e de l'Indépendance.

LE CONSEIL SUPÉRIEUR DE L'INSTRUCTION PUBLIQUE

En conséquence de la dépêche du secrétaire d'État de l'instruction publique, en date du 12 novembre écoulé, informe les directeurs et directrices des écoles tant urbaines que rurales de la République, qu'à partir du premier trimestre de l'année budgétaire 1881-1882, les fournitures classiques seront délivrées aux écoles par trimestre et comme suit :

Lycée, école secondaire, pensionnat national de demoiselles, par 50 élèves, 900 plumes métalliques, 24 crayons sous bois, 8 bouteilles d'encre, 150 bâtons de craie et 4 rames de papier.

Écoles primaires, par 50 élèves, 340 plumes métalliques, 4 bouteilles d'encre, 24 crayons sous bois, 45 bâtons de craie, 2 rames et demie de papier, 30 crayons d'ardoise et 40 ardoises. Ce dernier article ne sera donné que par semestre.

Écoles rurales, par 25 élèves, 90 plumes d'oie, 2 bouteilles d'encre, 12 crayons sous bois, 3/4 de rame de papier, 25 crayons d'ardoise et 20 ardoises. Cet article sera aussi donné par semestre.

Si les lycées, les écoles secondaires, pensionnats nationaux de demoiselles, les écoles primaires, les écoles rurales, ont plus d'élèves que les chiffres déterminés plus haut, la délivrance des fournitures aura lieu en proportion.

Conformément à la décision du conseil supérieur de l'instruction publique, en date du 26 novembre expiré, lorsque les directeurs et directrices des établissements de la capitale formuleront leurs demandes de fournitures, ils les feront viser par le conseil supérieur ; quant à ceux des écoles des autres communes de la circonscription du Port-au-Prince, ils les feront viser par les commissions de surveillance de leurs localités respectives, et les présenteront au visa du conseil supérieur et ensuite à l'administrateur des finances. Dans les autres circonscriptions scolaires de la République, les commissions de surveillance et les inspecteurs viseront les demandes de fournitures, qui seront également présentées à l'administrateur des finances.

Il est bien entendu qu'avec les demandes de fournitures, les directeurs et directrices présenteront la liste des élèves qui fréquentent régulièrement leurs établissements ; et, comme par le passé, les bulletins hebdomadaires de présence et d'absence des professeurs et des élèves sont aussi rigoureusement exigés, ainsi que la liste générale des élèves réguliers comme irréguliers.

Le président du conseil supérieur de l'instruction publique,

Signé MADIOU.

Port-au-Prince, le 1er décembre 1881, an 78e de l'Indépendance.

Le Secrétaire d'État de l'agriculture chargé du département de l'instruction publique à Son Excellence le Président d'Haïti.

Président,

Votre Excellence a réussi à fonder la Banque nationale, et elle cherche aujourd'hui à organiser un système intelligent qui permette de relever bientôt l'agriculture. Maintenant, il ne lui reste qu'à réaliser une idée bien chère, qui est comme la base même de la politique de son gouvernement : l'idée de faire goûter les bienfaits de l'instruction à cette grande partie de la population qui vit dans les ténèbres de l'ignorance ; c'est là, assurément, une de ces œuvres généreuses qui doit marquer votre passage au Pouvoir.

Il n'en saurait être autrement du gouvernement d'un homme qui connaît aussi bien que Votre Excellence les besoins actuels de notre société. Régénérer par l'instruction cette grande majorité de la nation, qui est si fort en retard dans la voie du progrès, est une tâche, il faut l'avouer, qui n'est pas facile. Qu'importe ! nous ne devons pas reculer devant les difficultés. Mon but, en entreprenant de vous faire cet exposé, Président, est d'appeler votre attention sur l'état actuel de l'instruction publique dans le pays. Bien qu'il ne se soit écoulé que peu de temps depuis que j'occupe, par intérim, le portefeuille de ce département, je puis, par les différents rapports qui m'ont été adressés et les renseignements qui me sont parvenus, vous déclarer, sans crainte d'être démenti, qu'en général nos écoles donnent des résultats fort peu en rapport avec les sacrifices que s'impose l'État pour leur entretien. L'École de médecine, les Lycées, que nous appelons écoles supérieures, laissent beaucoup à désirer. Quant aux écoles primaires supérieures dites secondaires, elles sont encore, sauf quelques exceptions, dans un état peu satisfaisant.

Et cependant, elles ont plus de droit à votre sollicitude que les écoles supérieures, parce que ce sont elles qui donnent cet enseignement indispensable que le Gouvernement est tenu de distribuer à tous les citoyens. Le peu de résultat qu'elles offrent, en général, prouve qu'elles fonctionnent dans les conditions les plus déplorables. La plupart n'existent que de nom, bien qu'elles soient pourvues d'un personnel payé mensuellement par l'État.

C'est un état de choses assez grave, Président, pour que nous cherchions au plus tôt les moyens d'y remédier. Mais, avant d'opérer les réformes que nécessitent nos écoles primaires et nos écoles secondaires, il importe que nous soyons fixés sur les causes qui les ont empêchées, jusqu'ici, de satisfaire à l'attente du Gouvernement. Les directeurs, les directrices et les professeurs, sont-ils à la hauteur de leur mission ? Remplissent-ils consciencieusement leurs devoirs ? Quelles sont les méthodes qui sont généralement suivies ? Sont-elles bonnes ou défectueuses? Quelles sont celles qui doivent leur être substituées, si elles sont reconnues défectueuses? Les locaux et les objets formant le matériel de chaque école sont-ils dans des conditions convenables? Quelles sont les améliorations qu'elles nécessitent? Les élèves sont-ils soumis à une bonne discipline? Telles sont les questions les plus importantes sur lesquelles nous devons être, tout d'abord, exactement renseignés. Les rapports des inspecteurs et des commissions locales, qui ne contiennent pas toujours toute la vérité, ne sont pas régulièrement expédiés au ministre de l'instruction publique ni au conseil supérieur, comme le veut la loi. Je vais, par une circulaire, inviter en des termes sévères ceux qui sont chargés du contrôle et de la surveillance des écoles à s'y conformer. Des nouvelles écoles rurales à créer commençaient à donner lieu à un abus préjudiciable aux intérêts publics; des citoyens arrivaient de toutes parts et demandaient des commissions de directeur pour des écoles rurales qui n'étaient pas encore établies, ce qui leur donnait l'avantage de jouir de leurs appointements sans travailler. J'ai coupé court à cet abus en décidant que, désormais, il ne sera nommé un directeur pour une école rurale que lorsque cette école sera pourvue d'un local et d'un matériel qui lui permettent de fonctionner sans retard. Je vais écrire à tous les commandants d'arrondissements pour les inviter à s'occuper activement de la construction des locaux dans toutes les sections rurales relevant de leur arrondissement. Je prendrai incessamment toutes les mesures que je croirai les plus efficaces pour réagir contre le mal dont je viens de vous faire le fidèle exposé dans ce rapport. Je souhaite que mes vues soient conformes aux vôtres, Président. Mon vœu le plus cher, c'est que l'instruction publique, dont l'utilité a servi de texte à tant de vaines déclarations, soit réellement protégée et encouragée sous votre Gouvernement. Puissiez-vous, avec cette force de volonté et ce dévouement politique que vous montrez toutes les fois qu'il s'agit de réaliser une grande œuvre pour le pays, la relever de l'état où elle se trouve et la placer dans des conditions qui assurent ses bienfaits aux générations présentes et futures! Pour moi, tant que je serai à vos côtés, vous me trouverez toujours disposé à seconder avec énergie tous les efforts que vous tenterez dans ce but.

Veuillez agréer, Président, l'assurance de mon parfait dévouement.

Signé D. LÉGITIME.

CONCLUSION

Nous aurions pu pousser plus loin les considérations économiques dont les divers sujets traités dans cet ouvrage sont susceptibles; mais nous croyons en avoir dit assez pour faire connaître l'état et les besoins du pays au moment fixé par Son Excellence le Président d'Haïti pour nous rendre à de nouvelles occupations.

Nos vœux, nos soucis même pour la prospérité de notre chère patrie, n'en resteront ni moins ardents ni moins sincères, et nous croyons fermement avoir travaillé en faveur de la chose publique en livrant ce Mémoire à la publicité. Nous protestons d'avance contre tout autre spéculation qu'on pourrait nous prêter; cette précaution de notre part n'est peut-être pas sans quelque fondement. Ne voit-on pas tous les jours les intentions les plus pures dénaturées par des esprits chagrins? Quel est l'homme en place, ou ancien fonctionnaire de l'État, qui pourrait se croire à l'abri de la critique, pour ne pas dire souvent de la malveillance? Partout, et de tout temps, il s'est rencontré des jaloux et des présomptueux, et ceux-là ne sont pas d'ordinaire les plus capables. Mais nous aimons à croire, nous nous plaisons à espérer, que ceux qui apprécieront nos actes avec impartialité nous rendront pleine justice; leurs jugements nous dédommageront, nous protègeront contre les insinuations de ceux qui croiraient avoir à reprendre dans cet écrit, qui n'est que l'exposé fidèle des faits accomplis par nous, ou sous une plus haute influence, durant notre ministère.

L'illustre Montesquieu — qu'on nous permette ce rapprochement — disait, en écrivant son magnifique *Esprit des Lois :* « Si, dans le nombre infini des choses qui sont dans » ce livre, il y en avoit quelqu'une qui, contre mon attente, » pût offenser, il n'y en a pas, du moins, qui y ait été mise » avec mauvaise intention. Je n'ai point naturellement l'esprit » désapprobateur; Platon remerciait le Ciel de ce qu'il étoit » né du temps de Socrate; et moi je lui rends grâces de ce » qu'il m'a fait naître dans le Gouvernement où je vis, et de » ce qu'il a voulu que j'obéisse à ceux qu'il m'a fait aimer ».

Ces paroles, que l'immortel penseur plaçait dans son exorde, je les prends, moi, pour conclusion.

FIN

TABLE DES MATIÈRES

Première partie.

Deuxième partie.

Troisième partie.

Quatrième partie.

ERRATA

Page 239, première ligne de la note. — Au lieu de : *Voici la lettre que j'écrivis à ce sujet à mon collègue des finances*, il faut lire : *Voici la lettre que m'écrivit à ce sujet mon collègue des finances.*

Bordeaux. — Imprimerie générale É. CRUGY. — Mme veuve RIFFAUD, succ^r.

www.ingramcontent.com/pod-product-compliance
Ingram Content Group UK Ltd.
Pitfield, Milton Keynes, MK11 3LW, UK
UKHW012148240726
13966UKWH00001B/208

9 782012 393691